北京大学德国研究中心（ZDS）主办

Deutschlandstudien
Peking Universität
Band 5

北大德国研究

（第五卷）

主　　　编　黄燎宇
本卷执行主编　谷　裕

图书在版编目(CIP)数据

北大德国研究. 第5卷/黄燎宇主编. —北京：北京大学出版社，2016.1
ISBN 978 - 7 - 301 - 26709 - 7

Ⅰ. ①北… Ⅱ. ①黄… Ⅲ. ①德国—研究 Ⅳ. ①K516.07

中国版本图书馆 CIP 数据核字(2015)第 314290 号

书　　　名	北大德国研究（第五卷）
	Beida Deguo Yanjiu（Di-wu Juan）
著作责任者	黄燎宇　主编　谷　裕　本卷执行主编
责 任 编 辑	初艳红　朱房煦
标 准 书 号	ISBN 978 - 7 - 301 - 26709 - 7
出 版 发 行	北京大学出版社
地　　　址	北京市海淀区成府路 205 号　100871
网　　　址	http://www.pup.cn
电 子 信 箱	alicechu2008@126.com
新 浪 微 博	@北京大学出版社
电　　　话	邮购部 62752015　发行部 62750672　编辑部 62759634
印 　刷 　者	三河市博文印刷有限公司
经 　销 　者	新华书店
	730 毫米×980 毫米　16 开本　20.5 印张　314 千字
	2016 年 1 月第 1 版　2016 年 1 月第 1 次印刷
定　　　价	59.00 元

未经许可，不得以任何方式复制或抄袭本书之部分或全部内容。
版权所有，侵权必究
举报电话：010 - 62752024　电子信箱：fd@pup.pku.edu.cn
图书如有印装质量问题，请与出版部联系，电话：010 - 62756370

编 委 会

主编：黄燎宇

本卷执行主编：谷 裕

编委（按拼音顺序）：

　　甘超英　韩水法　黄燎宇　李　维　连玉如

　　王　建　王世洲　徐　健　徐龙飞　许德峰

编者的话

《北大德国研究》第 4 卷曾以 1800 年前后为经纬，围绕德国的浪漫（Romantik）思想展开论题；而第 5 卷在议之时，恰逢一战（1914—1918）爆发 100 周年纪念，中心以"第一次世界大战和魏玛共和国"为题，举办了几次报告会和学术沙龙，本卷便以此为契机，组稿探讨 1900 年前后德国的人文和思想状况。

本卷最令人欣喜的，莫过于我们采集到了"历史文献首译及述评"！首译的三份文献为《告文明世界书》、德皇威廉二世的"匈奴人演说"以及《德意志帝国天主教会总主教、主教联合牧函》。不知为何，这三份如此重要的原始文献，奇迹般地被译界忽视了。——我们只知道，一战曾受到德国各界，包括知识分子的狂热拥护，却不知缘由何在，亦无法想象其程度。读罢这三篇情真意切的"宣言书""出师动员""告慰书"，会让我们惊愕于史实，继而对其时德国人的心态及其成因进行重新审视。

"本辑专题"辑录了与一战及魏玛共和国相关的论文，议题涉及历史（"乌拉爱国主义"和"泛欧"联合思想）、宗教社会学（天主教社会训导）、教育学（魏玛时期中等教育）、哲学思想史（马赫思潮、施泰因评述、阿伦特的身份印记）、文学（托马斯·曼的政治自白、一战在戏剧中的表现、本雅明笔下的大都市、圣母颂的变迁）等多个人文领域。这其中有资深专家学者的文章，也有学术新锐的贡献。——我们邀请了多门学科的新晋博士，将其四年在国内外的研习成果，凝聚成文，使我们窥斑知豹，了解其在研领域国内外的新论题、新动向。

北大德国研究中心同时有多位同仁做社会科学领域的应用研究，本卷在"其他论题"中收录了连玉如关于"德国的欧洲"还是"欧洲的德国"的新一轮思考、史世伟对当下德国经济问题的考察,两位均为活跃在中德关系或德国经济问题领域的学者。

此外,本卷在"学术沙龙对话"栏下收录了一朵"奇葩":与作家余华的对话。时值新书《第七天》出版不久,余华做客中心,与中心同仁吃罢盒饭,一起谈文学、谈创作、谈政治,酣畅淋漓,作家的哲思与学者的诗情交相辉映,为本卷增添了另一番情致。

本卷依然由韩水法做"本期题解",他从"本辑特约"德国当代历史学家科卡(J. Kocka)文章的观点出发,在详细阐释的同时,为本卷乃至北大德国研究中心的工作,赋予了深厚的历史和现实使命感,我们借助题解的标题,希望本卷能以我们的"人类关切"与"未来想象",以文会友,向各位方家请教。

编者

目　录

编者的话 …………………………………………………………… 1

本期题解

人类关切与未来想象
　　——人文和社会科学研究的向度与《北大德国研究》………… 韩水法　3

历史文献首译及述评

告文明世界书 ……………………………………… 黄燎宇　译　13
当纳雄奈尔的歌声响彻德意志大地
　　——《告文明世界书》述评 ……………………… 黄燎宇　15
德皇威廉二世的"匈奴人演说" …………………… 黄燎宇　译　26
德皇缘何变成匈奴王？
　　——评德皇威廉二世的"匈奴人演说" …………… 黄燎宇　28
1914年12月13日德意志帝国天主教会总主教、主教联署牧函
　　………………………………………………… 晏文玲　译　37
《德意志帝国天主教会总主教、主教联合牧函》述评 ……… 晏文玲　44

本辑专题

"乌拉爱国主义"
——一战前德国社会心态的若干思考 …………………… 徐　健　51

19世纪德国天主教社会训导理论之核心宗旨 …………… 徐龙飞　65

魏玛共和国时期的中等教育扩张与教育过剩危机
——基于"长时段视角"的社会文化史分析 ………… 张　乐　孙　进　85

第一次世界大战前后的马赫思潮
——历史现代性和客观现实性 …………………………… 赵进中　103

第一次世界大战与"泛欧"联合思想的产生 ………………… 李　维　124

抹不掉的身份印记
——汉娜·阿伦特与《拉结·范哈根》 ……………………… 安　尼　133

施泰因(1891—1942)自传及早期书信评述 ……………… 晏文玲　150

唯美主义者的政治自白
——论托马斯·曼在一战中的政治思想 ………………… 何雨露　182

文化的生与死
——卡尔·克劳斯戏剧《人类最后的日子》中的第一次世界大战
……………………………………………………………… 张文鹏　199

历史重现的空间
——解析本雅明笔下的大都市 …………………………… 马　琰　214

一战前后"神话"的变迁
——评《玛利亚的神话：著名圣母颂及其历史》 ………… 陈　曦　228

本辑特约

未来与历史学家:关于未来的想象如何影响对过去的阐释
　　——以欧洲对古代到当今的历史书写为例
　　……………………〔德〕于尔根·科卡　撰　　卢白羽　译　245

资本主义、民主、独裁
　　——以德国19世纪至今的历史为例
　　……………………〔德〕于尔根·科卡　撰　　卢白羽　译　254

其他论题

再论"德国的欧洲"与"欧洲的德国" ………………………… 连玉如　265
从德国在世界金融危机后的表现看德国社会市场经济体制中"社会"
　　的意义 ……………………………………………………… 史世伟　283

学术沙龙对话

北大德国研究中心与余华对话《第七天》………………………………　293

Inhaltsverzeichnis

Editorial ·· 1

Einleitung

Menschheitsdenken und Zukunftsvorstellung. Die geistes- und sozial-
wissenschaftliche Orientierung der *Deutschlandstudien der PKU*
·· HAN Shuifa   3

Erstübersetzung bedeutender Zeitdokumente nebst einschlägiger Kommentare

Aufruf an die Kulturwelt ········· Aus dem Deutschen von HUANG Liaoyu   13

Im nationalen Rausch. Ein Kommentar zum *Aufruf an die Kulturwelt*
·· HUANG Liaoyu   15

Die *Hunnenrede* von Kaiser Wilhelm II.
························· Aus dem Deutschen von HUANG Liaoyu   26

Wie verwandelte sich ein deutscher Kaiser in den König der Hunnen?
  Ein Kommentar zur *Hunnenrede* von Kaiser Wilhelm II.
·· HUANG Liaoyu   28

Hirtenbrief des deutschen Episkopates vom 3. Adventssonntag 1914
························· Aus dem Deutschen von YAN Wenling   37

Kommentar zum *Hirtenbrief des deutschen Episkopates vom 3. Adventssonntag 1914* ················ YAN Wenling 44

Thema des Heftes: Deutschland im Ersten Weltkrieg und in der Weimarer Zeit

„Hurra Patriotismus". Gedanken zu einem Psychogramm der deutschen Gesellschaft in der Vorkriegszeit ················ XU Jian 51

Grundideen der Katholischen Gesellschaftslehre im 19. Jahrhundert ················ XU Longfei 65

Die Bildungsexpansion und „Überfüllungskrise" des höheren Schulsystems in der Weimarer Republik: Eine sozial- und kulturgeschichtliche Analyse aus der longue-durée-Perspektive ······ ZHANG Le / SUN Jin 85

Die Rezeption der Machschen Philosophie vor und nach dem Ersten Weltkrieg ················ ZHAO Jinzhong 103

Der Erste Weltkrieg und die Entstehung der Pan-Europa-Idee ········ LI Wei 124

Die Suche nach Identität. Hannah Arendts *Rahel Varnhagen* ········· AN Ni 133

Über die autobiographischen Schriften und die frühen Briefe von Edith Stein ················ YAN Wenling 150

Politische Selbstbekenntnisse eines Ästheten. Thomas Manns politische Ansichten im Ersten Weltkrieg ················ HE Yulu 182

Der Untergang der Kultur. Der Erste Weltkrieg in *Die letzten Tage der Menschheit* von Karl Kraus ················ ZHANG Wenpeng 199

Die Großstadtbilder bei Walter Benjamin ················ MA Yan 214

Mythos Maria vor und nach dem Ersten Weltkrieg. Rezension über H. Kurzkes (u.a.) *Mythos Maria. Berühmte Marienlieder und ihre Geschichte* ················ CHEN Xi 228

Gastbeiträge

Die Zukunft und die Historiker. Wie Zukunftsvorstellungen Vergangenheitsdeutungen beeinflussen. An Beispielen aus der europäischen Geschichtsschreibung von der Antike bis heute
.... Jürgen KOCKA, übers. von LU Baiyu 245

Kapitalismus, Demokratie, Diktatur. Am Beispiel der Deutschen Geschichte vom 19. Jahrhundert bis heute
.... Jürgen KOCKA, übers. von LU Baiyu 254

Andere Themen

„Deutsches Europa" oder „Europäisches Deutschland"? Ein erneuerter Versuch .... LIAN Yuru 265

Bedeutung des „Sozialen" im System der Sozialen Marktwirtschaft in Deutschland in Bezug auf die Performanz der deutschen Wirtschaft nach der Weltwirtschaftskrise .... SHI Shiwei 283

Dialog

Dialog der ZDS-Mitglieder mit dem Schriftsteller YU Hua über seinen neuen Roman *Der Siebte Tag* 293

本期题解

人类关切与未来想象

——人文和社会科学研究的向度与《北大德国研究》

韩水法

我们生活在世纪转折的时段之中,这原本是纯粹偶然的事情。但是,一百多年之前的世纪之交,世界发生了几件极其重大的事件,而这些事件奠定了20世纪的历史发展的大势和格局,极大地影响了人类在这个时期的生活,而到了20世纪下半叶,历史又发生了巨大的转折,人类在经历了惨痛的教训之后,现在看起来正努力走上正道。未来的局势虽然比20世纪最后十年人们所预期的要暗淡一些,但前途总体上来说似乎还是明朗的。然而,19世纪末的西方世界好像也曾经出现过这样明朗的景色,但不久,它们彼此之间就展开了新一轮的厮杀。由此而观,人类前景的乐观与否,取决于当代人的努力,而这种努力也就包括我们对上个世纪之交的反省和研究,以及对这个世纪之交的切近观察和分析。基于这样的考虑,本期《北大德国研究》就以世纪之交的反思为主题。

科卡教授,这位北大德国研究中心热诚的合作伙伴,世界级的历史学家,在这一期里为我们提供了两篇颇有价值的文章。在《未来与历史学家》这篇讲演稿中,他提出了一个非常值得我们深入思考的命题,即对未来的想象会影响人们对过去历史的理解和阐释,更具体地说,关于过去、现在和未来之间关系的概念会决定某种历史思想的构成。在历史学的研究以及人们的历史意识里,这是一个向来就存在的现象,中国传统的历史观就包含一种相当明确而影响颇大的观念,即以过去为榜样而向着未来的演进,太平盛世。但是,科卡教授第一次清楚地将它表述了出来。

克罗齐说:"一切真历史都是当代史。"①这个说法是就历史研究的实际而言的,它还缺少一个维度,即一切历史其实都是为着未来的工作,它的结果和意义必定都是在未来达成的。

所有的历史研究都蕴涵人类关于未来的思考和想象,而这种思想核心就是对人类及其性质的深刻关怀。当代是一个不确定的说法,因为在日常语言中,它所指的就是一个短时段的过去、现在和未来。不过,在这个时段中,它还是以最近的过去为主。一切历史都是当代史这个命题的实际含义就在于,历史的问题之所以凸显,其意义之所以形成,取决于当代人的兴趣和理解,而这种兴趣以及理解的基础奠定在当代人的经验和思想之上。②

然而,仅仅说到这一点还是不够的。历史研究,尤其是大范围、多角度的历史研究,会向人们展示,那个特定时代的各种事件及它们的风云际会之中的关联,以及这些事件和风云际会发生的多种可能性,而这些可能性之中的多数最终被错失了,被其他的形势压倒了,或者仅仅因为一些当事人的决策而失去了。历史就以其现在向人展示或存在的轨迹发展到今天,它仿佛是必然的而不可抗拒的。但是,历史研究则是不断地从这个看似必然的发展过程揭示出各种向其他方向展开的联系,促成或能够促成其他事件或事件的其他转化的各种因素,从而让人们既理解这样发展的大势和脉络,也给人们揭示实际存在的各种偶然因素和其他发展的可能性。

科卡的观点实际上揭示出了蕴涵在克罗齐命题中的更深层的意思。当代史的意识包含和体现了当代人对未来的思考和构想,尽管在许多情况下,这样的意识是潜在而无意识的。所以,科卡认为,这种关于未来的思考究竟如何影响历史学家关于历史的关联和构想,还是模糊不清的。自然,科卡说得非常诚实,而按照历史学的原则,他的观点还颇有些假设的色彩,只有在人们为此提供足够的证据之后,它才能够证明自身是一个事实。但是,有一点是确定无疑的,历史感是通过过去、现在和未来的区分才形成的,这就是说,没有对未来的思考和构想,历史就不是在时间的意义上,而是在今天主要是进步的意义上展开的。因此,我这

---

① 克罗齐:《历史学的理论与实际》,北京:商务印书馆,1986,第2页。
② 参见同上书,第2—3页。

里能够予以进一步发挥的一点是,历史与未来的联系——主要是人们关于未来的思考和构想的关联——是双重的。第一,在现代研究者的眼光中,当时的历史向当时的未来发展的多种可能性;第二,当时的历史向今天的未来发展的趋势和可能性,而这种分析包含以今天的人类原则来评判历史上的事件及其组成因素之间的各种联系。

正是在这个意义上,那句"历史不能假设"的俗语在我看来只在十分有限的范围内才有意义。倘若不做假设,人们就根本无法在历史材料——无论复杂的还是简单的——之中发现任何有意义的线索,也无法在这些材料之间建立任何有意义的联系,而历史的材料——无论何种材料——只能以其孤立的一项项的样式存在。有些材料,譬如考古发掘出来的器物建筑遗址,以某种偶然的方式得到的孤立材料,人们只能予以单纯的物理的描述,或审美的描述,而无法给出历史的解释。

正是出于这样一种观念,我们才会为一战早期由德国那些重要的自然科学家和社会科学家,那些重要的艺术家和文学家签署的《告文明世界书》感到震惊。虽然很久以前就知道有这样的事情,那些平时国际主义喊得震天响的社会民主党人,一旦德国与其他国家发生战争,立刻就成为了积极的爱国主义者。但这样的文献还是第一次读到,尤其是签署者中有若干颇为我尊敬的科学家,如普朗克、伦琴和冯特,哲学家文德尔班等人。至于这份申明书的性质,黄燎宇教授已经予以犀利的批评,而我这里关注的是两个问题。第一,这份申明书充斥着对蒙古人、俄罗斯人和黑人的鄙视也并不奇怪,但这份申明书的发起人大概不会想到,种族歧视二十多年后会以其极端的形式加诸他自己身上。在今天这个世界,种族歧视依然普遍存在,而持有这种态度的人始终就以自己的高人一等的自我评判为基础,尽管也不妨存在那样一些不正常的人,他们因其种族和民族受到他人的歧视,但他们又去歧视另外一些被他们看作更为低级的种族。这些人或许不明白,种族歧视就像飞去来器一样,你抛掷出去,最终是要打回自己的。

在19、20世纪之交,种族主义和种族歧视在整个西方是一个普遍的现象,有人还为此提出了所谓的科学根据,美国施行排华法案,而在欧洲流行形形色色的种族歧视,德国无疑是最具典型性的一个国家。在这里,我们还得感谢黄燎宇教授，把德国皇帝威廉二世那个臭名昭著的讲演即世称"匈奴人演说"译成汉语，终于使之完整地呈现在中国读者面前。这位德国皇帝的这个讲演其实只是把当时许多德国人头脑中的想法口无遮拦地说了出来，所以它能够得到德国士兵的共鸣。它不能被视为信口开河，当人们把它与《告文明世界书》对照起来阅读时，就可以更加清楚地看到这一点。在八国联军侵入北京时，德国士兵兴高采烈地在紫禁城里放马，并非一时的冲动，而是出于他们内心的观念。这种观念即便在今天也会以各种方式曲折地表达出来，比如德国的《明镜》周刊有时就会如河水泛滥般地发泄一下。

《告文明世界书》和"匈奴人演说"，对我们从事德国研究的学者来说，是一个困难的题目，需要许多深入的探讨，但它同时也是一个解开许多历史现象疑问的钥匙。不过，它们依旧构成一个挑战，这就是人类的普遍知识，包括自然科学、人文和社会科学，会在什么条件下、多大程度上有助于人类在共同人性的基础上达成平等的合作？

在考察和研究德国现代历史时，人们经常问起而许多学者也难以令人信服地回答的问题就是：在19与20世纪之交，德国在自然科学、人文社会科学，包括大学体制在内，都达到了当时世界水平的顶峰，拥有那么多出色的科学家、哲学家、思想家和社会科学家，他们所提出的一些理论和观点即使在今天看来也依然有效和富有洞察力。那么，由这样一些杰出人才构成的德国为什么会发动和卷入第一次世界大战，不过才二十年的时间又极其短视地发动了第二次世界大战？这个问题无疑还有待人们的继续努力，才能给出更有说服力的解释。在这里，我们是否可以像科卡所说的那样，通过对未来的设想来理解、认识和反思这一现象？无疑，对未来人类发展的关切，必定要求人们说清楚这个现象。这种研究的一个现实意义，就在于它能够为人们提供如何避免在未来重蹈类似覆辙的经验和教训。

历史学与未来之间的关系还包括如下这样一层意思：对过去的或当下的许多事件，只有到了将来才能得到清楚和明白的认识，或者它们之间的联系和因果线索出于各种原因，比如，有意的掩盖以及人们不愿意正视现实的心态等等，只有在后来才能被充分地揭示出来。这个现象在过去一再发生，而在今后还会发生。19、20世纪之交发生的大事件和大现象的有些因果联系至今还没有完全揭示出来——历史认识的延迟就是未来对历史学重要意义的标志。黄燎宇教授在文章中提到,直到20世纪60年代初德国历史学家弗里茨·菲舍尔才出来说明,第一次世界大战是德国蓄谋的结果。然而,这一说法却遭到无数德国人的抗议,还受到官方的打压。尽管在那个时候,德国政府已经承认德国人在第二次世界大战中犯下的罪行了。这样一个历史的事实,以及对这个事实的认识,对德国人反省第二次世界大战,无疑是极其重要的,因为它会导致一连串的认识和判断的颠覆。比如,第二次世界大战在相当大的程度上被德国人视为对自己在第一次世界大战及战败中所受屈辱和不公平的复仇之战。如果心怀这样一个判断,他们对第二次世界大战就会做出相当不同的判断。虽然多数德国人最终接受了第二次世界大战失败的事实,承认屠杀犹太人的罪行,但是,他们内心对此次战争的原因和其他事件其实持有其他的看法。而一旦第一次世界大战也是德国人发起的,那么他们对自己所作所为的判断就必须做出巨大的调整,他们就要承担更多的事实上的和道义上的责任。这一点当时有许多德国人接受不了,这也在情理之中,难怪巴伐利亚州长弗朗茨·约瑟夫·施特劳斯到了1965年还呼吁人们"清除"弗里茨·菲舍尔等人"对德国历史和德国形象的扭曲"。对中国人和中国学者来说,德国以及欧洲尚有许多现象及其因果还不为我们所知,从而不仅让我们无法准确和深入地理解欧洲人、欧洲历史和现实,而且也无法同样深入和全面地认识和理解我们自己。

在学术研究中,人们通常会偏向甚至热爱自己所研究的对象,而在国内学术界常常遇见的一种现象——甚至在许多博士论文中——是人们往往会对自己的研究对象予以过高的评价,不少学者、文人往往喜欢通过西方一些名人的一些片断的话语和事迹来批评和反讽国内的现象。但是,这篇告白书却让许多人看到了德国那些颇受尊敬的人物的另外一面。在这里,合理的态度当然不是由此而抹杀这些人的其他成就和思想,而是提醒我们自己要从不同的角度来全面地考察和研究一个人物和一种现象。在这里,核心之点依然是我们对未来的普遍人性的关切。

实际上,历史事实和现象就放在那里,许多材料和文献是现成的,人们没有意识到认识和研究的必要,或者他们不愿意去认识和理解这些事实和现象,还有一些人难以理解它们。要达到对历史本来面貌的深入认识,假以时日大概是一个不可避免的过程,但是,这并不意味着人们可以坐等历史自己揭开自己的面貌。比如,孙进和张乐的论文《魏玛共和国时期的中等教育扩张与教育过剩危机——基于"长时段视角"的社会文化史分析》一文就引出了许多值得进一步探讨的问题,而其中可能蕴涵了决定当时历史走向的一些看似并不重大却相当关键的因素。魏玛时代,也就是纳粹崛起的年代,德国中等教育的扩张,学校和学生人数大幅度增长,尤其是在中学里面,出身于上层社会的学生比率从原来的二分之一下降到五分之一,而在魏玛共和国后期,出于下层社会的学生又再次回落到魏玛共和国初期。在这里,人们可以发现一系列值得考虑的问题:这些学生与魏玛时期民主的遭遇有什么关联?学生成分的这种起伏与纳粹思潮的高涨和纳粹上台之间又有什么关系?纳粹的青年力量与这些学生又有什么样的关联?纳粹的主要社会力量来自什么阶层?这些问题今天并没有十分明确的结论,而获得相关的材料似乎也并不困难。关键就在于人们对这些问题重要性的意识,以及从事相关研究的意愿。

此外,历史的重大趋势、大局面的发展和走向在开始阶段通常也是不明朗的,这往往要经过相当长的时间之后才会为人所认识,而为多数人所认识,则需要更长的时间,这意味着,它要在任何一个历史时段的未来才能够实现。自19、20世纪之交至今,一百多年过去了,人类是否取得了进步?进步当然是巨大的,但是这个进步在不同的国家、文明和民族中有其相当不同的局面;科学技术上的进步、经济上的进步与人类不同族类之间关系上的进步,也并非是同步和一致的。而且人们还要关注,这种进步是否是稳定不移的,还是可能面临重大的倒退?

学术为天下公器,它既出于理智的兴趣,也出于人类的关怀,但是,所有学术都事关人类的共同利益。这也就是历史研究与未来之间联系的大纲。只有这样,我们才能有热情、意志和精神去持续不断地从事这类艰苦的研究。人文和社会科学的研究通常被认为缺乏普遍性,其实,这种普遍性是确实存在的,它的基础就是真正的人类关怀。虽然,这种关怀和它的原则即使在今天也并没有得到所有人的赞同,但是,缺乏这种关怀,人文和社会科学的研究不仅难以达到真正的深刻,人们也无法由此而达到对自身的更加深入和全面的认识,偏见就会一再产生。而这类偏见一旦影响到有权势的人,影响到多数人,如雾霾一样弥漫开来,那么灾难性的结果就会产生。

  一种文明,无论在某些领域和方面多么发达,如果缺乏人类的关怀,它就完全可能在创造出其他各种伟大成就的同时,反过来加害于自身。《告文明世界书》的发起者福尔达的悲惨结局就是一个典型的例子。在这一点上,我还可以再补充一句:人文和社会科学,作为出于人类的关切而进行的研究,与追求真理,其实是等同的,没有根本的冲突。《北大德国研究》正是在这个方向上努力,所以它也就办得越来越有水平。

2015 年 7 月 24 日写于北京圆明园东听风阁

历史文献首译及述评

告文明世界书

黄燎宇 译

作为德国科学界和艺术界的代表，我们面向整个文明世界，对谎言和诽谤表示抗议。德国在这场艰难的、被人强加的生存之战中追求纯洁的事业，我们的敌人却企图用谎言与诽谤对其进行玷污。有人曾捏造和散播有关德国战败的谣言，铁一般的事实把谣言击得粉碎。所以他们现在更加狂热地歪曲事实、造谣污蔑。现在我们以响亮的声音对此予以回击。我们的声音是宣告事实真相的声音。

造谣诽谤者曰：德国挑起了这场战争。在德国，无论是民众、政府还是皇帝，都想避免这场战争。为了阻止战争的爆发，德国方面做了最大的努力。有相关的文献摆在世人面前。威廉二世在其二十六年的执政生涯中，一次又一次地证明自己是世界和平的维护者；即便我们的对手也一次又一次地表示认可。是的，在过去的几十年里，我们的皇帝因为毫不动摇地追求和平而受到耻笑，如今他们竟胆敢称其为阿提拉。当那些对德国觊觎已久的敌人以优势兵力从三个方向扑向德国之后，德国人民才像汉子一样挺身迎战。

造谣诽谤者曰：我们悍然破坏比利时的中立。有证据表明，法国和英国都已决定侵犯其中立。有证据表明，比利时已同意放弃中立。不抢先行动，无异于自我毁灭。

造谣诽谤者曰：我们的士兵在非紧急自卫的情况下侵害比利时公民的生命和财产。这类事件绝无仅有。当地居民对反复的警告置若罔闻，一次又一次地躲在暗处对我们的士兵进行射击，摧残伤者，杀害对伤者实施抢救的医生。他们绝口不提暗杀者的罪行,只是为了将他们应得的惩罚变成德国人的罪过。这是登峰造极的无耻捏造。

造谣诽谤者曰:我们的军队对鲁汶城区进行了残酷无情的破坏。当地居民丧心病狂,对我们的营地进行了阴险的袭击,我们的军队不得不以牙还牙,不得不狠下心来炮轰部分城区。鲁汶大部分城区保留下来。著名的市政厅完好无损。我们的士兵不惜牺牲自己,使市政厅免遭火焰吞噬。倘若在这场可怕的战争中有艺术品遭受或者将要遭受破坏,德国社会将民怨四起。然而,不论我们对艺术的热爱是多么难以被他国超越,我们都斩钉截铁地拒绝用德国的战败来换取艺术品的安全。

造谣诽谤者曰:我们在交战中蔑视国际法。我们军队没有做出无端暴行。但是,在东方,来自俄罗斯的兵匪屠戮妇孺,血浸大地;在西方,达姆弹撕碎我们战士的胸膛。那些与俄罗斯人和塞尔维亚人结盟的人,那些唆使蒙古人和黑人攻击白种人,从而在世人面前上演一幕可耻的戏剧的人,最无权利装扮欧洲文明的守护者。

造谣诽谤者曰:这场战争只是针对我们所谓的军国主义,并不针对我们的文化。我们的敌人十足地虚伪。若无德意志军国主义,德意志文化早就灰飞烟灭。军国主义诞生于德意志文化,其使命就在于保护德意志文化,因为德意志文化诞生在一个几百年来饱受强盗滋扰的国家。德意志军队与德意志民族融为一体。这一意识让如今七千万德国人超越教育、阶级和党派造成的差别,结为手足。

我们无法夺走敌人手中有毒的武器,敌人的武器就是谎言。我们只能向世人大声疾呼,他们在捏造事实。你们了解我们,你们一直在与我们共同捍卫人类最宝贵的财富,所以我们向你们发出呼吁:

相信我们!相信我们将战斗到底,我们在战斗中将坚持文明风范,因为对于我们而言,歌德、贝多芬、康德留下的精神遗产与我们的土地和家园一样神圣。

我们用我们的名字和荣誉向你们保证。

译者简介:黄燎宇,北京大学外国语学院德语系教授,代表作:《思想者的语言》,三联书店,2013年。

当纳雄奈尔的歌声响彻德意志大地

——《告文明世界书》述评

黄燎宇

1914年10月4日,德意志第二帝国的各大报纸都刊载了一篇题为《告文明世界书》的联合宣言,署名者是九十三位来自德、奥艺术界和学术界的知名人士,所以又称《九十三人宣言》。该宣言随后被译成十四种文字发表。

《告文明世界书》的署名者可谓群英荟萃。他们中间有不少堪称"不朽"的思想大师、艺术大师、学术大师。他们的书我们今天依然在读,他们的作品我们依然在欣赏,他们的科学发现和研究成果依然在造福人类。他们是认识领域的开拓者,是真和美的发现者。即便对于当今的中国人,他们的名字也多半耳熟能详。譬如:X光的发现人、首个诺贝尔物理奖得主威廉·伦琴,合成氨的发明者弗里茨·哈伯(获1919年诺贝尔化学奖),实验心理学之父威廉·冯特,进化论者恩斯特·海克尔,量子论的创始人马克斯·普朗克(获1918年诺贝尔物理奖),经济学家和社会改革家卢约·布伦塔诺,法学家弗朗茨·冯·李斯特,天主教神学家约瑟夫·毛斯巴赫,新教神学家阿道夫·冯·哈纳克,哲学家、1908年诺贝尔文学奖得主倭铿,哲学家阿洛伊斯·李尔和威廉·文德尔班,1912年诺贝尔文学奖得主豪普特曼及其胞兄卡尔,文学家赫尔曼·苏德曼、马克斯·哈尔伯、理夏德·德默尔、路德维希·福尔达,著名文学研究专家卡尔·浮世勒和乌尔里希·冯·维拉莫维茨-莫伦多夫,历史学家卡尔·兰普莱西特和爱德华·迈尔,戏剧导演马克斯·莱因哈特,画家马克斯·利伯曼、弗里德里希·奥古斯特·冯·考尔巴赫、弗朗茨·冯·斯托克,画家、雕刻家马克斯·克林格,作曲家恩格尔贝特·洪佩尔丁克,等等。神学家和政治家弗里德里希·瑙曼、瓦格纳的儿子齐格弗里德·瓦格纳也在签名者之列。

群星璀璨的《告文明世界书》却是满纸荒唐言,因为它罔顾事实,颠倒黑白,为威廉二世和普鲁士军国主义涂脂抹粉,而且丝毫不掩饰其文化傲慢和种族傲慢。难怪这篇翻译成十多种文字的宣言一经发表就在国际社会引起广泛的震惊和愤怒,招致多方的谴责和制裁。许多国家纷纷撤销曾经授予宣言署名者的各种荣誉和头衔,同时对德国学术界进行集体封杀。欧洲科学院联合会、国际史学大会、国际数学大会等机构纷纷对普鲁士科学院、德国历史学会和德国数学学会进行封锁,有的长达十年之久。法兰西第三共和国总理克列蒙梭甚至把《告文明世界书》称为"整个战争期间最最可耻的行径"①。该宣言也的确成为德国文化史上很不光彩的一页。

如此聪明、如此精英的人物,竟然用自己的名誉为如此一篇低劣的文字做担保。这是为什么? 尤其令人不解的是,《告文明世界书》的署名者多半不是保守派,而是自由派。在战前的一二十年里,这些自由派常常跟政府作对、跟政府捣乱,其批判和嘲笑的对象包括威廉二世、普鲁士军国主义以及出版审查制度。战争爆发后,这些自由派却判若两人,操起了本来不属于他们的语言。看看《告文明世界书》的来龙去脉也许有助于我们减少困惑。

一

众所周知,第一次世界大战是由德、奥发动的,因为是德、奥首先对他国宣战并出兵他国的。而德国触犯众怒,一方面是因为入侵了中立国比利时,另一方面是因为德军的表现不像是一支文明之师。进入比利时和法国之后,德军不仅摧毁了许多城市和村庄,不仅以清除游击队的名义枪杀了几千名比利时无辜平民,而且还制造了两个轰动性的破坏文物事件:8月25日,德军炮轰历史名城鲁汶,

---

① Gerd Krumeich, *Der Erste Weltkrieg. Die 101 wichtigsten Fragen*, München: Verlag C. H. Beck, 2014, S. 102.

鲁汶大学——比利时的最高学府和世界上最古老的天主教大学——图书馆被烧,大量珍贵的手稿和真迹被毁;9月18—20日,德军炮轰兰斯地区,被誉为"法兰西最高贵的皇家教堂"的兰斯圣母院(11世纪以来有25位法兰西国王在此加冕)在炮火中被毁。德军的野蛮行径遭到国际社会的一致谴责,连中立的瑞士和意大利也表示抗议。英、法两国的文化名人更是义愤填膺,发出尖锐的批判之声。英国作家、1907年诺贝尔文学奖得主吉卜林在《泰晤士报》疾呼:"匈奴人已打上门来"[1];法国哲学家柏格森(获1927年诺贝尔文学奖)宣布:"刚刚开始的对德战争其实是文明对野蛮之战。"[2]就连以亲德闻名的阿纳托尔·法朗士和罗曼·罗兰也加入声讨行列。前者曰:"德国的名字将遗臭万年。谁还怀疑他们是野蛮人?"[3]后者公开质问德国人:"你们到底是歌德还是阿提拉的子孙?"[4]由此,创造了灿烂的文化并且充满文化自豪感的德国人变成了众人眼里的匈奴人或者说野蛮人。而且,这也是他们的皇帝威廉二世造的孽。谁让威廉二世在向开赴中国镇压义和团起义的德国远征军团发表演说时号召德国士兵向骁勇善战、野蛮残酷的匈奴人学习?

在此形势下,德国的知识分子纷纷拿起笔杆子保家卫国,主要与英、法两国的知识分子进行论战。既有单挑,如罗曼·罗兰对豪普特曼,如罗曼·罗兰对托马斯·曼;也有集体对抗,如1914年9月1日波恩大学历史系发表的声明,如9月4日德国"高级神职人员和教授"发表《告外国福音派信徒书》以及英、法两国的福音派神职人员的集体回应,如9月18日五十三位英国作家在《泰晤士报》发表的支持对德宣战的联合声明,等等。《告文明世界书》的出台,则首先与德国商人埃里希·布赫瓦尔德有关,因为是此君最先产生了组织精英人士对来自国外的指责进行反击的念头。布赫瓦尔德的想法得到剧作家苏德曼的积极响应,

---

[1] Stephan Burgdorff/Klaus Wiegrefe (hrsg.), *Der Erste Weltkrieg. Die Urkatastrophe des 20. Jahrhunderts*, München: Deutscher Taschenbuch Verlag, 2014, S.48.

[2] Ernst Piper, *Nacht über Europa. Kulturgeschichte des Ersten Weltkriegs*, Berlin: Propyläen Verlag, 2014, S.242.

[3] Wolfgang J. Mommsen (hrsg.), *Kultur und Krieg. Die Rolle der Intellektuellen, Künstler und Schriftsteller im Ersten Weltkrieg*, unter Mitarbeit von Elisabeth Müller-Luckner, München: R. Oldenbourg Verlag, 1996, S.93—93.

[4] Burgdorff/Wiegrefe, *Der Erste Weltkrieg. Die Urkatastrophe des 20. Jahrhunderts*, S.48.

两人随即开始寻找志同道合者。帝国外交部和帝国海军情报局也很快介入此事,一个核心行动小组随之诞生。剧作家和翻译家福尔达负责起草文本,苏德曼和喜欢舞文弄墨的柏林市长格奥尔格·莱克对文本进行修改和润色。效仿马丁·路德九十五条论纲的风格撰写宣言就是莱克的主意。福尔达、苏德曼、莱克是老相识,都是1900年成立的歌德同盟会的成员和创始人。该小组主要通过电报问询方式征集签名,最终找到九十三个人。正因如此,后来有一些署名者声明自己是糊涂行事,连宣言的内容都没看就签了字。歌德同盟会的一些成员如是说,经济学家布伦塔诺如是说,物理学家普朗克如是说。但普朗克的话多少需要打点折扣,因为在《告文明世界书》登报后不到两周,他在由维拉莫维茨-莫伦多夫起草的、有三千多人署名的《德意志帝国高校联合声明》上署上了自己的大名,而这一声明跟《告文明世界书》如出一辙。

  应该说,绝大多数署名者是知道并且认可《告文明世界书》的内容的。既然如此,今天的读者必然要问:这些博学而睿智的文化精英怎么会认可这么一个几乎通篇胡言乱语的文本?这的确是一个难以回答的问题。但常识告诉我们,一个人很难超越自己的时代。如果看看一战前夕德国面临的国际形势,事情也许就不会显得那么不可思议。在当时的德国,人们普遍感觉四面受敌,普遍充满悲情意识。个中原因在于,1871年诞生的德意志第二帝国的综合国力蒸蒸日上,其民族意识日益增强,1888年登基的威廉二世更是不断为越烧越旺的民族意识火上浇油。他不仅向其臣民庄严承诺:"我带领你们走向辉煌"[1],而且毫不掩饰建立世界帝国的梦想。他掷地有声地说过:"德意志帝国的太阳应该永不落。"[2] 德意志第二帝国的雄心壮志显然不符合其他老牌帝国主义的利益,所以德意志第二帝国很快成为欧洲列强戒备的对象,身为龙头老大的日不落帝国尤其警惕德国的一举一动。德国与英、法、俄的关系日趋紧张。1898年,德意志第二帝国议会通过《舰队法》,这一法案毫不含糊地剑指英格兰,英、德两国的海上军备竞赛由此走向公开化、白热化。由于德国咄咄逼人,历史上瓜葛不断、长期彼此为

---

[1] Gerhard Hirschfeld/Gerd Krumeich, *Deutschland im Ersten Weltkrieg*, unter Mitarbeit von Irina Renz, Frankfurt am Main: S. Fischer Verlag, 2013, S.13.
[2] Ebd.

敌的英、法、俄三国开始结盟、抱团:1894年法国和俄国缔结军事同盟,1904年英国和法国签署"诚挚的协约",1907年英国和俄国达成瓜分势力范围的谅解协议。德国人逐渐感觉陷入包围圈。1906年,在旨在解决摩洛哥危机的阿尔赫西拉斯会议上,德国发现自身被欧洲列强所孤立。随后德国首相伯恩哈德·冯·比洛在帝国议会演讲时发出警告:"如果一种政策旨在包围德国,并在德国周边的大国携手孤立德国、瘫痪德国,对于欧洲的和平而言,这种政策就令人担忧。"① 由于德国与其他欧洲大国的关系日趋紧张,甚至几次走向战争边缘,德国人对战争有所预期,许多社会精英坚信德国与英、法、俄"终有一战"。因此,一战爆发后德国人普遍相信德国打的是一场自卫反击战,德军进入比利时只是出于先发制人的策略,所以豪普特曼可以理直气壮地宣称:这是一场"由俄国、英国、法国强加给德国的战争。"②

1914年8月4日,当帝国首相贝特曼·霍尔韦格在帝国议会宣布德军因"正当防卫"而进入比利时之后③,德意志第二帝国出现了众志成城、万众欢腾的场面,史称"沸腾的八月"(Augusterlebnis)。人们纷纷走上街头,为战争和祖国欢呼。成群结队的年轻人不分昼夜地游行、狂欢。他们穿行于大街小巷,一路唱着爱国歌曲,一路高喊杀敌口号,如"一枪打死一个俄国人/一刀刺死一个法国人/一脚踢死一个英国人"④之类。开赴前线的士兵处处享受夹道欢送,得到许多的掌声、呼声以及鲜花,士兵们则是意气风发、斗志昂扬、喜气洋洋,信心百倍地彼此高喊"巴黎街头见!"而知识分子的"战争喜悦"普遍超出常人。有统计表明,在德意志第二帝国,人们的战争热忱与人们的文化程度和社会地位基本成正比⑤。就是说,一个人的文化程度和社会地位越高,其战争热忱就越高。帝国的知识分子纷纷用力所能及的方式为国效劳。有的主动走向征兵站,如年过半百的德默尔,有的送子参军,如把四个儿子都献上的豪普特曼,普朗克的两个儿子

---

① Krumeich, *Der Erste Weltkrieg. Die 101 wichtigsten Fragen*, S.17.
② Mommsen, *Kultur und Krieg*, S.228.
③ Hirschfeld/Krumeich, *Deutschland im Ersten Weltkrieg*, S.58.
④ Krumeich, *Der Erste Weltkrieg. Die 101 wichtigsten Fragen*, S.31.
⑤ 在普鲁士王国,开战后头十天自愿报名参军并最终入伍的十四万人中间,来自社会中上层家庭的子弟占了绝大多数。参见 Hirschfeld/Krumeich, *Deutschland im Ersten Weltkrieg*, S.62.

参了军、上了前线,两个女儿则前往战地医院做护士。更多的则是通过诗歌、散文或者演说来讴歌战争和军人,歌颂祖国讨伐敌人。年届七十的帝国桂冠哲人倭铿就先后在各地发表三十六场演说,在能够容纳上千人的纽伦堡市政厅还创下连续演讲两场、一直讲到深更半夜的纪录;作曲家理查德·施特劳斯写完《没有影子的女人》的第一幕之后,在乐谱上特别注明"完成于萨尔堡大捷之日"①,作曲家汉斯·普菲茨纳参军未果,但他随后把自己的新作《帕莱斯特里那》献给了帝国海军元帅、号称德国大洋舰队之父的阿尔弗雷德·冯·提尔皮茨。在同仇敌忾、普天同庆的形势下,威廉二世发出了缔结"城堡和平"(城堡就是德国)的倡议,德意志第二帝国随之变成和谐社会。自由派知识分子不再与政府捣乱、作对,威廉二世也不再对自由派知识分子诅咒、叫嚣。德意志第二帝国举国上下众志成城、一致对外。目睹这等大好形势,历史学家格奥尔格·冯·贝洛曾动情地写道:"今天,无论市长、工厂主、商人、工匠、教师、工人,还是君主、骑士、农民,人们全都手拉手、肩并肩地奔赴前线。"②在这种形势下,保持清醒、保持独立谈何容易。能够做到举世皆浊我独清的人只能是凤毛麟角。爱因斯坦和数学家大卫·希尔伯特是德国科学界的凤毛麟角者,亨利希·曼和卡尔·克劳斯(后者是奥地利人)是德国文艺界的凤毛麟角。

需要指出的是,德意志第二帝国是一个实施新闻审查的国家,舆论受到控制和引导。由于政府对媒体进行严格审查,对战争起因有着较为清醒认识的左翼党和左翼人士的言论多半受到屏蔽或者压制。因此,在战争责任问题上基本上是官方什么腔调,民间就什么腔调,知识分子也未能免俗。但令人诧异的是,德国人在这种认识水准上停留了近半个世纪。1961 年,西德历史学家弗里茨·菲舍尔发表其著作《攫取世界霸权——德意志帝国的战争目标政策》之后,德国人才首次听说一战是由德国长期酝酿并蓄意挑起的。菲舍尔这一论点自然在西德舆论界引发巨大的、持续的震荡。菲舍尔在柏林自由大学大讲堂发表演讲的时候,听众人数达两千,普通读者寄给报社的抗议信铺天盖地,联邦议长欧根·格

---

① 在普鲁士王国,开战后头十天自愿报名参军并最终入伍的十四万人中间,来自社会中上层家庭的子弟占了绝大多数。参见 Hirschfeld/Krumeich, *Deutschland im Ersten Weltkrieg*, S. 63.
② Mommsen, *Kultur und Krieg*, S. 119.

斯登美尔公开抨击菲舍尔的观点,德国政府还试图通过削减歌德学院经费的方式阻止菲舍尔前往美国宣讲其论点,巴伐利亚州长弗朗茨·约瑟夫·施特劳斯到了 1965 年还呼吁人们"清除""对德国历史和德国形象的扭曲"。①

二

如果说上述历史背景是《告文明世界书》出台的外因,其签署者的思想意识就是造成这一事件的内因。就是说,那九十三位社会精英多半思想意识有问题。他们的主要问题可以概括为三点:文化傲慢、种族傲慢、军国主义。这种不良思想意识在《告文明世界书》中可谓充满字里行间,在第五条和第六条尤其扎眼,必须做点注释和点评。

先看看第五条的最后一句话:"那些与俄罗斯人和塞尔维亚人结盟的人,那些唆使蒙古人和黑人攻击白种人,从而在世人面前上演一幕可耻的戏剧的人,最无权利装扮欧洲文明的守护者。"这是一句很成问题、却很少受到追究的话。这句话与其说在骂英国人和法国人,不如说骂欧洲以外的人,是赤裸裸的种族主义。《告文明世界书》写上这样一句话,是因为德意志社会精英目睹了令其费解的新生事物:英、法两国不仅跟俄罗斯、塞尔维亚、日本结盟,而且还从两国分布在世界各地的殖民地把有色人种拉来做劳工、做壮丁(一战期间处于半殖民状态的中国向欧陆派遣了大约十四万劳工)。你们是我们的敌对国、交战国,这没问题,我们好歹同文同种。可是,俄罗斯和塞尔维亚算什么? 亚洲人和非洲人算什么? 劣等文化。劣等民族。历史学家弗里德里希·梅尼克就断言,塞尔维亚"不属于文化民族"②,他认为"优越的文化已决定德国对塞尔维亚和俄国占有政治优势"③,海克尔因为英国动用"世界各地的低等有色人种"来对付德国而谴责

---

① Burgdorff/Wiegrefe, *Der Erste Weltkrieg. Die Urkatastrophe des 20. Jahrhunderts*, S.259.
② Kurt Flasch, *Die geistige Mobilmachung. Die deutschen Intellektuellen und der Erste Weltkrieg. Ein Versuch*, Berlin: Alexander Fest Verlag, S.50.
③ Burgdorff/Wiegrefe, *Der Erste Weltkrieg. Die Urkatastrophe des 20. Jahrhunderts*, S.46.

英国人"对白人种族进行无耻的背叛"①，社会学家维尔纳·桑巴特声称自己战前"从未把日本人当作人来看"②，托马斯·曼跟桑巴特的认识和感受差不多，似乎也没把有色人种当人看，所以其动词的使用与《告文明世界书》如出一辙，所以他说英、法"放出吉尔吉斯人、日本人、尼泊尔人、霍屯督人来攻击德国"③。"放出"(loslassen)和"唆使"(hetzen)显然有异曲同工之妙。这些德意志文化精英口无遮拦，只因一个简单的事实：他们是在19世纪的精神哺育下成长起来的，而19世纪是一个信奉达尔文主义、社会达尔文主义和白人至上的世纪。反过来，如果没有种族主义的思想禁锢，这些德国知识精英本来可以对敌人重炮还击：圆明园是谁烧的？谁更野蛮？

《告文明世界书》的第六条宣言最为臭名昭著，因为这九十三位社会贤达竟然在此美化普鲁士军国主义。对于欧洲其他国家而言，普鲁士军国主义一直是眼中钉、肉中刺。众所周知，18世纪的普鲁士王国是通过赫赫武功崛起的，普鲁士崛起的头号功臣腓特烈大帝首先是一个军事天才。19世纪下半叶，普鲁士通过三次炮火的洗礼建立了德意志第二帝国。俾斯麦的铁血政策、威廉二世称霸世界的野心更是强化了德国的军国主义形象，令欧洲其他大国满腹狐疑。本来，欧洲列强都是军国主义，都在奉行铁血政策，他们遍布世界各地的殖民地都是通过坚船利炮打下来的。德国人让老牌帝国主义看不顺眼，因为他们是"迟到的民族"，他们年轻气盛，而且摆出要从老牌帝国主义者那里分一杯羹，要和老牌帝国主义决一死战的架势。世故的老牌帝国主义一直在盘算如何修理咄咄逼人的后来者（修昔底德陷阱并非空穴来风）。另一方面，从普鲁士的崛起开始算，德意志文化已经辉煌了至少一百五十年，已经牢牢树立了"诗哲民族"和"音乐民族"的光辉形象，赢得了各国由衷的敬意。在欧洲邻国的眼里，德国就是腓特烈的波茨坦和歌德、席勒的魏玛的奇特组合，前者代表德意志军国主义，后者代表德意志文化。所以，当德国打响一战的第一枪之后，老道的英国人马上摆出了

---

① Piper, *Nacht über Europa. Kulturgeschichte des Ersten Weltkriegs*, S. 219.
② Mommsen, *Kultur und Krieg*, S. 74.
③ Thomas Mann, *Essays. Band 2. Politik*, hrsg. Hermann Kurzke, Frankfurt am Main：Fischer Taschenbuch Verlag 1977, S. 36.

公允、客观、大度的姿态,呼吁对德国采取二分法。英国外交大臣爱德华·格雷爵士就强调,协约国的战斗对象"不是德国文化,而是德国的军国主义"①,英国作家柯南道尔则表示:"我们为昔日那个强大而深刻的德国而战,我们为创造了音乐和哲学的德国而战,我们与这个张牙舞爪的、推行铁血政策的今日德国作战。我们的胜利将为不属于统治阶层的德国人带来持续的拯救。"②对于这类说法,《告文明世界书》的签署者们既不理解,也不领情。他们将二分法斥为"虚伪",同时又骇人听闻地声称:"若无德意志军国主义,德意志文化早就灰飞烟灭……德意志军队与德意志民族融为一体。"在此,《告文明世界书》所道出的当然不只是九十三个文化和知识精英的心声。没有参与《告文明世界书》签名活动的知识精英同样表达了令人瞠目结舌的观点。譬如,桑巴特将军国主义视为"波茨坦和魏玛的完美统一"③,托马斯·曼认为"只有在战争中,德国才充分绽放出美和美德"④。

军国主义对德意志文化是祸是福,历史给出了答案。一战给出了临时答案,二战给出了最终答案。二战结束前夕的两个历史事件值得关注:一是 1945 年 5 月 7 日纳粹德国在兰斯签下无条件投降书,而兰斯是德国人一战期间造孽的地方;第二,1945 年 7 月 24 日,中、美、英在普鲁士军国主义的圣地波茨坦发布《波茨坦公告》,把日本军国主义也列为清算目标,萧伯纳有关一战旨在让各国"戒掉波茨坦"的预言⑤似乎由此才得以实现。

《告文明世界书》无疑是一代德国知识分子思想很不靠谱的明证。一战期间,当德、奥文化精英竞相讴歌战争、讴歌军国主义的时候,冷眼旁观的卡尔·克劳斯说过一句严肃的戏言:"缔结和约之后,把讴歌战争的文人全部抓起来,然后在伤残军人面前好好鞭打一番。"⑥如果考虑到一战造成上千万的死伤,把说话如此不靠谱的精英人士抓起来狠狠鞭打似乎也不过分。不过,历史就是最好

---

① Flasch, *Die geistige Mobilmachung. Die deutschen Intellektuellen und der Erste Weltkrieg. Ein Versuch*, S. 91.
② Burgdorff/Wiegrefe, *Der Erste Weltkrieg. Die Urkatastrophe des 20. Jahrhunderts*, S. 47.
③ Piper, *Nacht über Europa. Kulturgeschichte des Ersten Weltkriegs*, S. 236.
④ Thomas Mann, *Essays. Band 2. Politik*, S. 32.
⑤ Ebd., S. 340.
⑥ Burgdorff/Wiegrefe, *Der Erste Weltkrieg. Die Urkatastrophe des 20. Jahrhunderts*, S. 52.

的皮鞭。他们或多或少地从历史中间得到教育,有的还受到严重惩罚。《告文明世界书》的起草者福尔达就是很好的例子。1862 年降生在法兰克福的一个犹太人家庭的福尔达,是一位才华横溢、功成名就的剧作家和翻译家。他写了三十多个剧本。一战之前他的剧本在维也纳城堡剧院的上演次数不亚于像豪普特曼、施尼茨勒或者霍夫曼斯塔尔这些名声显赫的剧作家。他从七种语言迻译文学作品,他的译文总是妙笔生花。他翻译的莫里哀剧本一战之前在德国上演的次数超过了法国。鉴于其翻译成就,1907 年法国政府还授予他荣誉军团十字勋章。福尔达还具有很强的组织才能和社会责任感。他在柏林参与创建了旨在反对出版审查制度的歌德同盟会,他也是普鲁士艺术科学院的创始人之一,并且担任了国际笔会德国分会的第一任会长。1932 年,在他七十大寿之际,帝国总统兴登堡还亲自授予他歌德勋章。他的社会名望由此达到顶点。福尔达对德国文化怀有一种超乎常人的爱和自豪感。一战期间,他不仅断言德国人是"最有文化修养的民族"[1](《告文明世界书》中也提到德国人对艺术的爱无人超越),他还一本正经地倡议:如果德国战胜了英国,就应"在和约中设定一条让威廉·莎士比亚从形式上转让给德国的条款",因为"莎剧在德国的演出令英国望尘莫及,德国对莎士比亚的理解比英国深刻许多"[2]。可是,这样一个热爱文化、热爱祖国、热爱祖国文化的文人,最终却遭遇了被文化、被祖国、被世界抛弃的悲惨命运。他是犹太人,所以纳粹不会绕过他:1933 年,他被撵出普鲁士艺术科学院文学部,1935 年起他被禁止发表任何东西。1939 年,他想移居美国,但美国人似乎还惦记他在一战的表现,所以拒绝向他发放签证(法国人早就撤销了他的荣誉军团十字勋章)。走投无路的他,只好在绝望中自杀……如果福尔达在自杀之前起草一篇控诉纳粹、控诉德国历史歪路的《告文明世界书》呢?

---

[1] Burgdorff/Wiegrefe, *Der Erste Weltkrieg. Die Urkatastrophe des 20. Jahrhunderts*, S.50.
[2] Ebd.

三

最后需要对标题翻译来一个小小的说明。我们把"Aufruf an die Kulturwelt"译为"告文明世界书",是因为约定俗成。由于约定俗成,我们巧妙地绕开了一个翻译难题。德文里面从康德时代就把"文化"(Kultur)和"文明"(Zivilisation)区分开来,甚至把二者视为对立面,从而有别于英、法两国。这一区分至今存在:亨廷顿的《文明的冲突》(*Clash of Civilisations*)进入德文就成了"Kampf der Kulturen",即"文化的冲突"。一战期间,文化异于文明论、文化优于文明论在德国可谓甚嚣尘上。对当时许多的德国文化精英而言,英、法追求"文明",德国追求"文化",对于二者的区分,有五花八门的说法,但其基本意思是:"文明"关注物质生活和社会生活层面,所以追求现代化、城市化、舒适、华丽,所以倾向庸俗和平庸;"文化"关注精神和心灵,所以追求激情、力量、深刻,所以充满个性和创造。如果套用我们中国人熟悉的语言,就可以说英、法是物质文明,德国是精神文明。有意思的是,不少德国文化精英干脆就把一战看作"文化"与"文明"的大决战。为此马克斯·舍勒说过,如果德国战败,那就意味着"温吞的英式享受和循规蹈矩的文明战胜充满原创和个性的文化",意味着"资产阶级战胜腓特烈大帝以及歌德和康德的精神"[①]。从这个意义上讲,德文的 Kultur 是很难翻译乃至无法翻译的。不论英语、法语还是中文,把这《九十三人宣言》译成《告文明世界书》或多或少都属于无奈之举。不过,由于该宣言的述说对象是外国和中立国,并且涉及谁是文明之师的话题,将"Aufruf an die Kulturwelt"译成"告文明世界书"反倒通顺、贴切甚至不无反讽意味。

---

① Mommsen, *Kultur und Krieg*, S. 72.

德皇威廉二世的"匈奴人演说"①

黄燎宇　译

立正!

自德意志帝国重建以来,我们第一次面临如此重大的海外使命。这项使命来得之早,其规模之大,已远远超出多数同胞的预期。这是德意志帝国重新崛起的结果,我们有责任在危急关头保护生活在海外的同胞手足。因此,古老的德意志民族神圣罗马帝国所无法完成的古老的使命再次摆在我们面前。新的德意志帝国有能力完成这项新的使命,因为我们具备了一种由军队赋予其可能性的结构。

在三十年的和平岁月里,艰苦紧张的训练将数十万的德国人培养成军人,训练遵循的原则来自我已故的祖父。这些原则在三场光荣的战争中经受了考验。从现在起,你们也应在敌人面前验证我们的军事发展方向是否正确。你们的海军战友已经向我们证明,我们训练军队的方式和原则是正确的。他们垂范在先,你们要奋力追赶。外国的领袖对我们的战士表达了最高的赞赏,这一点也尤其值得我们骄傲。

我派遣你们去完成的任务,是一项重大的任务。你们应该严惩暴行!中国人犯下一桩史无前例的罪行,因为他们胆敢践踏古老的国际公法,以如此丑恶的方式嘲弄宾客权利的神圣性。况且,这是一个自矜于千年古老文化的民族犯下

---

① 德皇威廉二世 1900 年 7 月 27 日在不来梅港为前往大清帝国镇压义和团起义的德国东亚远征军送行时发表了该篇演说,史称"匈奴人演说"。本文译自 1900 年 7 月 28 日不来梅港的《西北德意志报》刊发的德文演讲稿。

的罪行！但是你们由此可以看出，一种没有基督教根基的文化会走向何方。异教文化，无论它多么绚丽辉煌，终究经不住任何真正的考验。

我派遣你们远征，你们首先要展现精明强干的普鲁士传统，其次，你们要表现出献身精神、勇敢无畏以及对不幸的坚忍。这是你们作为基督徒习得的品质。你们还要展现军威！你们应该成为律己和守纪的典范，应该成为自我超越和自我克制的典范。你们要和势均力敌、装备精良、勇猛而狡诈的敌人进行搏斗。你们要为我们死去的公使复仇，为众多死去的同胞和其他死去的欧洲人复仇！你们要做到战无不胜！格杀勿论！不收俘！你们逮住谁，谁就应该成为你们的刀下鬼！一千年前，埃策尔①国王率领的匈奴人威震四方，在今天的传说与童话中，他们的故事读着依然令人胆寒；如今，你们要以自己的方式迫使中国人对德意志心生敬畏，使他们一千年之内再也不敢忾视德国人。

你们将以少战多；但这个我们已习以为常。我们的战争史也证明了这点！这是来自大选帝侯的历史和你们的部队历史的教诲。给你们的旗帜别上新的荣誉。主的祝福与你们同在！家人的祝福、整个民族的祝福将跟随你们到五湖四海！

祝你们一切顺利，祝你们所向披靡！无论奔赴何方，你们都是胜利之师！愿主的祝福随帜而行，愿这场战争带来恩赐，让基督教在中国的土地生根发芽，以避免惨剧重演！牢记你们入伍宣誓给我的庄严许诺！

一路顺风！

再见，战友们！

---

① 埃策尔和阿提拉是同一个人。埃策尔是日耳曼南部方言，意为"恐怖者"；阿提拉是哥特语，意为"老爸"，这是日耳曼人对"恐怖者"的敬称。

德皇缘何变成匈奴王？
——评德皇威廉二世的"匈奴人演说"

黄燎宇

一

1900年春夏之交,在中国北方变得如火如荼的义和团运动让德皇威廉二世心系中国、烦躁不安。"匈奴人演说"是威廉二世在这个火热的夏天的思想和情感的集中体现。

先简要交代一下事情的由来。6月18日,柏林方面接到有关北京使馆区被焚烧和德国公使克林德被杀的电报。这是一则至今也让人感觉诡异的传言①,因为当时使馆区并未陷入火海,克林德则是两天之后即6月20日在东单牌楼被清军神机营霆字队枪八队章京恩海击毙的。获悉此消息后,威廉二世立刻下令为海军陆战队总动员做准备,并产生组建由志愿军组成的东亚远征军的想法。他在给比洛的电文中写道:"必须将北京夷为平地……我的部队必须为公使复仇。必须把北京铲平。"②7月2日,克林德被杀的消息最终得到确认,威廉二世急令帝国海军第一大队和第二大队(第三大队的军舰已经在中国水域行动)开

---

① Friedrich Hartau, *Wilhelm II. In Selbstzeugnissen und Bilddokumenten*, Reinbek: Rowohlt, 1978, S. 61.

② *Reden des Kaisers. Ansprachen, Predigten und Trinksprüche Wilhelm II*, hrsg. Ernst Johann, München: Deutscher Taschenbuch Verlag, 1966, S. 140.

赴中国,他本人当天就赶到威廉港送行。他在讲话中号召官兵"把德国国旗插到北京的城墙上,然后强迫中国接受和平"①。7月6日,帝国海军第一编队的第一师从基尔开赴中国。威廉二世登上弗里德里希·威廉选帝侯号旗舰发表演说,他声称:"不把中国打趴,不讨还所有的血债,我就寝食难安。"②7月27日,德皇威廉二世来到不来梅港,为即将开赴中国的东亚远征军团送行。在参观负责运输远征军的三艘轮船——巴塔维亚号、德累斯顿号、哈勒号——并检阅整齐排列在劳埃德轮船公司大厦前的码头广场上的志愿军官兵之后,威廉二世背靠哈勒号战舰、面向全体官兵发表了演讲。倾听演讲的还有皇帝的随员(皇后奥古斯塔和几位王子、帝国首相霍亨洛厄侯爵、陆军大臣海因里希·冯·科斯勒、外交国务秘书伯恩哈德·冯·比洛侯爵)、劳埃德北德公司总经理海因里希·维甘德、大批报社记者以及约两千名社会各界拥军人士。

　　这是一篇有煽动性的、现场效果极好的演说。皇帝陛下一方面讲述德意志第二帝国的辉煌和使命,缅怀其祖父即威廉一世的丰功伟绩(他希望其臣民把威廉一世而非俾斯麦视为第二帝国缔造者形象),宣传普鲁士的优良传统和赫赫武功,同时提到德国军队在八国联军中的骄人表现。外国领袖之所以对德国军队表达"最高的赞赏",一是因为他们在6月17日的大沽炮台攻陷战中表现神勇,二是因为他们在6月21日的一次交战中听从当时的联军司令西摩尔的指挥——"The Germans to the Front"③,以敢死队的架势为联军打头阵。据说,今天的德国人也没有忘记西摩尔这句话,而德国一些大城市的街道时至今日依然在讲述德国军队在大沽炮台攻陷战立下的"赫赫战功",如位于柏林的达勒姆区(Dahlem)或者说柏林自由大学校区的"大沽街"(Takustraße)、"伊尔提斯大街"(Iltisstraße,伊尔提斯号战舰炮轰大沽炮台有功)、"兰斯大街"(Lansstraße,威廉·兰斯是伊尔提斯号的船长),如位于科隆埃伦费尔德新区(Neu-Ehrenfeld)的同名的街道。

---

① Hartau, *Wilhelm II*, S. 62.
② Reden des Kaisers, S. 141.
③ Dietlinde Wünsche, *Feldpostbriefe aus China. Wahrnehmungs- und Deutungsmuster deutscher Soldaten zur Zeit des Boxeraufstandes 1900/1901*, Berlin: Ch. Links Verlag, 2008, S. 120.

另一方面，皇帝陛下"义愤填膺"，谴责中国人犯下的"史无前例的罪行"。他还把中国人为恶的根源追溯到基督教文化的缺失。最后，他提醒远征军官兵别麻痹、别轻敌，号召他们勇猛杀敌，同时把基督教的种子播撒到中华大地。

威廉二世的演说使在场听众心潮澎湃，如痴如醉。对于远征军官兵而言，这是一篇"令人难忘"的演讲（有诸多士兵家书为证），记者们的报道也充满颂扬之声。然而，现场听众中也有人感觉不妙。据国务秘书比洛回忆说，威廉二世讲话的时候首相霍亨洛厄的脸越拉越长，他本人则赶紧给记者们打招呼，告诫他们不要擅自刊发皇帝陛下的演说稿，一定要以他亲自敲定的版本为准文稿（威廉二世是脱稿演说，所以需要借助速记变成文字）。他还说，威廉二世看到自己的删节版演讲稿之后还抱怨他"恰恰把最精彩的话删去了"①。由于比洛的回忆录是在一战结束后撰写而成的，人们有理由怀疑他事后孔明并杜撰细节。但有一点是确凿无疑的：比洛给记者打了招呼，比洛对速记稿进行了删改，其删改重点就是第四段的最后几句话："格杀勿论！不收俘！你们逮住谁，谁就应该成为你们的刀下鬼！一千年前，埃策尔国王率领的匈奴人威震四方，在今天的传说与童话中，他们的故事读着依然令人胆寒；如今，你们要以自己的方式迫使中国人对德意志心生敬畏，使他们在千年之内再也不敢乜视德国人。"这些话至少触犯了两重禁忌。一是人类历史逐渐步入"文明时代"，"文明时代"对战争有"文明"要求，1899年在荷兰海牙召开的国际和平大会似乎就是这一进步的体现。参会的二十六国通过了《陆战法规和惯例公约》和《日内瓦公约诸原则适用于海战的公约》等文件。由此，"格杀勿论"变得过时而野蛮。其二，有基督教信仰的欧洲人怎么可以师法以野蛮凶残著称的匈奴人？哪有让基督徒学习异教徒、让文明人学习野蛮人的道理？

有意思的是，比洛在威廉二世演讲的当天晚上就先后搞出两个版本：第一版对速记稿文字进行了大幅删减，然后用间接引语、用综述形式公布演讲内容；几个小时后拿出的第二个版本则大幅扩充了文本篇幅，同时采用直接引语，也就是打上了引号。但是，与匈奴人相关的字眼仍然没有出现，"格杀勿论"的主体也

---

① *Reden des Kaisers*, S. 141.

变成了中国人。比洛做事谨慎并且有敏锐的政治嗅觉,他知道这类语言不宜登报,所以他煞费苦心,努力为皇帝陛下找补堵漏。可是,人算不如天算。尽管被打招呼的记者全都非常听话、非常规矩,全都采用了比洛钦定的演讲文本,但令比洛无法预料的是,有几个记者因为站在劳埃德大厦的雨棚倾听皇帝陛下演讲而没有听到来自上面的指令。其中包括在不来梅港发行的《西北德意志报》的社长约瑟夫·迪岑。迪岑做了速记并对速记文字进行了润色,然后抢在当晚就全文刊发了威廉二世的演说稿。由于对皇帝陛下的演说稿还十分欣赏,迪岑把当晚的《西北德意志报》给柏林方面寄了几百份,同时还往皇帝陛下的移动官邸霍亨索伦号游艇寄送了一大摞……比洛前功尽弃,全世界都知道威廉二世发表了一篇"匈奴人演说",威廉二世也将为此遗臭万年。

二

比洛在其回忆录中总结说,"匈奴人演说"是威廉二世发表的"最糟糕"和"最有害"的演说①。这话主要指这篇演说给威廉二世本人的形象、给德国的国家形象造成了严重损害:第一次世界大战爆发之后,英、法两国立刻把匈奴说变成了对付德国的宣传利器。对德战争被定义为文明对野蛮的战争,威廉二世被称为匈奴王阿提拉,德国人被斥为匈奴人、野蛮人。由此,德国在一战宣传战中一开始就陷入被动和不利。比洛是德国人,他自然从这个角度去理解"匈奴人演说"的"糟糕"和"有害"。如果站在中国人的角度看,"匈奴人演说"的最大危害则在于其"格杀勿论"的呼吁得到广泛而热烈的响应。士兵们不仅口口相传、津津乐道,而且给许多运兵车辆(包括火车和汽车)写上或者挂上"格杀勿论"的标语。而且,欧洲邻国似乎也纷纷对"格杀勿论"表示赞赏。法国外长泰奥菲勒·德尔卡塞就说威廉二世的演讲"给整个法国留下好得不能再好的印象"②。

---

① Christopher Clark, *Wilhelm II. Die Herrschaft des letzten Kaiser*, Aus dem Englischen von Norbert Juraschitz, München: Deutsche Verlags-Anstalt, 2008, S. 225.
② Ebd., S. 225.

结果，踏上中国土地的一些德国士兵因为将皇帝陛下的教导铭记在心而变得格外凶狠、格外残暴。而由于八国联军对义和团和清军的战争是一场彻底不对称的战争，是热兵器对冷兵器、是19、20世纪对中世纪乃至古代的战争，其凶狠残暴常常带有轻而易举和随心所欲的特征。尽管八国联军在对待中国人的问题上可谓大哥不说二哥，总体上是一样地凶狠残暴（个别德国士兵反映俄国人和日本人出手最凶狠），但一封又一封的德国军人战地书表明，皇帝陛下的号召给相当一部分德国士兵的暴行开了绿灯。试举三例：

例一："不管男人、女人还是儿童，只要对我们构成妨碍，我们一律宰杀。女人的惨叫撕心裂肺。但是皇帝命令我们：格杀勿论！我们都曾宣誓效忠和服从，我们信守誓言。"

例二："不收俘，就是说，如果收了俘虏，战斗一结束就统统枪毙。"

例三："我想知道那些正统派大佬对此有何评论：'格杀勿论！你们逮住谁，谁就应该成为你们的刀下鬼'，这说出了我们大家的心里话。"①

值得注意的是，由于德国人普遍关心东亚战事，帝国的报纸纷纷刊载德国军人写自中国的书信，有的还开辟专栏进行连载。刊载的信件中间包括不少类似上面这类讲述甚至吹嘘各种血腥"战绩"的战地书。由于德国和欧洲媒体此前对清军尤其是义和团如何攻击和迫害西方人和基督徒做过大量报道，同时佐以诸多真真假假、虚虚实实的恐怖细节，所以义和团和清军的形象已被彻底丑化、妖魔化，中国人总体上被视为劣等和野蛮的民族（知道中国是文明古国的德国人只好抱怨中国人因为不会与时俱进而彻底堕落）。不少人甚至认为海牙和会通过的相关文件不适用于中国，因为中国不算"文明国家"，而且只是海牙和会的参会国而非签约国。因此，对于白纸黑字所呈现的德军暴行，人们普遍视而不见或者无动于衷，甚至暗地欣赏。好在当时的德国社会还存在一股有良心、有正义感、有国际主义情怀的政治力量——社会民主党。社民党不仅反对出兵中国，而且清楚地看到威廉二世的煽动性演讲所产生的灾难性后果。所以，社民党的机关报《前进报》大量刊载写自德国远征军士兵描写和炫耀其武功的战地书，并

---

① Wünsche, *Feldpostbriefe aus China*, S. 197.

将这类信函统称为"匈奴人来信"。与此同时,社民党议员在帝国议会频频发难。奥古斯特·倍倍尔不仅在议会发言中要求德国撤回远征军并分析出兵中国的帝国主义动机,他不仅要求把中国视为需要平等对待的国家,而且,为了揭露德军暴行,他朗诵了不少"匈奴人来信"的选段。由于社民党的大力宣传,"匈奴人"成为一个令人畏惧的标签,威廉二世的一些支持者和追随者由此陷入滑稽、狼狈和难堪的境地。新教神学家和政治家弗里德里希·瑙曼——如今的弗里德里希·瑙曼基金会即以此公命名——就因为支持组建东亚远征军而成为"匈奴牧师",陆军大臣科斯勒在帝国议会为威廉二世所做的辩解则演变为一出喜剧,成为大众笑柄。科斯勒在帝国议会的辩解如下:"匈奴人这个词现在进入了社会民主党的各个报纸。该词来自皇帝在不来梅港的一次讲话。但是遭到断章取义;我们只有把握了这篇讲话的整体思路才能赞同这样一种观点:现在出兵中国,也是为了报复蒙古人 1500 年前在德国和欧洲犯下的暴行(哄堂大笑)。天网恢恢疏而不漏(哄堂大笑)。世界历史要看整体而不是细节(再度哄堂大笑)。"①与此相映成趣的,是一位名叫阿图尔·朗勒特的远征军军官对义和团所做的评论:拳民是"一个革命阶级,可以跟社会民主党人进行比较"②。

三

作为中国人,我们可以从两个方面看待威廉二世的"匈奴人演说"。

一方面我们要重视它,因为威廉二世在此吐露不少真言,尤其是对中国的看法。威廉二世对遥远的中国既垂涎三尺,又充满厌恶。他是一个充满强国梦的君主,他立志要带领德意志民族走向世界、走向辉煌。德意志第二帝国蒸蒸日上的国力和威廉二世的勃勃雄心可谓交相辉映。由于德国是一个迟到的民族,由于老牌殖民大国处处抢先、占先,德意志第二帝国拓展其在阳光下的地盘的伟业变得比较艰难。于是乎,威廉二世把眼光投向遥远的东方,盯上了摇摇欲坠的大

---

① *Reden des Kaisers*, S.142.
② Wünsche, *Feldpostbriefe aus China*, S.150.

清帝国。1897年11月的巨野教案(两个德国传教士在山东巨野被当地的大刀会成员杀死)让威廉二世看到天赐良机,他立刻决定派舰队开往胶州。他为出兵决定陈述的理由是:"成千上万的基督教徒听见德国皇帝的军舰驶进,他们就会如解倒悬;数以百计的德国商人得知德意志帝国终于在亚洲取得稳固地位,他们就会欢欣鼓舞;德意志帝国的铁拳打到千万个中国人的脖子上,他们就会胆战心惊(……)"①由此,德意志第二帝国在中国就牢牢拥有了一块殖民地,德国的铁路、德国的商社、德国的学校和医院在大清帝国迅速涌现。义和团事件则使他看到扩大在华利益和展现德意志帝国军威的良机。由于在华利益最多的英、俄两国在谁担任联军的统帅问题上相互掣肘(从某种意义上讲八国联军就是八支相互提防相互掣肘的军队),而克林德被杀又给了德国人手里一个道德筹码,所以德国人阿尔弗雷德·冯·瓦德西伯爵成为黑马,出任八国联军统帅。瓦德西从德意志帝国的"陆军元帅"变成"世界统帅",这自然使德意志帝国举国上下都觉得光彩。只是瓦德西到达中国的时候,北京城已被八国(英法?)联军攻陷,八国联军几乎没有仗可打。而且,无论清军还是义和团,都不是威廉二世在其"匈奴人演说"中所描绘那种"势均力敌、装备精良"的敌人。瓦德西及其率领的德国东亚远征军普遍有独孤求败、壮志未酬的感觉。瓦德西甚至认为这种感觉"哪支军队都没有从将军到扛滑膛枪的士兵的德国远征军更强烈"②。

我们要认真对待"匈奴人演说"的又一原因,是威廉二世对中国天生没好感。他的恶感里面羼杂着文化和种族动机,他对白种人和基督教文化的优越深信不疑。他属于最早宣扬文明冲突、渲染东亚威胁的西方人(有论者说他多少受到英国种族主义理论家张伯伦的影响)。早在1895年,他就亲手描绘了一幅题为《欧洲各民族,保护好你们最珍贵的财产》的素描,画的是保护欧洲国家的几位女神在天使长圣米迦勒的提示之下,警惕地注视着由东向西逼近的一切:乌云、火光、骑着火龙的佛祖(他竟然把佛祖跟刀光剑影扯到一起),女神们手持利剑、长矛、盾牌,在她们的天空中有一个光芒四射的十字架。众所周知,这幅素描

---

① 约翰·洛尔:《皇帝和他的宫廷——威廉二世与德意志帝国》,杨杰译,丁建弘校,北京大学出版社,2004年,第3页。
② 洛尔:《皇帝和他的宫廷——威廉二世与德意志帝国》,第142页。

后来由卡塞尔艺术学院教授赫尔曼·克纳科夫斯加工为油画,油画作为生日礼物送给了沙皇尼古拉二世,其复制品则按威廉二世的指令挂在德意志帝国的许多学校和政府部门。尽管黄祸一词1897年才分别出现在俄裔法国社会学家雅克·诺维科夫和英国作家马修·希尔的笔下——前者有同名论文后者有同名系列小说,但威廉二世思想在先,其画作影响甚大,所以人们普遍把威廉二世视为黄祸论的始作俑者,《欧洲各民族,保护你们最神圣的财产》也作为《黄祸图》而闻名于世。值得注意的是,《黄祸图》上所说的"神圣财产"就是基督教文化。威廉二世是一个常常把信仰挂在嘴边的基督徒。他说过,好的基督徒才能做好战士,他立志把德意志民族变成"祈祷者的民族"①。他在晚年之所以和纳粹保持一定距离,原因之一就是纳粹的无神论。他在一封家书中对纳粹带来的"新型异教文化"表示反感②。可以说,他对大清帝国怀有殖民贪欲是真,他想在大清帝国推广教化也不假。他在"匈奴人演说"的结尾谈论"愿主的祝福随帜而行"和"让基督教在中国的土地生根发芽",并不纯粹出于修辞动机。

另一方面,尽管或者恰恰因为威廉二世号召其东亚远征军杀得中国人"一千年之内再也不敢觊觎德国人",我们可以把这"匈奴人演说"视为"疯人演说"。威廉二世是一个说话不讲分寸,常常也不过脑子的国君。他脾气火爆,而且总是顺我者昌、逆我者亡。不管什么人,无论事情大小,只要招惹了他,他就口无遮拦,恶语相向。他骂过毛奇、俾斯麦这类帝国功勋大臣,也骂过他的家人和亲戚,包括他的英国妈妈和英国外婆即维多利亚女王,对于被他视为眼中钉肉中刺的政治势力,他更是出言不逊。他骂帝国议会是"猪圈"③;说天主教徒是"没有祖国的家伙"④,还说他们跟法国人、斯拉夫人是一丘之貉,都跟普鲁士作对(天主教徒因为怀有英特纳雄奈尔的理想一直被质疑缺乏爱国心);他把犹太人称为"寄生在德国栎树上的剧毒蘑菇",还说他们跟蚊子一样有害,最好"用瓦斯"消

---

① Hartau, *Wilhelm II. In Selbstzeugnissen und Bilddokumenten*, S.58.
② Eberhard Straub, *Kaiser Wilhelm II in der Politik seiner Zeit. Die Erfindung des Reiches aus dem Geist der Moderne*, hrsg. Gesellschaft für Wilhelminische Studien e. V., Berlin: Landt Verlag, 2008, S.338.
③ 洛尔:《皇帝和他的宫廷——威廉二世与德意志帝国》,第5页。
④ 同上。

灭①；他告诫来自工人家庭的士兵，如果他命令他们朝那些跟社民党沆瀣一气的亲戚、兄弟乃至父母开枪，他们就必须毫不犹豫地开枪②，等等。物极必反。由于威廉二世的言辞如此激烈、如此出格，人们反倒觉出几分荒唐和滑稽，他也无可避免地沦为德意志第二帝国的头号笑料。所以，无数的讽刺杂志对他青眼有加（1906年度他是上讽刺杂志次数最多的德国人③），无数的作家和报刊编辑因此被控"大不敬"，相关的报刊接二连三地被查封。但最为滑稽和荒唐的是，这位大嘴巴皇帝总是让他的亲人、他的臣仆和爱国人士提心吊胆，因为他一开口就可能放炮，就可能损害国家利益。他们只好悄无声息地对其言论进行审查（"匈奴人演说"之所以诞生就是因为审查环节出现了技术漏洞）。据说，情况一度如此严重，以致帝国议会的各党派都做好对皇帝的言论直接进行审查的准备。中央党议员格奥尔格·冯·赫尔特林男爵还称之为"德国议会历史的一个里程碑"④。不过，最耐人寻味的，还是威廉二世的母亲1892年2月在他外婆面前对他所做的评论："每逢他想在公开场合发表演讲，我都恨不得给他的嘴上挂一把锁。"⑤总之，面对这样一个似乎永远"童言无忌"、一度让人怀疑有"精神病"⑥的德国皇帝，我们还能说什么？

---

① 洛尔：《皇帝和他的宫廷——威廉二世与德意志帝国》，第266—267页。
② Hartau, *Wilhelm II. In Selbstzeugnissen und Bilddokumenten*, S.51.
③ Clark, *Wilhelm II*, S.219.
④ Ebd., S.229.
⑤ Ebd., S.220.
⑥ 洛尔：《皇帝和他的宫廷——威廉二世与德意志帝国》，第23页。

1914年12月13日德意志帝国天主教会总主教、主教联署牧函[①]

晏文玲 译

德意志帝国全体总主教、主教

向广大教友致以主内问候,愿主降福并宽慰你们!

今年的圣诞节与以往大不相同。时值世界战争,圣诞节的氛围严峻、痛楚,却也充满了恩宠、福佑以及超性(übernatürlich)的喜乐。战争借将临期之机给我们上了严肃的一课,让我们和人民离救主更近。祖国上空越是战云密布,那曾说"让光明照耀黑暗"的天主就越是照亮我们的心,为使我们知道耶稣基督的脸上闪耀着天主的光荣,正如宗徒保禄传承的美妙经文所言。(格后4:6)

战事起如狂风作,吹散缺乏信德的阴冷迷雾,驱赶怀疑成瘾的乌烟瘴气,非基督教文明的不健康的上层文化也得以肃清。德意志人民重新审视自己,基督信仰重获权柄。灵魂睁开双眼,与天主相认。我们见到了他的光荣,父赐予唯一圣子特享的光荣,充满恩宠和真理。(若1:14)

恩宠降临,牧者召唤,敬畏上主的皇帝陛下亦在敦促,我国人民终于回归教会,找到救主。就连许多曾远离救主的迷途羔羊也重新找到了他。眼下这个攸关命运的时刻,我们意识到,只有他是圣的,只有他是主,只有他是至高无上的。我们听见他抚慰我们道:当你们听到有关战争和即将打仗的谣言时,不要惊慌胆

[①] "Hirtenbrief des deutschen Episkopates vom 3. Adventssonntag 1914," Anstelle der Predigt in allen Kirchen zu verlesen am Sonntag nach Weihnachten (27. 12. 1914), abgedruckt in *Kirchlicher Anzeiger für die Erzdiözese Köln* 54, Nr. 28 (19. 12. 1914): S. 175—178.

怯。这些会来临。(谷13:7)

出征之前,我们的将士领受圣体,和人子重新缔结生死盟约。面临常人难以忍耐的劳顿、匮乏和生命危险而丧失勇气时,将士们仰赖人子重新振作。因他曾说:人子不是来受人服侍,而是来服侍人的,并且牺牲他的生命,为众人作赎价。(谷10:45)不管是上战场前还是在战场上,他们都呼他的圣名,并在战壕中向他祷告:跟我们一块住下吧,夜幕垂下,天色已晚了。(路24:29)于是人子就进去跟他们住了下来,用圣体圣血的圣事让他们振作。

人子化身为好心的撒玛利亚人,奔波在血流成河的战场上,穿行于战地医院间,慰藉伤病员,降福给垂死之人。他告诉那里的护士:你们对我兄弟中最小的一个人这样做过,就是为我做的。(玛25:40)他来到忧伤不已的父母那里,来到心碎的孤儿寡母那里,劝慰他们:不要哭。(路7:13,8:52)他宽慰他们,因为只有他有宽慰的权柄。

军无士气时,人子让我们振作。他说:镇定点,是我,别怕!(谷6:50)他让各处的悲悯之泉流淌,涓涓细流在战争血河之外汇聚成一条澎湃激荡的慈爱与善行之河。人子将我们和我们的士兵、在外征战的千军万马和在家祈祷的普通民众联合起来。在耶稣基督我们的救主之中,所有人团结起来,必胜信念坚不可摧。

战时艰困拉近了我们与救主间的距离。我们尤其喜获救主圣心的垂悯。尽管战事喧嚣,我们仍听见圣心那温和而热诚、找回迷路灵魂的搏动。拜圣心恩赐,我们才在战争中获救赎。拜圣心恩赐,我们才能节节胜利,连天主都降福于我们的武器。教宗良十三世(Leo XIII.)在1899年5月25日发布文告,将普天下都托付给耶稣圣心护佑。教宗文告中所说的已成为现实:"教会在罗马凯撒的奴役下受苦之时,空中显现圣十字架,向年轻的君士坦丁大帝预示即将到来的重大胜利。此时此刻,另一个至福的预兆呈现在我们眼前:十字架上,耶稣的至圣心在火焰中闪闪发光。"

亲爱的教友,站在1915年的门槛上,面对新的一年仍须承受的战争的血雨腥风,我们将这个自古以来的救赎标记赋予你们。我们深信,除了以仁爱与坚强意志去贴近耶稣圣心,没有什么更能让我们意识到我们在这场世界战争中的首要义务,也没有什么更能让我们得到宽慰了。

这个首要任务是什么？我们毫不迟疑地回答：忏悔与补赎（Buße und Sühne）。战争是对参与战争的所有民族的惩罚,也是对忏悔和补赎的大声疾呼。战争期即是忏悔期。祸哉,战争这个可怖的监工也无法让其赎罪的民族！毁灭的时刻到了,在他面前,胜利也会变成失败。

战争在万世面前翻开各民族的债簿,用人的鲜血将它清算的结果登记上去。我们无意探究其他民族的债簿,只想探究我们自己的。我们无意省察敌人的良心,只愿省察我们自己的。战争爆发责任不在我们,我们也是被逼无奈,关于这一点,我们能对上主和普天作证。但接下来,我们不会坚称我们无罪。

这场战争给我们也带来了重罪。我国人民已清楚表达了自己的判断：不能再这样继续下去了。作为主教的我们,是如何一次又一次在心灵煎熬之时慨叹我国人民宗教道德生活的堕落！现在,战争让宗教重获权柄,用火与铁再次让世人牢记天主诫命。

我们的宗教不得不在公开场合承受如此屈辱和轻蔑的对待、贬低和讥讽！——不,是胆小懦弱的我们让自己受到了这般对待！这是我们的罪,我们的极大罪。

战争中的天主审判业已显明,某些罪恶是如何对一国人民敲骨吸髓,使其在磨难中气竭而亡。而我们必须深怀羞愧地承认：因我们的放任,这些罪恶也在我国人民当中可怕地蔓延。在这个国家,婚姻不再神圣,子孙不再满堂。这是我们的罪,我们的重罪。

这场战争表明,要打击一个民族,没有比切断其宗教命脉更为恐怖的手段。遗憾的是,这种图谋于我们而言并不陌生。我国也有极大的势力在争取政教分离,在青年教育、公众和社会生活中尽一切可能扑灭基督教精神,取消基督教原则。这股势力追求自由最大化,向最危险的时代潮流靠拢,最大限度压制教会和宗教生活。这是我们的罪,我们的极大罪。

这场战争将现代的、反基督教的、丧失宗教信仰的精神文化绑赴法庭,揭露这种文化的罪性、空洞脆弱和价值堕落。但在我国,这种文化早已渗透。从本质上讲,它是一种非基督教的、反德意志的、不健康的上层文化,外表光鲜内里腐朽，只顾追逐金钱和享乐。它鼓吹的超人理想狂妄可笑，它不知羞耻地模仿国外被玷污的文学艺术和病态增衍的不雅妇女时尚。

这是我国人民的重罪，因而也是我们的重罪、极大罪。我们必须忏悔，必须作补赎。我们的士兵立刻从战争动员令中听出了呼吁忏悔的弦外之音，因此他们上战场前首先做的，是去神父那里办告解。这样的善表得到了各阶层民众的效仿。民意骤变，短短数月，精神新风吹遍德意志大地。

但切莫以为现在一切罪过都已赎尽，德意志人民一下子重获新生。此乃灾难性的幻觉。片刻悔过抵不了长年累月积下的罪。真心痛悔能赎罪，却不能免于一切责罚。整个民族的罪只能靠整个民族全心、全灵、全意的痛悔和定改来补赎。

因此，亲爱的教友，你们的主教们在此一致呼吁，1 月 10 日，即主显节后主日，举行集体忏悔仪式。我们呼吁，全体教友，尤其是男性教友，如上战场那样，为人民和祖国站在第一线。我们也会通知前线士兵，请他们在条件允许的情况下参加此忏悔仪式。

我们尤其希望通过虔诚领受忏悔圣事来涤净罪过、圣化灵魂。我们会在此前连续三天联合举行忏悔仪式，为作为牧者的我们自己的罪过疏忽、胆怯懦弱、动摇不定，同时也为我国人民犯下的罪，为他们对永恒真理的反复亵渎和否认，为他们可耻违反上主永恒诫命，为他们对仁慈的无端蔑视，对救主无尽之爱的不知感恩，对天国这般破坏，公开隆重地向我们救主的圣心，并且通过它向圣三天主告明罪过。

我们要借先知达尼尔的话对天呼喊：上主天主，你伟大而令人敬畏，你对那些爱你并遵守你诫命的人守约施爱。我们犯罪、行不义，作恶违背了你，离弃了你的典章律令。天主！正义归于你，而我们所有的则是满面羞愧。（达9：4.5.7）

千万颗痛楚悔过之心的告罪，耶稣圣心和天父之心定会欣然接受！这样，我们就能一点一滴偿还我国人民的战争之罪，尽自己努力缩短祸患持续的时间，加速和平的到来，实现我们民族的重生。

忏悔仪式（Sühnetat）后将举行祭礼（Weihetat）。亲爱的教友，想必你们已经了解，教宗良十三世在1899 年 6 月 11 日将普天下托付给耶稣圣心护佑。蒿目时艰，1915新年伊始，我们要再次将我们的心灵、家庭、堂区以及教区托付给耶稣圣心护佑。

欧洲人民现在站在敌对的两个阵营，战火也已从西线蔓延至东线。世界历史发生了重大转折。各国人民的命运都在流血的战场上决定。战争恶果席卷一切，几乎没有哪一家不曾在战场上失去亲人。而战争何时终结没有人知道，只知道前面还有更严峻的考验在等着我们。

尽管如此，我们仍要尽一切努力，紧跟我们的救主，化困苦为恩宠。无论男女老幼，无论士兵还是家属，神父还是主教，都应该前来参加这场盛大的祭礼。

是的，紧跟救主必蒙福，能让1915年成为救恩的年份。看到救主圣心，我们的心灵也会恢复安康，生命的脉搏也会重新跳动。我们从救主圣心获得力量，承受战争带来的困苦，忍受生活的匮乏，就当在履行战时义务。我们要在祈祷中忍耐，救主圣心给我们必要时承担损失和挫败的力量，也给我们在天主护佑下尽快取得最终胜利的力量。救主圣心的力量和恩宠让我们在胜利面前戒骄戒躁，不被胜利冲昏头脑，而在谦卑的感恩中赞美上主。和平再度降临之时，且听先知言：雅威，我们的救赎主，以色列的圣者说：我，雅威，是你们的天主，把最好的事情交给你们；我带领你们走在你们必经的路上。如果你们注意我的诫命，你们的平安会像江河一样，你们的正义会如海浪一般。你们的后代会多如细沙，由你们所衍生的子孙将多如沙粒。他们的名字绝不会在我的面前剪除，也不会抹去。（依48：17—19）

我们诚请广大教友参与到这一系列虔敬活动中来，并期待我们大家和整个祖国都能借此得到善果。靠这份令人欣慰的信念，身为主教的我们与你们同心同德，将我们自己和我们的教区都托付给耶稣的至圣心。我们要将你们大家并其中每个人都托付给上主圣心满全的圣爱与恩宠，因为我们心中装着你们，愿与你们同生共死。（格后7：3）这其中也包括我们日夜为其祈祷的士兵，我们用上主慰藉的油膏涂抹其受伤心灵的在战争中失去至亲的孤儿寡母们，以及眼下我们更要为其献上满腔热爱与忠诚的我们可敬的祖国。

雅威的利剑，到何时才止息，才能回到你的剑鞘里？静息吧！不要动！（耶47：6）耶稣，除免世罪的神圣的天主羔羊，求你垂怜我们，赐给我们平安！童贞圣母玛利亚,请为我们向你的圣子祈求宽仁、慈悲、平安。阿门。

……

另作规定如下：

1. 圣诞节后第一个主日,即 12 月 27 日,各堂区主日弥撒中布道部分皆改为宣读此封牧函。神职人员应及时并(在教堂或以其他媒介)重复通知即将举行这一神圣典礼,以使全体教众做好参加准备。

2. 1 月 7 日、8 日、9 日举行三日祈祷,最好配以布道,并至少明供圣体(coram expositio)举行晚祷或为时数小时的朝拜,期间应有更多办告解的机会。

3. 我们建议教友将此三日中的一日作为斋戒日。

4. 主显日后第一个主日,即 1 月 10 日,白天明供圣体,上午举行有布道的节庆弥撒,领团体圣体。上午弥撒或晚间节庆弥撒(随后或举行圣体游行)结束后,将按照教宗良十三颁布的仪式流程举行盛大的耶稣圣心祭礼。

5. 中小学学生应通过宗教课了解这次朝拜敬礼活动的意义和目的,并受到正确参与的指导。

6. 请战地主教及主管人员务必通知战地神职人员这次活动的有关情况,请战地神职人员务必通知前方士兵尽可能参加。后方家属也可通过相应渠道通知其从军亲属参加。

主历 1914 年将临期第三主日

慕尼黑-弗赖津总主教方济各·冯·贝廷格枢机(Franziskus, Cardinal v. Bettinger)

科隆总主教菲力·冯·哈特曼枢机(Felix, Cardinal v. Hartmann)

弗赖堡总主教多玛斯(Thomas [Nörber])

班贝格总主教雅各伯(Jacobus [von Hauck])

格涅兹诺-波兹南总主教爱德华(Eduard [Likowski])

布雷斯劳侯爵主教阿道夫(Adolf [Bertram])

特里尔主教米迦勒·菲力(M[ichael] Felix [Korum])

斯特拉斯堡主教阿道夫(Adolf [Fritzen])

维尔茨堡主教费迪南（Ferdinand［von Schlör］）

罗滕堡主教保禄·威廉（Paul Wilhelm［von Keppler］）

库尔姆主教奥斯定（Augustinus［Rosentreter］）

雷根斯堡主教安东（Antonius［von Henle］）

梅兹主教本笃会维利布罗德（Willibrord［Benzler］O. S. B.）

奥格斯堡主教马克西米连（Maximilian［von Lingg］）

美因茨主教格奥尔格·海因里希（Georg Heinrich［Kirstein］）

艾希施塔特主教本笃会良（Leo［von Mergel］O. S. B.）

帕绍主教西吉斯蒙·菲力（Sigismund Felix［Freiherr von Ow-Felldorf］）

富尔达主教若瑟·达米安（Joseph Damian［Schmitt］）

瓦尔米亚主教奥斯定（Augustinus［Bludau］）

帕德博恩主教卡尔·若瑟（Karl Joseph［Schulte］）

施拜尔主教米迦勒（Michael［von Faulhaber］）

明斯特主教若望（Johannes［Poggenburg］）

林堡主教奥斯定（Augustinus［Kilian］）

奥斯纳布吕克主教威廉（Wilhelm［Berning］）

齐萨摩领衔主教兼德军天主教战地主教海因里希（Heinrich［Joeppen］）

萨克森王国宗座代牧区临时主管、圣职幕僚费舍尔（Fischer）

希尔德斯海姆教区代牧、咏祷司铎团成员哈格曼（［Johannes］Hagemann）

译者简介：晏文玲，德国美因茨大学/美因茨欧洲历史研究所博士生，研究方向：二战后德国天主教会与欧洲。

《德意志帝国天主教会总主教、主教联合牧函》述评

晏文玲

熟悉二战后德国历史的人都了解,去纳粹化、民主制度与政教分离原则是德国政治正确的最基本体现,民族主义和爱国主义则为其对立面,宣扬这两者是政治极不正确的表现,国旗国歌等国家标志在除联邦政府机构外的场所、除国际足球赛事外的场合几乎难觅其踪。而在距今百年、一战前后的历史语境里情况却刚好相反,民族、国家、宗教熔为一炉,宗教情感与战争宣传、教会神学与民间信仰微妙地杂糅在一起,民族国家被神圣化,宗教被政治化(见图1)。尤其是德国天主教徒,在俾斯麦时代"文化斗争"(1871—1878)的影响下,因其教会以罗马为中心的全球组织形式常被指责不忠于国家,"望向[阿尔卑斯]山那边的人"(Ultramontaner,亦作"越山论者")成了他们在新教普鲁士王朝主流社会里的代名词。他们自然希望改变这种不受欢迎的"次等公民"形象,扭转长期以来的教派劣势。政治上,以埃尔茨贝格(Matthias Erzberger,1875—1921)为代表的天主教中央党在战前发展为议会大党。教会高层,1914年初当选富尔达主教会议主席的科隆总主教冯·哈特曼(Felix Kardinal von Hartmann,1851—1919)采取了支持德皇战争政策的教会政治路线,这很快获得帝国政府的高度赞扬。一战初期,尽管德国天主教会内部不乏赞同教宗本笃十五世(1914年9月至1922年1月在位)呼吁和平协商的反战之声,其对民族国家的认同一时仍盖过了对跨越国界的普世天主教会的忠诚。

《德意志帝国天主教会总主教、主教联合牧函》述评 | 45

图 1　1915 年的战地明信片

图 2　德意志帝国耶稣圣心祭礼牧函

1914 年将临期第三主日(12 月 13 日)的这封牧函就是在上述历史背景下产生的。它是德国天主教会的一份官方文件,读者是各教区的教众与神职人员,当月 18 日起刊于如《罗滕堡教区公报》《科隆总教区公报》等发布各教区正式文件的机关报,牧函末尾的规定表明了其对教众的指导与约束力。值得注意的是,该牧函由德意志帝国全体主教联署,包括当时富尔达主教会议 19 名成员(卢森堡主教除外)及 1873 至 1933 年间未参与富尔达主教会议、自成一体的弗赖津主教会议全部 8 名成员(慕尼黑-弗赖津、班贝格、雷根斯堡、帕骚、奥格斯堡、维尔茨堡、艾希施塔特、施拜尔等 8 个教区的主教)。12 月 27 日,该牧函按规定在帝国全境所有天主教堂的主日弥撒上宣读,后登载于各教区天主教报纸,并通过布道或口耳相传等渠道进行宣传。1915 年 1 月 10 日,全国性(包括前线在内的)耶稣圣心祭礼如期举行(见图 2)。从反响看,这次敬拜活动取得了在天主教界鼓舞士气、团结教众的效果,且在全国范围高调展示了天主教徒众志成城的爱国热情。

1914 年底,耶稣圣心祭礼的计划与牧函的起草皆在极短时间内完成。8 月战争伊始,全德上下普遍相信本国将速战速决取得胜利。但 1914 年秋的马恩河与伊普尔两大战役将西线的运动战变为阵地战,战况开始对德国不利。11 月起,德国的天主教主教们开始普遍认为圣诞节前战争不会结束。该月 21 日,富尔达主教会议主席冯·哈特曼向会议成员发送通函,指出当前的危机局面和教众的需求正是"趁热打铁"①举行耶稣圣心祭礼的上佳时机,为此他还援引 19 世纪 70 年代文化斗争之初,德国教会曾举行圣心祭礼并获得良好牧灵效果的例证。仅有一位成员反对,理由是准备时间太仓促,对是否能达到预期效果表示了担忧,而其余绝大多数皆表赞同。罗滕堡教区主教冯·克卜勒(Paul Wilhelm von Keppler,1852—1926)执笔起草了该牧函。12 月初,弗赖津主教会议也加入该计划,使之在地域上涵盖了第二帝国全境。故而,此牧函首先是德国天主教会高层对战争初期天主教徒所表达的对心灵慰藉及灵魂得救的需求所作出的牧灵回应,并且是在 1914 年富尔达主教会议秋季例会因战争爆发未能如期举行的情况下临时迅速决定的。当时不止德国天主教会,其盟友、天主教哈布斯堡王朝的奥匈帝国(1915 年 1 月 6 日),乃至"死对头"、世俗政权法兰西共和国的天主教会(1915 年 6 月 11 日)也都分别举行了全国性耶稣圣心祭礼。

本牧函是一战初期德国天主教会的一份重要史料,它记录了德国主教作为一个特殊群体,在民族国家的战争政策、教会信众(同时又是参与战争的国民及

---

① Zitiert nach Claudia Schlager, *Kult und Krieg. Herz Jesu—Sacré Coeur—Christus Rex im deutsch-französischen Vergleich 1914—1925* (*Untersuchungen des Ludwig-Uhland-Instituts der Universität Tübingen*, Bd. 109), Tübingen, 2011, S. 145.

其家属)的牧灵需求与跨国天主教会在罗马的高层之间的互动情况,反映了当时战争、政治、宗教交织的复杂关系。不少着眼于一战的宗教人类学与社会学研究显示,这场战争很大程度上成为宗教信仰的催化剂。战争期间,宗教的活力被激发,神学话语、教会的官方意图与信众的实践、经验、所表达的需求之间的交流加速,两者间的互动愈加灵活动态。本篇牧函就其产生过程而言,印证了德国天主教会在战争期间对教众的宗教心理和牧灵需求做出的迅速反应。然而,公开的集体宗教活动被政治工具化,圣心敬拜与战争得胜的愿望挂钩。从短期看,这封牧函收到了主教们意想的效果,1915年1月10日的祭礼参加者甚众,可以说举行得十分成功。但从长期看,这种机会主义、实用主义的挂钩做法导致了德国战败后这种民族国家化的圣心敬拜形式迅速衰微。1919年,战胜国法国首都巴黎,蒙马特高地的圣心教堂落成投入使用。但在被占领的莱茵省,20年代德国天主教界试图通过募捐,在莱茵河畔宾根建一座规模宏大的、能与隔河相望的日耳曼尼亚纪念碑(为纪念1871年普法战争胜利、德国统一而建)相媲美的耶稣圣心纪念碑的计划最后则因几无响应而夭折。

耶稣圣心这一神学母题由来已久,其渊源甚至可追溯至新约及教父时期,尤其是若望福音第19章关于耶稣被钉十字架的描述。中世纪有关圣心的神学作品或虔敬实践集中在修道院,被刺透淌血的圣心成为高墙深院中的修道者常用的静祷意象以及密契神学作品中的常见符号。而直到近代耶稣圣心敬拜才被制度化,它作为地方主教认可的宗教节日首先在17世纪的法国开始流传,后发展至意、西、波、德等欧洲国家及印度、美洲,此传播过程中耶稣会起到了主导作用。1856年,教宗庇护九世(1846至1878年在位)将耶稣圣心节(圣体圣血节期后的星期五)推广至整个拉丁教会,标志着这一长期以民间虔敬或地方许可形式存在的敬拜活动受到罗马官方在教会礼仪上的认可。1889年,牧函中援引的教宗良十三世(1878至1903年在位)又把该节日提升至礼仪日历中最高一等的宗教节日。牧函中提到的"将普天下都托付给耶稣圣心护佑"的祭礼,举行于十年后的1899年。一战导致民众对死亡的体验加剧,关注死亡与彼岸的耶稣圣心敬拜在这期间成为欧洲天主教世界最流行的虔敬活动之一,尽管系统神学界不乏批评其迷信的声音。它形式多样,除特定节期教堂中公开举行的明供圣体及主题弥撒，还包括个人的静祷默想，并伴生了许多以圣心为主题的宗教艺术作品。其中，圣心象征天主的怜悯慈悲，原谅世人的罪，给人生命，代表人类救恩的泉源；圣心感召下，人应忏悔补赎，谢罪奉献。

本牧函对耶稣圣心敬拜活动的选择正是取其"救恩""宽慰""忏悔"与"补赎"之意。牧函中通知的"将[德国人民]的心灵、家庭、堂区以及教区托付给耶稣圣心护佑"的公开集体祭礼，在形式上参照良十三世1899年的圣心祭礼，而主教们所期待的教众广泛参与更让其成为一件关乎教会形象的大众事件。更进一步地，主教们将德军在战场上的胜利解释为因上帝"降福于[德国士兵]的武器"，为即将举行的全国性祭礼额外赋予了战时危机管理的特殊属性，让耶稣圣心敬拜在传统的宗教意义之上亦具有了战争政治动员的功能。此外，主教们通过牧函表达了与当时德国政界民间一致的对战争责任的看法——"战争爆发责任不在我们，我们也是被逼无奈。"值得注意，一战期间，"正义战争"理论不仅被德国教会（包括新教教会），而且也被其他欧洲主要参战国的教会用来论证其参战合法性，进而号召作为教众的国民在这场战争中坚持到底。由此，该牧函迎合了开战初期支持战争的德国社会主流思潮。且直至1917年，教宗本笃十五世再次发表和平呼吁，依旧未能得到德国主教的广泛响应与支持。最后，牧函中诸如"战争借将临期之机给我们上了严肃的一课""战争是对参与战争的所有民族的惩罚""战争这个可怖的监工"之类的措辞也反映了当时传统保守的天主教价值观对世俗化、现代化所造成的世风日下、道德沦丧的批判。

本译文中文圣经采用文风优美流畅的天主教《牧灵圣经》，引用经文直接用楷体标出，不额外加引号；必要处语序和标点略有变化，以求通顺翻译夹引圣经经文的原文。文中教宗及主教名号采取天主教通行译法。末尾主教署名中原文未给出姓氏或名字者，皆在圆括号中原文名字或姓氏上加方括号补全（一人名字暂无法查证），但不逐一译出。最后，本译文中粗体内容皆为原文所强调内容。

本辑专题

"乌拉爱国主义"

——一战前德国社会心态的若干思考

徐 健

内容提要：一战爆发前德国民众所表现的"八月激情"发人深省。为什么会出现这种现象？本文从不同角度思考其中原因，认为统一后德意志民族认同的复杂性、德意志自由主义在新时期的退却、帝国政治的不成熟以及俾斯麦和威廉二世的个人影响等是产生这一现象的重要原因。

关键词：乌拉爱国主义　一战　民族认同

一、什么是"乌拉爱国主义"（Hurra Patriotismus）？

按照维基百科的解释，"乌拉"指战场上的呐喊声。在德语中该词最早见于1813年，德意志解放战争诗人科纳（Theodor Koerner）在他的诗集《风琴与刺刀》（Leyer und Schwerdt）中写下过这样的句子："在'乌拉'声中，刺刀铿锵。""乌拉"声伴随着普鲁士步兵挥舞刺刀时发出的金属声。后来，"乌拉"成了普鲁士军队列队行进中的规定口号。在19世纪后期，"乌拉"开始与爱国情绪相连，并频繁出现在爱国诗篇中。①

"乌拉爱国主义"一词的正式出现是在魏玛共和国时期，用以表达第一次世

---

① https://de.wikipedia.org/wiki/hurra-patriotrismus.

界大战爆发前夕,德国人表现出的令人匪夷所思的"战争激情"以及各种爱国主义宣传。的确,在过去的二百年中,还没有一场战争的爆发会像一战这样带来狂风暴雨般震撼人心的欢呼。1864 年的德—丹战争,德国人为什列斯维希-霍尔斯泰因兴奋,但绝不是狂喜;1866 年普奥战争的爆发,人们更是为"兄弟阋墙"的巨大冲突而震惊。1870 年的德法战争,虽然与一战一样一度激发了战前的狂热,产生了"红布对高卢公牛"的效果,但人们还是为战争的不确定性忧心忡忡。

只有一战的爆发得到了社会各阶层满怀热情的拥抱。大众舆论表现出的不是合乎常理的恐惧,而是与社会、心理和历史预期完全相反的兴奋。除了个别例子表明农民对战争狂热保持冷静之外,在边界地区和前线城市那些人员伤亡较大的地方,对战争也是欢迎的。还有一个令人惊讶的现象:不是德国的大资产阶级和贵族,而是中产阶级特别是普通民众,包括年轻人甚至工人欢迎战争。这是一种异常行为。

近些年也不断有德国学者提出质疑,如吉森大学历史学教授范·拉克(Dirk van Laak)就认为不应该夸大战前激情。因为大部分德国民众是不希望战争的,所谓的"乌拉爱国主义"也只维持了短暂的几天,而且是在大规模宣传攻势的压力下爆发出来的。实际上,绝大部分农村地区的人口都担心当年收成不好,而且会发生兵源紧缺。这些都是沙文主义口号无法遮掩的。① 此外,也有学者指出,对战争和民族主义的狂热并非德国所独有,也发生在其他国家如法国、俄国等。法国保守主义哲学家德·波纳德(Louis de Bonald)早在 19 世纪中期就指出:"所谓政治美德,即热爱祖国,只不过是一种消灭其他一切民族的疯狂情绪。"但无论如何,"疯狂"的"乌拉爱国主义",其概念是从德国人与一战的关系问题上衍伸出来的,打上了德国印迹。

那么,为什么在德国会出现这种现象呢?

首先是因为战争并不是突然的、出乎意料的,而是有心理预期的。20 世纪初的欧洲形势存在着极大的不确定性。1907 和 1911 年的两次摩洛哥危机使人

---

① Heidrun Helwig, *Prof. Dirk van Laak über die Deutsche Rolle beim Ausbruch der " Urkatastrophe" und " Hurra-Patriotismus"*, http://www. giessener-anzeiger. de/special/erster-weltkrieg/wechelseitig-beste-chance-ausgerechnet_14265915. htm.

们对未来可能发生的军事冲突有了心理准备,随后于1912、1913年爆发的两次巴尔干战争更是让人们做好了随时打仗的准备,很多人甚至相信只有战争才是摆脱混乱局势的唯一办法。在第二次摩洛哥危机最紧张的时刻,戏剧家恩斯特·托勒尔(Ernst Toller)就开始疾呼:"我们祝愿战争的爆发。"①虽然英国作家诺曼·安吉尔(Norman Angell)于1910年出版了《大幻觉》一书,并在知识界广为流传,②但作者所强调的国际经济时代战争可以避免的说法,并不能打消普通民众的内心忧虑,相反它恰恰表达了对已经迫近的战争的担忧,毕竟在世界经济日趋一体化的时代,战争一旦爆发就是毁灭性的。尽管作者一再强调如果战争爆发,"德国金融界会对德国政府施加影响,以结束对德国外贸毁灭性的局势"③,但众所周知,战争的爆发具有不确定性,金融界对战争的态度往往无法最终决定政府的外交决策。而且后来的事实也证明,战争爆发后,德国国内的金融恐慌反倒很快平息下来。

其次,德国的年轻一代是在战争文化的教育中成长起来的。尽管被誉为"魔术大师"的俾斯麦自建立德意志帝国后,以高超外交手段影响了欧洲持续四十四年的和平,但有关战争的知识和经验却代代相传。中小学课文宣传英雄的事迹、描述历史上的著名战役;中学毕业作文写的是有关战争的重要性和爱国主义精神。威廉帝国时期大众教育的关键词是"忠诚"与"服从"。穿着盔甲、手持利剑的"日耳曼女战神"和被唤醒的"笨伯米歇尔"④,其形象成为各类明信片的宠儿。⑤ 军装则成为少年儿童的新宠,尤其是蓝白条的海军制服。1913年10月18日,在一百年前打败拿破仑的地方——莱比锡还曾举行过民族大会战纪念碑的落成典礼,威廉二世亲自出席。该仪式变成了一场民族性的、军事性的狂欢,期间还有盛大的阅兵式……这一切的宣传鼓动目的只有一个——宣扬高昂的德

---

① Hermann J. Hiery, "Angst und Krieg," in *Angst und Politik in der europäischen Geschichte*, hrsg. Franz Bosbach, Dettelbach: J. H. Roell, 2000, S. 176.
② 诺曼·安吉尔为此获得1933年诺贝尔和平奖。
③ 弗洛里安·伊利斯:《1913:世纪之夏的浪荡子们》,续文译,译林出版社,2014,第127页。
④ "Michel"是德意志民族历史上流传的人物形象。他总是戴着一顶睡帽,嗜睡、昏昏然,表现得天真无辜、善良真诚,并不断地遭人愚弄或上当受骗。19世纪40年代,米歇尔形象被广为接受,用以代表德意志人的集体形象和民族性格。
⑤ 参见 Otto May, *Deutsch sein heißt treu sein: Ansichtskarten als Spiegel von Mentalität und Untertanenerziehung in der Wilhelminischen Ära (1888—1918)*, Hildesheim: Lax Hildesheim Verlag, 1998.

意志民族精神。

当然，与父辈之间不断拉大的代际差异也起了重要作用，年轻人具有强烈的反叛意识和所谓的"弑父"情节。帝国建立后出生的一代，没有参与过父辈缔造帝国的丰功伟业，他们没有太多的成就感和荣誉感，却有着强烈的失落感，而威廉帝国时期德国中产家庭中的父权制和令人窒息的家庭生活又助长了年轻人的叛逆心理。学校教育体系也成为批判的对象，人文中学中高强度的智力压力让青年人难以忍受。曾经被视为创造了战胜法国奇迹的新人文主义教育，现在成了人们眼中道德堕落的源头。另一方面，经济的快速繁荣使年轻一代有条件沉湎于物质享受，它造就了没有宗教信仰、不追求永恒生命意义的拜物主义者和精神上的无套裤汉。① 现代文明的过度浸淫，又使一批年轻人开始崇尚不拘一格的生活方式，向往自由的天空，回归淳朴的自然。世纪末出现的"青年风格"、1895年柏林发起的"迁徙鸟运动"以及1911年"青年德意志联盟"的建立，除了要塑造自然清新的新生活，还宣传同志情谊、责任意识和牺牲精神。究竟年轻人通过何种途径与德意志民族的精神、爱国主义的情怀这类政治话语联系在一起，这儿无法仔细考察，但对于这些人来说，战争应该不是难以置信的，而且更可能是一种信仰。年轻的诗人海默尔（Alfred Walter Heymel）在1911年就发表了这样的诗篇，在《时代的渴望》中，他宣泄道：

> 我们缺少责任、目标和力量/这是必须有而欠缺的/自由使我们遭受耻辱/只有战争才能摆脱/和平的泛滥使我们恐惧/我们无所适从/我们渴望、我们大声地呼唤战争。②

据统计，1914年，约有40000"候鸟运动"成员开赴战争前线。③

---

① Paul de Lagarde 就是德国教育体制的尖锐批评者。参见 Fritz Stern, *Kulturpessimismus als politische Gefahr*, Muenchen: dtv, 1986, S. 100.
② Thomas Anz/Joseph Vogl (hrsg.), *Die Dichter und der Krieg, Deutsch Lyrik 1914—1918*, München: Hanser, 1982, S. 11.
③ 曹卫东主编：《德国青年运动》，上海人民出版社，2013，第24页。

二

"乌拉爱国主义"是战前德国普通大众的普遍心态,又何尝不是知识界的心声。在"八月激情"中,几乎所有的诗人、艺术家、哲学家都表现异常。赖纳·里尔克(Rainer M. Rilke)、理查德·德默尔(Richard Dehmel)、维尔纳·桑巴特(Werner Sombart)等就是其中的代表。8月,当战争打响时,马克斯·韦伯说:"德国无论胜负,这场战争都是伟大而精彩的。"①恩斯特·巴拉赫(Ernst Barlach)则认为:"战争将人们从关心自我的个人主义中解放出来,是民族精神的延续和升华。"②历史学家弗里德里希·迈内克(Friedrich Meinecke)后来追忆:"(1914年)8月3日,我体验到了……我生命中最美好的片段之一,它猛然间恢复了我对我们民族的深厚信心。"③知识群体中,政治观点无论激进或保守都一致拥护战争。

知识分子对政治事件的态度很大程度上反映了民族对自我的理解和认同。费希特说过:"著作家最崇高的特权和最神圣的职责是,将他的民族聚集在一起,与她一起讨论她最重要的事务。"这段话说的就是这个意思。从历史上看,德意志民族的归属感大多是建立在消极地形成认同的事件基础上的,也就是说只有当它与"他者"尤其是敌对的"他者"的民族认同的思想对立时,才能产生强烈的自我意识和自我认知。19世纪初的改革、1813年的解放战争以及1871年战胜法国等历史事件均是塑造德意志民族性的重要因素。在近代历史上,它们主要是以反对法国人和其所代表的思想为普遍导向的。④ 1914年8月整个民族的激动——"八月激情"自然也是在这样的意义上扮演着民族认同的角色。

---

① W. J. Mommsen, "Die deutschen kulturellen Eliten im Ersten Weltkrieg," in *Kultur und Krieg, die Rolle der Intellektuellen, Künstler und Schriftsteller im Ersten Weltkrieg*, hrsg. ders., München: Oldenbourg Wissenschaftsverlag, 1996, S. 8.
② Peter Paret, "Betrachtungen über deutsche Kunst und Künstler im Ersten Weltkrieg," in *Kultur und Krieg*, hrsg. Mommsen, S. 157.
③ 转引自格奥尔格·G. 伊格尔斯:《德国的历史观》,彭刚、顾杭译,译林出版社,2006,第274页。
④ 约恩·吕森:《历史思考的新途径》,綦甲福、来炯译,上海人民出版社,2005,第159—160页。

世纪之交的德国，一方面需要社会和政治上的理性化和现代化，但另一方面更需要政治文化上的进一步自我认同。新帝国是个多元化的、充满矛盾的社会。相比同时期西欧其他国家在现代化进程中所遭遇的状况，德国的问题要复杂许多。民族的外在统一借助战争手段实现后，内在的凝聚力并没有得到体现，相反帝国内部存在的各种不安定因素却时时撕扯着脆弱的帝国体制。为了尊重统一前各邦"神圣"的自治权利和政治传统，帝国宪法做了最大程度的让步。我们看到，《1849年宪法》的第一条尚能明确表达未来的"新国家领土为民族国家"，而《1871年帝国宪法》的第一条却仅仅列出了联邦各成员国的名单。而且，每个成员国都可以确定自己的权利，教育、宗教、税收制度等各有自己的政策。虽然皇帝是国家的唯一主权者，可批准国际条约和对外宣战，但各联邦成员国仍保留派遣和接受外交使节的权力。帝国军队由各邦分担份额组成，但巴伐利亚军队只在作战时才归皇帝指挥。帝国财政收入主要来自关税、消费税和帝国邮局的利益，其他份额由各邦分摊，但巴伐利亚和符腾堡有自己的邮政管理机构。新旧领土各行其是，短期内难以弥合，不仅如此，它们还受到了宪法的保护。

帝国建立后，少数民族集团成为重要的政治力量，法国人、丹麦人、波兰人、犹太人都是帝国内部不安定的因素。尤其是韦尔夫派①和天主教徒更是俾斯麦的心腹大患。加之工业时代的来临，社会分殊化加剧，工业和农业、资本和劳动、贵族和资产阶级间鸿沟拉大，工人问题成为主要的社会问题，工人运动蓬勃高涨。因此，帝国成立后的当务之急是缓解各类社会矛盾，可惜俾斯麦解决问题的办法是宣布那些与国家不容的组织和集团为"帝国的敌人"，而天主教中央党和社会民主党就是俾斯麦打击的两个"最危险"的敌人。但事实证明他的"文化斗争"和"反社会主义非常法"是失败的。

知识分子的保守派对德意志的现状忧心忡忡，对现代文明的技术成就所带来的商品泛滥和物质社会的庸俗化而心神不宁。新生的德意志民族应该如何塑造自我？这是历史赋予知识分子的使命。在他们看来，当然是要构建一种新的

---

① 韦尔夫派（Welf）原是巴伐利亚的贵族家族，主张神圣罗马帝国的皇帝应该由教皇批准，与霍亨斯陶芬家族为首的"皇帝派"对立。后来包括汉诺威的韦尔夫家族，以后成为英国的统治者。1866年，韦尔夫丧失了汉诺威，在其王朝周围形成了政治派别，反抗普鲁士对其传统权力的干涉和剥夺。

自我,不过却是要用"文化"的现代性取代"文明"的现代性。① 在现代工业和政治文明的冲击下,有着深厚历史主义传统的保守派知识分子依然从外部选择认同要素,法国也因此继续成为他们的批判对象。在普鲁士历史学派那儿,法兰西民族的缺点被暴露在强光下,而其优良品质则被刻意涂上了阴暗色调。法国大革命所代表的"自由、平等、博爱"遭到了重新评价。在《法国革命史》中,聚贝尔认为,法国人无法得享自由,他们关于平等的观念也是错误的,因为"真正的自由是个人按照其自由意志全面发展其本性中的所有道德潜力的权力。真正的平等在于承认所有享有平等的受保护权,在法律面前享有平等地位的人都应享有此种自由。"②显然,法国人都没有做到。在这些知识分子看来,具有德意志民族特性的"正义、公平和秩序"即所谓的"1914 年理念"是取代"1789 年原则"的最佳选择。而实现它的手段之一就是战争。知识界相信,"只有拔剑出鞘才能保卫我们的正义事业"③,唯有通过战火的洗礼才可以让德国人免受西方文明的污染,才能够净化德国人的灵魂,保证德意志民族的伟大复兴。

三

在保守主义的压力下,德国自由主义的情况不容乐观。这个虽然未能用它的理想缔造帝国,但却曾经鼓舞过德意志民族实现统一的崇高信念,在新的历史时期发生了变化,在德意志民族国家新的自我构建中,自由主义逐渐放弃了内政主导权,它心甘情愿地将目标转向对外,与 19 世纪末兴起的群众性民族主义(mass nationalism)达成了高度一致。

德国的自由主义者曾经历过 1848 年革命的洗礼,试图建立民主自由的德意志民族国家,但自从革命失败、自由派议员们从法兰克福圣保罗教堂退却后,50

---

① 曹卫东主编:《德国青年运动》,第 13 页。
② 安托万·基扬:《近代德国及其历史学家》,黄艳红译,北京大学出版社,2010,第 138 页。
③ 1914 年 8 月 4 日,帝国首相霍尔韦格在帝国议会的演讲中如是说。参见姜德昌编译:《德国史文献和资料译丛》(近代部分),东北师范大学出版社,1989,第 70 页。

年代他们转向了"现实政治"(Realpolitik),实行"策略转移",即主张行动先于思想①,将主要目标锁定为德意志的民族统一,而在一定时期内放弃政治领导权及自由主义的政治目标,与传统政治精英达成了"分工联盟"。按照自由主义政党——民族自由党的设想,在未来的新生民族国家的框架内他们可以名正言顺地实现自由主义,争取民主权力,建立自由政府。然而事实是,在1871年实现民族统一之后,这个自由主义的政党却一步步背离其宗旨,最终沦为了"民族"的而非"自由"的党。

在自由派人士中,历史学家特奥多·蒙森(Theodor Mommsen)属于少见的例外,作为自由派议员,他早年追捧俾斯麦,将之视为"完美无缺的尤里乌斯·凯撒",但在帝国建立后,却在议会中公开反对首相,甚至不惜与俾斯麦对簿公堂,他预言:"俾斯麦时代造成的损害远大于其恩泽,上升中的德国实力会在下一个世界历史的风暴中被摧毁,而德国的自由精神一旦被权力征服却是难以恢复的。"②蒙森的话不幸言中了。不过,更多的自由主义者还是改变了一贯追求的政治原则。自由主义哲学家费尔巴哈的朋友弗里德里希·卡普(Friedrich Kapp)作为"48年的斗士",在逃亡美国寻求自由后,写信给费尔巴哈,表达了对新帝国政权的认可。他说:"毫无疑问,俾斯麦而不是民主人士取得的这种宏大的统一,与反动的容克贵族和旧普鲁士官僚们的统治,都是令人生厌的。但是,难道不是取得了那些成果了吗?谁对这一伟大成就负责还重要吗?"③

著名历史学家、民族自由党议员特莱奇克(Heinrich Treitschke)走得更远。他曾经认为自由派是"19世纪民族生活中一切伟大业绩的创造者",但在后来写就的《19世纪德国史》中却把他们贬低到无足轻重的地位,或者说一无是处。④而相反,对于贵族,他却认为他们"比自封的自由派还更讲自由",他们"没有后者的空论倾向,也没有后者中产阶级的自私","他们很务实,对外交和政治问题

---

① 历史学家海因里希·特莱奇克有句名言:"在行动面前,思想算什么呢?"安托万·基扬:《近代德国及其历史学家》,第197页。
② 徐健编译:《一百年来的俾斯麦传记》,《德国研究》2000年第3期,第39页。无独有偶,尼采在普法战争胜利后,也感叹道:"伟大的胜利往往隐藏着巨大的危险,它比失败让人的本性还要难以承受。"
③ 米尔顿·迈耶:《他们以为他们是自由的》,王崇兴、张蓉译,商务印书馆,2013,第264页。
④ 安托万·基扬:《近代德国及其历史学家》,第218页。

很有见地"①。在俾斯麦帝国时期,特莱奇克坚定地支持新生的德意志帝国推行帝国主义政策,他要求"世界政策",呼吁建立殖民地和强大的海军。作为普鲁士历史学派的传承人,他已经超越了兰克,成为民族主义者、帝国主义者。

与作为自由主义右翼的特莱奇克不同,弗里德里希·瑙曼(Friedrich Neumann)代表的是自由主义的左翼。他于1907年和1913年作为自由联盟的成员当选帝国议会议员。瑙曼的思想比较复杂,他崇尚自由主义,但认为"只有当自由(主义)的政党和社会(主义)的政党采取维护国家的态度,并且成为德国的'伟大载体'时,德国才会出现'自由的春天'"②。瑙曼生活在19世纪末20世纪初,已经深刻意识到世纪末德国社会的转型,而且也注意到德国在政治生活的民主化上滞后于西方,财阀垄断的选举制度阻碍了大众在政治事务中的广泛参与。因此,他力图促成社会民主党和自由主义党派的联盟。不过瑙曼依然相信国家——准确地说"君权"的作用,他只是梦想着弥合国家与民族、君主与人民之间的鸿沟。在民族主义问题上,他是坚定的国家利益的支持者,因为他坚信德国工人问题的解决必须依靠对外经济扩张,这样才能反过来有利于国家经济的繁荣,提供充足的工作岗位,提高社会福利,由此推进国内的社会改良,最终解决社会问题。自由主义、社会主义和民族主义在瑙曼这里糅合在一起了。对此,迈内克评价说:"假定瑙曼成功了的话,也许很可能永远都不会出现一场希特勒运动。"③

解读韦伯的思想也不难发现这样的倾向。韦伯理解的自由不是一种概念,一种外在的、程序化的东西,而首先是自由的意志,它在创造和维护自由空间的同时,要不断地追问其内涵和意义。而在一个充满利益冲突的具体的现实世界中,普遍性的意义往往依附于权力地位。德国实现统一后,新生代中产阶级的"非政治化"和"堕落""猥琐",逐渐使这个民族丧失了自由意志,为此,需要"外敌入侵威胁"的刺激才能锻炼和造就民族的政治才能。民族主义永远都不会过

---

① 安托万·基扬:《近代德国及其历史学家》,第219页。
② 殷叙彝:《弗里德里希·瑙曼和德国社会民族主义》,载《北大德国研究》第一卷,北京大学出版社,2005,第171页。
③ 梅尼克:《德国的浩劫》,何兆武译,三联书店,2002,第27页。

时,民族的自由精神就是一种原始的自由冲动,它能赋予每个个体"伟大的激情",也能使伟大的民族"永葆青春"。当然,韦伯不像德意志的浪漫主义者拉加德(Paul de Lagarde,1827—1891)、郎贝恩(Julius Langbehn,1851—1907)和范登布鲁克(Moeller van den Bruck,1876—1925)之流,后者反对进步和理性,在历史学家弗里茨·斯特恩(Fritz Stern)看来,他们是自由主义的死敌①,韦伯坚信理性和进步的重要性,相信自由的理性和民族国家的结构是可以融合的,他只是想把自由与德意志的历史条件和历史进程联系在一起。在这个意义上,自由主义完全可以与民族主义结合到一起。因此毫不奇怪,1895年在弗赖堡大学题为"民族国家与经济政策"的就职演说中,我们听到了韦伯这样的声音:"德国的统一是我们这个民族在青年时代就该完成但却一直拖到晚年才完成的业绩;如果不是为了让德国开始卷入世界政治,反倒是为了不再卷入世界政治,那么当年耗费巨大代价争取这种统一也就完全不值得了。"②言外之意,德国统一一定是它大国政策的开端。

四

然而,并非只有德意志帝国在世纪之交成为民族主义和大国扩张政策的拥趸。英国、法国、俄国等的对外政策在战前与德国无异,伦敦音乐厅的上空也回荡着侵略主义的言论,彼得堡的沙龙中充斥着泛斯拉夫主义的叫嚣,法国的复仇思想和沙文主义也毫不逊色。毕竟这就是一个帝国主义的时代、群众性民族主义的时代,民族主义已经超越个人理想而上升为一个民族的理想。那么,为什么在德国会有如此异乎寻常的表现呢?对此,韦伯有他自己的思考,并提出了这样一个命题:一个长期积贫积弱的经济落后的国家快速崛起为"经济巨人",必然隐含致命的内在危险,这就是"政治上的不成熟"。

一战前"乌拉爱国主义"现象的出现很大程度上正反映了韦伯的担忧——

---

① 参见 Fritz Stern, *Kulturpessimismus als politische Gefahr*.
② 马克斯·韦伯:《韦伯政治著作选》,阎克文译,东方出版社,2009,第22页。

帝国政治是不成熟的。不可否认,政治家在战前一直在煽动公众情绪,然而在战争成为现实的瞬间,他们的态度却发生了 180 度转弯。英国大使在向德国首相递交英国政府的最后通牒时,贝特曼-霍尔韦格(Theobald von Bethmann-Hollweg)表现出极度的苦恼。外交国务秘书戈特利布·雅格(Gottlieb Jage)则透露,他在战争爆发后一直"忐忑不安和心绪不宁"①。德意志领导层普遍产生了悲观的宿命论。连威廉皇帝本人也出现了神经质的不安表现,脸色煞白,"眼睛不安地闪烁,看起来苍老了十岁"②。在发布军事总动员令时,人们发现皇帝眼里噙着泪水。③ 这与他战前习以为常的乖张和自负表现判若两人。究竟帝国领导层是不是要发动这场战争,史学界至今存在着争议。

一战前,德国政治依旧是传统的贵族精英政治,或者是"传统的容克式封建贵族政治",尽管它会在一定程度上迎合大众的意愿,但其地位是牢固的,足以为了精英集团的利益而错误地将大众拖入战争。贵族精英的不成熟可以解释战争爆发前后领导层态度的变化,他们对自己的行为所产生的后果没有充分估计,战争本来是可以避免的,或可以限制为局部战争的,但却失控了,演变成了全面的战争。当然,这不是德国一国的政治问题,也是俄国和法国的问题,甚至连英国老式的贵族自由政治也脱不了干系。为此,英国外交大臣格雷(Grey)无可奈何地发出过一声长叹:"欧洲的灯火整个熄灭了!"劳合·乔治(David Lloyd George)则在他的战争回忆录里称欧洲大国是"慢慢地滑入了战争"。2013 年畅销欧美的《梦游者》一书,作者克里斯托弗·克拉克(Christopher Clark)则表达了与上述两位英国政治家类似的观点——欧洲大国政治家都是梦游者,丧失了控制行动的能力。④ 还有德国学者甚至干脆指出,一战也是一场"家族内部的争吵"⑤。英国的汉诺威王室、德国的霍亨索伦王室以及俄罗斯的罗曼诺夫家族,

---

① Bernhard Buelow, *Denkwürdigkeiten*, Bd. 3, S. 159. 转引自 Hermann J. Hiery, *Angst und Krieg*, S. 175.
② Ebd., S. 146. 转引自 Hermann J. Hiery, *Angst und Krieg*, S. 174.
③ Heidrun Helwig, *Prof. Dirk van Laak über die Deutsche Rolle beim Ausbruch der "Urkatastrophe" und "Hurra-Patriotismus"*, http://www.giessener-anzeiger.de/special/erster-weltkrieg/wechselseitig-beste-chance-ausgerechnet_14265915.htm.
④ Christopher Clark, *Die Schlafwandler: Wie Europa in den Ersten Weltkrieg zog*, München: Deutsche Verlags-Anstalt, 2013.
⑤ Iremela Spelsberg, "Der Weltkrieg war auch ein Familienkrach," *Merkur* (24. Januar 1997).

它们之间相互联姻,有着王朝间的"真挚友谊",但却为了各自的利益,被集体拖入了战争。在这个意义上,传统的欧洲宫廷、王朝外交在一战爆发的问题上当众出丑了。

不过尽管欧洲大国都有不可推卸的责任,难以否认,德国的政治问题是更为突出的,原因在于它在短时期内实现了经济的"策马狂奔"、社会结构的调整,而在政治改革中却举步不前。在研读英美社会科学和现代化理论的基础上,德国历史学家汉斯-U.维勒(Hans-U. Wehler)提出了系统分析理论,他认为德意志帝国的问题在于结构体系的不稳定性或非均衡性。工业化和经济现代化带来社会制度转型和社会变革,与此相适应,要求新的政治机制,即建立以宪法为基础的社会自由及代议制民主制,换言之,建立一套能使全体国民都参与其中的政治过程和政治机制。然而德国的情况是,社会阶层的垂直流动受到严重阻碍,目的是保护传统统治秩序的稳定。帝国宪法宣布实施"全民普选制",但它的实施"不是为了建立对议会负责的责任内阁制,而是为了使政治反对派继续遭到谩骂和无能为力"。① 有数据显示,1907 年、1912 年帝国议会选举,德国选民的人数前所未有地高达84%。而政党政治的意义虽然在威廉二世时期不断增长,但传统政治精英排挤"大众政党"——德国工人阶级和社会民主党进入政治舞台的意图也是十分明显的。韦伯说,这是"政治市侩主义"和"政治不成熟"的典型表现,是患了严重的"民主恐惧症"。何况,政党政治的长期缺失还错失了培养训练有素政治家的机会,因为议会不是未来政治人物的跳板。社会经济和政治发展的非同步性,使德国最终陷入了难以自拔的困境之中,结果系统内部的政治危机只能依靠对外政策来疏导,这就是由艾卡特·凯尔(Eckart Kehr)首先提出的、维勒继承的所谓"内政优先"论(Primat der Innenpolitik),和平变革让位于战争目标。

在这个问题上,保守派史学家托马斯·尼佩带(Thomas Nipperdey)与维勒针锋相对,他反对把德国的政治问题放大,强调帝国政治在大多数情况下发展是正常的,不存在致命的生存危机。而且他也反对德国"特殊性"的提法,在现代化

---

① Hans-U. Wehler, *Das Kaiserreich, 1871—1918*, Göttingen, 1983, S. 231.

进程中政党政治的不稳定、社会不同利益团体之间的矛盾和冲突,德国有,欧洲其他国家也同样面临,是社会转型中的正常现象。不过,即使是尼佩带最终也无法否认,的确存在着导致德意志帝国政治脆弱的一些因素,只不过它不一定是体制性的问题。相比于维勒的结构派,像尼佩带这样的历史主义史学家更强调政治和外交决策中的个人意志,比如俾斯麦个人的历史作用、威廉二世的统治思想及其实践等等。

关于俾斯麦的历史作用问题,韦伯早有过明确表态,他断言,首相要为德意志人民的集体无能负责。俾斯麦统治的实质是威权政治,尽管他不能像人们想象的那样实行独裁,因为他不可能踢开议会单独行动,但他却是操纵议会的行家里手,在议会中发表宏论,组织报刊舆论,通过操纵党派分裂和重新组合争取议会多数派的支持,是帝国时期俾斯麦政治活动的重要内容。他的反对派仇恨他,但对他又充满了敬畏。德国人也愿意被他管理,即使首相称病也要请他出面处理国家要务。俾斯麦任普鲁士首相二十八年、帝国首相十九年,有充分的时间让新生的帝国深深打上他个人的烙印。不可否认,这样的威权统治造就了德国经济,使之在统一后的短短三十年迅速成长为一个骄横的巨人,但在政治上它却培养了一大批"精神侏儒"。所以韦伯说,俾斯麦"留下了一个缺乏任何政治教育的民族","一个完全没有政治意志的民族"。①

威廉二世的个人统治也颇具张力。行为乖张的年轻皇帝,虽然天资聪颖、反应敏捷、想象力丰富,但却是个变化无常、敏感而又神经质的人。此外,他还固执、任性、爱出风头。而在政治决策上又易受亲信影响,摇摆不定、犹豫不决。他被人戏称为"出色的怪物"②。尽管不具备优秀君王的潜质,其战前对德国政治的掌控力也普遍受到质疑,但威廉皇帝却依旧是那个时代最赢得威望的君主,在很多方面都代表了"时代精神"。比如在这个物质发达的年代,他喜欢奢华,富有浪漫气质,与其祖父威廉一世形成鲜明反差。甚至他夸张而极富感染力的演说表达的也是公众的心声,因为那个时代人们需要的是大规模的集会、烈烈的旌

---

① 马克斯·韦伯:《韦伯政治著作选》,第119页。
② "Fabulous Monster",出自芭芭拉·夏米尔(B. Chamier)一位英国军官的女儿。该戏称后来由普鲁士司法部大臣的女儿多拉·贝塞勒翻译成德语,随后开始流行。

旗、整齐行进的步伐,渴望的是新型的领袖人物,他们拥有煽动性,拥有大批追随者……而威廉二世在各方面恰好迎合了群众性民族主义时代所有浅层次的情感需求。

一战前德国的"乌拉爱国主义"是世纪末的一种情感发泄,它通过群众的非理性激情得到痛快淋漓的表达,但其背后潜藏的问题却是引发后人深省的。

作者简介:徐健,北京大学历史系教授,代表作:《近代普鲁士官僚制度研究》,北京大学出版社,2005年。

19世纪德国天主教社会训导理论之核心宗旨

徐龙飞

内容提要:本文分析和阐释以冯·凯特勒为代表的19世纪德国天主教社会训导理论面对当时作为生存问题的"社会问题"时所作的理论表述及解决方案。

关键词:19世纪德国 天主教社会训导理论 冯·凯特勒

一、引言:德国天主教社会训导理论所面临的现实和理论问题——人的生存与公民社会

德国在19世纪面临由农业社会向工业社会的转变,如何让农民不要成为被英法等强国歧视的农民工,而真正成为工人,成为产业工人?如何让他们不被视为劳动力——被物化的劳动力是自由的欧洲市场的奴隶——而是径直被视为人?如何建立一个公正的、正义的公民社会,以使人能够在其中有尊严地生活?这不仅是全德国,而且也是德国天主教在其社会训导理论中所着力思考的核心问题①;于是,如何理解公民赖以生活其中的公民社会就成为这一核心问题的焦

---

① 关于天主教社会训导理论(亦称社会教义),请参见赵建敏:《天主教社会教义导读》,光启出版社,2011。本文在此仅关涉其对于所谓"社会问题"(亦即生存问题)的表述。

点，其所提出的解决方案在于保障劳动者的权益，求得社会各阶层间的正义的和平与和谐。

无论何种社会，从社会学角度判断约略应当包含如下五大领域：首先家庭领域，其中生育、子女教育、亲属关系及抚养事务需得到安排；其次，知识与能力领域，其中知识与能力被培养而出，被发展、应用并传承；其三，经济领域，其中要确保物质需求的满足；其四，政治—法律领域，通过统治与权利（特别是公民的权力）而保障一定之秩序；其五，文化—宗教领域，其中涉及价值判断、文化认同、宗教及艺术的表达等。这五个领域并非各自独立而毫无关系，而是相互融通的①。

从概念的性质来看，社会庶几是有组织的人群的总和，这些人在一个共有地域共同生活，为满足社会基本需求而在群体中共同工作，他们最低限度认同共有的文化，最低限度追随共同的基本价值和规范，并且作为独立的群体而运作。而群体关系自19世纪末期以来约略有两大类基本形式：公众（公共）社会与公民社会。二者都包含群体关系的各种形式，公众社会以高度个人亲和性、情感深度、伦理义务以及时间上持续的群体凝聚为特征。公众社会源自于情感关系的传统，以家庭、友情以及诸如师徒帮会为特别表现形式，以情感维系作为其结构本位，在伦理方面则有热心、友谊与迎合（或妥协、让步），其负面表现形式是腐败和裙带关系。而公民社会则以高度个体主义和非个人性的外在形式为主要特征，公民社会起源于意志行为和特有利益，其典型例证是公共事务之公开性，其结构本位是匿名性和非个人性，伦理方面有合同约定性、权利理性及经济的核算，如其运作不良，则其负面形式是所谓的"恶劣社会"。

从问题的历史来看，关于公民、社会及国家之讨论由来已久，且自经典作家以来即时有高论。柏拉图论说过国家理念与公民真正利益②，亚里士多德讨论

---

① 关于社会概念等也请参见《哲学大辞典》修订本（下），上海，2001，第1242页，及《简明社会科学词典》，上海，1982，第522页。
② Platon, "Der Staat," in *Jubiläumsausgabe sämtliche Werke*, Bd. 4, Zürich: Artemis, 1974, S. 86—94 (338c—342e), 117—121 (358e—361d), 314—316 (488a—489c), 294 (473c—473d), 333—334 (500b—500e), 357 (517b—517c), Gorgias, In: Bd. 2, S. 330—331 (483b—484c), 362—366 (502d—505b), 369—371 (507a—508c), 379 (513e—514a), 385—386 (517b—518c), 391—392 (521d—522c).

过国家作为公民幸福生活的自然先决条件①,西塞罗探讨作为公民对永恒世界法则普遍拥有的自然权利以及国家应当甚或必须保障公民有尊严的闲暇(的生活)②,奥古斯丁与托马斯·阿奎那对此也有言论之发表。前者希冀上帝之国作为历史目的之实现③,后者设想关于达到此岸与彼岸生命目的所要遵守之自然法则与神性的法则④。进入16、17世纪,马基雅维里设计国家权利(权力)运作的现实政治条件⑤,托马斯·霍布斯将国家视为被启蒙的个人主义的工具⑥,洛克则以国家为自然基本权利得以保障的集合体⑦。18世纪时,休谟相信社会约定的无价值性⑧,孟德斯鸠则主张国家权力的分立是政治自由的保证⑨,卢梭认定大众意志通过民主的实现⑩,康德则以法律秩序为普遍自由与平等的思维必要条件⑪。时至

---

① Aristoteles, *Politik*, 2. Aufl., München, 1976 (dtv. 6022), S. 47—48 (1252a1—1252a35), 49—50 (1252b28—1253a40), 52—54 (1254a15—1254b27), 113—114 (1279a17—1279b10), 116—118 (1280a31—1281a8), 122—123 (1282b14—1283a22), 186 (1309b18—1310a1).

② Cicero, *Der Staat*, Hamburg: Reinbeck bei Hamburg, 1964, S. 25, 80; *Über die Gesetze*, Hamburg: Reinbeck bei Hamburg, 1969, S. 14, 15—17, 18—19, 20, 23—26.

③ Augustinus, *Vom Gottes Staat*, 2 Bde, Zürich: Artemis, 1955, Bd. 2, S. 570—571; Bd. 2, S. 572; Bd. 1, S. 213—214; Bd. 2, S. 7—8; Bd. 2, S. 158, 216—218, 506, 564—565, 566—567, 585—586; Bd. 2, S. 296, 297—298.

④ Thomas von Aquin, *Über die Herrschaft der Fürsten*, Stuttgart: Reclam, 1971, S. 5—6, 52—56, 57—59; *Summa Theologiae*, hrsg. Marietti Taurini, 1932, Bd. 2, Fragen 90—96, S. 516, 517, 518, 520, 527, 528, 529, 530—531, 534—535, 537, 538, 540, 541, 548.

⑤ Machiavelli, *Politische Betrachtungen über die alte und die italienische Geschichte*, Köln und Opladen: Westdeutscher Verlag, 1965, S. 29—30, 121, 127—128, 135; *Der Fürst*, Stuttgart: Reclam, 1974, S. 40, 42—43, 45, 70—71, 73—74, 95—96, 100, 101—102, 104—106, 113, 134—136.

⑥ Thomas Hobbes, *Leviathan*, Frankfurt a. M./Berlin/Wien, 1976, S. 94—102, 104—105, 110—111, 119—122, 131—135, 137—138, 165—166, 168—169, 169—170, 171, 262—264.

⑦ Locke, *Zwei Abhandlungen über die Regierung*, Frankfurt a. M., 1967, Buch 2, S. 201, 202—203, 206—208, 211—213, 256—257, 258—260, 264—266, 283—287, 289—294, 298—299, 301—302.

⑧ Hume, "Of the Original Contract," in *The Philosophical Works*, Aalen: Scientia, 1964, S. 443—448, 449—451, 452—453, 453, 454—456, 459—460.

⑨ Montesquieu, *Vom Geist der Gesetze*, Tübingen, 1951, S. 9—11, 12, 16, 19, 20—21, 211—215, 217—226, 229.

⑩ Rousseau, *Über den Ursprung der Ungleichheit unter den Menschen*, in *Schriften zur Kulturkritik*, 2. Aufl., Hamburg, 1971, S. 79, 165—169, 175—177, 183—185; *Der Gesellschaftsvertrag oder die Grundsätze des Staatsrechts*, Stuttgart, 1974, S. 5—6, 9—10, 11, 11—12, 14—15, 17—24, 27—30, 32—35, 36—39, 42—44, 46, 47—49, 58—59, 116, 120—121.

⑪ Kant, "Die Metaphysik der Sitten," in *Werke (Akademie-Ausgabe)*, Bd. 6., Berlin, 1907, S. 229—231, 237—238; "Über den Gemeinspruch: Das mag in der Theorie richtig sein, taugt aber nicht für die Praxis," in *Werke (Akademie-Ausgabe)*, Bd. 8., Berlin, 1912, S. 289—305.

19 世纪,黑格尔的国家观是伦理理性的代表①,而马克思和恩格斯则坚信资本主义社会到共产主义社会的进程②。

上述这一切在广义上都是当时关于公民社会讨论复兴的历史前奏。属于这一前奏史的首先应当还有在历史进程中不断增长的、成为主动意识的社会本真氛围与国家本有氛围的分离;另外,在诸如此类的概念分离和生活世界分离已然实存的情境中,"公民社会"的政治功能必须被重新界定,就此,诸多功能之确认必须历史地被检视(厘)清;最终,在社会与国家领域之中,在概念史的区分之外也存在诸多契机而导致当今时代的关于公民社会的愈益增强的言说与分析。

社会本真氛围的区别从历史上来看有三个发展阶段,第一阶段是从古代经中世纪到近代早期,国家与公民社会并未严格区分;第二阶段是 17、18 世纪的契约理论,社会本真氛围的区分倾向首次恰如其分地进入人的思维视域;而第三个历史发展阶段,只是在孟德斯鸠之后并且直到黑格尔才展开,自此之后我们的社会本真氛围之意识才得以存留并形成国家与公民社会之间的二分法的概念确认③。

对黑格尔而言,公民社会有三个因素:其一,需求系统,即通过劳动而达成的单个人的需求满足的调节和通过劳动对所有其他人的需求的满足;其二,需求系统中所包含的自由普遍性的实在性(现实性)和因着律法的遵守而达成的对财产占有的保护;其三,针对这一系统之中所遗留的偶然性的预防措施,以及通过警察(公共安全之保障)和社会团体对作为共同的特殊兴趣的照拂④。

而国家则不同,黑格尔认为,国家是伦理理念的实存,国家是伦理精神作为显见的、自我昭示的本质意志,这一意志思考自身并知道将它所知道的——只要

---

① Hegel, *Grundlinien der Philosophie des Rechts*, 4. Aufl., Hamburg, 1955, S. 6—8, 13—14, 14—15, 15—16, 165, 169, 207—208, 208—210; *Die Vernunft der Geschichte*, 5. Aufl., Hamburg, 1955, S. 28—29, 32, 32—33, 64—65, 75—76, 94—95, 98—99, 111—112, 142—143.

② 马克思、恩格斯:《共产党宣言》,载《马克思恩格斯全集》(第四卷),人民出版社,1958,第 461—504 页。

③ U. Nothelle-Wildfeuer, *Soziale Gerechtigkeit und Zivilgesellschaft*, Paderborn/München/Wien/Zürich, 1999, S. 86—104.

④ Hegel, *Grundlinien der Philosophie des Rechts*, S. 169.

它知道——贯彻圆满①,国家是一种崇高理想的代表,是一种精神理念的象征。如果国家与公民社会相统一,并且将其对财产占有和个人自由的安全与保护的决定(确认)真正付诸实施时,则每个单一公民的利益就是国家的最终目的,正是向着这一最终目的,所有单一公民才结合起来(而形成国家),由此则同样可见,成为一个国家之公民也是具有一定任意性的②。

黑格尔区分国家的政治氛围与社会的公民领域。"公民的"作为形容词表示私体权利(权力),即当时成为有产阶级的"公民",国家的政治氛围和公民社会,即经济私有空间并不全等,有时甚或是相对立的。国家与公民社会合一最终就因此而被解除。在黑格尔所分别的社会氛围中,公民通过经济领域的劳动过程和交换过程以及公共讨论的建立而产生相互的关系,公民在某种意义上先于政治的介入而构成一个社会性统一体。而且,如果公民以经济的劳动等而建立关系,那么在黑格尔的公民社会概念中,在考虑到职业阶层的法人时尚有一个立法的因素。

由此,18、19世纪政治经济学所处理的需求与劳动之范畴、交换与劳动分配之范畴以及价值与财产之范畴是公民社会的范畴性规限。

二、德国天主教会的社会训导理论所面临的"社会问题":人的生存问题

所谓"社会问题"就是当时人的生存问题,在此指的主要是当时的经济及社会生活,或曰世俗化及由农业到工业化社会所带来的前工业化贫困状态;德国天主教会关于建立正义的公民社会的出发点,就是当时德国的社会经济状况,亦即人的贫困状态。

---

① Hegel, *Grundlinien der Philosophie des Rechts*, S. 207—208.
② Ebd., S. 298.

首先，世俗化带来的贫困是当时天主教会面临的一个主要问题①。直到18世纪末，德意志帝国尚散落为三百个小国及城市，他们很快感知到法国大革命的巨大影响②。19世纪初德国天主教会面对法国大革命之后的普遍世俗化无论在政治上，抑或是在经济上都软弱不堪，而且在精神上也被排挤于社会的边缘③。法国甚至在1789年8月2日就废除了教会十一税，紧随其后的是同年8月27日宣布的人权与公民权宣言，特别是其中的第十条宣布，公民享有无可限定的良心自由及宗教自由④。拿破仑掌控法国后，使得教廷屈从自己⑤，又在1803年2月25日在德国操纵通过《帝国委员会决议》(*Reichsdeputationshauptschluß*)，通过这一决议使教会财产被世俗化，德国教会被剥夺了几乎全部教产，倏忽之间一贫如洗⑥。此外，德国高等贵族又以自由的时代精神取消了大部分修院和修会，他们任意统治教会，并试图使之服务于自己的目的⑦。政治上的自由主义又以教会启蒙及现代主义的形式出现，不仅从外部，而且首先是从教会内部威胁天主教会⑧。

其次，前工业化贫困是当时另一主要社会问题。与英国及法国比较，德国的工业化进程迟缓了三代人的时间。1850年，尚有55%的劳动力人口从事农业。在二千九百万劳动力人口中只有十万至十二万人在工业领域即工厂工作⑨。前工业化时代的贫困自从18世纪中叶以来即不断增长，并在尚未开始工业化的德国形成大范围的大众贫困。这种前工业化大众贫困主要在农业领域、开工不足

---

① W. E. Freiherrn von Ketteler, *Die Arbeiterfrage und das Christentum*, Mainz: Verlag von Franz Kirchheim, 1864, S. 15.
② K. Bihlmeyer, *Kirchengeschichte*, 16. Aufl., Bd. 3, Paderborn, 1959, S. 307—312. H. Jedin, *Handbuch der Kirchengeschichte*, Bd. 6/1, Freiburg/Basel/Wien, 1999, besonders S. 35—43.
③ L. Roos, "Kapitalismus, Sozialreform, Sozialpolitik," in *Der soziale und politische Katholizismus*, hrsg. A. Pauscher, München/Wien, 1982, S. 54.
④ K. Bihlmeyer, *Kirchengeschichte*, S. 294. L. Kühnhardt, *Die Universalität der Menschenrechte*, Bonn, 1991, S. 76.
⑤ L. Roos, *Kapitalismus, Sozialreform, Sozialpolitik*, S. 54. H. Jedin, *Handbuch der Kirchengeschichte*, S. 55—58, 67—91.
⑥ K. Bihlmeyer, *Kirchengeschichte*, S. 309. L. Roos, *Kapitalismus, Sozialreform, Sozialpolitik*, S. 54. H. Jedin, *Handbuch der Kirchengeschichte*, S. 162—167.
⑦ L. Roos, *Kapitalismus, Sozialreform, Sozialpolitik*, S. 54.
⑧ Ebd., S. 54.
⑨ Ebd., S. 54—55.

的手工业领域、众多失业的帮工和下层官吏及雇员中表现而出。造成前工业化时代贫困的主要原因是自1750年以来的人口在短期内不断而迅速的增长。1817年德国有二千五百万自然人口,1850年增至三千五百万,而到1870年自然人口则上升至四千万。而农业生产及前工业化生产却不能与人口之增长同步发展,以至于无法承受人口增长之压力而解决其生存问题[①]。

于是德国在这一时代面临的被称为"社会问题"的就是生存问题。德国天主教会在自身受到政治势力的挤压而丧失其财富能力及精神主导地位的情况下,也依然为正义、为公民社会的建设大声疾呼,并在德国的社会变革与转型中努力实践,不但克服了自身的政治及社会无依着性,而且在现实及现代社会中赢得了坚实的社会地位和存在意义[②]。

在此首先必须提及的是,教会慈善事业的重新激活。在世俗化以及前工业化阶段所造成的贫困状态中,人口暴涨、工业贫瘠,而且没有强大的民族支柱产业,人们面临的首先是肉身的生存问题;德国教会几乎被剥夺全部财产,教会不仅一贫如洗,而且也几乎丧失精神的主导地位而被排挤于社会的边缘。在这样的历史境况中,教会的精神领袖更多的成为群羊的牧者,他们继承天主教启蒙运动的积极遗产[③],而努力关注教育及培训事业,以使公民能够有知识、有能力进入工业化所要求的职业领域、社会生活和精神生活。在这样的历史境况中,德国各地产生了众多的团体、结社,产生了为数颇多的期刊、杂志,研讨基督宗教的精神、人类基本价值、社会基本伦理。神职人员及平信徒以这种方式更新教会并在充满敌意的政治环境中自我持守。

慈善事业的重新激活是天主教会对不断增长的大众贫困的第一个直接回应,这也符合教会的传统。人的每日用粮问题是任何停留在纯理性层面的讨论不能解决的。而教会的慈善事业对所有无助之人而言是最后的慰藉。同时,面对精神上的被隔绝与政治上的无权力,慈善事业对教会而言首先是一条在社会

[①] L. Roos, *Kapitalismus, Sozialreform, Sozialpolitik*, S. 56—57. U. Nothelle-Wildfeuer, *Soziale Gerechtigkeit und Zivilgesellschaft*, S. 29—30.

[②] L. Roos, *Kapitalismus, Sozialreform, Sozialpolitik*, S. 52.

[③] 关于天主教启蒙运动参见 K. Bihlmeyer, *Kirchengeschichte*, S. 273—277.

中能够重新确认自己的必由之路,是践行基督信仰的必由之路,而这条路也是在与国家统治的激烈抗争之后才最终赢得的①。

三、天主教社会训导理论解决问题的理论基点：公正或正义概念

德国当时公民社会的讨论要解决的问题是,如何让人有能力进入工业社会并且有尊严地生活于其中？其理论基点是对公正或正义概念的理解。无论是马克思、恩格斯②,抑或是天主教方面都不能对此视而不见。公正概念首先涉及人最初始而本真的感觉,公正或以相反之角度而言不公正或非正义,在呼应这一初始经验的同时,又可回溯到人原本而自身的人格意义。于是公正便从原始的感受脱颖而出,并进入伦理及道德之领域。

基督宗教,特别是天主教方面对这一概念之哲学理解可追溯到亚里士多德及托马斯·阿奎那。亚里士多德是这一概念哲学理解的始作俑者。他所发现的公正概念的三重形式是天主教所应用的公正概念的哲学起源。根据亚里士多德——并且自他以来——公正概念便有三种伦理及法哲学的经典应用形式,他将这三种形式阐释为交换公正、责任公正以及分配公正。

公正概念的这三重划分是由人所生活并维系自身于其中的社会关系的三重性而来的。每一个人(每一个公民)首先都与其他人(其他公民)处在一种直接的社会关系中,处在人与人(公民与公民)之间的人格相互性之中。在这样的处境中,交换公正保证交换的平等性、公正性。另外,每一个人作为个人也处于与团体,或曰与集体(总之与社会)的关系中,责任公正在这样的处境中赢得意义。责任公正在于公民要为社会的运作提供必要的手段(譬如要缴纳恰当的赋税、要有道德与伦理的担当等)。最终,社会对每一单一公民也有伦理义务关系,分

---

① L. Roos, *Kapitalismus, Sozialreform, Sozialpolitik*, S. 60.
② 就此请参阅恩格斯：《论住宅问题》,载《马克思恩格斯全集》(第十八卷,第二版),北京,1965,第233—321页。

配公正在此赢得其功能意义,在社会内部合理调节负担与分配收益是这一功能的付诸实施①。

天主教的社会学说与托马斯化的亚里士多德公正概念密切相关,托马斯对亚里士多德正义概念的诠释深刻影响了基督宗教,特别是天主教的社会训导理论。托马斯虽然接受了责任公正概念,但不同于亚里士多德的是,国家的律法在此并不构成责任公正的形式客体,而是公益或曰公共福利;换言之,作为前国家的自然法律则的公共福利才构成责任公正的形式客体②。就此,责任公正具有公共福利公正的意义,而国家之法律原则上在校准作为权利律则的公共福利时显得相对化了。换言之,无论是国家法律,抑或是公民之选择(或义务)都应以公共福利公正或曰以作为公正的公共利益为基准,而不应以某一权利集团或利益集团为出发点。

亚里士多德正义概念的这三重形式是从功用上划分的,而且如果正义概念的这三重划分是从人所生活并维系自身于其中的社会关系中而得来的话,那么究其根本,正义概念本质上是对人的描述,或曰人的三重形象的描述。首先,人作为其世界及权利的形象,即人作为自治本质;其次,人作为其世界与其权利之目的;最终其三,人对律法的服从,即人作为异治的本质;由人的这三重形象,则正义概念亦有三个方面,即首先平等原则,这一平等原则是绝对的,但作为绝对的原则又是纯粹形式的;其次目的性原则,或曰社会正义原则,这一原则是质料的,是关照公共利益的,因而是内容性而相对的;其三权利保障原则,这一原则是功用性的,因而只是权威性的。

公正概念是当时德国各界,特别是以天主教为代表的基督宗教方面讨论现实问题的理论出发点。

---

① 亚里士多德:《尼各马可伦理学》(第五卷),廖申白译,北京,2004,第 126—164 页(1129a—1138b)。
② Thomas Aquin, *Summa Theologica I/II*, Q. 100, 2C; Q. 98, 1.

四、德国天主教社会训导理论的逻辑展开：
从天主教浪漫派到美茵茨主教冯·凯特勒

固然，天主教会面对当时之社会现实自身并未天生就有成型甚或成熟的社会理想，甚至面临19世纪新的资本主义现实时根本就没有恰当的社会理想的表述。而且认识到要建构并表述一个全新的社会理想是否有必然性，也并非轻而易举之事。当时在天主教会之外也并未有一现成的能够被使用的模式，同时，关于社会问题的讨论也并未有一明确而富有建设性的出发点。早期社会主义对资本主义的批判主要在法国和英国产生，而且对德国现状影响甚微。而且共产主义理论与天主教会之社会理想也没有共同之处；此外，马克思与恩格斯在德国只是到了我们所讨论的这个时代的终结期(1869年前后)在以倍倍尔(Bebel)和李卜克内西(Liebknecht)为首的社会民主工人党中才有实际的影响，而且这影响也只是部分的并且到哥达纲领出现(1875年)为止[1]。

19世纪60年代初在天主教会之外德里齐(H. Schutze-Delitzsch)和拉萨尔(F. Lassalle)成为教会至为重要的对话伙伴[2]。而教会内部天主教浪漫派、德国第一位社会政治家弗兰斯·尤瑟夫·冯·布思(Franz Joseph von Buss)、莱茵社会天主教的首创者莱辛斯伯尔格兄弟(Reichensperger)都是关于公民社会学说讨论的代表人物。作为天主教社会运动的先驱，他们为冯·凯特勒主教的出现作了理论准备。在1864年至1869年之间，美因茨主教威廉姆·依玛努埃·冯·凯特勒(W. E. von Ketteler,1811—1877)在上述诸多教会学人前期努力之后，在与拉萨尔等的辩论之中发展出全新的社会理念。这一理念不仅包含社会改革的理念性因素，而且也包含实践性社会政治之出发点。

我们在此不能面面俱到，仅简约勾勒前三者而略微详述冯·凯特勒。

---

[1] Thomas Aquin, *Summa Theologica I/II*, S. 58.
[2] W. E. Freiherrn von Ketteler, *Die Arbeiterfrage und das Christentum*, S. 17.

1. 天主教浪漫派的社会批判

就德国天主教会关于公民社会的社会训导理论，首先不能不提到天主教浪漫派的社会批判。天主教浪漫派最早对当时的社会变迁与经济变动作了深刻分析。其始作俑者是英国政治家埃德蒙·柏克（Edmund Burke, 1729—1797）。柏克早在1756年就看到社会的贫富不均，并认为造成当时社会状况的最终原因是重新创设的"人造社会"（künstliche Gesellschaft），这一由贫富不均而形成的"人造社会"，或曰"人为社会"是"自然状态"的对立面。而等级制社会的本质一方面在于社会阶层是通过每一在此阶层中出生的个人构成的，换言之，出生于某一阶层的人，就因着这一出生而成为此阶层中之一员；另一方面，也在于统治阶层与劳动阶层的权利区别与贫富区别也由此而产生。所谓等级社会在中世纪末及近代以来即已过时，并且虽然在法国大革命时即告终结，但在德国至少还持续到1848年。德国等级社会最终在结构上的彻底解体是第一次世界大战结束时通过三等级选举权制在普鲁士的废除。

19世纪上半叶最重要的德国天主教浪漫派代表是阿达姆·海因利希·米勒（Adam Heinrich Müller, 1779—1829）和弗兰斯·冯·巴德尔（Franz von Baader, 1765—1841）。早在1808、1809年前后，米勒就在德累斯顿大学的讲座课中公开指出了等级社会的威胁性，并认为人为的贫富之差造成的等级社会，是对被欺骗的劳苦大众的奴役。他的最重要的社会实践性首家独创思想，是建议劳动者建立储蓄银行。他的社会理念是带有恰当性的或适度的劳动与资本之间的等级秩序的建立①。

冯·巴德尔是最重要的天主教浪漫派社会批评的代表人物。他在德国首先提出了劳动者代表的理论，这一理论的核心是劳动者在新的等级社会中有权力和利益的诉求（权利诉求）。他认为，权利诉求首先涉及劳动者的生存问题，"劳动者只在新的社会结构的帮助下就重新纳入公民社会是有可能的"②。尽管巴德尔当时尚未承认劳动者对国家政治有参与决定权，但是这一权利诉求首先表

---

① L. Roos, *Kapitalismus, Sozialreform, Sozialpolitik*, S. 54.
② W. E. Freiherrn von Ketteler, *Die Arbeiterfrage und das Christentum*, S. 62.

现为劳动者或曰工人代表在新社会中对国家政治的公开听证权①。

从神学的角度上来看,社会的相应的构造被理解为是上帝所意愿的,即社会的建构是根据上帝的意志而形成的;同时,社会的构成也被理解为或诠释为因着人的自然的不同性而形成的。从伦理神学的角度来看,各阶层都有其权利与义务,而每一阶层之间应是团结一致的关系。而这一团结一致的关系自然也是上帝所愿意的。因而为改变当时的社会状况在工业化条件下而修缮这一等级社会最初被认为是唯一可能的和有思维价值的出路。

2. 弗兰斯·尤瑟夫·冯·布思:德国第一位社会政治家

早在1837年,教会学者冯·布思就在德意志议会中针对社会问题发表了他的第一次社会政治演说。他在演说中要求一个"工厂立法"。在这一立法中可见德意志第一个社会政治纲领之一斑。冯·布思一方面肯定工业化的积极性,另一方面也清晰地指出其负面效应(诸如工人生存之无保障、健康受损以及家庭破裂等)。总之,他得出结论,"社会问题"必须借着一个由国家进行的法制秩序和相应的经济政策而来的总体的改革方能解决。他要求国家制订"工人保护立法"及国家对此立法执行情况的监督。同时,国家有义务制订一个积极有效的劳动力市场政策和社会政策,以保证农业、工业及手工业之间的平衡(发展)。而且,国家的政策应当以工人的自我帮助行为而得到补充,这种自我帮助行为应当采取在工业领域所建立的储蓄银行、医疗保险及互助银行的方式②。诸如此类者都是工人的权力和利益,当然,他也认为对社会的宗教性修缮是当时危难的急救③。不过,冯·布思毕竟是一个现实主义者,他从社会现实或曰社会问题出发而希求以一个公开而公共的权利方案解决工人问题④,以使得即将构成社会主要阶层及社会人口大多数的工人顺利进入公民社会⑤。

3. 莱辛斯伯尔格兄弟及社会天主教之社会理念

1848年欧洲三月革命为天主教会提供了一个将其社会要求带入立法讨论

---

① L. Roos, *Kapitalismus*, *Sozialreform*, *Sozialpolitik*, S. 62.
② W. E. Freiherrn von Ketteler, *Die Arbeiterfrage und das Christentum*, S. 64.
③ Ebd., S. 65.
④ Ebd., S. 65—66.
⑤ L. Roos, *Kapitalismus*, *Sozialreform*, *Sozialpolitik*, S. 64.

的可能性①。而革命的失败以及反教会的宣传使得教会在社会政治领域毫无实践其理念的可能性。

教会当时的社会理念从教会自然本性及当时社会现实出发涉及如下主要的公民权利要求:良心(或良知)自由、言论及新闻自由、结社自由以及宗教事务中的自由和完全的平等性②。这些权利要求被认为是公民社会所应当具有的特征属性,是正义概念的各种具体表现。

这一社会理念对公民权利的要求可以回溯到莱辛斯伯尔格兄弟。彼得·弗兰斯·莱辛斯伯尔格(Peter Franz Reichensperger,1810—1892)是冯·巴德尔和冯·布思之外第三位重要的天主教社会思想家。面对当时德国的社会状态,他所开列的改革清单包含广泛的经济及社会政治的要求,诸如保护性关税法、温和的税法体系、具有实用目的性的贫民收养院、储蓄银行、各种保险体系以及工人社团和工会③。他的兄弟奥古斯特·莱辛斯伯尔格(August Reichensperger)还特别提出要关注需要帮助的人,即工人的权益,尤其是丧失工作能力的人的权益及失业者的权益。他认为"不仅要保障每一位公民的存在,而且要保障他有人性尊严的存在"④。这一要求意味着首先要减轻其生活负担,同时要对其有知识和伦理方面的精神的培养,因为正如奥古斯特·莱辛斯伯尔格所说:公正是自由的封顶石⑤。有人性尊严的存在也是公正的具体表现⑥。

4. 冯·凯特勒:《工人问题与基督宗教》

冯·凯特勒在1848年前后不仅就自由及宗教论题发表观点,而且面对当时德国的社会状况,他还特别强调说:"在所有立法规限中、在所有国家形式中尚未解决的最棘难之问题正是社会问题。"⑦如前文所述,社会问题指的就是公民的生存问题,当此社会转型之时,社会秩序的维持和社会的运作已经不能再仅仅

---

① H. Jedin, *Handbuch der Kirchengeschichte*, S. 493—500.
② L. Roos, *Kapitalismus*, *Sozialreform*, *Sozialpolitik*, S. 66.
③ Ebd., S. 67. 并参阅 F. J. Stegmann, "Geschichte der sozialen Ideen im deutschen Katholizismus," in *Geschichte der sozialen Ideen in Deutschland*, hrsg. H. Grebing, München/Wien, 1969, S. 349.
④ Ebd., S. 67.
⑤ Ebd.
⑥ L. Roos, *Kapitalismus*, *Sozialreform*, *Sozialpolitik*, S. 68.
⑦ Ebd., S. 68. 又见 E. Iserloh/Ch. Stoll, *Bischof Ketteler in seinen Schriften*, Mainz, 1977, S. 30.

依靠亲情等,而是要有公民社会的基本保障。

除了如前文所述主办各种慈善事业之外,冯·凯特勒还在神学家中寻找其社会实践的理论依据。他回溯到托马斯·阿奎那的财产及社会学说,以及他自己的所有制伦理的最高原则。他认为,所有人在自然资源中都必须享有生活必需物。他区分两种所有制,一是对生产投入(资料)的占有及支配权,另一个是对由此而赢得的果实的所有权及使用权,私有制权利仅仅指前者①。人从来都不应当将果实视为他的财产,而是应当将其视为所有人的共同财富,并应当愿意在他人有困难时将其提供出来②。

冯·凯特勒并不认为这仅仅是一个慈善的号召,而是一个社会伦理的基本原则:财产的社会责任义务并不表明一种直接的索求权,但却是一种权利原则。这也正是前文所述的公民社会中正义概念的至少第二及第三个含义,即责任正义和分配正义。前者在公民与社会的关系中赢得意义。其意义在于公民要为社会的运作提供必要之手段;后者在社会与公民的关系中赢得意义,这一分配正义的意义在于社会内部负担的合理调节及收益的适当分配。就此,在1848年冯·凯特勒就为当时的公民社会或曰社会问题的讨论带入了新的因素。

1863年,天主教会公开提出工人的贫困状况是"社会问题"的主要问题,并努力寻求解决方案。1864年,冯·凯特勒出版了他的专著《工人问题与基督宗教》(*Die Arbeiterfrage und das Christentum*)并因此在公众中又一次引起巨大反响。他认为:"基督不仅因着他拯救我们的灵魂而是世界的救赎者,他也为人的所有其他诸如公民的、政治的和社会的关系带来救赎。他尤其也是工人阶级的拯救者。"③他在这部著作正文开篇就指出,当时德国的"社会问题"最终是大多数人的吃饭、穿衣和住宅问题,是工人和其他劳动者的衣食住行、养家糊口和培养子女的问题,一言以蔽之:是劳动者和工人能否在正义的社会中有尊严地生活的问

---

① L. Roos, *Kapitalismus, Sozialreform, Sozialpolitik*, S. 68.
② Ebd., S. 68. 又见 E. Iserloh/Ch. Stoll, *Bischof Ketteler in seinen Schriften*, S. 36.
③ W. E. Freiherrn von Ketteler, *Die Arbeiterfrage und das Christentum*, S. 153. 亦请参见 L. Roos, *Kapitalismus, Sozialreform, Sozialpolitik*, S. 78.

题;这一问题有着异乎寻常的意义并因此而超出一切所谓的政治问题①。而且工人的劳动在当时的社会中被视为物化了的商品,并且这一商品依赖每日市场价格的偶然性,劳动偶然的市场价格又使得工人(人)被视为物化的劳动力②,他痛斥这种市场是自由欧洲的奴隶市场③。如何改变这一状况呢?

冯·凯特勒认为,工人进入工业社会的专业能力和新的伦理精神的培养十分重要;工人要保证提供必要的劳动,而社会要通过对竞争的规范而保障工人不仅不被欠薪,而且要能获得较高的酬薪,以确保其生存并不致使其在动荡不定中生活无着④。他要求教会建立并指导管理收养院以收留丧失劳动力的工人,关照婚姻及家庭问题,并且以基督宗教的真理培训工人。

他认为,工人具有双重身份,工人在企业中既是企业主又是工人,因而在赢利上有双重参与,即获取劳动工资和参与企业赢利的分配。行会性工人自我帮助被视为社会问题得以解决的另一途径,他还加紧讨论其可行性。冯·凯特勒认为,生产联合体的最终的问题在于资本,他号召天主教贵族仿效中世纪捐资成立修院的方法,在工人的困难尤其凸显之处,以基督宗教为基础捐资建立工人的生产联合体。

《工人问题与基督宗教》在考量社会问题的经济及政治的原因时提供给人以思维的拓展并加紧探讨了解决的方式。而且在1869年他就预见到,现代的工业体系将在不远的将来被另外的、新的(体系)所替代⑤。在此,"现代的工业体系"指的是以资本(和科技)为基础的经济社会,而"新的体系"则是他所预见的保障公民权利的正义社会。

冯·凯特勒认为,决定性的是要改变劳动力市场中的权利关系,以使工人能享有社会体系中的积极因素所提供的益处。在劳动力市场中,较之资本的强势工人的弱势在于,"工人以其劳动能力而却被隔绝,而资本的权势却相反被集

---

① W. E. Freiherrn von Ketteler, *Die Arbeiterfrage und das Christentum*, S. 7, 19.
② Ebd., S. 17.
③ Ebd., S. 20.
④ Ebd., S. 26.
⑤ L. Roos, *Kapitalismus*, *Sozialreform*, *Sozialpolitik*, S. 82.

中。"①工人阶层被分化为各个单一的工人,而每一个单一的工人则完全处于弱势;而资本却愈益集中并形成超大集群。"将工人作为劳动力和机器而剥削殆尽的资本的邪恶性必须被打破,它是对工人阶级的犯罪和对其尊严的剥夺。"②工人要建立工会,而他们团结起来的目的当然"不是在雇主与工人之间挑起争端,而是两者之间的公正性和平"③。而国家要给出一个框架原则,这一框架原则不仅意味着选择的自由,即指人有自由选择或不选择某种职业,而且同时也指在职业中人性的自由;国家有义务保障人不被奴役、不被资本和机器奴役,国家有义务和责任保障社会正义④。

冯·凯特勒在此强调,工人是人,要将工人看作人;不能将工人看作是物化的劳动力,甚至径直看作是机器,这样做是对人性的犯罪,是对人的尊严的蔑视。但他同时也强调,工人们团结起来的目的不是在于进行阶级之间的争斗,抑或委曲求全,而是要求得到各阶层间的正义性和平。这才是对人性的尊重和对人的尊严的维护。工人的同盟社式的和行会式的自我帮助的必要性和国家制定的工人保障立法及社会保险政策的必须性,是冯·凯特勒对天主教会社会思想的决定性突破。在他看来,没有这样的突破,没有对社会问题的关注,教会就不能贯彻基督所赋予的职责,因为"社会问题触及信仰的根本",亦即触及基督宗教信仰的本质⑤。这在许多同时代人看来是十分大胆的论证。

就此,冯·凯特勒也论证了教会参与解决社会问题的必要性和能力性,以及所能做的贡献。1869 年,他在《教牧实践七点纲领》中要求天主教会做到如下七点:

(1) 支持各种不同形式的工人组织。

(2) 神职人员培训中要有对工人问题的关注,甚至可引导一些神职人员学习国民经济学。

---

① W. E. Freiherrn von Ketteler, *Die Arbeiterfrage und das Christentum*, S. 28—29. L. Roos, *Kapitalismus, Sozialreform, Sozialpolitik*, S. 83.
② L. Roos, *Kapitalismus, Sozialreform, Sozialpolitik*, S. 83.
③ Ebd.
④ W. E. Freiherrn von Ketteler, *Die Arbeiterfrage und das Christentum*, S. 30.
⑤ Ebd., S. 7, 155. 以及 L. Roos, *Kapitalismus, Sozialreform, Sozialpolitik*, S. 84.

（3）必须考虑到在工厂中工作的神职人员是否有为工人谋福利的能力。

（4）要寻找能够像真福柯尔平一样能为工人和帮工服务的人。

（5）每一教区都应为工人问题设立教区工人代表并应有教区之间的协同工作。

（6）设立自己的新闻组织以唤起解决工人问题的兴趣。

（7）每年的教会日都应关注社会问题。

就此，冯·凯特勒为教会对存在的社会问题的系统关注打下了基础。这看似平易简质的纲领却深深探入社会问题的本质，触涉人的最基本的生存权和最基本的尊严，正如他自己所说的："立法中对工人毫无裨益的所谓人权究竟有什么助益呢？只要金钱的权势还在践踏社会人权的话？"①

五、可能性的结语

到此为止，我们简约勾勒了19世纪德国的"社会问题"，亦即世俗化和前工业化贫困所造成的人的生存问题，我们尝试探讨了德国天主教社会训导理论在努力解决这一问题时的思想进路及其对正义、公民社会等概念内涵的建设，行文至此，应当有何种可能性的结语呢？

首先，无论是在伦理学、法哲学、社会哲学中，还是在政治、社会、宗教及法律生活领域中，公正或正义概念都是一个难以最终从一而终被定义的基本概念。换言之，此概念在不同时代、不同领域都有可能作不同的理解，然而它毕竟有其最基本而公约性的内涵；而正义在天主教神学的理解中与智慧、勇毅和节制构成四大基本美德；客观的公正是规范秩序的最高原则（诸如法的公正、国家的公正、经济的公正甚至家庭的公正），主观的公正在伦理美德的意义上是最高原则。公正如前文所述约略有三个方面，即平等原则、目的性原则以及权利保障原则。

---

① L. Roos, *Kapitalismus, Sozialreform, Sozialpolitik*, S. 93.

其次，尽管天主教学者在具体的讨论过程中没有过多引经据典，而是关注实际的、作为生存问题的社会问题，但是他们深厚的神学背景是不应当被忘记，而且也是能够体味到的。《圣经》中的公正概念自然是他们耳熟能详的。冯·凯特勒在其著作的结语中引述了新、旧约关于正义的思想；在旧约中公正是借着以色列与其上主雅威的关系或曰盟约而确立的。公正不是别的，而是虔诚，或虔诚的人，这种人按照上帝的意志、诫命和恩宠而生活，按照律法而生活，他们在上帝的公正中、在他的救赎氛围中生活。公正于是一方面表示人与人之间的正义关系，同时另一方面表示救赎，而这一救赎是雅威所预许并保证给他的盟约之友人的。在新约中，保禄在《致罗马人书》中也从旧约出发而涉入公正概念，并理所当然地赋予其新的、基督宗教的内涵。公正或正义作为上帝的公正与正义就是上帝的救赎行为，这一救赎行为历史地在耶稣基督中体现并运作，而且因着耶稣基督的死亡与复活而达于所有人，认信的人因着上帝的恩宠而被成义，并成为公义的①。人在上帝面前的公正由此并非借着伦理的成就而能获得，这与犹太宗教的律法必然性截然不同。基督宗教伦理的必要性更多的是人的公正之存在及其结果，是人在上帝公正中的生活。在这一意义上基督宗教的因信成义说首先将成信说理解为由上帝而来的公正判说（公正言判），这一言判是人内在更新的先决条件，因而也是伦理公正的先决条件，而伦理公正就在善行中表述自身。而善行体现在被施予者之中，体现在人与社会之中。

其三，由此，无论是从社会问题出发，抑或是从神哲学理解的公正概念出发，德国天主教的讨论旨趣都在于人。冯·凯特勒特别引述了《圣经》《创世记》众人是按照上帝的样子创造的那一段落并加以分析，由此强调人的崇高不可侵犯的尊严②，人对教会而言既是存在的，同时又是过程的，是存在与过程的合一；人对教会而言，既是精神的，同时又是肉身的，是精神与肉身的合一；人对教会而言，既是末世的，同时又是当下的，是末世与当下的合一；人对教会而言既是神圣的，同时又是平凡的，是神圣与平凡的合一。质言之，人在这一意义上就是人自身、就是作为人格的人；天主教对于人的关注是对于作为整体的人的关注。

---

① W. E. Freiherrn von Ketteler, *Die Arbeiterfrage und das Christentum*, S. 154—155.
② Ebd., S. 153—154.

人格在此首先不是心理学、伦理学和社会学意义而理解的人格,而是指人与上帝之关系。人格在此首先指人的上帝肖像性,人是按照上帝的样子而受造的,因而是神圣的。人是上帝的肖像,不仅指人的受造性,同时也指上帝是由人表现的,上帝在人中被表述而出。人格其次也指人是上帝创世工程的承载者,全部创世工程也是在人中体现的,上帝赋予世界的恩宠无可递减地在人之中表现出来,上帝的预许与恩宠在人之中汇集而达于顶点,这一恩宠无限无穷,绝不消减。由此,人是神圣的,人的权利是神圣而不可侵犯的,人的尊严是神圣而不可侵犯的,人的生命是神圣不可侵犯的,一言以蔽之,人是神圣不可侵犯的。

其四,因而,在这一神、哲学背景下,关注人的生命过程、关注人的肉身需求、关注人的当下状态以及关注人的平凡本质,不仅是关注其存在、灵魂、救赎与神圣的出发点,而且也是当时社会历史背景下德国天主教会的当务之急。由此则不难理解,为什么以冯·凯特勒为代表的德国天主教会的学者们一再强调表述具体的"社会问题",亦即现实生活问题,并不断尝试有效可行的解决方案,以使每一公民都能在被保障权力、利益与尊严的状态中生活。由此也不难理解,冯·凯特勒所说的,耶稣基督不仅是人的灵魂的救赎者,而且也是人的肉身的救赎者,以及如果金钱的权势还在践踏社会人权的话,还在掌握人的具体生活的话,则立法中的公民权利条款只能是毫无裨益的。

其五,由此,则公民权利必须由立法来保护。因为人格是能够进入法学推论而言说的。或曰,人格是对每一法学推论所能辨识者,因为在最后的论证中法则或法律总是因着保障人作为人格所享有的东西而使自己成为法则或法律,并且才能使自己成为法则或法律,这应当是国家立法的法哲学出发点。人格并非某种质料性实体,而是关系而且也是社会中单一关系与众多关系的结构单位。由此,法人意义上理解的权利就不具有质料性实体,而是具有关系属性:权利是"应当"与"存在"的对应,托马斯·阿奎那曾说:"Ordo non est substantia, sed relatio(秩序并非质料实体,而是关系)"①,在关系中所有公正原则方具有意义。

最终其六,冯·凯特勒的思考并未局限在德国,他认为,天主教的社会教义

---

① Thomas Aquin, *Summa Theologica*, I, S.116, S.2.

实际上是针对全世界所有工人和贫穷人的,是具有普遍意义的①;而且如果如前文所述,正义概念是一个难能最终从一而终被定义的基本概念,如果对正义概念的思考无法停止,那么当今及后世的学者对它难道不应当有思考的渴望和需求吗?

作者简介:徐龙飞,北京大学哲学系/外国哲学研究所教授,代表作:《形上之路:基督宗教的哲学建构方法研究》,北京大学出版社,2013 年;《循美之路:基督宗教本体形上美学研究》,香港:中华书局,2013 年。

---

① W. E. Freiherrn von Ketteler, *Die Arbeiterfrage und das Christentum*, S. 11.

魏玛共和国时期的中等教育扩张与教育过剩危机

——基于"长时段视角"的社会文化史分析

张 乐 孙 进

内容提要：在德国传统的教育史研究中,魏玛共和国时期的中等教育扩张通常被认为是一项"失败的教育政策",因为它未能真正促进教育公平和社会流动,反而带来了"教育过剩危机",导致教育质量恶化与文凭贬值。本文从社会文化史的"长时段视角"对这一被视为"失败"的教育政策进行了历史重构,并结合相关教育史、社会史、历史人口学与比较史研究,将该项教育政策置于更为广阔的时空视域下予以审视,以期获得更全面和深刻的认识。本文的分析表明:魏玛共和国时期的中等教育扩张并非是由政府主导的"失败的教育政策",而是人口增长这一社会变迁过程在教育领域引起的正常的周期性历史现象,而从比较史的视角观之,这一时期出现的教育扩张是一种具有结构趋同性的跨区域、跨国家乃至跨文化的历史现象,继而消解了其在传统史学中的历史判断与象征意义。

关键字：教育扩张 教育过剩危机 长时段 魏玛共和国 德国教育

一、导　言

魏玛共和国一直是教育史学家重视和偏爱的研究对象与研究时段。除了关于德国进步主义与新教育运动(Reformpädagogik)的大量思想史与教育哲学研究外,德国研究者主要将目光集中在魏玛共和国"短暂、进步而失败"的教育改革上。根据传统的政治—经济史范式,魏玛共和国往往被描述为一个失败的共和政体,它诞生于一战结束后封建制崩溃的废墟上,成长于复杂多变的经济与政治格局中,最终消殒于政府公信力的丧失,为国家社会主义专政所取代。依附于这类话语分析意义上的研究套语(Topos)①,直至今天,对于魏玛共和国时期教育政策、教育改革与教育理念的教育史研究仍多被"失败"(Scheitern)、"衰退"(Verfall)、"危机"(Krise)等研究话语所占据和建构。深刻剖析魏玛时期的重大政治—经济事件,探求民主政体建立过程中教育领域产生危机、教育改革归于失败、教育行业群体右翼化的深刻"制度—政策性"根源,进而巩固新兴民主制下教育制度与文化的合法性,成为二战后西德教育史学研究魏玛共和国的主要动机。

在此背景下,产生于魏玛共和国后期的"教育过剩危机"(Überfüllungskrise)及其背后的社会结构性因素——魏玛共和国时期的中等教育扩张(Bildungsexpansion des höheren Schulsystems)——自20世纪70年代逐渐成为教育史领域的重要研究问题。其中,从20世纪80年代初期开始,作为民主政策的教育扩张问题开始受到德国史学家的持续关注。以凯尔布勒(Hartmut Kaelble)②和雅浩施(Konrad Jarausch)③等为代表的社会史学家将魏玛共和国时期的教育扩张视为失败的民主改革,认为政府的失败之处在于未能成功通过扩张与扩招政策真正促进教育公平和社会流动。而二战以来的德国传统教育史研究则往往将重点集中于共和国末期在教育和文化领域引发巨大舆论争议与持续性影响的"教育过

---

① "Topos", in: Daniel Wrana/Alexander Ziem et al. (hrsg.), *DiskursNetz: Wörterbuch der interdisziplinären Diskursforschung*. Berlin: Suhrkamp, 2014, S. 416—417.

② Hartmut Kaelble, *Soziale Mobilität und Chancengleichheit im 19. und 20. Jahrhundert. Deutschland im internationalen Vergleich* (in *Kritische Studien zur Geschichtswissenschaft*, Band 55), Göttingen: Vandenhoeck & Ruprecht, 1983.

③ Konrad Jarausch, *Deutsche Studenten 1800—1970*, Frankfurt a. M.: Suhrkamp Verlag, 1984.

剩危机",其研究成果也得到了历史学的广泛引用①。通过重构魏玛时期政治家与学者对危机的描述与判断,传统教育史著作逐渐形成了关于"危机"的认识②:这场教育改革与教育制度合法性危机源于魏玛共和国后期中等与高等教育领域的过度扩张政策,造成教育质量与文凭价值的急剧恶化,见证了教育大众化引发的德国传统人文主义价值观的没落,使政府公信力进一步受损,充分体现了魏玛共和国教育政策与教育改革的失败。"危机"成为共和国教育改革失败的佐证。受到社会史研究范式的持续影响,20世纪八九十年代,以上两种观点逐渐结合形成相互关联的新论点。如德国社会史学家韦勒(Hans-Ulrich Wehler)在其影响颇为深远的五卷本《德国社会史》③中的转引和重构,魏玛共和国时代的"教育过剩危机"被理解为基于社会结构问题(教育扩张)而产生的文化现象,共和国建立以来大力推行的中等教育扩张与扩招政策被认为是危机产生的制度性根源。经过"社会—文化"因素的"双认证",魏玛共和国的中等教育扩张作为失败改革的论点变得愈发有力和复杂,进一步强化了德国当代教育学研究④中魏玛共和国教育改革"短暂、进步而失败"的刻板印象与研究套语。这一学术预设不仅限制了教育与历史研究者对魏玛共和国的整体认识,也限制了对教育扩张这一复杂历史现象及其影响的全面理解。

有鉴于此,本文将从社会文化史的视角重构这一"失败"的教育政策,重新审视以上观点并进一步论证:魏玛共和国中等教育扩张并非是"失败的民主政

---

① Otto Büsch (hrsg.), *Handbuch der preußischen Geschichte*, Band II, in *Das 19. Jahrhundert und Große Themen der Geschichte Preußens*, Berlin/New York: de Gruyter, S. 794; Rüdiger Vom Bruch/Michael Grüttner/Heinz-Elmar Tenorth (hrsg.), *Geschichte der Universität Unter den Linden*, Band 2, in *Die Berliner Universität zwischen den Weltkriegen 1918—1945*, Akademie Verlag, 2012; Roman Köster, Werner Plumpe et al. (hrsg.), *Das Ideal des schönen Lebens und die Wirklichkeit der Weimarer Republik. Vorstellungen von Staat und Gemeinschaft im George-Kreis*, Berlin: de Gruyter, 2012, usw.

② Achim Leschinsky, *Schule im historischen Prozeß. Vom Wechselverhältnis von institutioneller Erziehung und gesellschaftlicher Entwicklung*, Stuttgart: Klett-Cotta, 1976; Christoph Führ, *Zur Schulpolitik der Weimarer Republik*, Weinheim: Beltz Verlang, 1972, S. 157—278; Ders., *Die Schulpolitik des Reiches und der Länder am Beginn der Weimrer Republik*, Weinheim/Basel, 1987; Detlef K. Müller, *Sozialstruktur und Schulsystem. Aspekte zum Strukturwandel des Schulwesens im 19. Jahrhundert*, Göttingen: Vandenhoeck & Ruprecht, 1977.

③ Hans-Ulrich Wehler, *Deutsche Gesellschaftsgeschichte*, Vierter Band, in *Vom Beginn des Ersten Weltkriegs bis zur Gründung der beiden deutschen Staaten 1914—1949*, 2. Auflage, München: C. H. Beck, 2008, S. 456—469.

④ 参见 *Zeitschrift für Pädagogik* 52, Nr. 5 (2006), Thementeil 1: *Bildungssystem, Familie und Gesellschaft. Historische Analysen zur (Re-)Produktion von sozialer Ungleichheit*.

策",其在魏玛末期文化层面的反映"教育过剩危机"也并非特定时空和政体背景下的特殊事件,而是由人口增长这一社会变迁过程在教育领域引起的周期性现象。

在正文部分,我们将从社会史与文化史的视角反驳将魏玛共和国中等教育扩张视为失败教育改革的研究套语,并通过简单梳理历史人口学和比较教育史的相关研究,在长时段视角(longue durée-Perspektive)下获得对于魏玛共和国时期中等教育扩张与过剩危机更为宏观和深刻的历史解释。最后在结语部分简单阐述魏玛共和国中等教育扩张这一"失败教育政策"在当代中国的学术意义与实践意义。

二、魏玛共和国时期中等教育扩张的社会文化史分析

20 世纪 60 年代中期,二战后的婴儿潮(Post-World War II baby boom)带来的人口快速增长及其对各类社会基础设施产生的巨大压力在世界多个国家引发了大量结构性社会问题,其在教育领域的反映即全球性的中等教育与高等教育扩张。越来越多的社会学家开始描述、分析和归纳这种复杂的"历史—社会"现象,并提出相应的结构化理论与操作性定义。教育扩张的概念与术语逐渐被教育史引入,并成为新的研究主题。教育扩张的教育社会学概念定义为"教育系统的扩张、教育机会的拓宽和教育需求的增长"[1],其观察指标包括"教育机构数量的增加、学生或文凭在数量或比例上的增加以及受教育年限增加"[2]等。魏玛共和国的中等教育扩张现象正是在这一背景下被归纳和主题化。

---

① Andreas Hadjar/Rolf Becker, "Erwartete und unerwartete Folgen der Bildungsexpansion in Deutschland," in *Lehrbuch der Bildungssoziologie*, hrsg. Rolf Becker, 2. überarbeitete und erweiterte Auflage, Wiesbaden: VS Verlag für Sozialwissenschaft, 2011, S. 203—222, hier S. 203.

② Andreas Hadjar/Rolf Becker, "Bildungsexpansion und Wandel von sozialen Werten," in *Die Bildungsexpansion. Erwartete und unerwartete Folgen*, hrsg. Andreas Hadjar/Rolf Becker, Wiesbaden: VS Verlag für Sozialwissenschaft, 2006, S. 205—230, hier S. 212.

在魏玛共和国时期,新近整合的中等教育与高等教育机构在数量上呈现出快速的增长,其中尤以中等教育扩张最为显著。无论在传统人口与教育大州普鲁士自由邦,还是其他德意志帝国的区域,各类中等教育机构都在数量上出现了明显的增长(参见表1)。

表1 魏玛共和国前后德意志帝国各邦国中等教育机构数量统计

	1872	1900	1916	**1921**	1926	**1931**	1941
普鲁士①	414	608	910	933	1102	1101	1021
巴伐利亚②	120	150	145	170		171	180
巴登③	38	55		70		89	75
符腾堡④	171	174	197	189		120	144

相对于共和国时期机构数量的稳步增长,根据1919至1932年的统计,各类中等教育机构中学生数量的增长仅局限于共和国中早期(见表2)。以1926年的学生数量高峰为分水岭,共和国各邦国的中学生数量实际上经历了从剧增到萎缩的全过程。至1932年,各地区的学生数量已基本与共和国成立同期总量持平。这一趋势同样出现在高等教育领域。从1919年经1931年直至1933年,魏玛共和国的大学生总数量基本保持不变(113 684,138 010,115 722)⑤,而在普鲁士邦则甚至出现轻微的下滑趋势(65 173,76 096,59 356)⑥。换言之,就绝对数量而言,魏玛共和国的中等教育与高等教育领域并未出现现代意义上的典型教育扩张。

---

① Detlef K. Müller/Bernd Zymek,"Sozialgeschichte und Statstik des Schulsystems in den Staaten des Deutschen Reiches, 1800—1945," in *Datenhandbuch zur deutschen Bildungsgeschichte*, Band II: *Höhere und mittlere Schulen*, 1. Teil, Göttingen: Vandenhoeck & Ruprecht, 2005, S. 52—53.
② Ebd., S. 87.
③ Ebd., S. 117. 值得注意的是,由于相应统计缺失,此处的前两位统计分别为1871年和1901年的数据。
④ Ebd., S. 103. 值得注意的是,由于相应统计缺失,此处的第一位统计为1875年数据。
⑤ Hartmut Titze, "Das Hochschulstudium in Preußen und Deutschland, 1800—1944," in *Datenhandbuch zur deutschen Bildungsgeschichte*, Band I: *Hochschule*, 1. Teil, Göttingen: Vandenhoeck & Ruprecht, S. 30.
⑥ Ebd., S. 37—38.

表 2　魏玛共和国时期德意志帝国各邦国中等教育机构学生总数统计①

	1919	1925	1926	1927	1928	1929	1930	1931	1932
普鲁士	262 151	302 823	305 587	300 207	295 049	287 336	292 100	285 245	265 751
巴伐利亚	50 427	54 609	54 837	54 535	52 192	50 512	51 624	52 420	48 255
巴登	22 984	23 919	24 289	23 718	23 118	22 164	22 380	21 759	20 860
萨克森	31 560	37 861	38 004	37 254	35 709	34 438	34 846	34 589	32 372
黑森	19 402	19 212	19 465	18 426	17 456	17 085	17 984	17 926	17 130
图林根	14 969	15 483	15 384	15 011	14 470	13 776	13 013	12 848	12 272
符腾堡	33 090	28 680	29 372	28 842	28 253	27 423	28 746	28 423	27 769

魏玛共和国时期中等教育扩张的现代意义主要是被研究者从教育公平和社会分层的角度上建构的。通过统计和分析这一时期中等教育领域学生社会出身的变迁,魏玛共和国时期的教育扩张被描述为由教育官员在 20 年代初期有意贯彻的民主政策与改革,并通过围绕"社会流动"概念的相关统计加以论证。1914 至 1931 年间,普鲁士高级中学里出身社会上层(高级官员、自由职业者、工厂主、高级职员、大房产主、军官等)的学生比例由二分之一减少至五分之一,而占高级中学毕业生(Abiturienten)的比例也从 80% 跌至 27% 。与此同时,出身于社会下层的学生数量比例则从 9% 升至 13% ,中产阶层与社会下层成为教育扩张的最大受益者②。出于同样的理解,魏玛共和国的中等教育扩张则因最终未能实现消除教育不公(Abbau der sozialen Ungleichheiten)、促进民主开放(demokratische öffnung)的改革初衷而被视作失败的政策③;及至魏玛共和国覆灭之时,中等教育机构中出身社会下层的学生比例再次跌至 10% ,即共和国建立之初的状态,这也意味着促进社会开放的教育扩张政策最终沦为失败。这一观念得到了相当一部分有影响力的历史著作的引用④,继而被广泛传播并影响至今。

---

① Georg Ried, *Schrumpfung oder Verfall der höheren Schule*? Leipzig: Quelle & Meyer, 1933, S. 18—19. 关于数据需注意两点:1. 巴伐利亚、萨克森、符腾堡所提供的统计仅为男学生数据,其他四个地区为总的学生数量。2. 上表汇总数据与现代出版的《德国教育史统计手册》(*Datenhandbuch zur deutschen Bildungsgeschichte*)相关数据存在部分微小的差异,其主要原因在于对于私立学校的不同统计。

② Peter Lundgreen, *Sozialgeschichte der deutschen Schule im Überblick. Teil II: 1918—1980*, Göttingen: Vandenhoeck & Ruprecht, 1981, S. 134; Hartmut Kaelble, "Chancenungleichheit und akademische Ausbildung in Deutschland 1910—1960," in *Geschichte und Gesellschaft* 1 (1975): 121—149, hier S. 142.

③ Gerhard Kluchert, "Schule, Familie und soziale Ungleichheit in Zeiten der Bildungsexpansion: Das Beispiel der Weimarer Republik," in *Zeitschrift für Pädagogik* 52 (2006): 642—653, hier S. 643.

④ 如 Michel Wildt, *Generation des Unbedingten: Das Führungskorps des Reichssicherheitshauptamtes*, 2. Auflage, Hamburg: Hamburger Edition, S. 72—80; Hans-Ulrich Wehler, 2003, S. 458 等。

将魏玛共和国的中等教育扩张视为"由政府主导、以民主开放为目的"①的改革,这一观点的产生主要源自两种认识偏差。首先,将教育扩张理解为促进教育公平手段的观念本身就是一种斯金纳所谓的"时代误置"(anachronism)②,即以一种过于现代的教育观来看待魏玛共和国时期的中等教育扩张,并试图在相应的政策中寻找和发现"当代"教育的思想及其源头。通过建构历史不同时期教育制度与思想的延续性,当代的教育政策得以被合法化。而由于忽略了教育研究中概念及其语义变化的历史性和相应意义③,研究者往往未能意识到,将教育扩张视为社会改革手段的观念本身是一种历史性的发明(historsiche Produktion),其媒介来源于社会、技术、文化发展和政治斗争过程中相关话语的产生与建构④。在德语语境下,有关教育改革与教育公平、教育扩张与社会流动、教育参与(Bildungsbeteiligung)与公民权等学科话语组合主要产生于20世纪60年代中期以来德意志联邦共和国范围内大众媒体与高等教育政治家关于教育扩张与教育公平的公共讨论中⑤。其中,兼任社会学家与政治家身份的达伦多夫(Ralf Dahrendorf)于1965年出版的《教育与公民权:对一项积极教育政策的辩护》⑥作为时代标志性的出版物,对于这一观念的产生与塑造起到了决定性的作用。急速的教育扩张在60年代中后期产生了种种社会问题与阶层矛盾,民主政府的公信力亦受到质疑,在此背景下A、B两类州⑦及其背后的不同政党对于教育扩张等教育政策的理念与改革产生了严重的分歧。在达伦多夫等自由派教育政治家

---

① Bernd Zymek, "Schulen," in *Handbuch der deutschen Bildungsgeschichte, Band V, 1918—1945: Die Weimarer Republik und die nationalsozialistische Diktatur*, hrsg. Dieter Langewiesche/Heinz-Elmar Tenorth, München: C. H. Beck, 1989, S. 155—208, hier S. 171.
② Quentin Skinner, "Meaning and Understanding in the History of Ideas," in *Meaning and Context. Quentin Skinner and his critics (1988)*, ed. J. Tully, Princeton: Princeton University Press, 1969, pp. 29—67.
③ Reinhart Koselleck, "Zur anthropologischen und semantischen Struktur der Bildung," in Begriffsgeschichte, Frankfurt a. M.: Suhrkamp, 2010, S. 105—154.
④ Reiner Keller et al. (hrsg.), *Die diskursive Konstruktion von Wirklichkeit: Zum Verhältnis von Wissenssoziologie und Diskursforschung (Erfahrung—Wissen—Imagination)*, Konstanz: UVK Verlag, 2005.
⑤ Harry Friebel/Heinrich Epskamp et al., *Bildungsbeteiligung: Chancen und Risiken. Eine Längsschnittstudie über Bildungs-und Weiterbildungskarrieren in der "Moderne"*, Opladen: Leske + Budrich, 2000, S. 15—34.
⑥ Ralf Dahrendorf, *Bildung ist Bürgerrecht. Plädoyer für eine aktive Bildungspolitik*, Nannen, 1965.
⑦ A州是北德新教地区为核心的社会民主党、自由民主党、左派、绿党执政州的惯称。而B州则指以南德天主教地区为核心的基督教天主联盟和基督教社会联盟执政州。

的鼓吹下,教育扩张理应作为促进社会流动、教育公平和保障公民权的改革措施而加以鼓励和贯彻。在当代德国教育研究中,教育扩张逐渐被建构为教育政策研究领域中与"精英教育"①理念相对立的、具有鲜明民主色彩和党争意涵的意识形态符号。如果说通过1949年颁布的《基本法》与1964年联邦各州州长在汉堡签署的《联邦共和国各州之间统一学校制度的修正协议》,德意志联邦共和国在客观上延续了魏玛共和国三级、贯通的现代教育体制,那么分析和研究魏玛共和国时代的教育扩张政策,并将二战以来教育普及化进程解释为对魏玛共和国时代民主政策与思想的延续的研究本身也就具有将当前政策"历史合理化"(historische Legitimation)的作用和支持自由主义教育改革的意识形态内涵。脱离这一政治语境而将教育扩张孤立地理解为促进教育民主化之改革,则研究必将流于局限和褊狭。

  将魏玛时期中等教育扩张预设为失败政策观点的另一源头可追溯至传统教育史叙事中的"政治—经济—事件"范式,即将教育扩张进程简单理解为特定空间、特定时间和特定政治体制下的整体改革与政策的一部分,并将与之相关的种种现象("教育过剩危机")化约为"一种其开端、高潮与结束原则上可被记录"②的特殊历史进程。国家作为历史主体被视作历史发展的能动因素,政权的更迭与中断成为决定研究分期(Periodisierung)的重要根据,而政治改革则成为解释各种教育现象、包括教育扩张的核心因素。由此容易产生两种认知谬误:1. 将对魏玛共和国教育政策与改革理念的整体判断强加于对同时期教育扩张的理解之上;2. 将中等教育扩张狭义地理解为魏玛共和国的教育改革。

  在当代德国教育史研究中,通过论述魏玛共和国整体教育制度和理念以界定同时期教育扩张及其他教育现象的情况比较普遍,且大多集中于高等教育政策、教育公平、社会不公等几个研究领域,主要论据为魏玛共和国的教育改革以

---

① Andrä Wolter, *Von der Elitenbildung zur Bildungsexpansion: Zweihundert Jahre Abitur (1788—1988)*, Oldenburger Universitätsreden, 1989; Ders., *Das deutsche Gymnasium zwischen Quantität und Qualität*, Bis, Oldenburg, 1997.

② Rudolf Vierhaus, "Krisen," in *Lexikon Geschichtswissenschaft—Hundert Grundbegriffe*, hrsg. Stefan Jordan, Stuttgart: Reclam, 2010, S.193.

及相关立法。① 于1919年8月11日生效的《魏玛宪法》在其第四部分"教育与学校"包含一系列体现民主共和性质的教育立法(第142至150条款)。除了进一步强调国家的教育统摄权(§142,143,144),明确义务教育制度(§145),促进教育制度与内容的世俗化(§148,149),其对于现代教育最深远意义在于改革了建立于德意志帝国时期、带有明显社会等级制色彩的双轨制教育体系。尽管宪法并未改变中等教育分流的格局,双轨制并未彻底废除,但随着高级中学的私立预备学校(Vorschule)被废除(§147),统一、强制、免费的初等教育教育机构——四年制小学(Grundschule,亦即原先的国民学校初级阶段,§146)被建立起来。所有儿童都必须先进入小学学习四年,然后再由"本人的素质和倾向"而非"父母的经济和社会地位或宗教信仰"(§146)选择进入国民学校高等阶段、中间学校或高级中学。"公立学校事业"不仅"成为有机地组成的整体"(§146),也同时成为个体尤其是中产阶层实现社会上升更为重要的社会途径。就此而言,在教育制度建构与教育立法层面,魏玛共和国的教育改革与相应政策确实体现出鲜明的世俗性与民主性。然而,这并不能成为将同时期教育扩张视为进步改革的理由,也因此无从立论相应改革失败与否。从逻辑上而言,这类推断属于典型的"分割谬误"(Fallacy of Division),即基于整体的性质而推论其中部分或全部个体皆具有该性质。从文献角度来说,迄今为止出版或整理的有关魏玛共和国时期教育政策的史料考证中,教育扩张未被描述为由国家推行的民主化改革,相反被同时代的施政者视为教育政策制定的背景与挑战②。

将魏玛共和国中等教育扩张看做特定时期教育改革或教育政策的观点也是一种典型的事件史思维。随着20世纪70年代研究社会学与社会史研究方法被教育史研究逐渐引入,思想史与制度史的传统强势地位渐渐被社会史与结构史(Strukturgeschichte)所取代。③ 在社会史视野下,教育系统中的制度变迁与文化

---

① 参见 Detlef K. Müller, "Soziale Reproduktionsstrategien und Mechanismen sozialen Aufstiegs—Thema verfehlt! Kommentar zu den Beiträgen von Carola Groppe und Gerhard Kluchert. 'crescit sub pondere virtus'", in *Zeitschrift für Pädagogik* 52, 2006, S. 654—658.
② Heinz-Elmar Tenorth, *Geschichte der Erziehung. Einführung in die Grundzüge ihrer neuzeitlichen Entwicklung*, 5. Auflage, Weinheim und München: Juventa, 2010, S. 249—253; Zymek, *Schulen*, S. 171.
③ Heinz-Elmar Tenorth, "Historische Bildungsforschung," in *Handbuch Bildungsforschung*, hrsg. Rudolf Tippelt/Bernhard Schmidt, 3. durchgesehene Auflage, Wiesbaden: VS Verlag, 2010, S. 135.

革新不再被简单视作是特定时空和政体下教育政策与教育改革的结果或反映,而是教育系统因社会变迁影响而产生的制度性结构变迁和功能变迁的结果①,相应的文化现象往往与制度的功能变化相关,其延续性(Kontinuität)因此不依赖于政体的更迭。社会史的视角下,教育扩张是长时段维度下②国家或地区社会结构和文化层面缓慢变化而产生的延续性结果,其发展并不依赖于具体的政治与改革环境。换言之,魏玛共和国时期的中等教育扩张并非"失败的政策",而是一种独立于政策和改革的历史现象。

对于教育扩张的社会史观点已被相关教育社会史研究通过"德意志帝国—魏玛共和国—纳粹德国"的长期数据分析(Längsschnittstudie)进一步证实。如表1 所示,以普鲁士邦中等教育发展为例,自1872 年至1936 年,地区内各类中等教育机构的数量从405 所稳步增至1021 所。就最具代表意义的学生数量的变化来看(图1),魏玛共和国初期(1919—1926)的教育扩张只是从德意志帝国建立到第三帝国覆灭的七十余年中自19 世纪末至共和国中期(约1900 至1926 年,实线部分)长期教育扩张过程的一部分③。

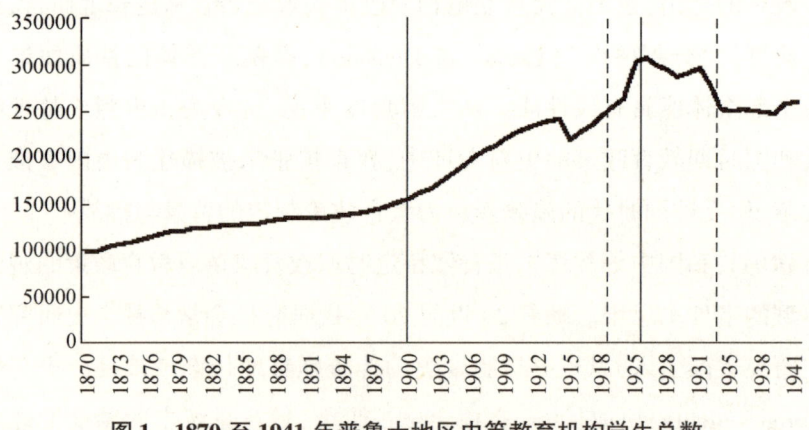

图1　1870 至1941 年普鲁士地区中等教育机构学生总数

---

① 史蒂文·瓦戈:《社会变迁》,王晓黎等译,北京大学出版社,2007,第6—7 页。
② Fernand Braudel, "History and the Social Sciences: The longue Durée," in *Histories. French Constructions of the Past*, ed. Jacques Revel/Lynn Hunt, New York: The New Press, 1958, pp. 115—146.
③ 图一数据来源:D. K. Müller/B. Zymek, *Sozialgeschichte und Statstik des Schulsystems in den Staaten des DeutschenReiches*, 1800—1945, S. 55; Ried, *Schrumpfung oder Verfall der höheren Schule*? S. 18—19.

作为社会变迁的教育扩张现象,其长时段延续性变迁不仅表现在制度层面,也被文化与观念的变化所反映。随着教育扩张的缓步进行,学龄儿童受教育比例逐渐增高,客观上导致各级教育机构的社会阶层准入门槛不断降低,而日益科层化的中等教育系统则逐渐与其他社会机构形成新的、更加紧密的制度联接。以普鲁士为例,在19世纪中,随着普鲁士地区大学招生与高级官员遴选制度通过立法与高级中学毕业考试逐步形成制度化联结(2 & 3. Abiturreglement, 1812/1834),接受文理中学教育、获得高级中学毕业文凭继而完成大学学业成为进入知识分子阶层和官僚集团的准入机制①。正如社会学家卢曼所言,随着教育系统选拔功能的不断强化,"19世纪以来,个人的社会地位渐渐不再必然地受到家庭出身的制约"②。公立教育的社会选拔性功能在制度层面被塑造和强化,逐渐改变了普罗大众对教育和学校的"社会想象"(l'imaginaire social)与"心态"(mentalités),这一观念层面延续的渐进过程亦反映于不同历史时期关于教育的历史话语建构(diskursive Konstruktion)中③:早在德意志帝国时期,"教育"(Bildung)已经逐渐和"职业(Beruf)、官职(Amt)、财产(Besitz)"组合为新生的、应用于中产阶层日常生活中的话语形式④。及至帝国中后期,"将子女接受教育作为个人乃至家庭改变社会阶层的可能手段"这一"上升心态"(Aufstiegsmentalität)已普遍出现于低级官员、低级知识分子(小学教师)与文化市民阶层(Bildungsbürgertum)等社会中下阶层之中⑤。及至魏玛共和国,高级文理中学、实科中学、各类大学对中下阶层进一步开放,越来越多的社会下层群体,尤其是工人阶层,开始将教育视为其子女社会上升的主要途径,并将双轨制的"废除"视为共和国重要的民主政策之一⑥。

---

① 徐健:《近代普鲁士官僚制度研究》,北京大学出版社,2005,第113—129页。
② Niklas Luhmann, *Das Erziehungssystem der Gesellschaft*, Frankfurt a. M.: Suhrkamp, 2002, S. 66.
③ Reiner Keller, *Diskursforschung. Eine Einführung für SozialwissenschaftlerInnen*, 2. Auflage, Wiesbaden: VS Verlag, S. 22—41.
④ Lundgreen, *Sozialgeschichte der deutschen Schule im Überblick*, S. 142; Zymek, *Schulen*, S. 220.
⑤ H-U. Wehler, *Deutsche Gesellschaftsgeschichte*, S. 459; Zymek, *Schulen*, S. 176.
⑥ Gerhard Kluchert, *Schule, Familie und soziale Ungleichheit in Zeiten der Bildungsexpansion: Das Beispiel der Weimarer Republik*, S. 642—653.

三、魏玛共和国时期中等教育扩张：
历史人口学与比较史视角的分析

  如同其他"长时段意义上"的社会变迁现象，造成教育扩张的社会结构性动因(sozialstrukturelle Dynamik)是十分复杂的。就宏观结构与中观结构而言，19世纪中期以来德国的工业化与城市化进程①、人口结构与家庭结构②的变迁等诸多因素都与教育扩张现象的产生息息相关。而在其中起决定性因素的，是同时期的人口增长(Bevölkerungsentwicklung)与人口结构(Bevölkerungsstruktur)③转变，即人口变迁(demographischer Wandel)。

  魏玛共和国前期的中等教育扩张与后期的教育萎缩现象④可通过相应的人口研究得到良好的解释。从19世纪末至魏玛共和国终结，德国实现了近代以来最大的一次人口结构转变过程(demografischer Übergang)：随着现代医学技术，特别是免疫学方面的进步，前工业社会的高出生率与高死亡率模式逐渐被不断下降的新生儿死亡率所改变：从1900年、1910年到1930年，新生儿的死亡比例分别从22.9%和16.2%下降至8.5%左右⑤。受到这一变化影响，德国社会于20世纪初期(1905—1914)进入人口快速增长阶段并出现战前婴儿潮现象，产生了在人口社会学意义上别具意义的"战前一代"(Vorkriegsjahrgänge)；受到战争、经济等多因素影响，经历了1914年的人口增长率高潮后，德国社会进入长期低人口增长阶段，其中1917与1918年的新生儿数量仅为1914年的一半左右⑥。按

---

  ① Hans-Ulrich Wehler, "Die deutsche Urbanisierung, in *Deutsche Gesellschaftsgeschichte. 1849—1914*," Band III, München: C. H. Beck, 2008, S. 410—542.
  ② Adelheid Gräfin zu Castell Rüdenhausen, "Familie, Kind, Jugend," in *Handbuch der deutschen Bildungsgeschichte. Band V. 1918—1945. Die Weimarer Republik und die nationalsozialistische Didaktur*, München: Verlag C. H. Beck, 1989, S. 65—71.
  ③ Yasemin Niephaus, *Bevölkerungssoziologie. Eine Einführung in Gegenstand, Theorien und Methoden*, Wiesbaden: VS Verlag, 2012, S. 167.
  ④ Ried, *Schrumpfung oder Verfall der höheren Schule?*
  ⑤ Tenorth, *Geschichte der Erziehung. Einführung in die Grundzüge ihrer neuzeitlichen Entwicklung*, S. 190.
  ⑥ "Bevölkerungsentwicklung und Schule," in Zymek, *Schulen*, S. 176.

照魏玛共和国的教育体制，一般情况下，出生于1905、1914和1917年的儿童会分别于1915、1924和1927年前后进入各类中等教育机构，并于1924、1933、1936年左右获得高级中学文凭进入大学学习。这一人口增长模型能够清晰地解释魏玛共和国时期中等教育与高等教育学生总量的变化（在不同地区分别于1926和1931年达到最高值[①]），并体现了人口变迁与教育扩张的密切联系。从这一角度出发，我们则可以质疑下述德国教育史中的常见结论：魏玛共和国初期的中等教育扩张与中期的高等教育扩张是由民主政府所主导的开放改革或政策，魏玛共和国后期的中等与高等教育"过度扩张与扩招"现象也被纳粹政府在执政之初通过相应立法而成功遏止[②]，而第三帝国前期(1934—1939)德国中学生与大学生的急剧减少现象也被简单归因于纳粹政府对教育系统的极权主义控制和种族主义政策[③]。对这些结论的论证通常基于同时代人的描述与判断，然而研究者却往往忽略了话语的意识形态语境与问题的社会结构背景。

20世纪80年代以来，法国年鉴学派的研究旨趣与方法开始部分地为德国教育社会史学家所注意和吸纳。其中，拉布鲁斯、古贝尔、肖努和勒华拉杜里等人的计量史学与历史人口学研究[④]深刻地改变了德国教育史学家对教育扩张的理解。以提策（Hartmut Titze）、海尔里兹（Hans-Georg Herrlitz）、纳特（Axel Nath）等为代表的哥廷根大学教育史团队通过一系列计量史与历史人口学研究[⑤]提出，在长时段尺度上，教育扩张只是各级教育机构受到人口变迁影响而在制度层面产生的一种周期性现象。伴随着历史上人口增长速率的周期性变化，各级教育机构中人员数量（学生、教师、研究者等）也呈现出相应的涨落。以高等教育

[①] Hartmut Titze, *Das Hochschulstudium in Preußen und Deutschland, 1800—1944*, S. 30.
[②] 参见"Gesetz gegen die Überfüllung deutscher Schulen und Hochschulen," 25. April 1933.
[③] David Schoenbaum, *Hitler's Social Revolution*, London, Weidenfeld/Nicolson, 1966, p. 274.
[④] 参见彼得·伯克：《法国史学革命：年鉴学派》，刘永华译，北京大学出版社，2007，第48—59页。
[⑤] Hartmut Titze, *Der Akademikerzyklus: Historische Untersuchungen über die Wiederkehr von Überfüllung und Mangel in akademischen Karrieren*, Göttingen: Vandenhoeck & Ruprecht, 1990; Hans-Georg Herrlitz/Wulf Hopf/Hartmut Titze, *Deutsche Schulgeschichte von 1800 bis zur Gegenwart*, 2. Auflage, Königstein: Athenäum, 1986; Axel Nath, "'Lehrerzyklen' von Überfüllung und Mangel. Ergebnisse historischer Analysen und handlungsleitlinien zur Verstetigung des zyklischen Prozesses," in *Lehrerarbeitslosigkeit und Ausbildung*, hrsg. Zentrale Lehrerbildungskommission der Universität Bremen, Bremen, 1985, S. 194—224; Hartmut Titze/Axel Nath/Müller-Benedict, "Der Lehrerzyklus. Zur Wiederkehr von Überfüllung und Mangel im höheren Lehramt in Preußen," in *Zeitschrift für Pädagogik* (1985): 97—126, usw.

领域为例,在 1820 年到 1940 年的一个多世纪中,德国的大学生数量已历经了六次周期性教育萎缩(Schrumpfung)与教育扩张。在长时段背景的结构变迁视角下,魏玛共和国时期的中等教育扩张则只是德国基础教育周期性发展中的一个片段而已。

  这一观点对传统教育史研究中对于魏玛共和国"教育危机"的认识提出了质疑。根据"政治—事件"范式,魏玛共和国后期的"教育过剩危机"首先被同时代的学者、政客与教育圈外的学者和教育批评家所提出和描述。综合分析相关出版物数量,这场危机开始于大萧条到来前的 1927/1928 年,于 1932 年在公共领域中达到顶峰,最终结束于纳粹党夺取执政权、颁布相应法令以遏止教育过剩的 1933 年。基于同时代教育家的构述,这一"教育过剩危机"源自高级中学与大学"病态"的"过度发展","教育的通货膨胀"造就了"青年失业大军"与"学术无产阶层"①。在教育"大众化"(Vermassung)的过程中,学校教育"丧失了原有水平"(Niveauverlust),不再是国民获得"精神财富"的渠道,而逐渐转变为"以文凭为目标"的"培训机构"(Verschulung)②。这场危机的历史独特性在于,它削弱了教育制度与教育改革的合法性,使共和国政府进一步丧失在学者、教师、家长与学生群体中的公信力(Legitimationsdefizit),推动了共和国末期知识阶层与学生团体的左倾与右倾化,最终加速了民主政体的崩溃③。在通货膨胀与大萧条的特殊背景下,魏玛共和国中等教育扩张引发的"过剩危机"成为"世代的命运"④,也塑造了"无条件的一代"(Generation des Unbedingten),具有特殊的文化意义。然而,以提策的保守社会史观念视之,则魏玛共和国末期的"教育过剩危

---

  ① Eduard Spranger, *Die Verschulung Deutschland*, Leipzig: Verlag Quelle & Meyer, 1928, S. 5; Ried, *Schrumpfung oder Verfall der höheren Schule?* S. 15; Woelker, "Die Überfüllung der höheren Schulen, der Hochschulen und der akademischen Berufe," in *Amt und Volk* 4 (1930): 25; W. Hartnacke, "Ein statistischer Beitrag zu schulorganisatorischen Fragen," in *Statistische Vierteljahrsberichte des Deutschen Städtetages* 2 (1929): 145ff, 151; Josef Schröteler, "Sparmaßnahmen und Bildungspolitik," in *Stimme der Zeit* 123 (1932): 99ff, 104.
  ② H. Studders, "Abiturienteninflation und 'mittlere Reife'," in *Arbeitsschulung* 2 (1931); Eduard Spranger, *Die Verschulung Deutschland*, 1928.
  ③ Tenorth, *Geschichte der Erziehung. Einführung in die Grundzüge ihrer neuzeitlichen Entwicklung*, S. 253.
  ④ Louis Chauvel, *Le Destin des générations. Structuresociale et cohortes en France au xxe siècle*, Paris: Presses universitaires de France, 2002.

机"也仅仅是一种反映社会结构变迁,依附于教育扩张而出现的周期性文化现象——类似的"教育过剩危机"与"不满"早已出现在 18 世纪末、三月革命与德意志帝国时期的历次教育扩张中①。它并非是特定时空和政体下失败政策的产物,而只是"历史大潮中水面浪花激起的泡沫"而已。

如果说在历史人口学的模型中,社会史视角下的"魏玛共和国的中等教育扩张"突破了政治史所塑造的时间限制,获得了长时段维度上的新含义,那么比较史与全球史的相关研究则赋予其以更为广阔的空间内涵。早在魏玛共和国后期的"教育危机"中,已有少量德国学者意识到教育扩张的跨国性,指出在同一时期的美国和瑞士相似的中等教育扩张过程②。在沃勒斯坦的"世界体系理论"③(Weltsystem-Theorie)的巨大影响下,教育扩张在比较史和全球史(如斯坦福学派新制度主义④)的相关著作中被解释为一种全球意义上的"合流式""周期性"⑤的制度变迁。通过对世界各地的教育扩张现象进行系统性阐述与分析,在新制度主义教育学的理论构架下,教育扩张被视为一种与现代化进程紧密相连并具有结构趋同性的跨区域、跨国家乃至跨文化的历史现象⑥。教育扩张的进程也不再被理解为机构与人口的周期性增长过程(Ausbauphase),而被认为是促使教育制度在历史发展中不断演化(Evolution)、分化(Ausdifferenzierung)和科层化(Bürokratisierung)⑦的主要推动力之一,并对同时代教育改革与政策实施⑧以

---

① Bernd Zymek, "Der verdeckte Strukturwandel im höheren Knabenschulwesen Preußens zwischen 1920 und 1940," in Zeitschrift für Pädagogik 27 (1981); Titze, *Das Hochschulstudium in Preußen und Deutschland, 1800—1944*, S. 197—291.
② Ried, *Schrumpfung oder Verfall der höheren Schule*? S. 14.
③ Immanuel Wallerstein, *The Modern World-System I, II, III*, New York u. a.: 1974, 1980, 1989. Ders., *The Modern World-System IV*, University of California Press: 2011.
④ 可参见闫引堂:《教育社会学中的新制度学派:基于问题史的研究》,《北京大学教育评论》2011 年 02 期。
⑤ 柯娇燕:《什么是全球史》,刘文明译,北京大学出版社,2009,第 43 和 83 页。
⑥ John E. Craig, "The Expansion of Education," in *Review of Research in Education*, no. 9 (1981): 151—213; John Boli/Francisco O. Ramirez/John W. Meyer, "Explaining the Origins and Expansion of Mass Education," in *Comparative Education Review* 29, no. 2 (1985): 145—170. John Meyer/F. Ramirez/Y. Soysal, "World Expansion of Mass Education, 1870—1980," in *Sociology of Education* 65 (1992): 128—149.
⑦ Robert Stölner, *Erziehung als Wertsphäre. Eine Institutionenanalyse nach Max Weber*, Bielefeld: transcript, 2009.
⑧ Bernd Zymek, "Perspektive und Enttäuschung deutscher Gymnasiaten 1933 und 1983," in *Bildung und Erziehung* 36 (1983): 335—349.

及社会转型①具有极强的疏导性(Kanalisierung)。在此功能主义视角下,自19世纪下半叶以来,教育扩张现象被认为已经在欧洲及全世界经历了三个发展阶段②。伴随着工业革命产生了第一轮全球教育扩张,以推动义务教育体制的建立过程为表现形式。从20世纪中期起,第二轮全球化教育扩张开始出现并集中表现在中等教育领域,促进了各地区中等教育制度的分化或统一。而在最近的世纪之交,教育扩张的第三股全球化浪潮已经延伸至高等教育③。而本文的研究主题,魏玛共和国时期中等教育领域的扩张,尤以普鲁士地区的发展,则被定位于第二次全球性教育扩张的源头之一与重要组成部分。通过全球史与比较史研究,作为单一历史事件的"魏玛共和国中等教育扩张"的各个侧面可以在同其他类似历史事件比较时得到澄清④。通过比较和分析同一时代其他国家在同期教育扩张过程中教育改革与政策的推行与应对⑤,我们得以从更广阔的视野来审视这一时期德国魏玛共和国时期中等教育发展的成败与得失。

四、结　　语

通过上述教育社会史与文化史分析,我们重新审视了传统史学和教育史研究中将魏玛共和国时期中等教育扩张视为失败民主教育改革的观点。这种观点的产生主要源于两种历史误读:第一,制度层面上将魏玛时期的中等教育扩张孤立地理解为政府主导的教育政策,而无视其社会结构动因。第二,文化层面上忽

---

① Francisco O. Ramirez/John Boli, "The Political Construction of Mass Schooling: European Origins and Worldwide Institutionalization," in *Sociology of Education* 60, No.1 (1987): 2—17.
② Walter Müller/Susanne Steinmann/Reinhart Schneider, "Bildung in Europa," in *Die westeuropäischen Gesellschaften im Vergleich*, Stefan Hradil/Stefan Immerfall (hrsg.), Opladen: Leske + Budich, 1997, S.178.
③ Vgl. Robert Fiala/Audri G. Lanford, "Educational Ideology and the World Educational Revolution, 1950—1970," in *Comparative Education Review* 31 (1987): 315—332.
④ 于尔根·科卡:《社会史:理论与实践》,景德祥译,上海人民出版社,2006,第68页。
⑤ 在这一教育扩张过程中,其他国家有代表性的教育改革包括:美国1919至1940年的"高中学校改革运动"(High School Movement),英格兰与威尔士从1902年(Balfour Act)到1938年(Spens Report "Secondary School")的初等与中等教育改革以及法国由"新大学同志会"(Les Compagnons de l'Université Nouvelle)所推行的"统一学校运动"(mouvement de l'école unique)等。参见"综合中学运动":张斌贤主编、王晨副主编:《外国教育史》,教育科学出版社,2008,第376—382页。

视教育改革与话语产生的历史语境,而将教育扩张简单理解为促进教育公平和社会流动的手段。教育扩张引发的制度变迁不能简单等同于特定时空和政体下的扩招政策,其在文化层面产生的"危机"也不能作为政治和政策失败的符号。

在20世纪史学的范式更迭过程中,"教育扩张"问题始终呈现出旺盛的"学术生命力",这一现象可归结于"教育扩张"问题的基础性与复杂性。教育扩张不仅是教育系统内部的独特现象,也直接影响国家和地区的经济发展、社会流动与文化发展,更与社会规范与社会整合等现代核心政治问题[①]密不可分。作为与人口变迁密切相关的社会结构与文化转型问题,教育扩张与教育过剩危机或可在未来成为中国教育学与教育史的核心研究问题。

研究魏玛共和国时代的中等教育扩张,也对中国当代教育的发展与改革具有一定实践性意义。相对于西方发达国家,我国的基础教育与高等教育起步较晚,因而主要受到第三股全球化教育扩张的影响。在巨大的人口基数下,当代中国的教育等诸领域已衍生出各类社会问题,但相应的研究仍十分不足,对教育扩张现象也缺乏深刻的认识。大众舆论中,主流的教育批评仍局限于以教育公平视角考察20世纪90年代以来的高校扩招政策。而仅从道德层面或政策视野判断教育扩张现象、盲目鼓吹教育公平的行为是狭隘且危险的。尽管魏玛共和国时期的中等教育扩张本身并非失败的教育政策,但政治家与学者应清晰地认识到,教育扩张的进程对于同时代教育改革和社会舆论的影响是巨大的——历史上,魏玛共和国后期与20世纪60年代末的历史教训已足以给我们敲响警钟。在人口周期性变化的背景下,如何从长时段视角预测和分析未来人口结构的、通过长期政策结构性地解决毕业生过剩与劳动力市场的失衡问题[②]、并调整舆论导向以避免社会运动,应成为教育政治家的重要课题。而对教育研究者与批评家而言,面对教育系统中纷繁而至的种种突发性事件与持续性现象,我们有必要在关注和分析当下改革与政策之余,暂时跳脱"政治—事件"的理解窠臼,以教

---

① Marcelo Caruso, *Geist oder Mechanik*, *Unterrichtsordnungen als kulturelle Konstruktionen in Preußen, Dänemark (Schleswig-Holstein) und Spanien 1800—1870*, Frankfurt am Main: Peter Lang, 2010, S.18.

② Frank Schubert/Sonja Engelage, "Bildungsexpansion und berufsstruktureller Wandel," in *Die Bildungsexpansion: erwartete und unerwartete Folgen*, hrsg. Andreas Hadjar/Rolf Becker, Wiesbaden: VS Verlag, 2006, S.93—122.

育史和社会学的学科视角分析其背后的制度性结构因素与话语变迁,通过中时段乃至长时段的视角剖析或证伪孤立现象背后的根本动因或"误置"理念,继而以更广阔的时空观和历史感来看待和重估它们的进程、意义与得失。

作者简介:张乐,柏林洪堡大学教育学院教育史系博士生,主要从事教育史学、德国教育史、教育社会学研究。孙进,北京师范大学国际与比较教育研究院教授,代表作:《作为文化差异体验空间的大学》(德文版),法兰克福:Peter Lang 出版社,2010 年。

第一次世界大战前后的马赫思潮

——历史现代性和客观现实性

赵进中

内容提要：本文研究了一战前后德国、奥地利出现的经验实证主义思潮的代表性观点，这一思潮对康德哲学进行了批判，部分地继承了费尔巴哈的旧唯物主义传统，但是由于其未能了解马克思提出的现实的人的历史主体实践活动的理论，所以无法构建自然与人类历史发展的统一性，即一元论，也因此仍然无法解决二元论提出的问题。本文研究了这一经验主义实证主义思潮的基本观点，揭示和批判了这一思潮的片面性，为研究自然存在和人类历史发展的统一性问题提出了进一步思考的历史哲学方向。

关键词：基本存在　基本存在的相互关系　经验的现实性　历史哲学　历史发展的主体性

引　言

对于维也纳学派的鼻祖马赫（1838—1916）思想的研究，在中国主要经历了"文化大革命"时代和改革开放时代，时至今日马赫的研究仍然处于残破的状态。北京大学哲学系的各代老先生对于中国的马赫哲学研究奠定了基础，但是由于"文化大革命"的干扰，也是帽子乱飞，张冠李戴（甚至把马赫同林彪联系起来），丝毫没有马赫原文文本的证明，以自己时代偏激的时代观念和语言替代了马赫自己的原始的思想和语言,有失学术的科学与严谨。改革开放后,北京大学洪谦教授对"文化大革命"时期的马赫评价进行了尖锐的批判,但他以身体和年龄的原因拒绝写出新的评价,这成为中国马赫研究的一个未了的终结。为了接替这一研究,有必要重新开启未竟的事业,本人正是在这种意义下撰写此文。为了避免以往历史的错误,本文以原始文本作为基本线索,尽量减少自己的语言概括和转述,这也就必然产生这一文章的文本研究风格,每个问题和评价都有原著作为基础,有原文为证,中国历史考据学的传统也为本文提供了正本清源的榜样。本文得出的新评价和新结论正是所引原文的自然结果,而不再是牵强附会,随意解读,未来的研究者或许可以从本文引用的原文文本得到启发和证据。

第一次世界大战前后是一个世纪之交的年代,欧洲的世界观和科学研究迅猛发展,市民社会已近成熟,基督教神学和德国理性主义哲学似乎被抛向历史和哲学的虚无。从路德到康德、费希特、黑格尔,再到费尔巴哈、马克思,德国的世界观从基督教神学,经德国的人本主义的理性主义转向世俗世界的"现实性","现实的客观性"(Sinnlichkeit, Anschauung,这是费尔巴哈提出的两个基本哲学概念)。一战前后研究自然科学的马赫,研究社会历史科学的韦伯就是这一思想趋向"现实化"的两大代表人物。

这一思潮也波及中国,特别是列宁撰文对马赫进行批判的影响,经过中国"文化大革命"时期和改革开放时期,直到今天,马赫的形象多次翻转,仍然是一个悬而未决但值得研究的问题。

1975年"文化大革命"期间,中国学者翻译出版了马赫的《感觉的分析》,在其译者前言中给出了那一时代代表性的评价:

> 马赫主义在旧中国的科学界和哲学界也有过广泛的影响,曾经有一些人狂热地宣扬这种主观唯心主义哲学。在我国革命的过程中,机会主义的代表人物也利用它作为自己的理论武器。叛徒卖国贼林彪及其一伙,为了改变党在整个社会主义历史阶段的基本路线,颠覆无产阶级专政,复辟资本主义,也大肆搜罗历史垃圾,把古代奴隶主、封建主、现代资产阶级、老修正主义的反动思想集中起来,作为他们反党反革命的理论武器。他们不但是

古代没落奴隶制的卫道士孔老二的徒子徒孙,也是西方唯心主义哲学家贝克莱、休谟、马赫之流的徒子徒孙。他们的彻头彻尾的主观唯心主义和为我论是同贝克莱、休谟、马赫的哲学一脉相承的。①

"文化大革命"结束之后,中国走入了解放思想、经济复兴的时代。教条主义的马克思主义的束缚被突破,社会主义市场经济得到发展。在这一形势之下,1984年,即改革开放初期,中国又出了一版马赫的《感觉的分析》,在译者前言中,译者之一北京大学洪谦先生如此写道:

> 节译本译成之后,唐钺先生和我曾根据翻译时对《感觉的分析》一书的理解,写了一个较详细的译者前言;但是,当时北大哲学系鉴于我们写的前言不合"四人帮"所谓的"党性"原则,着人将其加以修改。现在经过反复考虑,我们认为,这样的"党性"原则并无是处,于是新译本就去掉了节译本的前言部分。现在本应另写一篇译序,但身体不好,力已不济,仅向读者表示歉意。②

今天,无论从时代环境还是学术水平都为深入研究马赫思潮提供了良好的基础和思想解放的条件,对马赫的研究因此也就有可能出现一个新时代的突破。

一、回归历史
—— 在德意志文化和哲学发展史中对马赫思想进行定位

整体上说,欧洲文明经历了从古希腊文明、古罗马文明、欧洲中世纪的封建文明,到市民社会的资本主义文明的历史转变。在时代精神方面,西方经历了古希腊的哲学精神、中世纪的神学精神、近代启蒙的理性主义、现代科学的趋向。德国的人本主义的理性主义是德国近代以来的文化特点,其早期最具代表性的是康德、费希特、谢林、黑格尔。但是从费尔巴哈开始,时代精神就明显地从理性

---

① 马赫:《感觉的分析》,商务印书馆,1975,第1页,内部发行。
② 马赫:《感觉的分析》,商务印书馆,1987,第2页。

主义哲学转向客观的现实性,转向客观现实性的科学,马克思的哲学社会科学研究则可以看作是这一转变的一个新的里程碑。① 总之,欧洲和德国的时代精神发展趋向是从宗教、哲学转向现实的人和客观现实性本身。

费尔巴哈对基督教、宗教以及以康德、黑格尔为代表的德国理性主义进行了批判,提出了现实性和对客观现实性的直接考察与研究(参见他的 Sinnlichkeit, Anschauung 概念),系统地开拓了哲学领域的这一翻转;马克思对一切旧唯物主义包括费尔巴哈哲学,特别是对黑格尔理性主义体系的全面批判,主张现实的人的实践行动和现实性的革命代表了历史唯物主义、社会历史科学、政治经济学领域转向现实性的深化;德国历史主义学派的兴起和发展代表了德国专业历史研究领域向现实性的转变,韦伯的社会历史学代表了这一专业向现实性的转变,马赫则在自然科学领域代表了这一向现实性的转化。

马赫思想在异国文化和历史时代中表现的特殊形象,如在俄国、中国展现的形象,这是不同文化交往的常见现象,但是要想使之回归到原生态文化当中,去除其附加的历史现象,直面其本质,我们就应该再次把马赫思想放到它得以产生的时空当中,并且要回归马赫的原始文本。原始文本的研究和直接引文不是二手文献可以替代的,用所谓自己的话来替代原文,各种解读附会其中,造成了巨大的历史误解,这是历史研究深刻的教训和经验。所以还是应该首先回归马赫思想的渊源和本质以及对原始文本的考察。

---

① Sinnlichkeit, Anschauung 是费尔巴哈的两个基本概念,中文将其翻译为"感性"是错误的,受到日文和俄文的影响,特别是对原著的理解的不到位。对此费尔巴哈认为 Sinnlichkeit 就是现实存在本身,列宁在哲学笔记中也抄录了这句话。所以 Sinnlichkeit 应该翻译为客观现实存在,或客观现实,现实。它包括感性,但不仅仅是感性。对此费尔巴哈说道:"Sinnlichkeit ist bei mir nichts Anderes als die Wahre, nichts gedachte und gemachte, sondern existierende Einheit des Materiellen und Geistigen, ist daher bei mir so viel als wie Wirklichkeit." 见 Ludwig Feuerbach, *Vorlesungen ueber das Wesen der Religion*, Stuttgart, 1908, S. 15. 另参见《费尔巴哈哲学著作选集》,商务印书馆,1984,第514页,马克思借用了费尔巴哈这一概念,表述了人的现实的存在及其现实的活动和行动,对此可参见马克思"费尔巴哈论纲"第一条:"Der Hauptmangel alles bisherigen Materialismus (den Feuerbachschen mit eingerechnet) ist, dass der Gegenstand, die Wirklichkeit, Sinnlichkeit, nur unter der Form des Objekts oder der Anschauung gefasst wird; nicht aber als sinnlich menschliche Tätigkeit, Praxis, nicht subjektiv." *Marx Engels Werke*, Berlin, 1969, S. 5.

二、马赫的核心思想

马赫的核心观点认为,现实的事物是某种现实(Sinnlichkeit)的相互关系的构建和总和,这种事物的相互关系不是以往人们认为的抽象的元点,也不是目的论或线性因果关系的产物,马赫不承认终极元点的存在,即不承认上帝和所谓"物自体"的存在。由此马赫既反对"物自体"概念,也反对理性主义的"自我"概念,认为这一切都不是现实存在,而是哲学的虚构,他甚至从根本上反对以往的一切哲学思维方式,认为这类思维是现实科学研究的累赘。他用现实存在的相互关系来替代哲学的抽象概念。从学术史我们可以看出,马赫在此继承了费尔巴哈的"Anschauung"的观点,即对客观事物进行直接的考察和研究。费尔巴哈也曾以这一概念对康德哲学和德国的理性主义进行批判。马克思提出的人的本质是一切现实的社会关系的总和,也是批判地继承了费尔巴哈关于客观现实性的观点。

马赫理论主要归纳为两大主题:(1)构建自己的关于现实事物及其相互关系的科学理论;(2)对"物自体"以及理性主义"自我"等概念的批判。根据这两大主题,我们可以进一步细化分析马赫思想的主要特征。

为了避免以往的写作方式,避免二手理解观点的冲突,即用二手作者的表述替代原作者的原始文本,本文力求引用原文说明马赫世界观体系的构建。

1. 马赫的本体论——世界统一于基本存在的现实关系

马赫认为,物质世界可以归结为一些基本的存在关系(Elemente),这些关系既是主体又是客体存在的基础。所谓基本存在的关系就是事物存在的联系,相互影响的变量,并非是绝对的存在,不是哲学中的物自体或宗教中的上帝,也不是超越物质的绝对时间,例如牛顿的时空理论,这一点正是为爱因斯坦的相对论奠定了思想的基础。马赫不仅要取消超现实的任何绝对性或绝对存在,而且要取消以往哲学中对主客体的绝对划分。他说道:"如果我们将整个物质世界分解为一些基本存在(Elemente),它们同时也是心理世界的要素,即一般人们称之为感觉(Empfindungen),如果更进一步将一切科学领域内这同类基本存在的结合、联系和相互依存关系的研究当作科学的唯一任务,那么,我们就有理由期待在这种理解的基础上形成一种统一的、一元论的结构,同时摆脱引起思维混乱的二元论。以此,把物质看成绝对存在和永恒不变的东西,实际就破坏了物理学和心理学之间的联系。"①

马赫特别强调,这里使用的感觉和感性一词,只是德语常用词汇的一个表达,其实质的意义是现实事物存在的基本关系,这里没有任何纯粹的主观或臆想的成分。所以马赫这里的感性复合体仅仅是指现实存在的事物之间的相互联系,包括主客体之间的联系。对此马赫对自己的基本概念作出了论证和界定,他认为:"这样,知觉和表象、意志、情感,简言之,整个内部世界和外部世界,都是由于某种少数同样性质的要素忽而流动、忽而固定的联系而出现的。通常人们把这些要素叫做感觉(Empfindung)。但是,因为这个名词已经属于一种片面学说,所以,我们直接说基本存在的关系(Elemente)一词,正如我们已经做过的那样。一切研究都是从探知这些基本存在的关系出发的。"……"这些基本存在的复合体(Elementenkomplex),根本上只是一个整体;对这一整体,在任何情况下都不可能把物体与自我的界限清晰地分隔开来。"②"世界也不仅仅是感觉的总和。我所明确说到的,倒是各个基本存在的函数关系(Funktionalbeziehungen der Elemente)。"③在此马赫并没有把主体和客体绝然分开,他试图寻求一种主客体的统一性,并且是建立在现实性基础上的可以进行科学实验的统一性,这一统一性的基础只是事物内部存在的现实关系。所谓函数关系是一个数学用语,实质是事物间的一种互动关系,并由此形成的某种规律。

2. 人与自然的统一,人是自然的一部分

马赫认为,人与自然不是相互对立的存在物,而是同属于自然界的各个基

---

① 参见 E. Mach, *Die Analyse der Empfindungen und das Verhältnis des Physischen zum Psychischen*, Jena, 1930, S. 255. 另参见马赫:《感觉的分析》,商务印书馆,1997,第 240 页。

② 参见马赫:《感觉的分析》,1997,第 17 页;德文版: E. Mach, *Die Analyse der Empfindungen und das Verhältnis des Physischen zum Psychischen*, S. 18.

③ 参见同上书,中文版第 279 页,德文版第 296 页。

本存在的体系,即在自然体系内部存在。因此世界是物理关系和心理关系的统一,主体和客体的统一,它们构成一种相对的、相互影响的关系体系。"人本身是自然界的一部分。……只有当我和自然界之间不存在不可逾越的鸿沟时,这内外部的两种反应才同时产生作用。……自然界是一个整体。"①马赫力求把物理的世界同心理的世界联系起来、统一起来,力求避免哲学中人为的二元论观点。为什么会出现二元论,为什么又要消除它呢,因为:"现实世界(Die sinnliche Welt)既属于物理学世界研究的范围,同时也属于心理学研究范围。……只要我们研究现实世界的联系而不考虑我们的身体在其中所起的作用,我们就是在研究最广义的物理学。但是,当我们的主要意图正好是针对我们的身体,特别是我们的神经系统时,我们则是在研究心理学或感官生理学。我们的身体如同其他东西一样,是现实世界的一部分。心理的东西和物理的东西之间的界限,完全是实用和约定的。对于探索未知领域的高度的科学目标来说,如果我们撤销了心理的和物理的东西之间区分的界限,将所有世界的联系都看成是等价的,那么我们就会成功地开辟新的科研道路。"②在这一点上马赫既把费希特、黑格尔的精神概念拉到物质的地位,也把物质提升到精神的位置,二者处于同一水平。这样同时也就排除了康德的先验理性存在的基础,以此试图超越德国古典哲学的主流,并且由此开辟科学研究的新道路,即第三条道路。马赫把反对二元论提到了如此的思想高度,这也是马赫哲学的特点,虽然他不把自己观点称为哲学,它喜欢称之为科学。

3. 马赫反对康德的"先验理性"和"自在之物",反对黑格尔、费希特等人的"自我",反对柏拉图的"洞穴理论"③,同时也反对类似旧唯物主义的"物质"观念。以下我们再看一下马赫认为应该批判哲学概念,由此彰显他的基本观点。

---

① 参见马赫:《感觉的分析》,1997,第17页;德文版: E. Mach, *Die Analyse der Empfindungen und das Verhältnis des Physischen zum Psychischen*, S. 260—261.
② 参见同上书,中文版第238—239页,德文版第253—254页。
③ 参见马赫:《感觉的分析》,1997,第9页。

(1) 马赫对"物质""物自体"和"自我"概念的批判

因为马赫排斥德国哲学的思维方式,因此德国哲学的基本概念就自然属于他批判之列。马赫首先对哲学的"自在之物"概念进行了批判。他认为,"一种真实的、无条件的恒久性是不存在的。……我认为只有一种恒久性,它包括了一切发生的恒久性情况,即结合的恒久性或关系的恒久性。……我们所谓的物质是各个基本存在(感性现实性)之间的某种合乎规律性的联系。"①马赫认为一切物体都在变化的关系当中存在,没有恒久的哲学意义上的存在物体,一切都是具体现实的物体。"显得相对恒久的,首先是颜色、声音、压力等等在时间和空间方面(函数方面)连接而成的复合体;因此,这些复合体得到了一个特别的名称,叫做物体。这个复合体并不是恒久的。"②那么为什么还会出现这类恒久性的物质和自我的想法呢,对此马赫解释道:"由于'自我'和'物体'这些复合体,不仅对于个人,而且对于全人类都具有高度的实用意义,……并显示不可抗拒的威力。可是,在与实用目的无关,专为寻求知识的特殊场合中,确定自我界限的研究就明显不足,有阻碍和无法成立。……第一性的不是自我,而是现实的基本存在。……这就是一切。……首要的东西是内容,而不是自我。"③显然这里马赫是在批判费希特的自我哲学,在费希特看来自我和自我意识是人类独特的超越自然的高级性和高尚性,人类高尚的道德也是由此而来,这正是人格存在的基础和良好社会的基石。而马赫从自然科学的角度并不能得出道德的存在性,这之间缺失了某种基本联系,马赫对此视而不见,这就是马赫思想存在的片面性。费希特当然可以说是康德思想的学生,所以马赫又不得不彻底地把矛头最终指向德国人本主义的理性主义的鼻祖康德:"谁一度受过康德的影响,而采取一种唯心主义的观点,并且不能摆脱物自体这个观念的最后残疾,谁就会遗留下一定的为我论倾向,这个倾向会多少明显地表现出来。……哲学家把唯一的、原则上不能解决的自我问题作为解决一切其余问题的出发点。自我是给予我们的,我们

---

① 参见马赫:《感觉的分析》,1997,第254—255页,以及德文版: E. Mach, *Die Analyse der Empfindungen und das Verhältnis des Physischen zum Psychischen*, S.270.
② 参见同上书,中文版第2页。
③ 参见同上书,第18—19页。

不能超出自我之外。因此,当思辨哲学家说'为我论是唯一彻底的观点'时,鉴于他们力求得到一个封闭的,包罗万象的,业已完成的世界观体系,这是可以理解的。同样也必须指出,对于相信物质是唯一的直接存在物,不须对其进一步解释的人来说,唯物主义也会是同样的结果。一切体系恰恰都是这样。可是一个自然科学家对我说为我论是唯一彻底的出发点,这就使我惊奇了。我完全不愿意强调这种观点对于沉思默想、梦中度日的印度苦行僧,比对于严肃思维、积极活动的人更合适。可是我相信,一个自然科学家由于这个转向,就使哲学的思维方式错误地替代了自然科学的思维方式。科学家并不追求终极的世界观,他知道他的一切研究工作都只能扩大和加深他的认识。对科学家来讲,没有不需要加深理解的问题,但也没有不可解决的问题。"①马赫这里力图超越康德、费希特,试图在唯物主义和唯心主义之间走出第三条道路,我们可以把之概括为经验实证主义的科学主义。这代表了新科学时代的一种哲学思潮。在此马赫进一步提出了自己的科学方法论和世界观,可见不破不立,他认为:"直接的科学观察、物理学的试验、概念的理想化是科学几何学中共同起作用的三个因素。对其中的这个或那个因素估计过高或过低,都会使不同的研究者对几何学性质的理解产生巨大的分歧。在构建几何学中,只有把这些参与因素的每个因素的特点精确地区分开来,才能为几何学的正确理解提供根据。……康德的相关悖论就是源于没有足够区分所涉及的相关因素。"②这里马赫显然是在批判康德关于数学和几何学的先验理性的思想,主张自己的现实性的观点,即用马赫的经验现实性替代康德的先验理性,马赫的思想已经是一目了然了,他是在反康德、费希特等人的整个先验主义哲学体系中建立自己的经验实证主义体系。

(2) 马赫对目的论的理解和批判

马赫认为自然包括人类的终极目的及其实现进程是不存在的,这一目的论的思想可以从宗教的思想中产生,如上帝造宇宙的目的、人类生存的目的、得救、天堂等等观念,也可以从康德、费希特、黑格尔的理性主义的历史哲学中产生,即最终实现理性的先验命令、费希特之德意志民族的理想、黑格尔的国家理念和历

---

① 参见马赫:《感觉的分析》,1997,第276页,德文版第292页。
② 参见同上书,德文版第158—159页,中文版第151页。

史哲学都是由某种超现实的目的产生和决定的。马赫要彻底否定这种思维方式,甚至否定整个德国的人本主义的理性主义哲学,这同费尔巴哈哲学是一个思路。对此马赫论证道:"'作用因'和'目的'这两个概念从其起源来说,是来自万物有神论的观念。……在物理学过程方面,由于它的计算性和极其简单性,万物有神论日益被排除出去。原因的概念由于它的僵硬的形式而逐渐被依存关系概念、函数功能的概念所代替。只有对于那些和万物有神论矛盾较少的有机生命现象,还保持着目的的概念和认为存在自觉和有目标的活动的观点。然而,在不能推想有机体本身有自觉的、有目的的活动的时候,人们就想出另一种漂浮于有机体之上的、追求一定目标的实体(例如自然等等)来指导有机体的活动。……在无机体内,甚至在有机体内,如果出现一个过程,它完全为一时既定的环境决定,限制在自己的范围内而无其他结果,那么,我们便提不出目的的概念。……在有机体功能的相互转化中,在它们的联系中,在不为直接物的限制中,在迂回道路的进程中,才存在着目的性。……只有把这种复合体分解为直接联系的环节时,我们才能真正地了解有机体的活动。在此,有机体特有的流动被理解为暂时的重要线索。……正像目的论的研究一样,连历史的研究也是短时段的,它需要因果性研究加以补充,对此,勒卜的生物学著作和门格尔的经济学著作已经十分正确地强调了这一点。"①

由此我们也可以联系到达尔文的进化论,实际上这种生物的进化论思想也彻底否定了以往关于人类产生的目的论的宗教和理性主义的哲学思想。在马赫看来这种目的论根本不能成为现代科学研究的基础和对象,因此马赫对之采取了彻底否定的态度。这一观点当然同费尔巴哈的现实性和对事物进行性直接的观察与研究,即 Sinnlichkeit,Anschauung 的观点如出一辙,费尔巴哈同样对宗教思想和康德、费希特思想进行了批判,这要早于马赫数十年。同马赫的总体思路如出一辙的还有社会历史学家韦伯,韦伯在《经济与社会》一书关于研究方法论的一章专门批判了哲学的观点,把哲学排除在其社会学研究的方法论之外。当然不同于马赫的是,韦伯针对的是社会历史研究的世界观和方法论。可以看出

---

① 参见马赫:《感觉的分析》,德文版第76—81页,另参见中文版第76—77页。

这一否定哲学的经验科学思潮已经遍布几乎所有科学领域,自现代史以来,其影响十分强大。

(3) 马赫对柏拉图"洞穴理论"的批判

马赫否定了柏拉图哲学的 Sein(存在),而主张 Dasein(此在)的存在,当然这一概念也可以联系到后来海德格尔的哲学主题,海德格尔也引用了这一隐喻。但马赫是这样对柏拉图"洞穴理论"进行批判的:

> 假象和实在的对立这个普通观念对科学思想的影响很大。例如,从柏拉图的富于暗示的、带有诗意的洞穴比喻中——在洞穴中,人背着火光,只观察到经过他背后的事物的影子(《共和国》第七卷第一段)——就可以看到这一点。可是,这个观念没有被彻底地思考,结果对我们的世界观产生了不幸的影响。我们毕竟是世界的一部分,但是这一观念使我们完全脱离了这个世界,使世界遥不可及。同样,一些青年人第一次听到恒星的折射,就对整个天文学产生了质疑,但是,只需做一个简单的考察和轻微的修正,所有质疑就会消除了。
>
> ……
>
> 由于同样的事情,我们最后就习惯于认为所有物体的本性都起源于既已存在的核心,它们通过我们身体的中介,而给予自我以"各种作用"(Wirkungen),我们把这些作用称之为感性现实性(Empfindungen)。但是,由此这一核心就失去了其一切现实性(Sinnlichen)的内在性,而仅仅成为了思想的符号。因此这一观点是正确的,即认为世界仅仅源于存在的现实性而存在。所以,我们所知道的东西,仅仅是通过感性现实性,通过对某种核心的获取以及它们的相互作用本身,至于现实性关系最初从何物脱颖而出,就是完全无意义和多余的了。只有半现实主义和半批判主义才会喜欢这种观念。①

这里马赫不但否定了柏拉图的哲学的基本议题,也彻底否定了海德格尔哲学一直追踪的问题,即他的所谓本体论的问题。这样柏拉图式的研究和思考的

---

① 参见马赫:《感觉的分析》,1997,第 9—10 页。另参见德文版第 9 页。

哲学问题都成为虚无,非现实性的哲学空想,世界根本不存在这样的问题,按照马赫的简化思想,这些哲学问题对于现实的现代性的科学研究都是画蛇添足,全部可以彻底删除,以免累赘真正的科学思考和研究。这也是马赫"简化论"思想的基本观点。

4. 马赫主张对事物进行纯粹自然科学的经验研究,但不是实用主义。马赫的观点同费尔巴哈的观点一脉相承,即主张 Sinnlichkeit, Anschauung 的哲学观念。

自费尔巴哈对基督教宗教思想和理性主义思想批判以来,德意志思想界从宗教观念和理性主义的哲学思想急剧转向"现实性",从抽象性哲学思维转向现实的科学。马克思、韦伯、马赫都可以说是这一思想转变的继续深化。世界观的转变也带动了方法论的转变,马赫因此也提出了自己的科学方法论。新的思考总是建立在对以往观点的反思和批判之上,这是一条规律。由此马赫的方法论认为:"在这样的批判性阐述中,经验的概念完全代替了形而上学的概念。僵死的、无效的、永存的、无法认识的东西(物质)为一种持存的规律所代替时,科学并不会受到任何损失,而这种规律的细节还可以通过物理学和生理学的研究,继续加以阐明。我们这样做的目的,并不是创造一种新的哲学,新的形而上学,而是要适合推动当代各种实证科学相互结合的要求。"①这一观点就确立了马赫科学研究的基本的方法论取向,即经验实证主义的方法论取向。这不仅是方法论的转变,也是客观研究对象的转变,这是一个双向的互动过程,这也表明了本体论和方法论是一个不可分割的互动的整体。马赫对自己的方法论的经验实证主义取向解释总结道:"通过思想的符合进程,科学总是产生于一定的经验领域。这个符合进程的结果就是能够说明该整个领域的思想要素。"②

科学的任务不是别的,仅仅是对事实作概要的陈述。现在逐渐提倡这个崭新的见解,必然会指导我们彻底排除掉一切无聊的,无法用经验检验的

---

① 参见马赫:《感觉的分析》,1997,第 255 页,另参见 E. Mach, *Die Analyse der Empfindungen, das Verhältnis des Physischen zum Psychischen*, S. 271.
② 参见同上书,中文版第 24 页,另参见德文版第 25 页。

假定,主要是康德意义上的形而上学的假定。……这样,一系列妨碍科学进步的假设便会销声匿迹。本书既不提供任何哲学体系,也不提供包罗万象的世界观。……物理的东西和心理的东西如果不存在本质的差异,则可推测在这两种东西的关系中也有人们在一切物理的东西中所探寻的那种精确关系。我们希望,在心理学对感性现实性(Empfindungen)的分析中所发现的一切细节中,能够找到同样多的对应神经过程的细节。①

在此马赫主张世界的统一性,主张一元论的观点,但这不是哲学的一元论,而是现实世界一切事物的一元论,一切事物都是相互关系的产物,这里没有哲学上的绝对的二元论划分。马赫反对一切形而上学的观念和思想,从此我们可以看出马赫选择的思维道路完全不同于康德、费希特、黑格尔的自由理性的道路,马赫认为自己的经验实证主义观点才是一条真正通向科学真理的康庄大道,而且得到世界科学家的认同。对此马赫说道:"当时我仅知道康德和霍尔巴特的观点。现在我看到,有不少哲学家,如实证论者、经验批判论者、内在哲学家的代表以及个别的自然科学家,他们互不相识,走上了同样的道路,这些道路尽管还存在着许多个人方面的差异,但几乎都是朝向一个焦点汇聚。"②

总之,反一切形而上学是马赫高举的大旗,这是马赫思想区别于以往德意志主流思想界和民族性的根本特点,马克思在《德意志意识形态》等书中也曾提到德国民族性的哲学特点,并将其与无产阶级解放联系起来,对此本人另有专文论述。在此基础上马赫提出了自己的"现实性"概念和一切科学研究的出发点。从总的思想趋势上看,马赫又回归到费尔巴哈的基本理论轨道上来,即费尔巴哈提出的"现实性"问题,一破一立。马赫说道:"我的观点是排除一切形而上学的问题,无论这些问题被认为只是此刻不能解决或是根本无意义的。……我们能从世界知道的一切东西必然是由感知机制(Sinnesempfindungen)表现出来的,这些感知机制能够以精确的表达方式摆脱观察者个体性的影响。我们能够希望知道的一切事物,都是通过解决数学形式的课题,通过查明感性现实性

---

① 参见马赫:《感觉的分析》,1997,第四版前言,第 IV 页,第 V 页。
② 参见同上书,第四版前言,第 V 页,第 VI 页。另参见 E. Mach, *Die Analyse der Empfindungen und das Verhältnis des Physischen zum Psychischen*, S. X, S. XI.

(*Empfindungen*)基本存在之间的相互依存的函数关系而获得的。"①因此这里马赫又有唯物主义倾向。

马赫如同费尔巴哈一样，他们的 Sinnlichkeit 概念不仅仅是所谓中文的"感性"意义，而主要是指现实性、现实本身，Anschauung 概念也不是中文的"直观"，而是对客观对象进行直接的观察与研究，无须宗教和哲学理性概念的中介。"现实性的事实（die sinnliche Tatsache）是物理学家思想适应现实性的出发点和目标。追寻直接现实性事实的思想是最熟知、最强烈、最直接的。当人们不能立即跟上一个新的事实时，最强有力的、最熟知的思想就会蜂拥而上，对这一事实进行更加丰富和更确定的构建。概念构思系统至少会导致我们经过最短的途径，达到对事物的直接考察与研究（Anschaulichkeit）。一切计算、构建等等都不过是一些中介手段，这些手段只是直接考察事物的一个阶段并且是建立在对现实性观察的构想之上，在此它还不能达到对事物的直接考察和研究。"②

马赫的意思显然是对现实事物进行直接的科学研究，而放弃哲学概念的干扰，特别是康德哲学的干扰，自己也不想成为所谓哲学家。马赫熟读康德的著作，他是从对康德哲学的思考和批判出发来建立自己的科学观，这既反映了德意志思想的变迁，也反映了历史时代的变迁，在马赫看来由于他的科学批判，哲学已无用武之地，这也反映出欧洲这一时期思想史发展变迁的普遍特点，一切思想都是面对现实，新的现实性理论首先从对旧的思想批判出发的。就此马赫说道：

> 我对康德的关系是特别的。我深为感激地承认他的批判的唯心主义是我的一切批判思想的出发点。但是我不可能固守他的唯心主义。我很快就接近了贝克莱的见解，这些见解是多少潜伏在康德的著作中的。经过感官生理学研究，经过霍尔巴特，我达到了近似于休谟的观点，虽然当时我还不

---

① 参见马赫:《感觉的分析》,1997 年,第 284 页,另参见 E. Mach, *Die Analyse der Empfindungen und das Verhältnis des Physischen zum Psychischen*, S. 300—301, 本人对其中的关键词句进行了重新翻译。

② 参见马赫:《感觉的分析》,1997 年,第 251—252 页,另参见 E. Mach, *Die Analyse der Empfindungen und das Verhältnis des Physischen zum Psychischen*, S. 267—268. 本文作者对中译文进行了文字概念的调整。

知道休谟。一直到今天,我都不得不认为贝克莱和休谟是远比康德更为彻底的思想家。批评或反驳像康德这样一位必须根据当时情况加以评判的哲学家,不能是自然科学家的任务。指明康德哲学并不适合作为近代自然科学的指导,这已经不再是什么英雄的丰功伟绩了。这件工作早已由一切领域(包括哲学)中的进展完成了。……人们可以想象,如果自然科学家开始思考专业之前,要把每个哲学体系都一一批驳一番,这将会落到何种地步。这里再强调一次:不存在马赫哲学!①

这里的意思是哲学已经是历史的垃圾,马赫并不想头顶一个新的垃圾。他不喜欢哲学这项桂冠,而喜欢科学的头衔,但是不能否认,他还是进行了深入的哲学思考,具有哲学的头脑。

5. 马赫针对哲学"物质"概念的再批判

马赫再次强调放弃哲学的概念,特别是物质的概念,它以现实存在的基本关系替代这一抽象的物质概念,并且说明物质的概念本身是科学无法证明的,这很类似后来的波普尔的证伪理论。马赫对自己的核心思想进行了如下论证:

> 为了清楚起见,把那些通常叫做物体的,有颜色、声音等等组成的复合体称为 ABC……,把那些叫做我们身体的,以及在前一类复合体中特别的因而被作为优秀的部分的复合体称之为 KLM……,把意志、记忆印象等等构成的复合体称为 αβγ……。通常把组成自我的复合体 αβγ……KLM……与组成物质世界的复合体 ABC……置于对立的位置。但是,有时只把 αβγ……视为自我,把 KLM……ABC……视为物质世界。首先,似乎 ABC……是不依赖于自我而存在的,并且是与自我相对立而独立存在的。可是这种独立性仅仅是相对的,它经不起进一步考察。在 αβγ……这一复合体内部能产生一些变化,而不引起 ABC……的明显变化,反之亦然。但是,αβγ……内部的变化通过 KLM……的内部变化波及 ABC……,反之亦然。(例如,活跃的想象波及行为,或是环境引起我们身体的明显变

---

① 参见马赫:《感觉的分析》,1997,第 238 页;德文版:E. Mach, *Die Analyse der Empfindungen und das Verhältnis des Physischen zum Psychischen*, S. 300.

化。)……ABC……总是由 KLM……共同决定。……有许多表现的同一物体到底在哪里呢？我们只能回答说：不同的 KLM 与不同的 ABC……相结合。①

马赫把一切事物分析为三个层次，而这三个层次又构成一个统一的整体，相互关联，相互配合，相互符合，这样就取缔了一切旧唯物主义和唯心主义世界观的构想，走自己的第三条综合的道路。马赫进一步论证道："一切要素 ABC……，KLM……，只构成某种相互关联的一团基本存在关系，在这个联合体中，触及任何一个基本存在关系，一切都随之而动；不过，KLM……受到的扰动比 ABC……受到的扰动更广泛、更深刻。"②

正是这一观点为爱因斯坦的相对论提供了思考的途径，不可否认，这在物理学上具有重大的意义，爱因斯坦后来总结相对论思想创建的进程时，明确地承认了这一点。最后马赫对来自各方的批判，表明了自己的反批判，他对自己的学术定位越来越清晰，他总结道："首先，我必须说明，那些不顾我自己和其他方面的再三抗议，把我的观点同贝克莱的观点等同起来的人，显然永远不会对我的观点做出正确的评价。……贝克莱认为，'要素'是以一个在它们之外的不可知的存在(上帝)为原因的，因此康德为了要使自己显得是清醒的实在论者，就制造出'物自体'，按照我的观点，只需'现实的基本存在'之间的相互依存关系，在理论上和实际上就足够了。……康德既然认为只有能用于经验的概念才有意义，为什么又制造出任何经验都不能设想的物自体。……对于吸收康德观念的人，这种做法在经验限度上就没有任何意义了。……与此相反，我必须指明，即使对我来说，世界也不仅仅是感觉的总和。相反，我所明确提出的倒是现实的基本存在的函数关系(Funktionalbeziehungen der Elemente)。"③这里的函数关系不仅仅可以理解为数学的相互关系，即函数关系，而是真正现实性的相互关系、共时性的互动关系、功能关系。

以上是我们根据马赫的原文对其思想进行的总体形象地勾勒，阐释了他的

---

① 参见马赫：《感觉的分析》，1997，第7页。另参见德文版第7页。
② 参见同上书，中文版第13页。另参见德文版第13页。
③ 参见同上书，中文版第278—279页。

基本思想结构以及重要概念,同时也展示了他对德国古典哲学基本概念和思路的批判,评价马赫及其思潮摆脱不了对上述基本问题的讨论,这是我们最终评价马赫及其思潮的基础和出发点。未来的研究者可以从此基础出发继续进行各自相关领域的思想方法的研究,在这种思考中,爱因斯坦从中受益提出了相对论,就是一个历史典范,由此可以看出对这一问题研究的科学意义和人类认识论历史意义。

三、马赫思想的问题与历史哲学

从当今对世界历史发展的反思,我认为马赫思潮可能存在如下问题:

1. 马赫还不了解后来出现的基因理论、系统论。人类和其他生命有机体的存在有一个基因的总控制系统,这并不是简单的横向基本存在之间的功能关系或函数关系,也不是简单的几何或数学关系,其中有一个纵向的线性因果决定关系,马赫整个观点都忽视了这一维度。

宇宙的终极因果关系和时间之箭是一个哲学和科学界至今悬而未决的问题,爱因斯坦和普朗克在同海森堡德不确定原理的争议中从未放弃过对最高因果关系的信仰和追求,对世界统一性的信仰和追求,对此可参见他们的科学哲学的论著,尽管爱因斯坦的相对论受到马赫思想的启发,但是简单地否定对宇宙万物最高原因和最高统一性的追求将会造成科学研究维度的重大损失。

马赫的理论也没有类似哲学中"上帝"概念的位置,即绝对的存在,世界的终极统一性,或宇宙基因。在马赫看来世界仅仅统一于某种具体的物理和心理的横向互动关系之中,爱因斯坦、普朗克在这一点上不同于马赫的观点,他们一直信仰并追求更高的科学统一性,找出能够概括宇宙的统一公式。老子的道德观念,海德格尔的 Sein(存在)概念也是在追求事物的这一最高的决定性和统一性。

2. 马赫忽视了社会历史学的价值判断、人的道德存在、人格在历史中的作用,以及理性哲学提出的人类主体性的意义,如老子的道与德之间的紧密联系,柏拉图对社会公正思考的意义,康德、费希特的道德哲学和世界和平以及关于社会国家和大学理念的社会历史思想,马克思对人的异化的批判,他以人类自由程度划分的三大历史发展阶段的理论等等。这些都不能从目前物理学概念的物理关系中得出。因此马赫思潮陷入一种片面的科学主义或目的理性主义的局限性之中,这一倾向十分类似韦伯的思想方法论,对此可以参见韦伯《经济与社会》一书中关于方法论的论述,在此,韦伯的方法论也首先排除了德国哲学在社会历史科学研究中的意义。

历史主体性的存在被埋没于物质存在的非价值判断的结构功能性或数学函数关系之中,社会历史和科学研究因此失去了人的主体性的尊严和道德的根基。这是人类经过第一次世界大战和第二次世界大战得出的重要历史教训。纳粹时代结束之后,德国向康德的人本主义的理性主义的道德理念和世界和平的社会历史理性复归——这不同于尼采的价值重估——正是今天德国历史发展总趋势的价值根基,1990 年德国统一后的所谓"德国的欧盟"的历史发展现实,即德国与欧盟国家之间的和谐发展历史实践就是最好的证明。

在马赫思潮中承认主客体之间的相互作用,但人的主体性、人格性、人的尊严本身,以及二战后德国宪法强调的人的基本权利的准则,其历史哲学意义并未被特别地突显出来,而马克思在批判费尔巴哈的论纲中则充分注意到主体性在历史发展中的决定性作用,并对以往旧唯物主义忽视人的主体实践性进行尖锐的批判。就此马克思说道:

> 到目前为止所有唯物主义的主要缺欠是(费尔巴哈也算在内),把客观对象、真实性、现实性仅仅以客体的或对客体进行考察与研究的形式来把握;而不是作为人的现实的主体行动,实践,不是从主体性方面来把握。因此就表现出,主体行动的方面在唯物主义的对立面上被唯心主义抽象地发展了——唯心主义当然不能理解诸如真实的现实主体行为。费尔巴哈要寻求的是现实性的——同思辨真正相区别的——客体;但他没有把人的主体行动本身作为客观对象化的实践活动来理解。他在《基督教本质》中只是把真正的人的行为表述为理论关系,与此同时把实践活动仅仅以肮脏

的——犹太人的表现形式来加以把握和确定。在此他不能理解"革命者的"、"现实批判的"行动的意义。①

什么是现实性,什么是历史的现实性,就成为当今哲学和科学的重要问题。在此马克思提出了自己的观点,我们认为马克思承认历史现实的主体性的存在,它的实践活动最终决定了历史的发展,而不是绝对的物的存在决定历史的发展,最终人和自然的关系,包括自然本身都取决于人的全面发展,这一点在马克思的《德意志意识形态》中表明更为清楚,马克思举例说就连自然的樱桃也是人类的实践的产品。

马克思在《费尔巴哈论纲》第二条中对现实性和实践性作了进一步论证:"人的思维是否具有客观的真理性,这不是一个理论的问题,而是一个实践的问题。人必须在实践中证明其思想的真理性,即他们思想的现实性、力量和此岸性。关于这些思想的真实性或非真实性的争论——脱离于实践的——是一个纯粹经院哲学的问题。"②

因为自然科学研究的局限性,马赫思潮忽视马克思提出的社会历史的现实性和主体性问题,也未能理解马克思在"费尔巴哈论纲"中对费尔巴哈等旧唯物主义的批判,马赫的世界观仍然属于马克思批判的费尔巴哈式的旧唯物主义范畴。比较之下,马克思充分理解了人类主体性、价值性的现实历史意义,及其对改造现实世界的决定性作用。在这点上我们可以参见马克思对费尔巴哈的旧唯

---

① 参见《马克思恩格斯文集》(第 1 卷),人民出版社,2009,第 499 页。德文原文:"Der Hauptmangel alles bisherigen Materialismus (den Feuerbachschen mit eingerechnet) ist, daß der Gegenstand, die Wirklichkeit, Sinnlichkeit, nur unter der Form des *Objekts oder der Anschauung* gefaßt wird; nicht aber als *sinnlich menschliche Tätigkeit*, *Praxis*, nicht subjektiv. Daher die *tätige* Seite abstrakt im Gegensatz zu dem Materialismus vom dem Idealismus—der natürlich die wirkliche, sinnliche Tätigkeit als solche nicht kennt—entwickelt. Feuerbach will sinnliche—von den Gedankenobjekten wirklich unterschiedene Objekte; aber er faßt die menschliche Tätigkeit selbst nicht als *gegenständliche* Tätigkeit. Er betrachtet daher im 'Wesen des Christenthums' nur das theoretische Verhalten als das echt menschliche, während die Praxis nur in ihrer schmutzig jüdischen Erscheinungsform gefaßt und fixiert wird. Er begreift daher nicht die Bedeutung der 'revolutionären', der 'praktisch-kritischen' Tätigkeit." 见 *Marx Engels Werke*, S. 5.
② 参见《马克思恩格斯文集》(第 1 卷),人民出版社,2009,第 500 页。德文原文:"Die Frage, ob dem menschlichen Denken gegenständliche Wahrheit zukomme—ist keine Frage der Theorie, sondern eine *praktische* Frage. In der Praxis muß der Mensch die Wahrheit, i. e. Wirklichkeit und Macht, Diesseitigkeit seines Denkens beweisen. Der Streit über die Wirklichkeit oder Nichtwirklichkeit des Denkens—das von der Praxis isoliert ist—ist eine rein *scholastische* Frage." 德文版见同上。

物主义的批判,马克思在《费尔巴哈论纲》第六条中说道:

> 费尔巴哈把宗教的本质归结于人的本质。但人的本质不是单个人所固有的抽象物。在其真正的现实性中,人的本质是各种社会关系的总和。费尔巴哈没有对这一真正现实性的本质进行批判,因此被迫:
>
> (1)撇开历史现实去抽象化,把宗教的情结以此确定下来,并把抽象的——隔绝孤立的——人的个体性作为其先决条件;
>
> (2)这一本质只能被作为"生物的类",作为内向的、无声的、多个孤立个人自然联系的普遍性群体来把握。①

我们已经很清楚地看到马克思的意思,人是有主体性存在的,人有人格和道德能力与技术科学的能力,放弃任何一方都会造成人的异化,或人的片面发展,最终会给人类历史发展带来不可估量的异化和损失。

3. 马赫排除哲学思考,走向经验主义、实证主义和目的理性主义,也表现出了马赫时代的心理学对人的本质和社会历史关系研究的局限性,对此,德国历史主义学派对这类心理学研究取向进行了正确的批判。

马赫反对德国唯心主义,特别是康德、黑格尔、费希特等人的观点。反对唯心主义和唯物主义的超现实性的哲学概念,主张"现实性"(Sinnlichkeit)的概念,这是19世纪德意志历史时代和思想发展的总趋势,但马赫的思想又因此局限于科学主义、经验主义、心理科学的非价值的现实性函数和数学关系。其实,只有把社会价值的哲学思考和现实性的科学研究二者结合起来才最终是一切有关人类的现代科学发展的必然出路,当然这一完美结合还需要漫长的时间。所以我们提出的历史哲学的研究方向是:把哲学研究同历史发展变迁的结构和人们现实的日常生活结合起来,这三个层次构成一个整体,以此去研究社会历史现象,

---

① 参见《马克思恩格斯文集》(第1卷),人民出版社,2009,第501页。德文原文:"Feuerbach löst das religiöse Wesen in das *menschliche* Wesen auf. Aber das menschliche Wesen ist kein dem einzelnen Individuum inwohnendes Abstraktum. In seiner Wirklichkeit ist es das ensemble der gesellschaftlichen Verhältnisse.

Feuerbach, der auf die Kritik dieses wirklichen Wesens nicht eingeht, ist daher gezwungen:

1. von dem geschichtlichen Verlauf zu abstrahieren und das religiöse Gemüt für sich zu fixieren, und ein ab-strakt—*isoliert*—menschliches Individuum vorauszusetzen;

2. Das Wesen kann daher nur als, Gattung, "als innere, stumme, die vielen Individuen *natürlich* verbindende Allgemeinheit gefaßt werden." 见 *Marx Engels Werke*, S.6.

如果自然科学达到一定高度，最终会把自然现象和人类历史发展的现象统一起来，作出最终的解释，这是人类认识的理想目标。如果现在就一个排斥一个，最终的方向就会被放弃，这就最终影响人类科学研究的正确方向和目标。

根据历史的经验，人们改造现实世界是有根据的，改造现实世界的方向如何，这同样取决于一定历史时期价值观的重组和塑造，取决于价值取向的历史变迁和革命。无论是路德的唯信称义，还是康德、黑格尔的自由理性，马克思的《共产党宣言》，韦伯的《新教伦理与资本主义精神》都充分证明价值观的塑造和变革是人类历史发展的重要的不可忽视的动力。

如果我们把经验主义的实证主义的马赫思潮，即维也纳学派的一部分，同康德、费希特、黑格尔的人本主义的理性主义和历史哲学进行了比较，同费尔巴哈的旧唯物主义进行比较，同马克思的历史唯物主义进行比较，同韦伯的社会历史学进行比较，同德国的历史主义学派比较，就可以准确地给马赫思潮进行科学的定位，即清晰的思想时间和空间与历史的时间和空间的定位，同时也就揭示出它的错误，这就为未来的科学的一元论的发展展示出可能的方向和道路。当然其目的还是回到马克思在《费尔巴哈论纲》第十一条中所说的："哲学家们对现实世界仅仅做出了不同的阐释，而现在重要的是改变现实世界。"①

作者简介：赵进中，北京大学历史系教授，代表作：《"世界公民"之路——德国，公民权利发展的历史主线》，北京大学出版社，2008年。

---

① 参见《马克思恩格斯文集》（第1卷），第506页。德文原文："Die Philosophen haben die Welt nur verschieden *interpretiert*; es kommt aber drauf an, sie zu *verändern*." 见 *Marx Engels Werke*, S.7.

第一次世界大战与"泛欧"联合思想的产生

李 维

内容提要：第一次世界大战是人类社会进入大工业时代后的第一次大规模战争，它以空前的血腥、惨烈著称于世。对欧洲来说，战争不仅意味着大杀戮、大瓦解和大分裂，同时还孕育了新机遇、新动力和新希望。一战带来的空前危机与严峻挑战，终于引发了现代欧洲联合的思潮，其中以奥地利人库登霍夫-卡莱基倡导的"泛欧"联合思想最具代表性，最具影响力。"泛欧"联合思想对于我们认识、理解今日欧洲一体化仍具重要意义。

关键词：第一次世界大战 "泛欧"思想 库登霍夫-卡莱基 欧洲一体化

一、第一次世界大战及其历史影响

1914年6月28日，在波斯尼亚首府萨拉热窝，奥匈帝国皇储斐迪南大公及妻子被塞尔维亚青年普林西普刺杀。此事迅速引发了一系列的多米诺骨牌效应。仅仅一个多月后，欧洲各大列强就卷入了一场旷古空前的大战之中，第一次世界大战爆发了。

一战是帝国主义列强间长期矛盾的总爆发。19世纪下半叶以来，欧美资本主义国家纷纷进入帝国主义阶段，他们在经济上恶性竞争，在政治上逐步结成对立的军事同盟体系，而对殖民地的争夺大大加剧、加深了列强之间的固有矛盾，引起了一系列的军事冲突和政治危机。在这一过程中，德国扮演了一个特殊的角色。作为后来居上的工业大国和后起的殖民列强,德国国力的快速提升和咄咄逼人的扩张态势,对列强既有的利益格局带来了强大的冲击和震撼,给世纪之交的世界带来了搅动和不安。因此,不少学者认为,德国对一战的爆发负有更多的历史责任。①

与近代欧洲的历次战争不同,一战的规模、血腥程度及影响,都达到了旷古空前的程度,远远超乎了当时人们的想象。开战之初,大家普遍认为,这次战争就像20世纪的普法战争一样,经过一两个大的战役,最多用几个月的时间,就可以见分晓。但谁也没有料到,战争一打就是四年多。特别是在战争后期,对那些精疲力竭、苦苦支撑的欧洲列强来说,战争成为了一种永无休止的煎熬和折磨。在战争中,大工业催生出的新发明、新武器得以广泛地试验和应用。飞机、坦克相继亮相,毒气、潜艇轮番登场。在壕沟、铁丝网、机枪、巨炮构筑的现代化阵地面前,成千上万风华正茂的年轻生命顿时灰飞烟灭。一战的战场不仅限于欧洲,在非洲、亚洲都爆发了规模不等的战斗。卷入战争的也不止是欧洲国家,而是波及全世界30个主权国家,远在万里之遥的中国派出十几万劳工赴欧洲协助英法的战斗,位于大西洋彼岸的美国派出百万大军奔赴欧洲战场,并最终决定了战争的命运。这是一场翻腾四海、震荡五洲的名副其实的世界大战。战争造成一千万人死亡,两千万人负伤,直接经济损失高达一千八百亿美元②,是人类历史上前所未有的大浩劫、大灾难。

第一次世界大战是人类近现代历史上的重要转折点。战争带来了世界范围的结构性转变,产生了重大而深远的历史影响。一战带来的最显著的变化是,欧洲丧失了世界范围的霸权,丧失了世界中心的地位。一战以前,特别是19世纪以来,欧洲成为世界的中心、重心,欧洲统治着世界。在政治上,美国、拉美、英国的自治领均已欧化,欧洲列强还在亚洲和非洲大部分地区建立起殖民地。在经济上,欧洲扮演着世界工厂、世界银行的角色,它的资本技术输出带来了全球经济一体化。在文化方面,欧洲不仅影响了人们的生活方式,还影响到人们的思维方式。然而这一切,在一战后完全地改变了。

首先,第一次世界大战大大削弱了欧洲帝国主义国家的力量,促进了亚非殖

---

① 参见弗里茨·费舍尔:《争雄世界——德意志帝国1914—1918年战争目标政策》,商务印书馆,1987。

② 斯塔夫里阿诺斯:《全球通史》,上海社会科学出版社,1995,第608页。

民地半殖民地民族独立意识的发展。帝国主义国家所进行的疯狂战斗和垂死挣扎,彻底颠覆了他们作为统治者的地位和形象。广大亚非殖民地半殖民地的人民认识到,争取民族独立的时机已经到来,要想恢复自己应有的权利,就必须起来进行斗争。在这些地区相继成立了共产主义性质和民族主义的政党。新政党的诞生使民族解放运动有了新生的领导力量,有力地推动了亚非地区的反帝爱国革命浪潮,极大地撼动了西方列强的反动殖民统治。①

其次,美国和苏联的崛起。早在一战前,美国就已经悄然崛起,在一战中,美国进一步确立了它的领先地位,到20世纪20年代末期,美国的工业产量至少占世界工业总量的42.2%,这一产量高于包括苏联在内的所有欧洲国家的产量。② 与战乱、贫穷、分裂的欧洲相比,美国显得格外稳定、富足、统一。同样具有冲击力的是,一战后期,在帝国主义的薄弱环节俄国爆发了无产阶级革命,诞生了世界历史上第一个社会主义国家。不少欧洲社会精英认识到,美、苏崛起预示着某种新的"大空间"时代的到来,这些具有洲际规模的"大空间",是传统的欧洲列强根本不能比拟和企及的。

最后,欧洲自身的分裂与衰落。随着奥匈帝国、俄罗斯帝国、奥斯曼土耳其帝国在战争中瓦解,德意志帝国在战后被削弱,在它们原有的土地上,成立了一系列新的民族国家。然而光鲜的"民族自决"旗帜难以掩盖欧洲政治、经济碎片化的不争事实。在政治上,狂热的民族主义依旧大行其道,欧洲各国纷争不止,根本形不成合力。在经济上,每个国家都争相发展自己的民族工业体系,根本无法实现欧洲区域内的分工和洲际规模的大生产。在国际政治、经济大舞台上,作为整体的欧洲竞争力大幅下滑。欧洲的有识之士迫切地认识到,欧洲必须联合起来。

二、"泛欧"联合思想的产生

早在战争末期,意大利热那亚大学教授阿提利欧·卡比亚蒂和工业家吉奥瓦尼·阿涅利就提出,要想消灭欧洲的战争,就必须成立拥有统一的立法权及行

---

① 齐世荣、廖学盛主编:《20世纪的历史巨变》,学习出版社,2005,第303页。
② 斯塔夫里阿诺斯:《全球通史》,第614—615页。

政权,像美国那样的联邦制国家。①战后,欧洲的大批有识之士更加迫切地认识到,要想阻止下滑衰落的趋势,欧洲就必须联合起来。例如,法国的青年文学家皮埃尔·德利律·拉·罗歇尔认为,未来的世界大国是美国和俄罗斯,欧洲的政治、经济支离破碎,很难与这些大国竞争,只有结成联邦,欧洲才有前途,才不会被这些大国吞噬掉。②又如,1925年1月28日,法国总理赫里欧在议会发表演说,他宣称:"我衷心希望看到欧洲合众国成为现实。"③两战间大量出现的"欧洲"思想、理想、设想清楚地表明,此时的"欧洲"观念早已冲出近代以来个别学者、教士及官员的象牙塔,发展、壮大成为一股强劲有力的政治思潮,形成了相当的社会舆论基础。在这股"欧洲"思想大潮中,以奥地利贵族里夏德·库登霍夫-卡莱基的"泛欧"联合思想最具代表性,也最具影响力。

第一次世界大战以后,出现了众多欧洲联合的鼓吹者和推动者。其中,以奥地利人里夏德·尼古拉斯·库登霍夫-卡莱基(Richard Nikolaus Graf Coudenhove-Kalergi)倡导的"泛欧"思想最具有代表性,他领导的"泛欧"运动也最具影响力。④卡莱基是20世纪最重要的欧洲联合思想家之一,被西方学者称为"现代欧洲联合思想之父"。⑤

不同于一战后那些零散、表面化的众多"欧洲"认识和看法,卡莱基的"泛欧"联合思想是一个完备、深刻的理论体系。这主要表现在以下三个方面:第一,卡莱基从哲学的高度,深刻地反思了战争的原因,从而说明民族主义、民族国

---

① Giovanni Agnelli/Attilio Cabiati, "European federation or league of nations," (1918) in *The origins and of European integration*, ed. Peter M. R. Stirk/David Weigall, London: Pinter, 1999, pp. 14—15.
② Carl Hamilton Pegg, *Evolution of the European idea: 1914—1932*, Chapel Hill: the University of North Carolina Press, 1983, p. 24.
③ Ebd., S. 40.
④ 库登霍夫-卡莱基是姓,下文简称卡莱基。卡莱基是奥地利政治家、政论家。1894年11月16日生于日本东京,1972年7月27日卒于奥地利的福拉尔贝格州的施伦斯。卡莱基在波希米亚成长,在维也纳大学学习哲学和历史,1917年获博士学位。1919年,奥匈帝国战败、解体后,他成为捷克斯洛伐克公民。1923年,出版《泛欧》一书,由此发起"泛欧运动",其目标是建立联邦制的"欧洲合众国"。1926年,卡莱基在维也纳主持召开第一届泛欧大会,当选为"泛欧联盟"主席。纳粹德国吞并奥地利后,卡莱基于1939年移民法国。1940年移居美国,1942年任纽约大学历史学教授,在美国继续宣传欧洲联合思想。1943年建立"泛欧"联盟流亡机构,1944年成立"自由、统一欧洲委员会"。第二次世界大战结束后,卡莱基重返欧洲,1947年建立"欧洲议员同盟"。1950年,卡莱基荣获德国亚琛市卡尔国际奖,1952年当选为欧洲运动主席。他还被授予广岛荣誉市民、东京大学荣誉博士称号。其代表作有《泛欧》等。参见Walther Killy (hrsg.), *Deutsche Biographische Enzyklopädie*, Bd. 2, München: Saur, 2001, S. 385.
⑤ Jürgen Elvert, *Mitteleuropa! Deutsche Pläne zur europäischen Neuordnung (1918—1945)*, Stuttgart: Franz Steiner, 1999, S. 7.

家是落后过时的政治形态,随着科学技术和时代的发展,欧洲国家必须跟上形势,走超国家联合的道路。他认为,技术进步本身没有错,而是滥用它的人犯了错误。① 日新月异的技术,给现代人带来了天涯若比邻的新的时空感觉。在过去,巴黎和柏林两地遥不可及,而现在,由于火车特别是飞机的出现,两座城市成为了近邻。② 技术在创造新生活的同时,也带来了新的威胁和挑战。国家间的距离拉近了,彼此间的矛盾和冲突也就增多、加强了。因此,欧洲人必须跟上技术发展的步伐,发明新的政治"大空间",千万不能龟缩、固守在民族国家的老观念、老套路之中,否则,新技术带给欧洲人的将不是福祉,而是灾难,欧洲会在铺天盖地的毒气弹中走向灭亡。③

第二,卡莱基预见了战后世界的发展趋势,指出世界正在进入以"世界大国"为代表的区域化时代。如果欧洲想阻止进一步的衰落,挽救自己的命运,就必须要迅速联合起来。同当时的大部分社会精英一样,卡莱基也看到了美国和苏联的崛起,欧洲丧失了世界霸权,但他并不认为世界将进入美苏对立的两极时代,而是鼓吹多极的区域化时代的来临。他认为,世界上将会形成五个所谓的"世界大国",即俄罗斯帝国、英帝国、"泛美"、东亚、欧洲。这些"世界大国"的政治本质是国家的联合体,它既可以是联邦的,也可以是邦联的。④ 而且他还进一步指出,前四个"大国"有的已经形成,有的正在形成演化之中,唯有"欧洲"处于一片分裂、混乱的状态。如果听任这种局面发展下去,在未来"世界大国"的竞争挤压下,弱小的欧洲会失去一切,包括自身的独立、殖民地、文化和未来。⑤

第三,卡莱基的"泛欧"联合思想不仅包括了哲学的反思及对世界大势的预见,更具备了明确的政治宣言和具体的行动纲领。在"泛欧"思想的光照指引下,两战间的欧洲联合事业一下子变得清晰、可行起来。"泛欧"联合的最高目

---

① Richard Coudenhove-Kalergi, *Revolution durch Technik*, Wien:Paneuropa-Verlag, 1932, S.77.
② Richard Nikolaus Coudenhove-Kalergi, *Pan-Europa*, Wien:Paneuropa-Verlag, 1924, S.19.
③ Ebd., S.20.
④ Ebd., S.22.
⑤ Ebd., S.34. 卡莱基的"泛欧"思想带有深深的殖民主义烙印,他设想的"泛欧"区域包括了欧洲列强在非洲的广大殖民地。也只有这样,"泛欧"才能以4亿人口和约2千5百万平方公里的土地,雄踞诸"世界大国"之首,即便是美国加上全部的拉美,也无法超越,而东亚、苏联及英帝国只能依次排列其后了。

标是非常清晰的,即"联合欧洲大陆上的所有民主国家,建设一个强大的、有生命力的联邦制(Bundesstaat)国家"。① "泛欧"联合的根本目的是非常明确的,即"阻止、消灭欧洲内部周期性的战争,增强欧洲在国际上的竞争力,发展欧洲文化"。② "泛欧"联合的政治基础也是极具号召力的,即欧洲各民族的平等和自由。③在卡莱基看来,"泛欧"联合是一项伟大的事业,欧洲联邦的大厦不会一日建成,但也绝不能以此为借口,只说不做,裹足不前。为此,卡莱基提出了循序渐进的七步走战略。一、宣传"泛欧"思想。二、建立"泛欧"组织机构。三、召开"泛欧"大会。四、在国联内部组成"泛欧"国家集团。五、建立"泛欧"国家组织,按照"泛美"的模式定期召开会议。六、签订仲裁、联盟、担保条约。七、颁布"泛欧"宪法,成立"泛欧联邦"。④

卡莱基不仅提出了"泛欧"联合的思想,还成立了"泛欧"组织,发起了"泛欧"运动,极大地推动了两战间欧洲联合事业的发展。1923年10月1日,卡莱基出版了《泛欧》一书,该书的出版发行标志着"泛欧"联盟的成立和"泛欧"运动的开始。在每一册新书中,卡莱基都附上了宣传卡片,呼吁人们支持"泛欧"思想,鼓励人们参加"泛欧"联盟,号召人们积极地投入到"泛欧"运动中去。⑤ 到1926年底,在比利时、英国、法国、卢森堡、德国、奥地利、匈牙利、捷克、立陶宛等国首都设立了"泛欧"联盟总秘书处。到1929年,在保加利亚、荷兰、南斯拉夫、波兰、西班牙、瑞典等国也设立了"泛欧"联盟的分支机构。截止到1928年,"泛欧"联盟在欧洲范围内拥有6000至8000名成员。⑥ 作为一项政治运动,"泛欧"联盟在卡莱基的领导下开展了一系列的出版、演说、集会、研究等活动,其中最重要的是,于1926、1930、1932、1935和1943年召开了五次"泛欧"会议,它们代表着"泛欧"运动的历次高潮,是"泛欧"运动史上的重要里程碑。"泛欧"会议场面宏大,气氛热烈,其规模和影响远远超过了一般私人注册协会举办的政治活动。

① Richard Nikolaus Coudenhove-Kalergi, "Das Pan-Europa-Programm," in *Paneuropa*, 1924, S. 3.
② Ebd.
③ Ebd.
④ Ebd., S. 4.
⑤ Richard N. Coudenhove-Kalergi, *Ein Leben für Europa*, Berlin: Kiepenheuer & Wirth, S. 124.
⑥ Anita Ziegerhofer-Prettenthaler, *Botschafter Europas: Richard Nikolaus Coudenhove-Kalergi und die Paneuropa-Bewegung in den zwanziger und dreißiger Jahren*, Wien: Böhlau, 2004, S. 104.

1926年10月3日,第一届"泛欧"会议在维也纳的音乐大厅举行了开幕式。① 奥地利的首相伊格纳茨·赛佩尔、德国议会主席保罗·勒贝及意大利参议员卡罗·斯福尔扎伯爵参会并讲话。法国外长白里安派驻奥使节代表参会。捷克外长贝纳斯、捷克总统马萨里克、德国总理马克斯、丹麦总理斯汤宁、法国国防部长潘勒韦和英国殖民大臣埃默里都发来了贺电。② 共有两千多人参加了这次会议,其中有五百多人是专程从国外赶来的。③ 众多媒体记者追踪报道了这次盛况空前的大会,造成了广泛而积极的社会影响。

三、"泛欧"思想的重要启示

卡莱基提出、宣传"泛欧"联合思想,不仅有力地推动了两战间的欧洲联合事业,还对我们认识、理解当今欧洲一体化的进程提供了重要的启示。

启示一:欧洲联合的未来是"欧洲合众国",但它不是美利坚联邦的翻版,而是瑞士联邦的放大。卡莱基认为,欧洲与美国的情况大不相同,正因为后者拥有民族大融合的历史前提条件,所以在联邦选举中,地区间的矛盾才没有上升为民族矛盾,美国国内的党派政治原则由此得以实现,这是美国联邦制成功的重要原因。而欧洲拥有众多民族,民族国家间矛盾重重。如果按照"美利坚合众国"的模式进行联邦选举和权力分配,欧洲内部的民族矛盾一定会强势表现出来。这样一来,欧洲就会陷入内乱,根本无法形成统一的党派政治局面,也就无法实现欧洲联邦的目标。卡莱基设想的"欧洲合众国"是瑞士联邦的翻版。在他看来,首先,瑞士的国情与欧洲的"洲情"基本相同,两者具有很强的可比性。瑞士由德、法、意三个民族组成,仅从这一点来看,瑞士就堪比"小欧洲"。其次,瑞士的联邦制充分地体现了各民族权力平等、高度自治的原则,为"欧洲合众国"树立了良好的榜样。瑞士联邦法律规定,联邦委员会的七位委员必须来自不同的省

---

① "I. Paneuropakongress," *Paneuropa* Doppelheft 13/14 (1926): 7.
② Ebd., S.4—6.
③ Ebd., S.4.

份,代表不同的民族地区。联邦委员会主席由各位委员轮值担当。①上述规定巧妙地回避了多数民族长期垄断权力的风险,最大限度地体现了各民族权力平等的原则。这种制度为多民族的"泛欧"政治统一提供了具体的解决方案。最后,瑞士联邦尊重境内各民族文化的独特性,促进了各民族的共同情感。这也是建设"欧洲合众国"的重要参考经验。卡莱基的思想扎根于欧洲本土的历史和经验,它告诉我们,从瑞士联邦的微缩景观中,完全可以看到"欧洲合众国"的美好未来。

启示二:欧洲联合有一个从邦联到联邦的渐进过程。在对欧洲联合进程的总体认识方面,卡莱基也参照、借鉴了德意志帝国统一的历史经验,从中概括、提炼、总结出欧洲联合的发展阶段理论。1814 年,在拿破仑垮台后,欧洲召开了维也纳会议。根据会议精神,成立了德意志邦联。这是一个由 38 个主权邦国组成的松散联合体,它包括了自由市、王国、大公国、侯国及奥地利帝国的部分地区。邦联虽然未能改变德意志地区封建割据的实质,但在各邦、市之间已经形成了一个"持久、不可分离"的联合体。②这是德意志地区日后走向统一的重要基础。1871 年,德意志帝国建立。各邦仅保留了邦内行政权力,而帝国拥有统治权,统领陆军、海军、外交事务、关税、银行立法、间接税、货币、民法刑法、邮电及殖民地事务,这是一个真正统一的联邦制国家。③卡莱基认为,既然中欧的德意志民族可以从松散的邦联发展成为统一的联邦国家,那么,欧洲也可以复制、放大这一发展过程。1932 年 7 月,在给德国著名工业家、鲁尔好望钢铁厂董事长及总经理保罗·罗伊施的信中,卡莱基写道,从德意志帝国统一的历史经验来看,两战间的欧洲正处在向邦联过渡的阶段,并最终会向着"欧洲合众国"的既定目标前进。④卡莱基的分阶段发展理论,对于我们预测欧盟的长期发展走向提供了不可或缺的理论指导。

启示三:英国与欧洲联合的不和谐关系将长期存在。卡莱基认为,19 世纪

---

① R. N. Coudenhove-Kalergi,"Die Schweiz als Vorbild," *Pan-Europa* 10 (1929):2.
② 丁建弘:《德国通史》,上海社会科学出版社,2003,第 167 页。
③ 同上书,第 232 页。
④ R. N. Coudenhove-Kalergi an Herrn Paul Reusch, 12. Juli 1932, Rheinisch-Westfälisches Wirtschaftsarchiv, GHH 400 101 320/98, S. 4.

是欧洲主宰下的全球化时代,英国无疑是欧洲列强最有力的代表,是欧洲命运共同体(Schicksalgemeinschaft)的重要组成部分。第一次世界大战结束后,区域化时代来临,英帝国蜕变成为独立的、与大陆欧洲平行共存的区域联合体,英国与欧洲命运共同体渐行渐远,因此,英国不包括在"泛欧"联合之内。① 他还认为,英国肯定不会主动退出历史舞台,放弃帝国统治,真心诚意地加入到"欧洲"大家庭当中来,相反,它随时准备为了英帝国去牺牲"欧洲"的利益。② 卡莱基"泛欧"思想中的英国观,向我们清晰地展示出,英欧关系不和谐的原因,在于那些从漫长的历史岁月中逐步积累起来的、无可改变的结构性障碍。从往昔的帝国心态和全球战略利益出发,英国总是优先考虑与英帝国区域及美国的特殊关系。英国越是无法割舍往昔世界霸主的荣耀与情怀,就越重视帝国区域的延续与存在,也就越缺乏对欧洲大家庭的认同感。这种结构性的障碍决定了,英国不是"欧洲"的积极参与者,恰恰相反,它扮演了消极阻挠者的角色。

综上所述,卡莱基的"泛欧"联合思想是一座丰富的精神宝藏,它对第一次世界大战以来欧洲面临的问题提出了令人信服的解决方案。一战后欧洲分裂、衰落,美苏崛起。这种结构性的转变至今影响着我们的生活。较之二战,一战更具根本意义。二战是一战的延续,二战巩固和深化了一战后形成的新格局。从这个意义上来讲,"泛欧"联合思想的作用和意义已大大地超越了两战间的时间局限,它对于我们认识、理解当今的欧洲联盟,乃至预测、判断欧洲联合的未来都具有极其重要的意义。

作者简介:李维,北京大学历史系副教授,代表作:《纳粹德国有关"欧洲经济新秩序"的规划1939—1945》(德文版),汉堡:科瓦克博士出版社,2007年。

---

① Richard Nikolaus Coudenhove-Kalergi, *Pan-Europa*, S. 23.
② Ebd., S. 46.

抹不掉的身份印记

——汉娜·阿伦特与《拉结·范哈根》

安 尼

内容提要：1929年，汉娜·阿伦特在通过一篇古典学论文①获得哲学博士之后，转而将目光集中于更为迫近自身的犹太人问题。除30年代初期就犹太人历史与现状发表的几篇文章之外，这一时期最为重要的成果，便是她本打算用来申请教授资格的《拉结·范哈根——浪漫主义时期一个德国犹太女人的生涯》。阿伦特对犹太性以及犹太身份认识的不断深化，令此书隐含了"朦胧的自传色彩"②；她不仅重新审视了启蒙以降德国犹太人的生存方式以及犹太人的同化问题，同时也对启蒙与浪漫主义自身的弊端进行了根本性反思。

关键词：拉结·范哈根 阿伦特 犹太问题 启蒙

> 我身上德国性的东西究竟是什么，很难用一句话来说清楚。因为任何形式的过度简化——无论它是犹太复国主义者的，还是同化主义者和反犹主义者的——都只能进一步模糊真正的处境问题。
>
> ——阿伦特

---

① 1928年，阿伦特获得海德堡大学哲学博士学位，她的博士论文题目是《奥古斯丁的爱的概念》，导师为卡尔·雅斯贝尔斯。

② Martine Leibovici, "Arendt's *Rahel Varnhagen*: A New Kind of Narration in the Impasses of German-Jewish Assimilation and Existenzphilosophie," *Social Research* 74, no. 3 (Fall 2007): 906.

一、一本特立独行的传记

阿伦特一生只写过两本传记。那本知名度更高的《黑暗时代的人们》更像是用文字和思想汇编的人物肖像册。尽管都是在向思想、行动或命运上的同路人致敬,但无论从篇幅、思考的连贯度还是问题的集中程度、延展意义上看,《拉结·范哈根——浪漫主义时期一个德国犹太女人的生涯》无疑都更像是一本披着人物传记外衣的思想笔记。全书独特的写作视角、运笔方式以及明确的问题意识,成就了一本特立独行的人物传记。

传记的通常写法是以政治后果来反衬个体的人生故事[1],阿伦特则坚持从拉结的内心成长出发,"只有少量内容按照年代顺序或上下文参考书目来迎合读者需要"[2];在某些章节,作者甚至完全打破梦境与现实、时间与空间的界限或顺序,而且刻意忽略拉结的"家庭、童年、不出众的长相、对年轻男人的魅力"[3]等对于传统传记来说必不可少的内容。书中汇集大量史料、书信、人物关系,但很少去总结或赋予其政治历史含义,而是反其道而行之,将这一切作为探索拉结心灵成长史的证据。阿伦特很清楚,要深入认识所谓的犹太人问题,更具体地说,是自启蒙以来的德国犹太人同化问题,只能通过具体生动的生命故事。正是在每一个与众不同的个体身上,才能折射出犹太人共同的问题。出于对犹太人命运的关注,同时也是出于对拉结的爱与尊重,作者希望读者尽可能专心聆听人物内心的声音,而不是带着任何先入之见去对号入座。她有意规避当时盛行的心理分析、深层心理学、笔相学等现代手法,不让任何或善意或恶意的揣测高于人物自身的想法。全书关注拉结的内心成长,严格拒绝将其作为分析科学的对象。通过征引书信原稿、秉承内心视角(Innensicht),作者冀求达到"如拉结本人在书

---

[1] Joanne Cutting-Gray, "Hannah Arendt's *Rahel Varnhagen*," *Philosophy and Literature* 15 (1991): 242.
[2] 伊丽莎白·扬-布鲁尔:《爱这个世界:阿伦特传》,孙传钊译,江苏人民出版社,2012,第98页。
[3] 同上书,第102页。

写"的效果。①

这本书既像是用传统的文学阐释学解读拉结的一生,同时又是作者本人思想轨迹的一段忠实记录。为一个一百年前的犹太女人作传,并非阿伦特一时心血来潮。从 20 年代末海德堡和法兰克福的求学时代起,阿伦特就开始研究德国浪漫派。她在海德堡旁听 F. 贡多夫②的课,与一些志同道合的同学、朋友、师长组成一个知识分子圈,其中有犹太人也有非犹太人。也就是在这个时候,她对犹太沙龙文化的兴趣日益浓厚,但那还只是一种顺其自然。直到后来,魏玛共和国后期反犹势力膨胀,阿伦特开始深入思考自己、思考犹太女人的处境。这个思考最终指向了犹太人问题,即犹太人的自我确立(Selbstbehauptung)与自我规定(Selbstbestimmung)问题。在老师卡尔·雅斯贝尔斯的支持下,阿伦特向德国研究学会前身德国科学临时学会申请奖学金,当时的论文题目是《以拉结·范哈根的生平为例研究德犹同化问题》。作为 19 世纪初柏林沙龙文化中最有影响力的一位犹太沙龙女主人,拉结·范哈根在很多方面都令年轻的哲学博士汉娜·阿伦特感到强烈共鸣;她对犹太身份的认知,为获得承认所作的不懈努力,成为扣动阿伦特后半生政治哲学思想的扳机。

《拉结·范哈根》共有十三章,其中前十一章写于 1929—1933 年;1933 年,随着阿伦特流亡生活的开始,写作一度中断。1957 年,书稿首先以英文出版,两年后德文版才问世。此间,随着人生阅历的改变、对某些问题认识的转变,加之颠沛流离造成一些资料遗失,作者对全书进行了重新的定位和补充。在后两章③中,阿伦特明确了当年前十一章里没有直白说出的她对犹太身份及其政治含义的理解。所有章节表面上是按照时间顺序来写,因为每个标题后面都括出时间跨度,章节间的年代彼此相接。实际上,每个部分都以标题中出现的问题为主线,排除了拉结一生中的偶然事件和在作者看来并不构成因果关系的经历。

---

① 雅斯贝尔斯对胡塞尔的描述性心理学和狄尔泰的理解心理学等思想方法的引介,也对阿伦特的写作和阐释方式产生了直接影响。
② 阿伦特从贡多夫的课上受益匪浅,她的德国浪漫主义情结和对犹太沙龙兴趣也是从此时开始日渐浓厚。但阿伦特此时尚未潜心学术,而是像当初的拉结·范哈根一样广结非犹太朋友、谈恋爱、扮时髦。参见伊丽莎白·扬-布鲁尔:《爱这个世界:阿伦特传》,第 75 页。
③ 最后两章张的标题分别为"在新贵与贱民之间"(Zwischen Paria und Parvenu)以及"一个人永远逃不出他的犹太身份"(Aus dem Judentum kommt man nicht heraus)。

这样一来,这本传记难免不给人造成主观色彩过强的印象,就算说它是作者以拉结人生为素材进行的思想创作也不为过。

拉结的犹太人身份以及阿伦特对犹太身份问题的理解,是范哈根这部传记的核心主题。① 阿伦特想要借助范哈根的故事揭示出社会与思想层面的反犹主义如何作用于个体命运,同时明确一个问题:无数犹太人一直努力追求融入德国市民社会,这种努力是否最终宣告失败? 作者本想通过范哈根的经历找到问题的答案,而随着时间推移,这种寻找渐渐变成了一种印证——印证自己对犹太人问题由模糊到清晰的判断:同化时期开始于拉结·范哈根的时代,当种族主义开始成为德国政府的政策时,不仅同化结束了,而且所有同化的渠道也随之关闭。② 伴随这种印证的还有阿伦特对于启蒙以来德国思想文化的深刻反思、对思考(哲学)与行动(政治)关系的重新认识。正是在此期间,并不满足于书斋式哲学研究的阿伦特发展出了一种政治觉悟,为她日后成为政治思想家奠定了基础。

二、一个反抗身份的故事

拉结·范哈根,本名拉结·莱文(Rahel Levin),1771 年 5 月 19 日出生于柏林一个普通犹太商人家庭。她在世的 62 年里,欧洲社会可谓处在火山爆发前的酝酿期:表面相对平静,实则暗流涌动。拉结的少年时代,普鲁士还处于弗里德里希二世的开明君主专制之下。她 35 岁那年,拿破仑战争的火焰蔓延到德意志的土地上。拉结的自我认知道路,几乎与当时欧洲的文化走向并行——从启蒙后期到浪漫主义盛行期,再到浪漫主义的由盛转衰,她都是重要的见证人。那个时候,许多有识之士、启蒙学者都曾呼吁为犹太人争取平等权利,犹太人也(似乎)第一次与德国主流社会融合在一起。柏林是 18 世纪唯一一个允许犹太社团

---

① 参见 Seyla Benhabib, "The Pariah and Her Shadow. Hannah Arendt's Biography of Rahel Varnhagen," *Political Theory* 23, no. 1 (February 1995): 11.
② Seyla Benhabib, *The Pariah and Her Shadow. Hannah Arendt's Biography of Rahel Varnhagen*, p. 98.

存在的邦国首府,那里没有其他拥有犹太居民的欧洲城市所常见的隔都,那里的犹太人所受的居住限制也非常少。与此同时,普鲁士国王的开明君主制度推动了启蒙和宗教宽容思想的传播。到1786年弗里德里希二世去世时,柏林犹太人口已经超过四千,许多犹太人在语言、衣着、风俗习惯上已被同化。这些都为后来的沙龙文化提供了丰实的土壤。

犹太人的个人命运与其所处时代的整体思想氛围贯穿《拉结·范哈根》这部传记始终。阿伦特笔下的拉结,既是启蒙和浪漫思想的见证人,同时也是践行者。早在拉结出生前,在浓重的启蒙文化氛围影响之下,大多数犹太家庭就已不再重视犹太传统,转投新的宗教。理性就是那个时代的新宗教。启蒙思想令人们尤其是犹太人相信,任何人都有权通过学习或接受教育来塑造自己,有权通过理性和修养去赢得尊重。相对于男性,犹太教本身就不重视对女性进行传统教育,强劲的新式教育理念又令拉结很早认识到自己的劣势。她没有传统,没有榜样,不受重视——正统犹太家庭的出身,导致她从小就没接受过德国式的教育;她早年的书信都是用意第绪语书写,使用的是希伯来字母。对自身劣势或曰天降不幸的认识,后来锐化为犹太出身乃"天生耻辱"。在拉结身上,阿伦特看到了一个完全赤手空拳要赢得社会承认与安全的女人。① 作为犹太人,她并不富有;作为女人,她不够漂亮;生活在启蒙时代,她文化教养不高。于是在阿伦特笔下,拉结的一生从有自我意识的那天起,就注定是一场旷日持久的斗争——为摆脱耻辱感、为获得话语权、为争取主流承认、为改变命运而进行的斗争。

作者把拉结的情感生活放在十分重要的位置,聚焦其情感与思想纠缠下的大量自我观照与反思;另一方面,作者在人物的自我剖析与个人隐私之间小心取舍,并不追踪一个女人恋爱的细枝末节和偶发因素,而是探究现象背后的社会原因以及促成拉结心灵成长的决定性因素。自从欧洲进入文明社会,同贵族结婚都不啻为犹太人提升社会地位的常见方式。从1790到1804年,拉结经历了数次不顺的恋爱、订婚、取消婚约,对象非官即贵;而失败的原因,多少都与她的犹太身份有理不断的关系。24岁那年,拉结结识卡尔·冯·芬克施坦伯爵,两人

---

① Cutting-Gray: *Hannah Arendt's* Rahel Varnhagen, p. 234.

很快订婚;然而两年后,二人和平解除婚约。据说是因为这个贵族之家容不得一个犹太儿媳。1801年底,她又认识后来成为梅特涅顾问的弗里德里希·根茨,没过多久还是以分手收场。原因之一即是根茨对犹太人的攻击。阿伦特呈现给读者的拉结,是个自我意识很强的女人,抗拒犹太身份只是这种意识的表象之一。作为有抱负的女性,要在男权社会取得承认,自然难上加难。尽管拉结一度对西班牙贵族拉斐尔·德·乌尔基霍爱到不能自拔,却终因后者强烈的男权思想以及沟通不畅而分道扬镳。在经历一系列跨国、跨等级的感情挫败之后,她不得不放弃通过婚姻提升自我价值这条路,并开始对之前的努力进行反思,这些都被阿伦特忠实地呈现出来:与生俱来的双重边缘人身份——犹太、女性(意识)——根本无法通过婚姻化解,反而成为所谓理想婚姻的最大障碍。恰恰是这种强烈的边缘人意识和反思习惯,令阿伦特觉得自己在范哈根身上找到了知音。

拉结的第二种斗争方式是事业。在犹太、女人之外,她唯一一个靠自己努力而赢得的身份标签,就是19世纪初柏林最著名的文化沙龙主人。根据史料,沙龙这一风行于18世纪末巴黎上层社会的社交形式,在柏林扎根后收获了更多文化意味。① 通过对沙龙文化的成功移植,拉结的才能与自我价值得到极大彰显。沙龙文化的繁荣背后,是性别和犹太身份的淡化。在当时的沙龙中,女性客人相对男性客人所占比例较小;而在男性客人当中,非犹太男性占绝大多数。② 由此可见,沙龙应该是一个淡化犹太人与非犹太界限的所在。不过,阿伦特对此并未作出特别的褒扬,而是深入到沙龙场所的内部,以冷静的目光审视拉结作为犹太沙龙主人所经历的内心变化。

犹太女性能够在柏林成功创办沙龙并使之成为一种文化现象,这首先说明,

---

① 据考证,18世纪中叶之前,德国犹太人与非犹太人之间几乎没有非正式的社交。参见宋力宏、王艳:《从"自我教化"到同化:近代柏林的沙龙犹太妇女》,《学海》2012年5月,第209页。有关沙龙的含义及其在法国与德国的差异,参见王艳:《近代德国犹太沙龙女性同化现象研究》,硕士学位论文,南京大学,2012,第一章。

② 据统计,在69位造访沙龙的男性客人中,只有8位是犹太人。从1780年到1806年参与沙龙活动的女性中,有20位是犹太人;其中尽管有15人嫁给了犹太人,但是后来9人离婚,7人再婚;还有3人,初婚便嫁给非犹太人。参见张淑清:《近代柏林犹太妇女沙龙及其困境》,《河南大学学报(社会科学版)》2013年第2期,第94页。

有开明君主制的铺垫,普鲁士社会对犹太人的宽容达到前所未有的程度。所以,拉结自始至终对弗里德里希二世不吝赞美之词,也因此对贵族好感倍增。1790年,拉结的第一个沙龙在她柏林耶格大街的家里开张。这是一个真正汇聚知识分子的社交圈,许多后世广为流传的思想和作品,都在这里首先发声。在拉结的沙龙里,甚至形成了最早的歌德崇拜圈。拉结本人就是《威廉·迈斯特》的忠实读者,这部成长发展小说引发了她强烈的共鸣。在塔社贵族身上,她再次呼吸到弗里德里希二世开明君主时代的气息。歌德在小说中通过贵族与市民女子的婚姻,标志性地实现了贵族与市民的平等与融合。① 阿伦特抓住这一点,认为它对一度冀望通过与贵族成婚融入德国主流社会的拉结来说不啻为一个鼓舞,尽管后者要跨越的界限不是从市民到贵族那么简单。②

沙龙表面制造了一个身份等级无差别的社交空间,实际却供养着一批精神贵族。在沙龙里,固定的社会等级、职业、身份地位、性别、家庭出身都不再成为人与人交往的通行证;取而代之的是匹配的学识、相近的志趣、共同的品味和出色的表达能力。当时经常造访拉结沙龙的客人中,不乏诗人、作家或文化名人,比如歌德、弗·施莱格尔、洪堡兄弟、让·保尔以及后来浪漫派的著名代表蒂克、布伦塔诺。与此同时,一些演员、艺术家也是沙龙的常客。此外当然还有像路易·费迪南德亲王这样的王室贵族。只是在沙龙里,一个人的贵族身份并不会为他带来任何优越感,真正起决定作用的是口才和表现力。这也正是拉结的过人之处。沙龙不仅令上进的犹太女性凭借自己的见识、口才、沟通能力去创办社交圈子,而且悄悄改变着男女之间的交往模式。以自身生活钱行浪漫主义纲领的施来格尔夫妇,初次相识就是在文化沙龙上;与拉结曾经交往过的根茨,也时常出入于沙龙。可以说,这里既是浪漫思想的实践场所,又是拉结犹太身份的暂时遁形之地。

到1806年关张之前,拉结的文化沙龙在整个柏林堪称最有影响力也最为成

---

① 谷裕:《从市民家庭到公共生活——解读歌德的〈威廉·迈斯特的学习时代〉》,《同济大学学报(社会科学版)》2012年第4期,第15页。
② 阿伦特在《拉结·范哈根》中这样描写犹太人的处境:市民阶层不予接受,贵族则只有拒绝。Hannah Arendt, *Rahel Varnhagen. Lebensgeschichte einer deutschen Jüdin aus der Romantik*, Piper Verlag: München, 15. Aufl., 2008, S.191.

功的一个。在阿伦特看来,这个沙龙之所以关闭,有外部时局的原因,也有自身家庭的原因。一方面,随着拿破仑战争的蔓延,德意志民族情绪日益浓重,连拉结本人也一度被爱国热情所感染。① 可是,随之而来的还有反犹主义的泛滥。1803年《反犹太人》一书的出版和持续再版就是一例明证。② 18世纪才过去不到几年,开明君主时代打下的和局一触即破,德犹同化的和谐薄如蝉翼,不堪一击。1810年普鲁士改革之后,有关平等的要求以及国家主义的启蒙思想,再次点燃潜藏的反犹主义之火。另一方面,拉结在母亲去世后彻底失去了依托,过着非常不稳定的生活。由于母亲临终前没有立遗嘱,拉结家的生意完全由长兄掌管。虽然哥哥每月会从收入中拿出一部分给妹妹作家用,但是金额的多少取决于当月生意的好坏。③ 所以,假如没有哥哥不定量的施舍,她便完全断了经济来源。1806年10月,随着拿破仑进驻柏林,拉结的沙龙正式关闭,此后很多年里都没有动静。

拉结第二次办沙龙是在1821—1832年之间。阿伦特再次把感情受挫视作改变这个女人生活与思想方式的重要契机:与贵族马尔维茨暧昧许久却无法达到她想要的"结盟"状态,拉结毅然决定做个了断。与一个普通人结婚,抛却柏拉图式的情感,过上市民生活——这就是阿伦特为范哈根总结的第三种身份抗争形式。④ 1814年9月27日,拉结改宗并嫁给当时还名不见经传的卡尔·奥古斯特·范哈根。她此后的婚姻生活可谓风平浪静,而年轻的传记作者阿伦特对此颇不以为然,这从她对卡尔的描述可见一斑。她认为拉结嫁给了一个把自己当作女神、航标、一生挚爱的男人,内心却并不爱这个不够聪明、不够高贵、不够浪漫的男人。尽管丈夫后来从故纸堆里翻出家谱,证明自己是冯·恩泽(von Ense)的后代,但这个贵族头衔在作者看来不过是一个无能的丈夫给他仰慕贵族头衔的妻子找来的一丝安慰。此外,阿伦特几乎从不用冯·恩泽称呼范哈根。

---

① Hannah Arendt, *Rahel Varnhagen. Lebensgeschichte einer deutschen Jüdin aus der Romantik*, S.201.
② 卡尔·威廉·弗里德里希·格拉特瑙于1803年出版《反犹太人》,主张驱逐犹太人或把他们的生活空间限制在隔都。该书当时一版再版,一共印了六版。
③ Hannah Arendt, *Rahel Varnhagen. Lebensgeschichte einer deutschen Jüdin aus der Romantik*, S.188.
④ Ebd., S.185. 原文为: "Besser ist es noch, eine Anekdote zu werden, einsam mit einem zweiten zusammenzuleben, der einen liebt, als an solch platonischer Bewunderung zugrundezugehen."

然而作者并不否认,这段婚姻帮助拉结创造了后半生的安稳以及自我实现的基础。在1819年跟随丈夫从特普利茨回到柏林之后,拉结渐渐恢复了创办沙龙的信念和条件。她依然是独当一面的沙龙女主人,凭借机智和口才赢得他人的尊重,甚至被尊称为"智慧女神"。沙龙不仅赋予拉结成就感,更重要的是帮她收获真正的尊重。这一时期的沙龙客人中,诗人海涅是与拉结交流最频繁也最深入的人之一。他对拉结膜拜有加,甚至将《还乡集》献给她。犹太身份带来的困惑和为争取承认而斗争的坎坷令二人惺惺相惜,不过他们对自己的犹太身份却采取截然相反的态度:一个积极改宗,另一个虽然也改宗,却从未放弃怀疑。从书中可以读出,接受而非抗拒自己的另类存在,不再努力根除自身历史身份,令拉结真正获得了自由。① 承认自己是局外人、有特殊性,赋予她一种独立,使她不再做附属品或牺牲品。②

在传记的最后两章,作者指出拉结对犹太身份的纠结远未结束,并断言无论她如何努力都无法摆脱犹太身份带来的差异性;在这种差异中,蕴含着根深蒂固的不平等与不被承认。拉结对身份问题的纠结并非空穴来风,阿伦特的判断也可谓有理有据。在传记第十二章"新贵与贱民之间"中,作者引用威廉·冯·洪堡③的话,佐证自己在写作中断多年之后更加坚定的认识——在听说拉结成婚后,洪堡不无嘲讽意味地说:"有人告诉我……范哈根娶了小莱文儿。这样一来,她也当上一回大使夫人,成了精英了。真是没有犹太人办不到的事。"④

于是也就不难理解,为什么说拉结·范哈根直到临终前都在强调自己是犹太人。阿伦特塑造的拉结,是一个纠缠在各种关系当中的人,尽管这个人想就自

---

① Cutting-Gray, *Hannah Arendt's* Rahel Varnhagen, p.240.
② Antonia Grunenberg, "Die Figur des Parias zwischen Bohéme und Politik. Überlegungen zu einer unterschätzten Denkfigur im Arendtschen Denken," *Polis* 47:44.
③ 曾频繁出入犹太沙龙的威廉·冯·洪堡,在其著作《论人类精神》中提倡每个人充分展露自己的个性,克服偏颇,实现完善,然而这一倡议的对象似乎并不包含犹太人。洪堡一方面公开支持和捍卫犹太人的政治解放,另一方面称其为"犹太群氓"(Judenpack)。参见谷裕:《德语修养小说研究》,第8页;以及宋力宏、王艳:《从"自我教化"到同化:近代柏林的沙龙犹太妇女》,第213页。
④ Hannah Arendt, *Rahel Varnhagen. Lebensgeschichte einer deutschen Jüdin aus der Romantik*, S.211. 洪堡的原话为:"Man sagt mir, ... dass Varnhagen die kleine Levy nunmehr geheiratet hat. So kann sie noch einmal Gesandtenfrau und Exzellenz werden. Es ist nichts, was die Juden nicht erreichen."

己的犹太身份与外界进行和解,但却始终没有获得成功。① 通过从最初因为难以理解自己的犹太人身份意义而进行的孤独探索,到最后对自我意识的了解以及对自己的犹太人身份爱恨交加的接受,作者追踪到这种转变的形成过程,②并结合其他犹太"贱民"(Pariah)③的人生历程进行解读。她一面不无敬意地向人展示拉结为摆脱犹太身份标签所做的斗争,另一面又不得不以"永远走不出犹太身份"④这一饱含悲剧意味的章节标题为这个身份抗争故事做最后的注脚。

三、对犹太人身份的重新认识

在阿伦特的个人词典中,真正的人是贱民。把这个源于印度种姓制度的词⑤运用到犹太民族身上,始于法国犹太人本纳特·拉扎尔(1865—1903)。19世纪80年代,法国相继发生布朗热事件、德雷福斯事件,民族沙文主义运动和反犹主义思想一度掀起高潮。拉扎尔将反犹主义抬头归咎于非宗教国家对基督教国家的胜利,明确拒绝被同化,并且与赫茨尔的官方犹太复国主义划清界限。⑥阿伦特支持拉扎尔的贱民说,把涉及同化问题的犹太人分为贱民与新贵/暴发户(Parvenu)两种,贱民之中又分为革命者与游手好闲者两类。阿伦特的朋友们——无论是跨时空的精神伙伴,还是现实中的至交——都不是无意识的贱民,而是有革命精神与自我意识的"贱民"。她对有意识的贱民所作的定义是,由于

---

① Grunenberg, *Die Figur des Parias zwischen Bohéme und Politik. Überlegungen zu einer unterschätzten Denkfigur im Arendtschen Denken*, S. 50.
② 参见扬-布鲁尔:《爱这个世界:阿伦特传》,第98页。
③ 除了拉结之外,被阿伦特称作"贱民"的人还有海涅、普鲁斯特、卡夫卡、卓别林、本雅明等。
④ 这是全书最后一章的标题。在犹太身份问题上,阿伦特早在30年代就已形成的认识,经过二十几年的流亡生活之后,只是得到了加深,而不是改变。标题原文为:"Aus dem Judentum kommt man nicht heraus."
⑤ Paria 为泰米尔语,原文为"下等人,被压迫等级的人",后来被全印度使用,也用来形容没有等级的人、从事脏activities、与血打交道的职业,这个词至今仍带有歧视色彩。马克斯·韦伯用"贱民民族"(Pariavolk)形容犹太人,本纳特·拉扎尔则借助德雷福斯事件将犹太贱民引向一场对抗社会和犹太新贵或曰暴发户的斗争。参见朱莉娅·克里斯特瓦:《汉娜·阿伦特》,刘成富译,江苏教育出版社,2006,第64—65页。
⑥ 参见克里斯特瓦:《汉娜·阿伦特》,第50—51页。

与众不同而成为边缘人并且为社会所歧视的人。① 在更广泛的意义上,"贱民"就是未被社会同化的人。② 有意识的贱民隐秘承载着被迫害者的骄傲与传统的滋养③,他们要通过社会"目光"的注视,在现实生活中建立自己的差异性。要进入社会又要保持差异,19 世纪初柏林的沙龙文化就是这样一种矛盾诉求的缩影。

沙龙是一个社交空间,为怀有不同兴趣禀赋的人提供了沟通之所;而那些不同凡响的个体,尤其是天赋很高的犹太女性,作为沙龙的主人可以创造一个可见的自我表达空间。柏林的文化沙龙基本以家庭为活动场所,尽管运作方式效仿巴黎的沙龙,但它们在当时的名称却并不叫"沙龙",而是以"开放之家""茶社""茶桌会"等模糊概念回避具体定义。各位沙龙女主人不会不知道,这个词本指贵族宴会。名称上的差异反映出她们"一种自觉的等级意识",表明她们"想要塑造的是一种有别于贵族又不同于市民的认同"④,也以半遮半掩的方式透露出她们在贵族情结与均等思想之间的纠结。沙龙令她们从传统贱民家庭中自我解放出来,协助她们在一个启蒙的时代缔造高水平的文化,在不同阶层、宗教团体、两性之间建立起纽带。沙龙就如同一个小社会,用四面墙为成员彼此间营造出新型的社交与私密关系。⑤

对犹太沙龙文化的思考延伸了阿伦特的政治思考。在探索古希腊城邦制度的时候,阿伦特发现了城邦空间思想的两个特性,即可见性与透明性。沙龙颇有城邦制的影子,尤其是二者都建立在平等思想基础之上。然而,18 世纪的沙龙虽有可见性,却并不是透明的自我揭示,甚至不乏护短与矫饰。这与文化沙龙的自我定位不可分割。在沙龙里,私人间的交往多于完全公开的交流,前来聚会的宾客被叫做"家庭之友"。阿伦特认为,对家庭与社交领域的融合,进一步模糊了感性与理性的界限。古希腊城邦制非常重视城邦公民之间的友谊,沙龙当然

---

① 阿伦特的原话为:"Ein Mensch, der wegen seines Andersseins zum Außenseiter wird und von der Gesellschaft verachtet wird." 克里斯特瓦:《汉娜·阿伦特》,第 65 页。
② 扬-布鲁尔:《爱这个世界:阿伦特传》,"序",第 37 页。
③ 参见克里斯特瓦:《汉娜·阿伦特》,第 51 页。
④ 参见宋力宏、王艳:《从"自我教化"到同化:近代柏林的沙龙犹太妇女》,第 209 页。
⑤ Benhabib, *The Pariah and Her Shadow. Hannah Arendt's Biography of Rahel Varnhagen*, S. 16—17.

也是一个塑造友谊的空间;然而,这里的友谊不同于古典时期的友谊,它"与其说是政治性的倒不如说是纯私人性质的,尽管二者之间的界限往往很模糊"①。

对于阿伦特而言,讲述拉结·范哈根的故事意味着进入一个集体性的自我理解过程,意味着重新定义德国犹太人。② 她并不否认犹太女性沙龙对于改善德犹关系所做的贡献,但却对所谓的德犹同化始终抱持怀疑的态度。阿伦特在《原始同化——拉结·范哈根去世百年祭后记》(1933)一文中指出,同化首先是一个事实,后来在自卫斗争的语境下,才变成一种思想体系。也就是说,同化更多地停留在思想层面,甚至堪称犹太人的一厢情愿。她在具有启蒙思想的犹太思想家门德尔松身上看到,尽管个别犹太知识分子得到德国主流文化的认可,但此类案例并没有普及开来。阿伦特认为,门德尔松幻想去启蒙犹太整体,但涉及同化问题,却只能因人而异;要把犹太人作为整体同化,仅仅是个空中楼阁。③ 退一步,即便是个人层面的同化,也只能说是愿望美过现实。门德尔松在世时尚且被叫做"受保护的犹太人",更何况是想要摆脱身份标签的普通犹太女子! 而拉结身上的两种同化倾向——天主教教义与启蒙思想宣扬的普遍主义——往往将她置于比犹太男性知识分子更深的矛盾与困惑之中:作为国家公民,怎样才能不背叛犹太教义? 作为犹太女性,怎样在不丧失自我的同时又不丧失亲友?④ 她当然不会像门德尔松那样用犹太教即"永恒真理"来解决自己的历史、宗教背景同启蒙思想的冲突。事实上,她始终都没有找到解决方案,最后不得不接受天生局外人——犹太"贱民"的身份。

无论是拉结生活的启蒙时代晚期还是 30 年代的魏玛共和国都令阿伦特更加相信,所谓德犹同化只是一个虚假繁荣,启蒙以降的德国社会从未准备好接受犹太人。犹太人阿伦特在纳粹上台前的德国学到了范哈根在 19 世纪德犹同化期所学的东西——一个人走不出他的犹太身份。⑤ 她自幼生活在德国文化之

---

① Benhabib, *The Pariah and Her Shadow. Hannah Arendt's Biography of Rahel Varnhagen*, S. 19.
② Ebd., S. 9.
③ Hannah Arendt, *Orignial Assimilation. An Epilogue to the One Hundredth Anniversary of Rahel Varnhagen's Death*.
④ 参见克里斯特瓦:《汉娜·阿伦特》,第 52 页。
⑤ 参见 Cutting-Gray, *Hannah Arendt's* Rahel Varnhagen, p. 230.

中,受过很好的德式教育;无论家人还是朋友,大都来自在当时看来同化了的犹太世家,并且都已习惯犹太人这个特殊的身份标签。[①] 但是在激荡的社会现实中,阿伦特看到了一种不同于传统基督教反犹的新型仇犹形态[②],她怀疑犹太人是否真正实现过同德国社会的融合,进而思考犹太身份对一个人究竟意味着什么。在给老师雅思贝尔斯的一封信中,她写道:"我身上德国性的东西究竟是什么,很难用一句话来说清楚。因为任何形式的过度简化——无论它是犹太复国主义者的还是同化主义者和反犹主义者的——都只能进一步模糊真正的处境问题。"尽管曾短暂地为犹太复国主义振臂高呼,但阿伦特并没有加入任何团体,而是如拉结一样,成了一个"有意识的贱民"、一个社会边缘人。[③] 她选择不被德国文化所同化,也不做激进的复国主义者,同时对融合与复国两种思想倾向都保持高度关注;德国与犹太,于她从来就不是一个非此即彼的问题。

四、对启蒙与浪漫主义的反思

20世纪30年代,伴随着对犹太身份以及德犹关系认识的深化,阿伦特开始重新思考启蒙与浪漫对犹太同化的影响。她不再沉迷康德、歌德的启蒙思想,而是越发肯定一个事实:犹太人在德国文化中格格不入。在一篇完成于1933年的文章(《启蒙与犹太人问题》)中,阿伦特开门见山地指出,现代犹太人问题肇始于启蒙运动,正是启蒙运动的纲领及其提出的解决办法,为犹太人的行为以及同化作出了定义。

阿伦特认为,莱辛对理性与宽容的提倡为后来德犹关系短暂的融合期拉开

---

① 在阿伦特的童年时代,被同化了的犹太人并没有感觉到明显存在反犹主义者。参见扬-布鲁尔:《爱这个世界:阿伦特传》,第11页。
② Grunenberg, *Die Figur des Parias zwischen Bohéme und Politik. Überlegungen zu einer unterschätzten Denkfigur im Arendtschen Denken*, S. 47.
③ 参见帕·奥·约翰逊:《阿伦特》,王永生译,中华书局,2006,第8页。

序幕。她十分看重莱辛在理性事实与历史事实之间所做的区分①,但同时也看到,莱辛对理性的崇尚以贬低历史价值为代价。她在同一篇文章中指出,在莱辛的历史观中,历史要依附于理性而获得价值;因为历史无权向理性证明任何事,历史事实是偶然的,而理性事实是必然的;历史实践只能通过事后的理性阐释而正名,理性决定此前的历史实践是否符合理性;被理性启示过的历史,其作用如同人文教育者。阿伦特发现,历史作为教育者,与理性是互相抵牾的;理性只能确认历史中那个"所是",而不表明"怎样是";即是说,理性只说结果,而无视变化的过程。另外,她认为莱辛的理论中还有一点对犹太人不利:将宗教与经典分离。这样一来也就破坏了圣经的权威性以及上帝作为尘世权威本来具有的可见性与可知性。犹太启蒙思想家门德尔松同样认为理性高于历史,甚至独立于历史之外,而不是根植于其中;通晓历史与否并不重要,一个人的修养②就是自由思考。阿伦特指出,门德尔松只是部分接受了莱辛的历史观,而且他的一切思想都以忠于犹太教为前提③;在当时主流知识的氛围下,门德尔松自然无须去揭示那个所有犹太人都无法面临的窘况——脚下无根。然而,正是缺乏传统教育、缺乏对犹太民族的认识,使得像拉结这样追求自我实现的犹太人在后启蒙时代根本无立足之地。

在以门德尔松的学生大卫·弗里德兰德(David Friedländer,1750—1834)为代表的第二代同化者身上,阿伦特看到了一条激进道路,批评其为达到同化而不

---

① 阿伦特还指出,莱辛的宽容概念离不开他对事实的定义、对事实的追寻,比事实本身更为重要;人的价值在于不断追寻的那份真诚努力,而人的这份价值就包藏在宽容之中。以莱辛为代表的德国启蒙运动,不仅仅丢掉了作为宗教启示的事实,更把这种丢弃视为积极之举,以为就此发现了纯粹的人性。通过寻找事实,人们与自己的历史获得了意义;人不再只是占有者,不再依赖于其占有物,而是通过追寻来确认这份占有的合法性。阿伦特得出一个结论,如果寻找事实被视作唯一的实在行为,那么对于宽容的人而言,所有宗教信仰最终只能是同一个人的不同称呼而已。

② 修养(Bildung)是启蒙思想家和后来的浪漫派先驱共同关注的话题。在门德尔松看来,一个民族的修养程度取绝于人的规定性与社会关系、社会交往状态和谐的程度。人的修养不是孤立的个体行为,而是始终与社会生活处于联动。对于身为犹太人的他而言,社会交往状态若能与人的个体塑造和谐一致,就意味着一个民族已经有了很高的修养程度。参见谷裕:《德语修养小说研究》,北京大学出版社,2013,第10页。

③ 阿伦特还发现,门德尔松乐观地相信,只要创造一个完全不同的社交局面,犹太人一定可以在市民社会中成为颇有成就的文化人;可是,犹太人的一切生存现实都缺乏对理性的合法化,新式的理性自由、修养观、独立思考说,并不能够改变他们的世界。"有教养的"犹太人继续怀着跟隔都中受压迫的犹太人同样的冷漠去看待历史的世界。见 Hanah Arendt, *The Enlightenment and the Jewish Question*.

惜亵渎自己的宗教——在门德尔松那里,自由意味着教养自由以及反思自身宗教的自由,一切依然紧扣住祖辈的宗教;尽管他不遗余力地向犹太人推广德国文化,用德语写作,但是整个家族始终都是正统犹太教徒,本人及子女无一人改宗;而弗里德兰德只把反思当做改变犹太人"政治条件"的一种手段,并且公开倡导接受天主教洗礼。淡化历史、改宗、提高修养、建立新的身份标签,这正是拉结走的线路。阿伦特在《拉结·范哈根》的前言中写道:拉结本人曾明确讲到过浪漫元素,曾自比那些"伟大的艺术家",并且认为"我命中注定(是个艺术家)";把生活过得像艺术品一样,以为可以通过"教育(Bildung)"把自己原本的生活变成一件艺术品,是拉结与同代人皆犯的大错,抑或是对自我的误解。①

这个错误或者误解的产生,既非个案,亦非偶然。拉结的大半生还与另一个体现时代精神的关键词紧密相关,那就是浪漫。对浪漫思维以及生活方式的观察与反思,令阿伦特这部传记具有了更深一层的时代批判意义。《拉结·范哈根》的副标题即为"浪漫主义时期一个德国犹太女人的生涯"。作者开篇即提出,正是出于对浪漫思维乃至生活方式的追逐,拉结长期纠缠在无望的身份抗争之中;尽管从20岁起便困扰于自己的犹太出身,但她长期陶醉于冥想与沉思,乃至她同贵族之间屡次失败的恋爱,也与浪漫思维有着不可分割的关系。在第一章里,阿伦特对浪漫派推崇的冥想与反思进行了激烈的批判。她认为,不断反思使人释放情绪来逃避现实;在沉思中,隐私的和公开的边界变得模糊起来,这是非常危险的。② 真正令拉结觉醒的,是婚前最后一次跨等级的"友谊"。叛逆的贵族子弟马尔维茨教会了她目空一切,这令她激动不已,但是他对世界的蔑视根本不同于她充满绝望的局外人视角。③ 小她15岁的马尔维茨尽管也感到自己是这个社会的局外人,但这位容克贵族自始至终都在俯视这个社会,而拉结这个犹太女子则一直在仰视。一个是主动选择做局外人,另一个根本无从选择。身

---

① Hannah Arendt, *Rahel Varnhagen. Lebensgeschichte einer deutschen Jüdin aus der Romantik*, S. 13. 原文为: Das romantische Element... hat Rahel selbst sehr klar bezeichnet, als sie einmal sich den "größten Künstlern" verglich und meinte: "Mir aber was das Leben angewiesen." Das Leben so zu leben, als sei es ein Kunstwerk, zu glauben, dass man aus seinem Leben durch "Bildung" eine Art Kunstwerk machen könne, ist der große Irrtum, den Rahel mit ihren Zeitgenossen teilte, oder vielleicht auch nur das Selbstmissverständnis...
② Arendt, *Rahel Varnhagen. Lebensgeschichte einer deutschen Jüdin aus der Romantik*, S. 21—24.
③ Ebd., S. 173—174, 183.

份等级的不同,注定他们在对自我与对世界的理解上有本质的不同;他们相会在沙龙这个文化圈子里,避开公众目光去建立私密的、不平等的、含糊的"友情"。拉结写给马尔维茨的信,字里行间一如既往充满了内省与对回应的期待。当她终于想要为这段模糊关系寻找明确定义的时候,却发现自己依然活在孤立状态里。阿伦特用"一段友谊的破产"作为这一章的标题,也是在宣告拉结最后一段浪漫幻想的破灭。

阿伦特观察与反思的结果是,沙龙里的友谊不会带来任何积极的政治行动,也不会为犹太人的生存现状带来任何切实改变。纵观19世纪初期柏林沙龙文化中的犹太女性,无论在犹太社会还是德国社会,无论是改宗还是与非犹太人通婚,都没有给她们带来理想中的认可与接纳,反而更加凸显出她们的犹太身份。她们对家庭与公共领域界线的重塑,还引发了其他方面的问题。① 在19世纪上半叶动荡的政治局势下,沙龙渐渐不再是"友情与隐私的保护地",从前的优雅、亲密、其乐融融,完全被另一番气氛所取代。沙龙客人间的交谈,慢慢带有火药味,妒忌、争斗、诡计纷纷登场,甚至还有情色纠纷、不忠、出卖等行为。② 表面上,阿伦特批评浪漫思维打破一切边界的主张;实际上,她认为沙龙破坏敌友亲疏、公私领域之界限的观点,恰好触及20世纪早期政治哲学家对浪漫派的政治批判。

阿伦特通过拉结的故事对浪漫主义思想的实践进行了彻底否定,与此同时,她还对浪漫主义理论与犹太人问题做了根源性反思。她在浪漫主义思想先驱那里发现,恰恰是浪漫主义思想家令德国主流社会在作为边缘人的犹太人眼里更加遥不可及——施莱尔马赫赞成德犹融合,但不提完全同化;赫尔德尽管承认犹太人是上帝选民,尊重犹太人独特的生命感知,可是却强调犹太人是外来种族。阿伦特一开始惊喜于赫尔德调转了历史与理性的地位,把历史放在高于理性的位置上。她耐心梳理赫尔德对犹太问题的贡献,认为是发现历史的不可复归③

---

① 张淑清:《近代柏林犹太妇女沙龙及其困境》,第95页。
② Benhabib, *The Pariah and Her Shadow. Hannah Arendt's Biography of Rahel Varnhagen*, p. 18.
③ 赫尔德承认历史可以捕捉更深层的生活,而人类活动的不可逆性或曰不可复归性,决定了历史的差异性。

令赫尔德成了最伟大的历史阐释者;因为通过他,犹太人第一次作为《旧约》的占有者出现在德国文化之中。在莱辛等启蒙思想家那里,犹太问题主要源于宗教;而在赫尔德这里,同化是一个政治问题。令她喜忧参半的是,赫尔德以一种奇特而迂回的方式把历史还给犹太人,孰料这种间接的归还完全破坏了犹太人所理解的过去——赫尔德认为历史不可复归,时间不能倒流;而犹太人则认为,历史就要反复从转瞬即逝中被拯救出来。在非犹太人主宰的世界,犹太人只有通过塑造自己、获得教养而幸存;假如教育或塑造①意味着理解过去,那么"被塑造的(有教养的)"犹太人就只能依托于一个格格不入的过去。② 赫尔德在"点燃德意志民族自豪感"的同时,未必预见到"一种民族自大情绪以及种族优越论"③的伴生,但却在理论层面把犹太民族推向一个更加边缘而绝望的位置。

作者简介:安尼,博士,首都师范大学外国语学院德语系讲师,研究重点:二战后德语文学中的罪责问题。代表作:《聆听沉默之音》,华东师范大学出版社,2014年。

---

① 赫尔德笔下的"Bildung"不是在讲人类的"教育",而是使用其"按某种形象塑造"的原义,讲各民族如何塑造成型。参见谷裕:《德语修养小说研究》,第8页。
② Arendt, *The Enlightenment and the Jewish Question*.
③ 王雪:《19世纪德国犹太知识分子身份认同问题研究》,《北方论丛》2013年第2期,第109—110页。

施泰因(1891—1942)自传及早期书信评述

晏文玲

内容提要：哲学家施泰因拥有众多身份标签,她既是哲学大师胡塞尔门下的优秀学生,也是改宗天主教的德国犹太人,后来她加入高墙深院里的加尔默罗修道院,并最终不幸成为奥斯维辛集中营的受害者。施泰因在两战之间选择改宗天主教,这无疑是其人生的重大事件,也为她身后被罗马天主教会封福封圣在犹太世界引起争议埋下了伏笔。笔者认为,她的生平可按改宗前后分为早期与中晚期,其自传叙述到改宗前夕便戛然而止,书信中也找不到对改宗原因的直接告白,亦给该事件增添了些许神秘色彩。虽然她一生著作主要创作于改宗之后,但在笔者看来,理解其早期生平乃是理解其全部思想与作品的一把不可或缺的钥匙。本文的目的在于,从施泰因成长的时代及家庭背景出发,聚焦一战大历史与其生平小历史的交会点,紧扣自传、书信等有关其早期生平的史料,结合学界的新近认识进行评述,试图厘清她在青年时期面临的主要人生课题,揭示她在两战之间改宗的可能线索,并通过对其生平的语境化理解透视她所处的历史时代。

关键词：施泰因　生平研究　一战　现象学运动　天主教之春

哲学大师胡塞尔的优秀学生、改宗天主教的德国犹太人、高墙后的加尔默罗修女、奥斯维辛集中营的受害者——这都是长期以来贴在哲学家施泰因(Edith Stein)身上的标签。她加入加尔默罗会科隆修道院时的初学导师、二战后该院院长珀赛特修女(Teresia Renata Posselt, 1891—1961)所著传记《哲学家、加尔默罗修女艾迪特·施泰因生平——取材于回忆与书信》①在这些身份标签的产生与传播中起到了举足轻重的作用。1948年,珀赛特在初版导言中述及该传记乃为施泰因曾生活过的科隆与埃赫特两所修院的修女对其纪念而作,初衷主要是为同会修女树立修道生活榜样。此传记1957年又出增订版,至1962年短短五年间共再版八次,一时成为流传甚广的畅销传记。作为施泰因的首位传记作者,珀赛特让其主人公免于为历史尘埃所掩埋的命运,并且这部权威传记至今仍是公众对施泰因生平认识和接受的重要依据。然而囿于时代和所获材料的局限,珀赛特的传记在成功刻画这位20世纪伟大女性的同时也传播了不少错误信息,宣扬宗教美德的同时也简化了这位两战之间改宗者的复杂思想历程。传记作者的意图与趣味直接影响了对素材的取舍和解读,间接影响了历史人物留给后世的形象,让其或多或少笼罩在古来圣徒传记虔诚的光晕之中。

严肃的生平研究有赖于历史批判地考察施泰因本人留下的文字、其交往圈子及身处的历史语境。首先,她生前得以出版的作品十分有限。一方面因为她屡次争取大学教职未果,后离开大学去当中学教师,发表物多是受邀演讲的主题报告,再后来加入隐修院,治学研究时断时续。另一方面则因为1933年纳粹上台后,犹太裔的她无法再在德国出版著作。其次,她的遗稿②直到二战结束后才被抢救出来,并和胡塞尔手稿一道保存在比利时,首次编辑从1950年持续到1998年,集成18卷本的《施泰因作品集》出版。受修编条件所限,该版本难以满足学术研究的需要,尤其是其中收录的施泰因自传与书信,因历史距离较近,其中涉及的人物大部分尚健在,故均为删减版,未能展现原貌。2000年以来,随着

---

① Teresia Renata Posselt, *Edith Stein. Schwester Teresia Benedicta a cruce. Philosophin und Karmelitin. Ein Lebensbild gewonnen aus Erinnerungen und Briefen*, Nürnberg, 1948.
② 施泰因遗稿在1947年获救之初寄存在比利时布鲁塞尔的胡塞尔档案馆,1955年转移到荷兰,加尔默罗会荷兰分会省建成施泰因档案馆(Archivum Carmelitanum Edith Stein)负责主持《作品集》(Edith Stein Werke/缩写ESW)的编辑工作。1998年,《作品集》的出版全部完成后,遗稿归还其法定继承人加尔默罗会科隆修道院,至今存放在该修院因1962年开始的封福封圣程序所建的施泰因档案馆(Edith Stein Archiv Köln)中。Vgl. Maria Amata Neyer, "Geschichte des Edith-Stein-Archivs. Wie es dem Nachlaß Edith Steins erging," *Edith Stein Jahrbuch* 4 (1998): S. 549—575.

新编批判版《施泰因全集》①的问世，包括藏于梵蒂冈档案馆内 1933 年施泰因致教宗庇护十一世（Pius XI，1922—1939 在位）请愿信②在内的两战之间相关历史档案的公布，以及她的一些未知手稿（绝大部分是书信）的陆续发现，施泰因在德国学界长期以来的不完整形象才得到了必要的更正与补充。珀赛特院长的继任者、长期负责科隆施泰因档案馆的耐耶修女（Maria Amata Neyer，1922—　）从 80 年代末起出版了不少有关施泰因生平的文献汇编，并主持了《全集》第一部分，即自传（卷一）与书信（卷二、三、四）的修编工作。1998 年，耐耶与《全集》另一位编者合著了新版施泰因传记③，该传记后成为可供研究者使用的翔实可靠的指南。

　　笔者认为，在学界再度将目光投向距今百年前的一战及其前因后果之际，极有必要将这位两战之间德国哲学界与天主教知识界的重要历史人物介绍给中文学界。不仅因为施泰因是普鲁士最早一批受过大学教育的女性，德国第一批获得博士学位后争取大学哲学任教资格的女性。她在海德格尔之前便担任过胡塞尔助手，终生与哥廷根哲学协会的成员保持交往。而且她在改宗后迅速成为天主教教育界一颗闪亮的明星，以业余时间投身于阿奎那、纽曼、托名狄俄尼索斯等人作品的翻译，并致力于经院哲学与现代哲学之间的对话，无怪乎若望保禄二世在 1998 年颁布的宗座通谕《信仰与理性》中将其视作基督宗教两千多年历史上沟通信仰与理性的主要代表人物之一④。但她在中文学界尚少有人问津，唯一一部汉译作品是新近出版的《论移情问题》⑤。这一认识与接受上的巨大落差虽与德文原著的编辑进展有关，却也是德国研究界亟待弥补的一个缺憾。尤其

---

　　① 新编《施泰因全集》（Edith Stein Gesamtausgabe/缩写 ESGA）于 2014 年底完成，共计 27 卷，分五部分：一、自传与书信；二、哲学作品；三、人类学与教育学作品；四、密契神学与灵修作品；五、翻译作品。
　　② 梵蒂冈档案馆的保密期较一般历史档案馆长，通常一任教宗去世七十年后，其任期内的内政与外交档案才能解密。2003 年，时任教宗若望保禄二世特别批准提前对学界解密 1922 至 1939 年庇护十一世在任期间有关德国的历史档案，施泰因这封请愿信的内容因而得以完整披露。Vgl. Maria Amata Neyer, "Der Brief Edith Steins an Papst Pius XI. Versuch einer Dokumentation," *Edith Stein Jahrbuch* 10 (2004): 11—29.
　　③ Maria Amata Neyer/Andreas Uwe Müller, *Edith Stein. Das Leben einer ungewöhnlichen Frau. Biografie*, Zürich/Düsseldorf: 21998. 耐耶修女对珀赛特旧版传记做了大量亲笔批注，对全书上下进行了细致的勘误与考证，她使用过的这部"研习本"仍存于科隆施泰因档案馆（ESAK）。在此，笔者也向该档案馆致谢。
　　④ Vgl. Johannes Paul II, *Enzyklika "Fides et ratio"*, Nr. 74.
　　⑤ 施泰因：《论移情问题》，张浩军译，华东师范大学出版社，2014。

以施泰因作为现象学者冷静细致的观察,配以优美练达的文笔,其自传与留存于世的近千封书信不仅是一笔文学遗产,对考察她所处的时代也具有珍贵的史料价值。

犹太裔的施泰因在30岁那年(1922年)选择改宗天主教无疑是其人生的重大事件,也为她身后被罗马天主教会封福封圣在犹太世界引起争议埋下了伏笔。笔者认为,她的生平可按改宗前后分为早期与中晚期,其自传叙述到改宗前夕便戛然而止,书信中也找不到对改宗原因的直接告白,都给该事件增添了些许神秘色彩。考虑到胡塞尔学生圈子里从一战前起就存在的改宗现象,以及两战之间德国知识界的改宗热,可以认为施泰因的个案具有一定的代表性。篇幅所限,本文将不会对这一群体现象进行深入系统的探讨。虽然她一生著作主要创作于改宗之后,但在笔者看来,理解其早期生平乃是理解其全部思想与作品的一把不可或缺的钥匙。本文目的仅在于,从施泰因成长的时代及家庭背景出发,聚焦一战大历史与其生平小历史的交会点,紧扣自传、书信等有关其早期生平的史料,结合学界的新近认识进行评述,试图厘清她在青年时期面临的主要人生课题,揭示她在两战之间改宗的可能线索,并通过对其生平的语境化理解透视她所处的历史时代。

本文局限于对施泰因早期生平的梳理,对其中晚期生平与影响简要补充如下:1922年,施泰因改宗天主教,开始在施拜尔多明我会主持的女教师培训学校当老师,期间一直笔耕不辍,巡回演讲,并与本笃会博戎总修院产生深厚的联系。1932年,她在最后一次争取大学任教资格失败后受聘明斯特的德国教育科学研究所任讲师。1933年,她在科隆加入加尔默罗会,会名圣十字德兰·本尼迪克塔修女(Sr. Teresia Benedicta a Cruce)——这既是向加尔默罗会两位改革者大德兰和十字若望,又是向西方修道制的祖师圣本笃致敬。1939年,纳粹对犹太人迫害愈演愈烈,她被迫转移至荷兰埃赫特的同会修院避难。1942年,因纳粹占领当局对天主教荷兰主教的公开抗议实施报复,包括施泰因在内的近百名犹太改宗天主教者被捕,后被送至奥斯维辛集中营杀害。她在死后很快受到天主教会的官方认可,于1987年列真福品,1998年列圣品,1999年被教宗若望保禄二世加封为"欧洲主保",成为六位欧洲主保圣徒中唯一一位20世纪当代人。

一、威廉二世时代成长起来的一代人

> 成长于和平年代的我们都格外渴望经历非同寻常的大冒险,战争的消息则更是让我们欣喜不已。鲜花如雨点般落下,我们陶醉在玫瑰与血交织的心情里,出发上了战场。[……]战争在我们眼里是雄壮的举动,仿佛是在开着鲜花、缀着血露的草原上保家卫国,快乐作战。"世上没有比这更美好的死法了!"啊,只要可以不用窝在家里,只要我们可以跟着去!①

"大战编年史作家"恩斯特·荣格尔(Ernst Jünger, 1895—1998)在其处女作、自传体小说《钢铁暴风雨中》②的开篇这样刻画"20 世纪的根源性灾难"③刚降临时应征入伍的德国青年的感受。"和平年代"指的正是由普鲁士王国完成日耳曼地区统一,于 1871 年建立的德意志第二帝国时代。几乎与荣格尔同龄的施泰因对战争爆发的描述④虽未渲染雀跃之情,却不约而同提到那个曾经的和平年代:

> 塞尔维亚[……]事件仿佛一颗炸弹投入我们宁静祥和的大学生活。整个 7 月,大家都在讨论欧洲是否会陷入战争。[……]等到真正开战,我们仍觉难以置信。战争中和战后成长起来的一代无法想象,1914 年以前我们生活在何等安定之中。和平、私人财产的安全、社会秩序的稳定,这些都是我们赖以生存的基础。当人们终于意识到,这场暴风雨不可避免,他们才

---

① Ernst Jünger, *In Stahlgewittern*, Stuttgart, 32014, S. 7.
② 《钢铁暴风雨中》于 1920 年在莱比锡首次发表。小说取材于作者在西线战场上的亲身经历,素材是其 1914 至 1918 年间的战争日记。
③ "The great seminal catastrophe of this century", George Kennan, *The Decline of Bismarck's European Order. Franco-Russian Relations 1875—1890*, Princeton, 1979, S. 3.
④ 据施泰因自传记载,一战期间她在战地传染病医院服务时曾记过日记。她的友人 Adelgundis (Amélie) Jägerschmid OSB 在回忆文章中也提到施泰因曾写过战争日记,并结合自身经历指出,此做法在一战时候的年轻人中是一种普遍风气。Vgl. Adelgundis Jägerschmid, "Edith Stein. Ein Lebensbild," *Internationale Katholische Zeitschrift "Communio"* 10 (1981): 465—478 (kurz: "Lebensbild"), hier S. 468.

开始想要弄清楚事情的来龙去脉。可以肯定的是,这将是一场不同于以往所有战争的战争。(*LJF*, 240)①

荣格尔和施泰因这代人成长于19、20世纪之交的德皇威廉二世(1888—1918年在位)时代,近代德国通过工业化实现现代社会转型,在俾斯麦(1890年卸任)治下完成政治统一,初步实现富国强兵,特别在建立社会保险制度之后,人口快速增长、城市化进程加速的时代。该时期德国在政治上仍以普鲁士爱国主义和保守主义为主流,但涌现了新的从事经济活动的市民阶层,他们在审美旨趣与价值观上与19世纪主流的有教养市民阶层产生了分歧。世纪末的生活感受丰富多样且充满矛盾,理性的进步主义信念与悲观主义、颓废主义风潮并行不悖,新浪漫主义与青年风格大行其道。同时,各式社会运动开始兴盛,如荣格尔中学时参加的青年运动"候鸟"团体②及施泰因高中、大学时代积极投身的妇女公民权运动③。"和平、私人财产的安全、社会秩序的稳定"乃是这一时期德国市民阶层共有的时代感受。尤其从1908年起,普鲁士的高等教育对女性开放,施泰因家年纪最小的两个女儿埃尔娜(Erna Stein, 1890—1978)和艾迪特分别于1909年和1911年注册学籍,成为普鲁士首批受过高等教育的知识与职业女性。④

1871年夏,艾迪特父母——犹太裔木材商西格弗里德·施泰因(Siegfried Stein, 1844—1893)和犹太裔杂货商库朗特家女儿奥古斯塔(Auguste Stein geb.

---

① Edith Stein, *Aus dem Leben einer jüdischen Familie und weitere autobiographische Beiträge* (*Edith Stein Gesamtausgabe, Bd.1*), neu bearb. u. eingel. v. Maria Amata Neyer OCD unter Mitarbeit v. Hanna-Barbara Gerl-Falkovitz, Freiburg i. Br., 2002 (kurz: *LJF*), S.240. 下文出自本书的直接引语均以"*LJF* + 页码"的形式在正文后直接标示原文出处,除需详解处,不再另加脚注。

② 关于候鸟团体及德国青年运动参见曹卫东、黄金城:《德国青年运动》,载曹卫东编《德国青年运动》,上海人民出版社,2013,第3—72页,此处第13页及以下。

③ 施泰因早在中学时代就表现出强烈的妇女解放意识。1911至1913年,她在布雷斯劳大学就读期间曾加入普鲁士妇女选举权协会。此外,女性教育和职业问题、对妇女的法律保护也是她一向关注的焦点。Vgl. Hanna-Barbara Gerl, *Unerbittliches Licht. Edith Stein. Philosophie, Mystik, Leben*, Mainz, 1991 (kurz: *Licht*), S.43—47.

④ 1908年,德国大学女生占学生总数比例为0.6%,1909年占2.2%,1911年占3.6%。数据来源http://www.gesis.org/cews/fileadmin/cews/www/statistiken/05_t.gif,最后访问日期2015年1月28日。普鲁士并不是德意志帝国最先对女性开放高等教育的邦国。开创先例的是巴登大公国,弗赖堡和海德堡两所大学于1899/1900冬季学期最早招收女生。普鲁士王国(1908/1909冬季学期)与黑森大公国(1908/1909冬季学期)、阿尔萨斯-洛林帝国直辖领(1908/1909冬季学期)、梅克伦堡-什未林大公国(1909/1910冬季学期)是帝国版图上最晚几个对女性开放高等教育的地区。Vgl. Corinna Schneider, *Die Anfänge des Frauenstudiums in Europa. Ein Blick über die Grenzen Württembergs*, http://www.uni-tuebingen.de/uni/qbb/daten/ueberblick/hist-ueberblick_Europa.pdf,最后访问日期2015年1月28日。

Courant,1849—1936）——的婚礼洋溢着国家统一、经济繁荣时期的喜庆气氛。① 这年颁布的帝国宪法在1869年北德意志联盟《关于公民及国民关系的教派平等法》的基础上,保障了全境犹太人的公民权。而统一前的德意志各邦国中,普鲁士因1806年被拿破仑军队打败,领土割让,等级制瓦解,近代化改革早于其他地区提上议事日程。1812年颁布的《关于犹太公民地位的法令》使普鲁士犹太人获得公民权②,施泰因的曾祖父及外曾祖父在此法令颁布伊始就获得了普鲁士籍,并定居西里西亚。③

19世纪90年代景气好转,城市大兴土木,施泰因家搬到西里西亚首府布雷斯劳④,木材生意有了起色。而好景不长,艾迪特不满两岁时,父亲出差途中意外身亡。母亲奥古斯塔决定继续打理丈夫留下的生意,并独自抚养七名子女,这在当时是极少见的。经过多年打拼积累,施泰因家于1910年置下了一栋新古典主义风格、总面积达900多平方米的三层市区别墅。⑤ 母亲职业女性的身份、女家长的作风及其坚毅勤奋、独立自律的性格无疑对艾迪特日后心目中的理想女性形象产生了影响。虽然奥古斯塔仍保持并实践自己的犹太信仰,却没能将其传承给自己的子女。施泰因兄弟姐妹成长于自由主义与普鲁士风格相结合、靠从事经济活动富裕起来的犹太市民阶层氛围中,逐渐与犹太传统文化脱节,被德语市民文化所同化。⑥

尤其是年纪最小的艾迪特,年幼丧父,母亲工作繁忙,对她的教育任务自然落到了哥哥姐姐身上。年长15岁、后来当老师的大姐艾尔泽（Else Stein verh. Gordon,1876—1956）在学校是尖子生,给她树立了榜样；大哥保罗（Paul Stein, 1872—1943）热爱文学艺术,教她唱民歌和大学生歌曲,给她看带图片的大部头文学史,跟她一起玩文学内容的游戏。青少年时代,施泰因热爱文学、戏剧和音

---

① Vgl. Andreas Uwe Müller/Maria Amata Neyer, *Edith Stein. Das Leben einer ungewöhnlichen Frau. Biographie*, Düsseldorf, 2002（kurz: *Biographie*）, S.15. Sowie Stein, *LJF*, S.24.
② Vgl. Michael Brenner/Stefi Jersch-Wenzel/Michael A. Meyer, *Deutsch-jüdische Geschichte in der Neuzeit. Bd. 2. Emanzipation und Akkulturation: 1780—1871*, München, 1996, S.32ff, S.298—302.
③ Vgl. Susanne M. Batzdorff, *Edith Stein—meine Tante. Das jüdische Erbe einer katholischen Heiligen*, Würzburg, 2000（kurz: *Tante*）, S.26f.
④ 旧作 Breslau,今弗罗茨瓦夫（Wrocław）,波兰第四大城市。
⑤ Vgl. Batzdorff, *Tante*, S.71—81.
⑥ Vgl. Gerl, *Licht*, S.16f.

乐,对巴赫、莫扎特和贝多芬情有独钟,熟读奥维德、莎士比亚、格里尔帕策、黑贝尔、奥托·路德维希、易卜生、歌德及席勒。① 特别是通过席勒的《哲学书信》(1786 年),她在高中最后两年找到了"一种可以接受的世界观"(*LJF*, 128),并由席勒了解到康德的实践哲学思想,继而对哲学产生兴趣。②

除法律允许,个人禀赋意愿和家庭经济条件也是上大学的前提条件。施泰因从小就被家人叫做"机灵的艾迪特"(*LJF*, 103),成绩出类拔萃,高中毕业考获全年级第一。出于实用性考量,比她早两年入大学的姐姐埃尔娜遵从了家族建议,选择学医。艾迪特则更有主见地根据自己的兴趣禀赋选择了人文学科,尽管在长辈看来这是"挣不到面包的技能"(*LJF*, 130)。她内心希望家人能认可并支持自己的选择,也颇羡慕那些知识分子家庭的后代——"最理想的自然是那些学者家庭出身的同学,在家里就能得到来自父亲的正确指导"(*LJF*, 142)。更何况她从小就"梦想着幸福和荣耀",相信自己"是要大有作为的,与生于其中的逼仄的市民氛围压根就格格不入"(*LJF*, 50)。

不过仅从经济条件看,她完全可以说是比下有余。祖母给她留下了几千马克的遗产,被母亲投资生意,等她入大学已增值到约 10 000 马克。而且每到年终结算母亲还会给她分红,另补足当年花销。同期经济史料显示,1913 年德国人均年收入约 640 马克,个人所得税的起征点是年收入 900 马克。③ 这说明,至少在一战之前,施泰因完全有条件衣食无忧地钻研学问。虽然家人对她毫不务实的理想主义倾向和醉心学问的态度感到不可理解,但作为一家之长且重视子女教育的母亲还是给了最宠爱的小女儿以最大的自由选择权。

1911 年夏季学期,施泰因入布雷斯劳大学时注册了师范专业,修了德文、历史、心理、哲学等科目的课程,补修了古希腊语入门④。她在自传中表示,上大学原本"只为学问",但"为顾家起见"(*LJF*, 142),她也准备参加国家考试当中学

---

① Vgl. Stein, *LJF*, S. 50f, 111, 128ff.
② Vgl. Müller/Neyer, *Biographie*, S. 38ff.
③ Vgl. Karl Helfferich, *Deutschlands Volkswohlstand 1888—1913*, Berlin: 31914 (1913), S. 94—99. 据时任德意志银行行长的 Helfferich 的数据,1913 年普鲁士人均年收入约为 600 马克,汉萨同盟城市人均年收入高达 1000 马克。
④ 施泰因念的高中不是必修拉丁语和希腊语这两门古典语言的人文高中(humanistisches Gymnasium),而是只必修拉丁语的女子实科高中(Realgymnasium),当时布雷斯劳还没有面向女生的人文高中。

老师,这样能有稳定的职业与收入,是她务实的母亲及家族乐见其成的。然而那个年代的犹太人想在公立中学当老师并非易事,施泰因的大姐师范毕业后始终没能在普鲁士谋到教职,最后只能远赴汉堡在一所私立中学任教,因为那里对犹太人的职业歧视没有其他邦国严重。后来,施泰因和另一位犹太同学也只是在一战时师资极度紧张的情况下,才有机会在公立中学担任临时代课老师。① 任职高等教育界的犹太人则更是凤毛麟角,1909/1910 学年度,整个德国的正式教席教授中,保持犹太信仰的占 2.5%(25 人),改宗基督教的占 4.5%(44 人)。② 帝国法律固然保障犹太人的公民权,但国家公职对他们而言仍只是"一扇半开的门"③。

19、20 世纪之交,时代的急剧变迁,尤其是德国的现代化进程,让犹太女学生施泰因年轻的人生有了更丰富的机遇。同时她的选择也面临更多挑战,某种程度上甚至可以说,她在人生路上走得比旁人更加孤独。一方面,锐意进取的时代之子施泰因在诸如女性接受高等教育及妇女选举权运动等领域成为先驱;另一方面,她超越所处时代、以学术为志业的选择又时常与兼为犹太人与女性这一边缘化身份带来的种种局限产生矛盾。两者间的张力伴随了她一生。

二、"崭新人生阶段的开始":施泰因在哥廷根(1913—1915)

1912 夏季学期和 1912/1913 冬季学期史坦恩教授(Wilhelm Stern, 1871—1954)开设的思维心理学研讨课上,施泰因接触到了胡塞尔(Edmund Husserl, 1859—1938)的《逻辑研究》,很快便萌生了去其任教的哥廷根游学的想法。在当时读到第四学期的施泰因眼里,布雷斯劳的大学生活"已不能[给她]带来更

---

① Vgl. Stein, *LJF*, S. 322—325.
② 数据来源 Steven M. Lowenstein/Paul Mendes-Flohr/Peter Pulzer/Monika Richarz, *Deutsch-jüdische Geschichte in der Neuzeit. Bd. 3. Umstrittene Integration: 1871—1918*, München, 1997, S. 157. 其中不包括出生时就领洗及父母分为不同信仰家庭出身的犹太人。
③ Ebd., S. 152.

多收获"(*LJF*, 169),她急需新的启发。此外,心理学这门学问在她看来尚在摇篮期,"缺乏由明确的基本概念构成的必要基础,并且靠自身也无法澄清这些基本概念"(*LJF*, 174)。相反,"在哥廷根只有哲学——从早到晚,茶余饭后,街头巷尾,人们只谈论'现象'"(*LJF*, 170)①。以"回到实事本身"(zu den Sachen selbst)为要旨的现象学让她如此心驰神往,恰恰是"因为它专门做[对基本概念的]澄清工作,因为现象学者能够亲自打造自己所需的思想工具"(*LJF*, 174)。

1913年夏季学期,施泰因来到哥廷根。恰好她的表兄、数学家库朗特(Richard Courant, 1888—1972)也去那里当私人讲师,母亲虽不情愿让她去外地,但并未阻挠她的安排。而她去了后,原计划至多一学期的游学变成了转学。四学期后,她完成师范类国家考试②,计划继续师从胡塞尔撰写哲学博士论文。使她改变短期游学初衷,踏实地在哥廷根完成学业的,除了主动邀请她提交国家考试论文的历史系教授雷曼(Max Lehmann, 1845—1929)和她景仰的"师父"胡塞尔,更重要的实际上是"师父"的助手、私人讲师莱纳赫(Adolf Reinach, 1883—1917)及围绕在其周围的哥廷根现象学小组③。

> 亲爱而古老的哥廷根![……]只有曾于1905到1914年间哥廷根现象学派短暂的黄金时代在这里求过学的人才清楚,"哥廷根"这个名字在我们心中会产生怎样的回响。(*LJF*, 189)

---

① 在哥廷根游学过的前辈、医学博士 Georg Moskiewicz 向施泰因推荐《逻辑研究》时,曾如此评价这座城市。

② 这两篇论文分别是在历史系教授雷曼和哲学系教授胡塞尔那里提交的。施泰因在哥廷根完成的师范类国家考试共包含三个科目:历史、哲学和德语,除提交两篇专业论文外,还需在每个科目参加分别一小时的口试。另外,哥廷根大学的师范类国家考试还包括一场德语、历史和宗教方面的通识教育考试,前两者因为和施泰因本人专业重合故免试,后者因为其是犹太人的缘故也获得免试。Vgl. Stein, *LJF*, S. 232, 256.

③ 哥廷根现象学小组的主要活动平台是1907年由 Conrad 和 Von Sybel 参照"慕尼黑心理学学会"(Akademischer Verein für Psychologie)学生论坛模式创建的"哥廷根哲学协会"(Philosophische Gesellschaft Göttingen),其主要成员包括(按到哥廷根时间先后):Adolf Reinach,Johannes Daubert(1877—1947)、Wilhelm Schapp(1884—1965),Moritz Geiger(1880—1937),Theodor Conrad(1881—1969),Alfred von Sybel(1885—1945),Dietrich von Hildebrand(1889—1977),Alexandre Koyré(1892—1964),Jean Hering(1890—1966),Hedwig Conrad-Martius(1888—1966),Hans Lipps(1889—1941),Winthrop Bell(1884—1965),Roman Ingarden(1893—1970),Adolf Grimme(1889—1963),Fritz Kaufmann(1891—1958)和 Edith Stein。Vgl. Joachim Feldes, *Das Phänomenologenheim. Der Bergzaberner Kreis im Kontext der frühen phänomenologischen Bewegung*, Prag, 2013, zugl. PhD diss., Prag Universität, 2013(kurz: *Phänomenologenheim*), S. 23—32. 该圈子里除施泰因外的唯一女性 Martius 后来嫁给 Conrad,并成为1922年施泰因在 Bad Bergzabern 受天主教洗礼时的教母。

施泰因追忆求学生涯时所说的"1905 到 1914 年",便是莱纳赫在此活跃、现象学运动在此兴盛的十年。莱纳赫原本师从慕尼黑大学哲学教授利普斯(Theodor Lipps, 1851—1914)。1900/1901 年,《逻辑研究》甫经出版,便因对当时哲学界的主流思潮心理主义——利普斯也是其中代表——的尖锐批评引起了不少学者的关注,尤其是由利普斯学生组成的"慕尼黑心理学学会"①。1904 年,胡塞尔应其邀请前往慕尼黑作学术报告,建立起与这个圈子的密切联系。1905 年起,包括莱纳赫在内的几位慕尼黑现象学者先后来到哥廷根胡塞尔门下继续求学。《逻辑研究》刮起的是一阵不迷信权威、就事论事的哲学新风,其不抱成见的试验探索精神似乎也在不经意间切中了当时青年运动的要义。② 莱纳赫成为后来哥廷根现象学者的领军人物,1913 年与胡塞尔、盖格尔(Moritz Geiger)、普凡德尔(Alexander Pfänder, 1870—1941)、舍勒(Max Scheler, 1874—1928)一道创办了《哲学与现象学研究年鉴》并任主编。施泰因自传对在哥廷根与莱纳赫的交往着墨甚多,语调近乎崇拜,充满诗意,足可见莱纳赫性格之魅力及对其影响之深刻。

1913 年,初来乍到的施泰因听从熟悉哥廷根的前辈的建议,次日即登门拜访莱纳赫,由此进入了他的学生圈子。莱纳赫就在自家书房给学生上初级研讨课,施泰因在那里度过了"哥廷根求学生涯中最幸福的时光"(LJF, 224):

> 他的语调既生动又欢快,轻松、自由、优雅,他讲的一切都清清楚楚,不容置疑。[……]我们一致认为在他这里受到了最好的方法训练。他还跟我们探讨自己正在钻研的课题,[……]这不再是老师在上面讲、学生在下面听,而是师生共同去寻找,就像在哲学协会那样,只不过多了位有经验的向导带领。(LJF, 223f.)

---

① "慕尼黑心理学学会"由利普斯的一批学生创立于 1895 年,早期最主要的成员有 A. Pfänder, J. Daubert, M. Geiger, Th. Conrad, H. Martius, A. Reinach 等。参见赫伯特·施皮格伯格:《现象学运动》,王炳文、张金言译,商务印书馆,1995,第 251—253 页。[Herbert Spiegelberg, *The Phenomenological Movement. A Historical Introduction*, Dordrecht, 31981 (1960)] Siehe dazu auch Karl Schuhmann, *Die Dialektik der Phänomenologie I. Husserl über Pfänder* (Phaenomenologica, Bd. 56), Den Haag, 1973, S. 19ff.

② Vgl. Karl Schuhmann, "In Göttingen wird nur philosophiert... Man spricht nur von Phänomenen," in *Edith Stein. Studentin in Göttingen 1913—1916. Ausstellung zum 100. Geburtstag 7. 10.—28. 10. 1991* (Göttinger Bibliotheksschriften 1), Göttingen, 1993, S. 104—118, hier S. 105f.

莱纳赫当时不满三十岁,比他教的学生年长不了多少。他曾谦逊地向胡塞尔表示自己在哥廷根的愿望是"从事安静且目标明确的学术工作,并能对青年学生圈子产生有利影响"①——这个圈子甚至无须很大。相较而言,年长的老派教授胡塞尔显然更专注自己的哲思,不擅长教学,更不轻易跨越与青年学生之间的界限。② 这种情况下,"与人相处时总能展现出非凡理解力"的莱纳赫就成了"联结胡塞尔与学生之间的桥梁",因为后者在这方面"往往显得十分无助"。(*LJF*, 198)莱纳赫的教学天赋与成就在胡塞尔学生圈子里有口皆碑。③ 对此,施泰因的同窗挚友、波兰哲学家英伽登(Roman Ingarden)晚年在回忆文章中发表过贴切的见解:

> 他的教学生涯虽短,却产生了持久影响。一战前那几年,青年现象学者都围绕在他周围。他是位优秀的老师,尤其能把研讨课上得精彩纷呈。[……]他表述问题总是清楚又犀利,回答课上学生提问也总是简短而明晰。为自己立场辩护时,他的驳论无懈可击,举的例子也都生动且令人信服。更难能可贵的是,他的理解力绝佳,我们十分笨拙的提问或表述他一听立刻就能明白,并将其归入恰当的问题语境。课上,他让我们自由讨论,自己则像牧人放牧,仅在讨论快要误入歧途时将我们拽回来。但其实他才是我们共同工作时的心脏,是充满创造力、打开研究新路径与视角的活泼精神[……]。就这样,他领我们走上了创造性哲思的道路,我们也很高兴能参与到这项崭新的哲学事业中来,尽管那时的我们只不过是哲学幼儿罢了。④

---

① Karl Schuhmann, "Einleitung. Adolf Reinach (1883—1917)," in Adolf Reinach, *Sämtliche Werke. Textkritische Ausgabe in 2 Bde.*, Bd. II. *Kommentar und Textkritik*, hrsg. Karl Schumann/Barry Smith, München/Hamden/Wien, 1989, (kurz: *Reinach II*), S. 618.

② 胡塞尔的"独白式"讲课与工作风格在他的学生圈子里众所周知,施泰因曾做如下描述:"一般都是我说了几句之后,他觉得受到了启发,便开始侃侃而谈,一直滔滔不绝地说到他自己犯困了才能打住。"Stein, *LJF*, 227. 纪念胡塞尔去世50周年展览目录暨纪念文集中,Hans-Georg Gadamer, Emmanuel Lévinas, Ludwig Landgrebe, Max Müller 等一批弗赖堡时期的学生的回忆文章亦可资印证。In Hans Rainer Sepp (hrsg.), *Edmund Husserl und die phänomenologische Bewegung. Zeugnisse in Text und Bild*, Freiburg/München, 1988 (kurz: *Zeugnisse*), S. 11—42.

③ 1910/1911学年度在哥廷根听课的冯·希德布兰德也认为莱纳赫才是他"真正的老师"。Vgl. Dietrich von Hildebrand, "Dietrich von Hildebrand," in *Philosophie in Selbstdarstellungen. 3 Bde.*, Bd. 2, hrsg. Ludwig Pongratz, Hamburg, 1975, S. 77—127.

④ Roman Ingarden, "Meine Erinnerungen an Husserl," in: *Edmund Husserl, Briefe an Roman Ingarden*, hrsg. Roman Ingarden, Den Haag, 1968, S. 113f.

施泰因的学力很快得到莱纳赫赏识,后亦与其妻、物理学博士安娜(Anne Reinach geb. Stettenheimer,1884—1953)及其姊保琳娜(Pauline Reinach,1879—1974)结下友谊,并在他死后参与遗稿的整理工作,这点下文将详述。经其指导,她在去哥廷根两学期后的寒假里很快完成了国家考试哲学专业论文的初稿。值得注意的是,就连后来在此基础上写作的博士论文,她都会先把初稿的章节给莱纳赫过目,得到其首肯之后才会去找胡塞尔。如果说胡塞尔是高高在上的出题考官和评分人①,那么莱纳赫则是循循善诱引导她掌握现象学方法的导师。他那化腐朽为神奇的提点给刚入门的施泰因带来莫大鼓励与勇气,从而也使她从1913年冬天密集写作阶段的抑郁情绪中解脱出来。关于那次经历,她曾做过十分坦诚且细致的描述:

> 论文的写作逐渐让我陷入极度的绝望。人生中头一回,我面对着一个仅靠自己意志无法解决的难题。[……]过去我常夸自己的脑袋比世上最坚固的墙还要硬。可现在呢,任凭我把自己撞得头破血流,墙还是那堵墙,纹丝不动。这简直让我觉得无法再忍受生活。[……]这篇论文哪怕达不到博士论文的要求,当作国家考试论文总没有问题。我即便成不了哲学大师,做个称职的中学老师没准还是过得去的。然而,理智的声音不起任何作用。连过马路我都恨不得自己被车撞倒。出去郊游,我干脆希望掉下悬崖,再也不用活着回来。(LJF, 226f)

反思青年时代,她认为大学头几年这种自我感觉起伏不定的状态与缺乏内行的指导有极大关系。②但当时她就"像一条灵魂快乐的鱼,沐浴着温暖的阳光,在清澈的水里游来游去"(LJF, 142),享受着大学生活带给她的学术自由。同时她也指出上大学后自己同家人渐行渐远,仿佛活在另一个世界。她"从不请同学来家里做客",有同学在场时她更是"羞于见到正好从木材场回家的母亲身上的工作服和她那双劳动的手"。(LJF, 167)家人对此颇为痛心,可她仍旧

---

① 用施泰因友人,同时也是胡塞尔学生及晚年胡塞尔夫妇友人的 Jägerschmid 的话说,胡塞尔对于当时的施泰因而言,像"奥林匹斯山上住的神"(Olympier)一般遥远。Jägerschmid, *Lebensbild*, S. 469.

② Vgl. Jägerschmid, *Lebensbild*, S. 142f.

"全身心地投入学业及大学生活带来的一切",并理直气壮地认为"这才是[她的]义务"。(*LJF*, 168)

哥廷根时期,施泰因在严格且专门的现象学训练中经历了自我蜕变。布雷斯劳的学业难度不高,她尤为感兴趣的心理学简单得"就像轻松的闲谈"(*LJF*, 141),这也是导致她离开的重要因素。而在哥廷根才过了一学期,她已认识到,"刚过去的几个月绝不是一段生活小插曲,而是一个崭新人生阶段的开始"。(*LJF*, 218)一方面,胡塞尔对学生要求甚高,或者说他"习惯了刚入门的学生先在他门下听课数年,而后才敢独立写作研究论文"(*LJF*, 218)。施泰因刚听一学期就去找他谈博士论文题目,显然让胡塞尔颇感意外。他提出的详细而严格的要求让她多少觉得有些挫败,但这并不妨碍初生牛犊、自视甚高的她决心接受挑战。按"师父"的标准——"博士论文应至少花三年时间","最好先考国家考试","不能只会哲学","要相当熟悉其他学科的方法","博士论文可以是国家考试论文基础上的深化和扩充"(*LJF*, 218)等等,她放弃了先写博士论文的设想,转而着手国家考试论文的写作。在对"移情"(Einfühlung)概念进行首次独立研究的过程中,她常有种"孤军奋战"的艰难感受:

> 那时恐怕没人知道我的内心感受。在哲学协会,在莱纳赫的研讨课上,大家共同工作的感觉真好。我只是害怕这种安心的时刻结束,因为那就意味着我又要开始孤军奋战了。(*LJF*, 227)

另一方面,正是在这个自我锤炼、超越极限的时期,施泰因哲学思考的能力得到了极大激发,迈出了走向学问自立的蹒跚第一步:

> 我想没有亲自从事过哲学创造性工作的人是无法体会这一点的。后来一旦克服了思考最初阶段的辛苦所得到的那种深刻幸福,我记得我当时还没能感受到。那时的我尚未达到日后那种思想获得洞见、得以神闲片刻、而后新路在眼前展开、思想稳步前进的清晰阶段。我仿佛在雾中摸索前行。(*LJF*, 230)

这种富有挑战与创造性的生活才过了一年多,战争就爆发了。全面停课前,莱纳赫家中最后一课,师生们讨论时局,表达各自对待战争的政治立场。作为老师的莱纳赫抱着"虽不是必须(muss)去,但有资格(darf)去"(LJF,241)的使命感和荣誉感志愿从军,哥廷根的男同学几乎也全部上了战场。战争伊始,人们都以为"这一切不出几个月就都结束了"(LJF,240),施泰因和莱纳赫一样,抱着"有资格去"的态度,决定将个人生活的优先权让位于眼前的重大事件。她甚至自比荷马笔下的赫克托耳①,临危不乱、有条不紊:"就像日后危机当头我习惯的那样,当时我一如平常地工作,尽管内心深处我已准备好随时中断手头的工作。"(LJF,241)德国对俄宣战的前夕,她返回家乡,火速报名参加了当地举办的助理护士训练营,等待被德国红十字会马上派到前线。

三、"为了服务人类社会":摩拉维亚(Mähren)战地传染病医院(1915)和布雷斯劳母校维多利亚女中(1916)

现实中战争的走向并不符合德国大众的预期。开战两个月,红十字会的派遣令还迟迟没有下达,原因是"前线护士人手过剩"(LJF,244)。就在战争变得持久,等待随时上前线的过程中,施泰因从容安排了许多日常工作。1914年10月初,她在布雷斯劳一家本地医院的志愿服务因病中断,于养病期间完成了两篇国家考试论文的终稿,又赶在1914/1945年冬季学期开学前回哥廷根报到,于11月提交了论文,并在1915年1月中旬抓紧时间通过了国家考试,其后继续在哥廷根听课,抽空学古希腊语进阶②,为写作博士论文阅读参考文献。直到1915年临近4月,红十字会通知施泰因德国西线人手充裕,问她是否愿去人手短缺的奥地利东线支援,到摩拉维亚-魏斯基兴(Mährisch-Weißkirchen)③的一间专门收治流行病伤患的战地医院当助理护士。她即刻同意,准备联络同伴一道出发。一

---

① 参考荷马《伊利亚特》中特洛伊王子赫克托耳出征前从容不迫地与妻儿告别、叮嘱妻子操持活计的典故。
② 当时在哥廷根参加博士考试的前提之一是通过古希腊语结业考试(Graecum)。
③ 今捷克赫拉尼采(Hranice na Moravě)。该战地医院建立于1914年10月,专门收治患传染病的伤员,共有3 800个床位。Vgl. Stein, LJF, S.262, Anm. 2.

名女学生,不顾生命危险,要去战地医院护理满身虱子的伤病员,这个决定立刻遭到了母亲的坚决反对。但施泰因意志同样坚决:"如果战壕里的人都得遭这种罪,我又凭什么过得比他们好?"(*LJF*, 263)

一战时期施泰因对国家和社会有着强烈的忘我服务精神,这与她高中毕业选择未来职业时的理想主义价值取向本质上是一致的——"我们生活在这个世界上是为了服务人类社会"(*LJF*, 134)。同时,普鲁士的民族国家教育也对这一代青年产生了普遍影响。布雷斯劳求学时期,在国家观、历史观的形成与巩固上,施泰因经历了由当时犹太市民阶层典型的自由主义立场到民族国家—自由主义立场,再到"积极的、偏保守主义的国家观"(*LJF*, 146)的转变,这与她历史专业的学习不无关系。教授们"对新帝国[即第二帝国]那种雀跃的自豪感"(*LJF*, 145)显然也感染了她,整个青年乃至中年时期她都是忠实的普鲁士公民,尽管她同普鲁士保守主义的政治立场始终保持距离。并且在她看来,对历史的热爱绝不意味着"浪漫地沉醉于逝去的时代",而应体现在"对将成为未来历史的现实政治热情积极的参与"之中。(*LJF*, 145)她虽不认同沙文主义的民族国家论,但确信不同国家与民族的存在有着天然且历史的必然性,因此对世界大同的国际主义运动亦不能苟同。

记述家族史及自身成长经历共计 343 页的施泰因自传中①,1915 年 4 至 8 月这几个月的东线战地医院生涯占据了整整 42 页的篇幅,助理护士工作被描述得极其详尽。这从一个侧面说明这段与真实死亡及痛苦近距离接触的短暂经历给她留下了异常深刻的印象。待她 1915 年圣诞节重返哥廷根,"已然懂得了生

---

① 《施泰因全集》第一卷(*LJF*)除共计 343 页的自传之外,还包括施泰因回忆自己加入科隆加尔默罗修道院经过的文章一篇(18 页),附录七则,分别为:1916 年博士考试生平(2 页)、1920 年为姐姐埃尔娜婚礼作诗(7 页)、1939 年献祭文(1 页)、1939 年遗嘱(2 页)、1939 年祷文(1 页)、1949 年埃尔娜作回忆文章(5 页)及由编者复原的施泰因家谱(3 页)。施泰因自传成书于 1933 至 1935 年间她加入科隆加尔默罗修道院前后以及 1939 年刚到埃赫特加尔默罗修道院不久。科隆手稿共 1067 页,前言落款时间为 1933 年 9 月 21 日,当时她在布雷斯劳家中,与家人作入会前的最后告别。次月 14 日,她在科隆加入加尔默罗会,开始初学期,自传写作因修道院作息制度只能断续进行。1935 年 5 月,修会省会长同意她继续进行哲学研究与写作,故自传写作中断。1938 年 12 月 31 日,施泰因被修会转移到尚未被纳粹德国占领的邻国荷兰埃赫特的加尔默罗修道院,以躲避德国本土日益恶化的犹太人生存条件。埃赫特手稿的落款时间是次年 1 月 7 日,即她抵达荷兰一星期后,共 19 页。全集汇编的自传由编者分为十章,除前言与第一章标题为施泰因本人所加,其余九章标题皆为全集编者补充。Vgl. Maria Amata Neyer, "Einführung," in Stein, *LJF*, S. IX—XVI, hier S. IXf.

活严峻的一面"(*LJF*, 312)。秋天,她马不停蹄地先通过了古希腊语结业考,接着又完成了博士论文约二分之一的初稿。12月,本准备继续专心写作的她接到保琳娜来信,邀她去哥廷根一道为从西线回家休假的莱纳赫庆祝生日并共度圣诞。战争期间,施泰因一直同他以及前线的同学保持通信,得到志愿服务机会前,她更是用寄信件卡片和包裹的方式表达自己对战争大局的参与。获悉她参加红十字会的战地志愿服务,莱纳赫评价说,"我们现在也算是袍泽之谊了"(*LJF*, 304)。如果说在此之前,施泰因和莱纳赫的交往还仅限于师生间教学上的互动,那么到1915年圣诞节,施泰因算是真正被纳入莱纳赫家的私交圈子。莱纳赫甚至笑称自己若哪天阵亡,施泰因当享有"与直系亲属同等的治丧权"(*LJF*, 312)——哪知后来这句玩笑竟成现实。

由于战争而短暂离开哥廷根的这段时间,施泰因与胡塞尔也保持通信。① 胡塞尔两个儿子都上了战场,故能对施泰因参加志愿服务一事表示理解和支持,地理上的距离让师生间关系"变得更融洽、更诚挚"(*LJF*, 304)。此外,胡塞尔对她博士论文的进展相当满意——与导师讨论已完成的章节也是她1915年圣诞哥廷根之行的主要目的之一。而就在她以为完稿后很快就能在熟悉的哥廷根大学参加博士考试时,胡塞尔收到了弗赖堡大学哲学系接替李凯尔特教授(Heinrich Rickert, 1863—1936)的委任,这是德语区最重要的哲学教席之一,胡塞尔欣然受聘南迁。这意味着施泰因须在完全不熟悉的弗赖堡大学提交论文参加考试。② 与此同时,因战时人手短缺,她被昔日母校维多利亚女中请去担任历史、德文及拉丁文的临时代课老师。虽然她只获得过前两科的授课权,但"战争当前,凡事都可有例外"(*LJF*, 319),这甚至还包括她的犹太人身份。每周12至18小时的课时导致施泰因1916年上半年工作量非常大,备课、上课、批改作业

---

① 这些信件没有保存下来。
② 哥廷根现象学小组中只有施泰因、英伽登和考夫曼跟随胡塞尔到弗赖堡并在那里获得哲学博士学位。施泰因没有在弗赖堡听课,只是在1916年提交论文、参加口试答辩并获得学位。英伽登在因健康状况无法履行兵役的情况下于1916年返回弗赖堡,1918年获得博士学位,随后返回波兰,1929年胡塞尔七十寿辰时才再次来到德国。考夫曼则是在战争结束后去弗赖堡继续学业,分别于1924年和1926年在胡塞尔指导下获得哲学博士学位和大学任教资格。当时的博士毕业程序规定博士候选人需提交一篇博士论文,由考试委员会指定论文评审教授,通常是导师本人,另外还需向考试委员会报名辅修专业的口试并确定考试时间,论文评审通过即可按约定时间参加辅修专业口试及论文答辩(examenrigorosum),考试及答辩通过后方能获得博士学位。

之外的时间,她几乎全用来写博士论文。1916年复活节假期,她结束写作并将打印稿寄出,待布雷斯劳的代课学期一结束,便亲往弗赖堡准备考试。8月,施泰因以"最优成绩"(summa cum laude)拿到哲学博士学位,尤其胡塞尔对她论文的高度评价,"决定了[她]后来的人生道路"(*LJF*, 327)。

四、"独立地从事哲学研究":施泰因在弗赖堡(1916—1918)

哲学博士施泰因在拿到学位后两年间的工作重点先后包括:放弃中学教师的工作,在弗赖堡担任胡塞尔的私人助手①,专心治学;莱纳赫阵亡后参与整理并编辑出版其遗稿,接触到其在战争期间记录,但未收入1921年版《莱纳赫选集》的宗教经验札记。

> 我并不想为了获得博士头衔随便写篇论文敷衍了事,我是想试试自己究竟是否有能力独立地从事哲学研究。(*LJF*, 261)

"独立地从事哲学研究"是她最初与胡塞尔商讨博士事宜时就曾明确表达过的目标。在她看来,胡塞尔对她博士论文的好评无疑也是对她研究能力的肯定。那个年代,学术界——尤其是哲学界——完全是男性主导的领域,能拿到哲学博士学位并获得"最优成绩"的女性实在是凤毛麟角。胡塞尔一生桃李满天下,女"徒弟"却总共只有四位:最早的一位是孔拉德-马修斯(Conrad-Martius),她是当时慕尼黑-哥廷根现象学小组中唯一的女性,也是刚到哥廷根的青年施泰因效仿的榜样和后来的毕生至交。除施泰因之外的另两位则是胡塞尔在弗赖堡时期的学生瓦尔特(Gerda Walther, 1897—1977)和耶格施米德(Amélie Jägerschmid, später Sr. AdelgundisOSB, 1895—1996),她们都上过施泰因开设的

---

① 私人助手(Privatassistentin)的意思是,施泰因"受雇"于胡塞尔,并领取他自掏腰包支付的每月100马克"工资"。她当时没有大学任教资格,在哲学系并没有正式职位,因而不能从大学领工资。后来海德格尔成为胡塞尔的助手则是有哲学系正式职位的助教,因为他当时已是获得大学任教资格(Dr. habil.)、正在等待教席的私人讲师(Privatdozent)。

导论课,并与其保持交往。除耶格施米德在历史专业获博士学位,后加入本笃会而未继续学院式学术生涯,其他三位都立志从事哲学研究。相似的是,孔拉德-马修斯、施泰因和瓦尔特这三位在后来的学术道路上都遇到了重重阻碍,因女性身份而无法在大学任教。只有孔拉德-马修斯于1955年因学术成就斐然获慕尼黑大学名誉教授之衔①,而这已是二战结束以后的事了。施泰因更是在1919年至1931年间,锲而不舍先后四次尝试获得大学任教资格,均未果。

1916年上半年的经历带给施泰因最重要的一点认识是,高中老师与独立哲学研究二者无法长期兼顾。因此,当执掌新教席不久的胡塞尔表露出急需一位助手的时候,施泰因抓住时机自荐,师徒二人一拍即合,"也不知两人当中谁觉得自己更幸运,那一刻,[他们]仿佛一对刚订婚的情侣"(*LJF*, 340)。胡塞尔提出的由他每月支付100马克②作为报酬的建议她也爽快答应了,并决定立即从家乡中学辞职。如此爽快的决定甚至让胡塞尔夫人玛尔维娜(Malvine Husserl geb. Steinschneider, 1860—1950)得出了"[施泰因]一定十分富裕"(*LJF*, 341)的结论。其实她对收支算账几无概念,也不擅此类薪酬谈判。这笔收入并不够支付她每月生活全部开销,但所幸当时母亲仍能保障她的经济来源,尽管她们家因战时公债也损失了一部分财产。现在我们知道,胡塞尔受聘弗赖堡大学的年薪是8000马克,外加1200马克住房补贴。③ 考虑其五口之家的日常开销,可以认为,"师父"在薪酬支付上并无存心亏待这位高徒之意。然而当时德国以公债而非征税筹措军费,1916年秋冬起,战争进入了对德国财政越来越不利的阶段,它像无底洞一般消耗着国民财富,连后方的工业原材料和生活物资都开始相继

---

① 参施皮格伯格:《现象学运动》,第307—309页。纳粹上台后,孔拉德-马修斯因其外祖父是犹太人,学术活动也受到了限制。
② 这一收入在1916至1918年间基本相当于底层公务员的月薪。1916年,德国底层公务员月薪为93马克,相当于1913年战前水平的59%(1917、1918年这两个数值分别为84马克/54%、109马克/70%)。高层公务员同一时期月薪为358马克,相当于战前水平59%(1917、1918年这两个数值分别为261马克/43%、284马克/47%)。数据来源:Hans-Ulrich Wehler, *Deutsche Gesellschaftsgeschichte. Vom Beginn des Ersten Weltkriegs bis zur Gründung der beiden deutschen Staaten 1914—1949*, Bonn, 2009, S.77.
③ Vgl. Husserls Berufung nach Freiburg im Breisgau vom 17. 2. 1916, abgedruckt in *Zeugnisse*, hrsg. Sepp, S.273.

出现短缺。10月,结束高中毕业年级代课任务并就此中断师范实习①之后,施泰因来到弗赖堡从事她所向往的"永久职业"(*BRI*, Br. 1, 5. 1. 1917)。为工作就近方便,她干脆在胡塞尔家附近找了一间住所,可见她对师徒合作的期待值很高。

私人助手施泰因博士的工作内容之一是教学,即给到胡塞尔门下的新生开设现象学导论课——用她的话说是"哲学幼儿园"②,甚至胡塞尔也希望她能"在弗赖堡充当莱纳赫当年在哥廷根的角色"(*BRI*, Br. 9, 20. 2. 1917)。初来乍到的新人先在她那里报到,再被引荐给胡塞尔。③ 1917年夏季学期,因为教学能力得到认可,胡塞尔委托她在其教席开导论课——之前的冬季学期,她只是在自己的住处临时开课。

施泰因的另一件工作是整理和编辑胡塞尔用加比斯贝格速记体书写的大量笔记和文稿,其中包括由她整理但到1928年才由继任胡塞尔执掌教席的海德格尔(Martin Heidegger, 1889—1976)主编出版的《内时间意识现象学讲稿》、由1923至1930年间任胡塞尔私人助手的兰德格雷贝(Ludwig Landgrebe, 1902—1991)在1939年出版的《经验与判断》以及1952年作为《纯粹现象学和现象学哲学的观念》第二卷(俗称《观念2》)出版的遗稿。④ 然而刚过了三个月,师徒间的不合拍就已浮出水面。胡塞尔要的是一个可以处理一

---

① 施泰因在维多利亚女中一开始只是替缺席老师代课,后来西里西亚省中学教育委员会主管女子中学的部门负责人建议她干脆趁代课期间报名参加成为正式教师前的师范实习,以便尽快获得执教资格。施泰因在为期一年的实习期进行了一半的时候中断,相当于放弃了教师公务员这一稳定职业。Vgl. Stein, *LJF*, S. 323f.

② 1917至1918年间,施泰因在写给同窗好友英伽登的信中多次提到她在弗赖堡给新生开设的现象学导论课,昵称其为"哲学幼儿园"。Siehe Br. 3 vom 28. 1. 1917, Br. 6 vom 3. 2. 1917, Br. 18 vom 31. 5. 1917, Br. 33, vom 17. 5. 1918, Br. 48 vom 24. 7. 1918, in: Edith Stein, *Selbstbildnis in Briefen III. Briefe an Roman Ingarden* (*Edith Stein Gesamtausgabe*, Bd. 4), eingel. v. Hanna-Barbara Gerl-Falkovitz, bearb. v. Maria Amata Neyer OCD unter Mitarbeit v. Eberhard Avé-Lallemant, Freiburg i. Br., 2001 (kurz: *BRI*). 施泰因与英伽登之间的通信共保持了二十多年(1917—1939),其中施泰因致英伽登的信件卡片几乎完好地保存下来,汇编于此卷;而英伽登致施泰因的回信,除落款1929年6月30日的唯一一封(收入《施泰因全集》第二卷),其余至今下落不明。施泰因的其他书信往来汇编于《施泰因全集》第二、三卷:Edith Stein, *Selbstbildnis in Briefen I. 1916—1933* (*Edith Stein Gesamtausgabe*, Bd. 2), eingel. v. Hanna-Barbara Gerl-Falkovitz, bearb. v. Maria Amata Neyer OCD, Freiburg i. Br., 2000 (kurz: *SBB I*); Edith Stein, *Selbstbildnis in Briefen II. 1933—1942* (*Edith Stein Gesamtausgabe*, Bd. 3), eingel. v. Hanna-Barbara Gerl-Falkovitz, bearb. v. Maria AmataNeyer OCD, Freiburg i. Br., 2000. 下文出自书信集的直接引语皆以"缩写+书信编号+日月年"的形式在正文后直接标示原文出处,除需详解处,不再另加脚注。

③ 参见Walther和Jägerschmid的相关回忆。GerdamWalther, *Zum anderen Ufer. Vom Marxismus und Atheismus zum Christentum*, Remagen, 1960 (kurz: *Ufer*), S. 204. Sowie Jägerschmid, *Lebensbild*, S. 473.

④ 参见Landgrebe的有关回忆。In *Glaubenszeugin*, hrsg. Herbstrith, S. 147f.

切杂务的学生助手,但又须有能力倾听他的哲学独白①,而施泰因期待的则是一个可以面对面平等交谈的对象。

> [观念2]工作上的困难远比一开始设想的要大。[……]与亲爱的师父合作是件相当复杂的事情。吊诡之处就在于,这工作根本无法成为合作。他总是关注零散的问题,尽管他也向我作如实的汇报,可他就是不肯看一眼我从他故纸堆里整理出来的东西,好重新获得他已经丧失了的对整体的把握。他不看就无法准备最后的付印。(*SBB I*, Br. 4, 12. 1. 1917)

为"师父"工作之余她还从事自己的哲学研究,准备写作大学任教资格论文。但胡塞尔"从原则上反对"(*BRI*, Br. 9, 20. 2. 1917)女性在大学任教。正如他在与瓦尔特谈话时提到的,他坚持"女性的任务从根本上讲还是在于家庭和婚姻",这也是他连施泰因都拒之门外的原因。②虽然夫人和女儿坚决反对,但这类家中的抗议并不能改变胡塞尔对此事的保守立场。事实上直到战争结束魏玛共和国建立,德国的大学都还只是男性教授的天下,跟胡塞尔一样反对女性在大学任教的教授占主流。为打开自己在学界的知名度,施泰因1917年自费出版了博士论文的一部分③,并于1916至1918年在胡塞尔身边工作之余写作任教资格论文。1919年初,胡塞尔为她出具了一封言辞虽多溢美、态度却十分保留的任教资格推荐信。该信末尾写道:

> 施泰因博士在哲学领域所受的教育广泛而深入,她无疑具有独立从事学术研究与教学的能力。一旦法律允许女性进入学术界就职,我会由衷地首推她获准参加大学任教资格考核。(*SBB I*, Br. 16, 6. 2. 1919)

---

① 胡塞尔的工作方式正是在写和说的过程中进行哲学思考,他留存于世的手稿极多(约4万页速写稿纸),由比利时鲁汶胡塞尔档案馆主持的胡塞尔历史批判全集(Husserliana)的编辑出版工作仍在进行。

② Walther, *Ufer*, S. 216f.

③ 当时正值战时纸贵,施泰因只选择了提交给弗赖堡哲学系的博士论文 *Das Einfühlungsproblem in seiner historischen Entwicklung und in phänomenologischer Betrachtung* 七个部分中的三个部分付印,1917年在Halle的Max Niemeyer社出版,现收于《施泰因全集》第五卷。Edith Stein, *Zum Problem der Einfühlung* (*Edith Stein Gesamtausgabe, Bd. 5*), eingef. u. bearb. v. Maria Antonia Sondermann OCD, Freiburg i. Br., 2008 (kurz: *PE*)。由于弗赖堡大学档案馆在二战中遭到轰炸,部分档案遗失,该论文未能付印的其余部分下落不明。

这封信释放了两个信号。一是当时女性尚未被允许在德国大学任教。1908年5月,普鲁士文化部颁布了禁止女性获得大学任教资格的政令,尽管仅三个月后,即同年8月,普鲁士就开放了对大学招收女生的限制,但针对女性在大学任教的禁令没有任何改变。不仅如此,直到魏玛宪法生效之前,普鲁士甚至德意志其他邦国的文化部在拒绝女性申请大学任教资格时均援引这一禁令。1919年8月魏玛宪法的颁布,至少在法律上保证了男女平等的公民权,尤其取消了公职领域的性别限制。① 这一年,施泰因尝试在哥廷根申请任教资格,为此她援引同年6月刚在哥廷根哲学系②获得任教资格的数学女博士诺特(Emmy Noether, 1882—1935)为例③,却于10月底被哲学系所谓的预审委员会以"尚不能因此唯一破格特例而开先例"(*SBB I*, Br. 26, 12.12.1919)为由驳回。施泰因显然对这次碰壁十分不满,于12月呈文普鲁士科学、艺术与民众教育部④,认为哥廷根哲学系的这一做法"不符合大学任教资格考核规则,同时还有违宪之嫌"(*SBB I*, Br. 26, 12.12.1919)。正是由于她此次呈文,科学、艺术与民众教育部于1920年2月明文颁布了允许女性获得大学任教资格的政令,使女性进入大学任教不再是没有制度基础、只能个别争取的特例。⑤ 然而该政令并未对施泰因本人的任教资格申请产生直接的积极作用⑥,同时她也厌倦了与官僚保守的大

---

① Vgl. "Art. 109 sowie Art. 128 der Verfassung des Deutschen Reiches vom 11. August 1919," abgedruckt in *Deutsches Reichsgesetzblatt* 152 (1919), S.1404, S.1407.

② 按当时大学四大系的设置,即神学系、法学系、医学系与哲学系,哲学系既包括数学与自然科学,也包括语言文学与历史。当时的数学子系属于数学与自然科学部(mathematisch-naturwissenschaftliche Abteilung der Philosophischen Fakultät),而狭义的哲学子系则属于语文学与史学部(philologisch-historische Abteilung)。只有大系(Fakultät)才有权决定任教资格授予和人事任免等事宜。

③ 施泰因表兄库朗特当时在哥廷根数学系任私人讲师,Noether获得任教资格一事她很有可能是通过库朗特第一时间得知详情的。Noether由于有当时哥廷根两位数学教席教授的鼎力支持,得以向普鲁士文化部多次递交任教资格申请,最终于1919年6月获破格批准。Vgl. dazu Cordula Tollmien, "Emmy Noether, zugleich ein Beitrag zur Geschichte der Habilitation von Frauen an der Universität Göttingen," *Göttinger Jahrbuch* 38 (1990): 153—219.

④ 该部新建于1918年德国革命之后,前身是普鲁士宗教神职、学校教育与医疗事业部(Preußisches Ministerium für die geistlichen, Unterrichts-und Medizinalangelegenheiten),即一般所称的普鲁士文化部(Preußisches Kultusministerium)。

⑤ Vgl. Elisabeth Boedeker/Maria Meyer-Plath, *50 Jahre Habilitation von Frauen in Deutschland. Eine Dokumentation über den Zeitraum von 1920—1970* (*Schriften des Hochschulverbandes*, Bd. 27), Göttingen, 1974, S.5.

⑥ 同一时期除哥廷根外,她还曾尝试在汉堡和基尔获得大学任教资格事宜,也均已失败告终。十余年后的1931年,她回到弗赖堡,第四次也是最后一次尝试获得任教资格,亦未果。

学体制交锋,索性回到布雷斯劳,"自己给自己授予任教资格(venialegendi)"(*SBB I*, Br. 31, 30. 4. 1920),在家办起了哲学私塾。

胡塞尔1919年推荐信释放的第二个信号是他终究还是没给施泰因机会,用这封信把她打发给了德国大学的官僚体制。可以设想,哥廷根或其他大学的教授看到这封信自然会问,为什么她要舍近求远,不在自己的"师父"手下写作任教资格论文,这本该是水到渠成的事。① 这一点无疑给她在弗赖堡之外的大学获得任教资格增添了困难。而当她在30年代初最后一次回到弗赖堡,尝试在赫纳克(Martin Honecker, 1888—1941)那里获得任教资格时,后者表示,在他自己的学生不受影响的情况下可以考虑。② 当时的不利因素还包括大规模爆发的经济危机,以及她年龄偏大且没有申请到私人讲师奖学金。③ 等到1933年纳粹上台,犹太人施泰因连在明斯特的研究所讲师职位都被剥夺,就更别提想再获得大学任教资格了。

让我们重新回到1916年施泰因在弗赖堡的日子。这年4月,犹太家庭出身、在宗教上原本持不可知论的莱纳赫因在前线枪林弹雨中得到切身的上帝经验而皈依,趁回家休假间隙与妻子安娜一道受洗加入新教。5月,莱纳赫在家书中向妻子吐露了自己接下来计划进行宗教经验现象学方面的工作,信中,他甚至还发出了神义论意义上的叩问:

> 眼下我的计划很清楚[……]。我想从上帝经验,也就是被上帝保护的安全感出发,[……]表明我们站在"客观科学"的立足点上是无法对上帝经验提出反驳的。作为一种认识,[这种经验]虽很独特,却具有真实的意义,并会由此衍生后果。对真正虔信的人而言,这算不了什么。但那些在科学

---

① Vgl. Hugo Ott, "Edith Stein und Freiburg," in *Studien zur Philosophie von Edith Stein. Internationales Edith-Stein-Symposion Eichstätt 1991* (*Phänomenologische Forschungen*, Bd. 26/27), hrsg. Reto Luzius Fetz/Matthias Rath/Peter Schulz, Freiburg/München, 1993, S. 107—139, hier S. 126.

② Vgl. Max Müller, "Meine Erinnerungen an Edith Stein," in *Erinnere dich—vergiß es nicht. Edith Stein—christlich-jüdische Perspektiven*, hrsg. Waltraud Herbstrith, Annweiler/Essen, 1990 (kurz: *Erinnere*), S. 205—208. Müller 当时是 Honecker 的助教,也是其教席的任教资格候选人之一,另一位是 Gustav Siewerth (1903—1963)。

③ Vgl. dazu Stein, *BRI*, Br. 151, 29. 11. 1931, sowie Br. 152, 25. 12. 1931.

提出异议的情况下摇摆不定的人却能因此得到支撑，那些囿于此类异议而无法找到通向上帝道路的人能因此继续走下去。我认为，以谦卑之心投入这项工作才是当前的重中之重，这实在要比继续在这场战争中战斗更重要。如果连战争都无法让我们离上帝更近一些，那么，经历这种恐怖究竟还有什么意义？①

此前不久的复活节②，施泰因在刚完成的博士论文末尾也指出，探讨移情问题、深入研究人的心理结构，势必要触及宗教意识与经验的问题：

> 有些人认为自己在人格突变中体验到上帝之恩宠，还有些人在行为过程中感受到守护神的指引[……]。谁能判断这里的经验是否为真？[……]但就算此类经验是假象，它们不也包含了这一领域真实经验存在的本质可能性吗？总之，我认为要回答这些问题，最佳方式是对宗教意识进行研究[……]。最后，我把回答上述问题的希望交由今后的研究，在此仅表示"案情不明，不予裁决"（non liquet）。（*PE*, 135f）

也就是说，她在写作博士论文的过程中回到移情问题所着眼的实事本身，至少从理论可能性层面关注到了莱纳赫从战场亲身经验出发进行现象学分析的上帝经验问题。这一年圣诞节，施泰因从弗赖堡去哥廷根看望休假的莱纳赫，想必也得知了他最新的思想发展轨迹。新年过后，她在致战场上同学考夫曼的信中提到："莱纳赫现在心思完全在宗教问题上，战后他的工作重心肯定首先在这个方面。"（*SBB I*, Br. 4, 12.1.1917）没承想这次圣诞晤面竟成永别，1917年11月，莱纳赫——施泰因真正意义上的良师益友——在佛兰德前线阵亡。由于这一时段施泰因写的信保留下来的极少，又或者她根本无心写信诉说，我们只能从她在莱纳赫阵亡一个月后，落款时间是1917年圣诞前夕致英伽登的信中了解她当时的心理状态：

---

① Abgedruckt in Hedwig Conrad-Martius, "Einleitung," in Adolf Reinach, *Gesammelte Schriften*, hrsg. seinen Schülern, Halle, 1921, S. V—XXXVII, hier S. XXXVII.
② 1916年复活节星期天是4月23日。

> 这段时间我过得很煎熬。一想到最近发生的和即将面对的事情,我怎么也开心不起来。眼下最要命的,是我没有力量在你面前掩饰我的痛苦,只会给你的生活多投下一片阴影,而不是多带去一道阳光。现在我需要的,是找回内心的平静,恢复我那已完全破碎的自信心。等我觉得恢复了,并能重新帮助别人,到那时我会再去见你。(BRI, Br. 25, 24.12.1917)①

目睹莱纳赫的死给施泰因带来莫大冲击的英伽登晚年回忆道:

> 1917年11月他的死无疑在某种程度上对施泰因后来的个人命运产生了影响。尤其是以下事件:莱纳赫在战场上[……]曾产生过一些我并不了解详情的[……]宗教体验。施泰因肯定了解这些情况,因为莱纳赫从前线返乡休假时,她在哥廷根还多次见过他。莱纳赫阵亡后她的反应我亲眼所见,他的死给她带来了多么可怕的打击!我认为这是后来她内心发生某些变化的开端。②

具体而言,施泰因"内心发生某些变化"开始于1917年末、1918年初。安娜因为信仰力量能平静自持、不失慰藉和希望地面对丈夫阵亡这一人生巨大损失,这让消沉不已的施泰因深受触动。③ 1918年2月,安娜给她寄去了莱纳赫利用

---

① 这是现存于世施泰因致英伽登的信中唯一一封称"你"的信。1916至1917年间,施泰因与英伽登作为仅有的两位来到弗赖堡的前哥廷根现象学小组成员,每天见面,关系十分密切。种种迹象表明,这一时期的施泰因对英伽登产生了爱情,但英伽登没有给予相应的回应,而是把两人之间的交往局限在学术讨论层面。1929年胡塞尔七十寿辰,英伽登受邀来到德国,亦与施泰因会面,这是两人十余年后首次重逢,也是有生之年最后一次见面。Vgl. Hanna-Barbara Gerl-Falkovitz, "Einleitung," in Stein, *BRI*, S. 9—25. Siehe auch Roman Ingarden, "Die philosophischen Forschungen Edith Steins (kurz: *Forschungen*)," *Edith Stein—eine große Glaubenszeugin. Leben. Neue Dokumente. Philosophie*, hrsg. Waltraud Herbstrith, Annweiler, 1986 (kurz: *Glaubenszeugin*), S. 203—229, hier S. 203.

② Ingarden, *Forschungen*, S. 208.

③ 40年代,施泰因从科隆转移到荷兰的埃赫特修道院后,曾与Johannes Hirschmann SJ会面,并描述安娜以信仰面对死亡的态度对她自己的皈依产生了决定性影响,Siehe Brief Johannes Hirschmanns SJ vom 13.5.1950 an Teresia Renata Posselt OCD/Köln, zit. nach: Stein, *SBB I*, Br. 8, 20.5.1918, Anm. 2. Vgl. dazu auch Johannes Hirschmann, "Schwester Teresia Benedicta vom heiligen Kreuz," in *Edith Stein. Ein Lebensbild in Zeugnissen und Selbstzeugnissen*, hrsg. Waltraud Herbstrith, Mainz, 32001, S. 131—136, hier S. 132f. 此外,Jägerschmid的晚年回忆亦能作为佐证。Vgl. Jägerschmid, *Lebensbild*, S. 469. 20年代初在哥廷根与安娜结下终生友谊的神学家佩特森(Erik Peterson, 1890—1960)也曾在私人信件中记载过安娜的生活和信仰。Vgl. Nichtweiß, Barbara, *Erik Peterson. Neue Licht auf Leben und Werk*, Freiburg i. Br., 21994 [1992], zugl. PhD diss. Freiburg Universität, 1992 (kurz: *Peterson*), S. 236—238.

战争间隙休假的空闲和战场上最后时光记录下的宗教经验札记①副本。施泰因读后觉得"有几页写得极妙,或可作残篇付梓"(*SBB I*, Br. 6, 9.3.1918),于是决定前往哥廷根与安娜一同整理编辑莱纳赫的遗稿——这时她也已因"可为一件事服务,[……]但[断然无法]只听命于一个人并为其服务"(*BRI*, Br. 28, 19.2.1918)之故向胡塞尔请辞②。这年3、4月间(复活节前后)的一月余,以及7、8月间近一个月的时间,她都在哥廷根与安娜一道工作。然而,莱纳赫生前学生为其出版纪念文集的计划最终并未实现——战争期间纸张印刷尤贵,且与计划中的胡塞尔六十寿辰纪念文集③时间冲突,取而代之的是由他的学生整理编辑、1921年出版的《莱纳赫选集》,也算为这位英年早逝的杰出老师树立了一座小小的丰碑。

五、"求索永恒问题的时代":
天主教之春(vercatholicum)

前文提到博士论文的写作让施泰因从理论层面接触到了宗教经验问题。战争中的个人经验、阅读及思考则给她提供了进一步用现象学还原分析宗教经验

---

① 莱纳赫在战场上体验到切身的上帝经验,并将之付诸笔端。由于札记(Aufzeichnungen)写于战争间隙,且作者意外阵亡,故具有未完成的残篇性质。莱纳赫札记一开始只在极小的圈子流传,胡塞尔最初甚至考虑过将其发表到《年鉴》,后未能实现。1921年,莱纳赫学生为纪念他联合主编出版的 Reinach, *Gesammelte Schriften*, Halle:1921 并未收录这些札记。直到1989年出版的文本批判版莱纳赫全集才首次将其发表:Adolf Reinach, *Sämtliche Werke. Textkritische Ausgabe in 2 Bde.*, Bd. I. Werke, hrsg. Karl Schumann/Barry Smith, München/Hamden/Wien, 1989 (kurz: *Reinach I*), S. 589—611. Vgl. dazu auch Beate Beckmann, *Phänomenologie des religiösen Erlebnisses. Religionsphilosophische Überlegungen im Anschluß an Adolf Reinach und Edith Stein* (*Orbis Phaenomenologicus*, Abteilung Studien, Bd.1), Würzburg, 2003, zugl. PhD diss., Dresden Universität, 2001, S.94f.

② 1918年2月,胡塞尔接受了施泰因的辞呈,尽管后来还多次挽留。施泰因实际离开弗赖堡是在1918/1919年冬季学期结束之后。施泰因与胡塞尔师徒二人在学术合作上虽未建立起当初所希望的理想关系,但这不代表他们在私人关系上的决裂。相反,施泰因仍与胡塞尔一家终生保持了真诚友善的交往。1918年胡塞尔一度卧病不起,她还专门前往帮忙照料。1921年10月,施泰因改宗前不久致信英伽登时重申了自己对"师父"的无限崇敬与感激之情。1933年,施泰因加入科隆加尔默罗修道院后,胡塞尔常寄去用加比斯贝格速写体写的卡片数枚以问候,亦通过共同的友人 Jägerschmid 保持联络。1938年4月,犹太人出身的胡塞尔在纳粹上台之后所遭受的排挤和冷落中凄凉去世,弗赖堡哲学系几乎无人参加葬礼。不久,施泰因从科隆修道院致信在波兰的英伽登,商讨是否能最后为恩师做点什么,如出版纪念文集。

③ 因战争缘故,这本纪念文集只以书稿形式呈献胡塞尔,并未付印。

的可能。1917 年初,她在致信英伽登时提起他们由于研究而共同关注到的上帝问题,并邀其一同探讨:

> 我很高兴您在研究中也碰到了上帝问题。[……]我觉得处处都会遇到这个问题。[……]不讨论上帝问题,就无法完成关于人格的学说,也无法理解历史是什么。当然这个问题我现在基本上还一无所知,不过一旦《观念》的工作完成,我会深入这一课题。[……]您回[弗赖堡]之后我们一起读奥古斯丁好吗?(BRI, Br. 9, 20. 2. 1917)

种种迹象显示,1917 年起,施泰因陷入了多重精神危机——并非仅因对英伽登及后来对 H. 利普斯①无疾而终的爱情。布雷斯劳的昔日同窗几乎全部阵亡,望着书柜里整整一排作者皆已不在人世的毕业论文,她产生了仿佛"属于已逝一代人"的沮丧感,"青年时代的那种目空一切全都见鬼去了",她很惊讶"自己为什么还活着"。(BRI, Br. 20, 6. 7. 1917)哥廷根小组的成员因为战争分散各地,也让她产生了"战争期间实在没法搞现象学"(BRI, Br. 17, 27. 4. 1917)的孤独慨叹②。小组领头人莱纳赫年末阵亡更是如雪上加霜,哥廷根现象学的黄金时代③因此戛然而止。不仅如此,时局的发展让她对德国必胜的信心越来越小,几乎放弃了战争很快会结束的希望。次年年初,即邀约英伽登共同探索未知的宗教经验问题一年以后,施泰因对该问题有了进一步的思考与认识:

> 在我眼里,宗教和历史的关联也越来越密切。中世纪的编年史作者将世界历史置于原罪与末日审判之间,我甚至觉得这么做要比现代的那些只关心由科学确认无误的事实而忽视历史意义的专家内行得多。(BRI, Br. 28, 19. 2. 1918)

---

① 关于施泰因与 H. 利普斯的关系,参见孔拉德-马修斯的回忆。In *Erinnere*, hrsg. Herbstrith, S. 307—310.
② 在施泰因看来,利用假期聚在一起工作乃是现象学者的一般生活规则。Vgl. Stein, *BRI*, Br. 53, 10. 10. 1918.
③ 莱纳赫 1915 年 9 月 15 日从战场写给 T. Conrad 的信中还满怀希望地描绘了他对现象学未来图景的设想:"我相信现象学能给新德国和新欧洲带来它们最需要的东西,我相信现象学会有伟大的未来。"Zit. nach: *Reinach II*, S. 625. 莱纳赫去世后,Conrad 夫妇位于 Bergzabern 的住处及其水果种植园一时间成为从前哥廷根现象学小组成员新的假期工作聚集地——"现象学者之家"。Vgl. dazu Feldes, *Phänomenologenheim*.

帮助整理莱纳赫遗稿的过程中,她逐渐找到了自己通向"实证基督教"的道路,正如她在答谢英伽登生日祝福的信中所写的那样:

> 我越来越深入到实证基督教的领域了。生活曾把我推倒在地,而它不仅把我从这种生活中解救出来,还给了我重新心怀感激接受生命的力量。可以从最深刻的意义上说,我得到了"重生"。(*BRI*, Br. 53, 10.10.1918)

1917 至 18 年间的经历让施泰因"比以往任何时候都要肯定生命"(*SBB I*, Br. 10, 6.7.1918),站在通往人生第 28 个年头门槛上,她的面前摆着这样一摞书:四卷本的《施莱尔马赫布道文》(1806—1820)、陀思妥耶夫斯基的《卡拉马佐夫兄弟》(1914 年德文版)、拉格洛夫(Selma Lagerlöf, 1858—1940)的《基督行迹》(1912 年德文版)及一本德语宗教文学选集。尤其是她读完后推荐给英伽登的《卡拉马佐夫兄弟》,1917 年她在学生的书架上看到这本书便"投入其中"(*BRI*, Br. 9, 20.2.1917),1918 年还特地让家人提前送她这本"最喜爱的书"(*BRI*, Br. 50, 3.10.1918)作生日礼物。相较青少年时代养成的阅读习惯,一战结束前她明显开始有意识地选取基督教题材的读物。到了 1927 年,皈依天主教多年、并在施拜尔一所修道院学校当老师的她再次向英伽登谈起宗教经验,语调早已不是探索未知的新奇,而是徐徐道来的笃定:

> "个人宗教经验匮乏的时候,就必须仰赖历史上宗教人(homines religiosi)留存于世的经验。这方面则完全不存在匮乏。依我看,宗教经验最突出的要数西班牙神秘思想大师大德兰和十字若望。"(*BRI*, Br. 117, 20.11.1927)

1922 年元旦的皈依为施泰因 1917 年以来的精神危机画上了句号——自从"知道自己为什么而活"(*BRI*, Br. 85, 19.6.1924),她才真正学会了热爱生活。她还指出同样作为严谨学者的英伽登,仅因为对教义的偏见而不愿回到宗教经验的实事本身,回避对此作彻底考察,草率下判断的做法是站不住脚的。回首往昔,施泰因认为自己"[在哥廷根]学会了敬畏信仰,敬畏有信仰的人"(*LJF*, 260)。她指的首先是当时经常受邀在哥廷根哲学协会办讲座的舍勒,该阶段的舍勒无论走到哪里都热情澎湃地宣扬天主教理念,施泰因正是通过他"第一次接触[到]这个从前[对她而言]完全陌生的世界"(*LJF*,211)。当然,就她在哥廷根时期的主要社会交往而言,让她学会敬畏信仰、敬畏有信仰的人的,极有可能是前文多次提到的莱纳赫一家。施泰因在自传与书信中对自己的皈依经历与缘由极为惜墨,她不仅向英伽登表示,"这一切难以言表,更别提付诸笔端了"(*BRI*, Br. 78, 15.10.1921),甚至当孔拉德-马修斯①问起时,她也只答一句"这是我的秘密"(mihimeumsecretum)②。尽管如此,自传结尾处记录的1916年博士考试结束后与保琳娜·莱纳赫在法兰克福见面时一段"[令她]永远无法忘怀"的小插曲,从回溯的角度为其改宗最后选择天主教提供了一个重要线索:一位拎着菜篮子的妇人走进天主教堂,在一张长椅前跪下短祷,她从不知道还有人会"从日常劳作中抽身来到空无一人的教堂,就像去赴一次知心的密谈",而据她本人的经验,"去犹太会堂或新教教堂只不过是为了参加礼拜仪式"。(*LJF*,332)

30年代施泰因加入加尔默罗隐修会成为修女,她去世后的首部权威传记由其入会时的初学导师、二战后科隆加尔默罗修道院院长珀赛特所作,颇有古来圣徒传记之风格。其中塑造了一个类似宗徒保禄"大马士革归信"的类型化故事③,将施泰因归信简化为某年某月某日偶然读到加尔默罗会改革者大德兰修女的自传被深深吸引,待她通宵达旦一口气读完,合上书说了一句"这果然是真理",便立即决定领洗入教,期待日后能成为加尔默罗会一员。在了解该传记作者的身份、意图及所掌握材料的前提下,这个直线型简化版归信故事的产生并非不可理解,况且它也确有历史事件作为支撑。但前文在目前掌握的施泰因自传、书信及旁人回忆研究等丰富材料基础之上,对其青年时代所读所学、所感所思进行还原与梳理,展现出的是她漫长而复杂的皈依经历,其中不仅有时代条件与个人发展等偶然性因素的影响,而且更不能忽视的是将"回到实事本身"作为座右铭的现象学者施泰因做人生选择时的深思熟虑。她对自己所处环境中的犹太

---

① 孔拉德-马修斯本人是新教徒。
② Hedwig Conrad-Martius, "Edith Stein" (Vortrag gehalten in der Gesellschaft für christlich-jüdische Zusammenarbeit), in *Hochland* 51 (1958/59), S. 38—46, hier S. 38.
③ 类型化故事因其对事件的简单化处理而易于流传,不仅在宗教领域,世俗领域也有许多这样的例子,如牛顿因苹果落地发现引力定律的故事。

教、新教与天主教进行了细致的考察与比较,做出了更切合她本人宗教经验的选择,完全不是一时脑热的拍脑袋决定,从某种程度上应认为更加"现代"。

另须指出,施泰因皈依并非单一事件。两次大战间的二十年里,德国知识界的改宗现象可谓蔚为大观。这二十年,"尘世生活的一切固定形态都发生动摇和转变",用施泰因的话说,这是一个"求索永恒问题的时代"。① 仅在其最密切的私交圈子,保琳娜·莱纳赫先是 1918 年受洗加入新教,1922 年又改宗天主教,1924 年在比利时加入本笃会;安娜·莱纳赫先是和丈夫一道加入新教,20 年代初与新教神学家佩特森一同考虑改宗天主教,并先于后者于 1923 年改奉。② 宗教意识觉醒的先行者舍勒对哥廷根小组产生的影响自不必说,胡塞尔学生中由新教改奉天主教的,冯·希德布兰德是为一例(1914 年),耶格施米德是为另一例(1921 年,后入本笃会)。德国的新教知识界,曾师从特洛尔奇(Ernst Troeltsch, 1865—1923),后与施泰因相识的女作家冯·勒福特(Gertrud von le Fort, 1876—1971) 1926 年在罗马皈依天主教;文化批评家与翻译家海克(Theodor Haecker, 1879—1945) 1922 年因译纽曼(John Henry Newman, 1801—1890)而改宗——后来施泰因在耶稣会士普利切瓦拉(Erich Przywara SJ, 1889—1972)的引荐下亦参与了纽曼的译介。

伴随 20 世纪初欧洲传统文化陷入危机,尤其随一战爆发而至的这一波宗教意识觉醒并不局限于新教与天主教。个体存在遭受冲击,而个体又必须对人生意义作出解释。这两者的张力之外,这个时期还见证着犹太宗教的觉醒与新兴的非基督教造神运动。③ 家庭与成长教育背景都同施泰因有可比性的犹太思想家罗森茨威格(Franz Rosenzweig, 1886—1929)曾在 1913 年前后认真考虑过改宗基督教的问题,但一番思索后他认识到作为犹太人同样可以践行宗教信仰,故

---

① Edith Stein, "Probleme der neueren Mädchenbildung," in Dies, *Die Frau. Fragestellungen und Reflexionen* (*Edith Stein Gesamtausgabe, Bd. 13*), eingel. v. Sophie Binggeli, bearb. v. Maria Amata Neyer OCD, Freiburg i. Br., 2000, S. 127—208, hier S. 135.

② 1930 年,波恩新教神学系执掌新约教席的佩特森改宗天主教。Zu Peterson vgl. Nichtweiß, *Peterson*. Zu den Reinachs vgl. Beate Beckmann-Zöller, "Adolf und Anne Reinach—Edith Steins Mentoren im Studium und auf dem Glaubensweg," in *Edith Stein Jahrbuch* 13 (2007), S. 77—101, hier S. 80ff.

③ Vgl. Hanna-Barbara Gerl-Falkovitz, "Deutsche Geistesgeschichte 1910—1930: der Hintergrund von Edith Stein," in *Edith Stein Jahrbuch* 20 (2014), S. 67—91 (kurz: *Geistesgeschichte*), hier S. 74ff.

重返犹太教。不过若考虑到俾斯麦时代的文化斗争及那之后天主教在德国相对封闭落后的文化圈,可以说魏玛共和国时期的这次"天主教神圣春天"明显带有一种流放归来的自信。① 尤其是以博戎(Beuron)和玛丽亚·拉赫(Maria Laach)为代表的本笃会修道院,成为天主教革新运动中宗教礼仪运动与知识分子运动的重要阵地,被包括施泰因在内的众多天主教知识分子视为精神家园与宝库。在本笃会修道院的宗教礼仪空间中,祷告形式的冷静克制与严格标准相当于给主体经验修枝剪叶,同时又为其提供养料。主体经验与客观制度的统一,审美、密契与知性的综合呼应了当时天主教青年及知识分子在革新运动中传达出的意愿,即在教会框架下将主观追求客观化。教会作为个人宗教经验的定居所苏醒了,而且只有通过融入超越个体的制度,个人的宗教经验方能具有效力,正如天主教青年运动的领袖瓜尔蒂尼(Romano Gaurdini, 1885—1968)所言,"教会在灵魂中觉醒了"。②

六、结　　语

"漫长的19世纪"和"短暂的20世纪"③交会于一战爆发的1914年。这场战争不仅改变了欧洲历史的走向,也让许多人的命运发生了转折。审视历史的这一转折点,战争四年施泰因人生的关键词可以总结为:学问自立、忘我服务、觉醒与成熟。其中既包含一种战争大局当前、个体不能置身事外的坚定态度,包含她求知求真的独立品格,也包含她自我认识的深入与逐渐萌发的关于宗教哲学的思考。她后来的宗教皈依与终其一生的哲学工作从一定程度上说,也都在这个时期的变革中生根萌芽:"我的文章不过是思索生活交给我的课题的一种写

---

① Vgl. Hanna-Barbara Gerl-Falkovitz, "Deutsche Geistesgeschichte 1910—1930: der Hintergrund von Edith Stein," in *Edith Stein Jahrbuch* 20 (2014),第78及以下。
② Romano Guardini, "Das Erwachen der Kirche in der Seele," in: Ders., *Vom Sinn der Kirche. Fünf Vorträge*, Mainz, 41955 (1922), S. 19—38. Vgl. dazu auch Erich Przywara, "Kirche als Lebensform," in: Ders., *Ringen der Gegenwart. Gesammelte Aufsätze 1922—1927. 2 Bde.*, Bd. I, Augsburg, 1929, S. 19—25.
③ 语出英国历史学家 Eric Hobsbawm (1917—2012)。

照,因为我的人格结构如此,所以我必须反思。"(*BRI*, Br. 78, 15.10.1921)

  孔拉德-马修斯后来总结现象学运动的兴衰时指出,年轻一代的领头人莱纳赫及多位现象学者在一战中阵亡,外国学生不得不离开德国回到各自的祖国,胡塞尔、舍勒、普凡德尔等老一辈巨匠在一战结束后先后离世,施泰因和 H. 利普斯最终没能幸免于二战,哥廷根式的哲学工作共同体从此不再。① 她的评论虽因自身参与其中而带有强烈的怀旧感伤色彩,但以哥廷根为阵地的现象学黄金时代因一战爆发而中止乃是不争的事实,至今仍令人不胜唏嘘。

作者简介:晏文玲,德国美因茨大学/美因茨欧洲历史研究所,博士生,研究方向:二战后德国天主教会与欧洲。

---

① Vgl. Hedwig Conrad-Martius, "Vorwort," in Adolf Reinach, *Was ist Phänomenologie*? München, 1951, S. 5—17, hier S. 7f.

唯美主义者的政治自白

——论托马斯·曼在一战中的政治思想

何雨露

内容摘要：本文旨在探讨托马斯·曼一战期间重要的政论，以《战争中的思考》和《一个不问政治者的看法》为例，将其中的政治思想和美学思想，与一战期间德国知识精英拥战言论进行对比，分析托马斯·曼从战前一个不问政治的唯美主义者到投身政治的转变过程，及其政治思想在战争期间发生的变化。以曼在这一时期的政治思想作为一个剖面，来理解当时德国知识界的普遍精神状态。

关键词：一战　政治　1914 理念　唯美主义

第一次世界大战这场浩劫中，众多知识分子被裹挟其间，他们各自的命运与经历，呈现了一战的一个独特剖面。知识精英投身政治，或奔赴前线，或用笔杆作战，是第一次世界大战的一个特殊现象。1914 年 10 月，93 名知识分子联名发表《告文明世界书》(An die Kulturwelt)，为战争正名，公然宣扬军国主义，声称战争是为了捍卫德国文化。柏林的教授们发表《危机时代的德国演说》(Deutsche Reden in schwerer Zeit)，呼吁人们为了战争团结起来，认为战争预示着民族的更新(Erneuerung)。许多著名的艺术家和文学家们，在 1914 到 1915 年都曾创作过暴力绘画、雕塑或者发表过关于战争的诗歌、政论。哲学家、历史学家和神学家们也致力于赋予战争更高级的意义。

托马斯·曼与德国众多知识精英一样，站在拥护战争的立场上。一战时期的托马斯·曼，对当时德国知识界而言极具代表性，他的政论不仅是研究曼的思想与文本的关键,还是我们理解当时德国知识分子普遍心态的重要切入点。有鉴于此,本文将分为三个部分,第一部分以曼在一战时期发表的政论《战争中的思考》(1914)与《一个不问政治者的看法》(1915—1918)为例,将托马斯·曼的政治思想与当时知识精英的言论进行对比。第二部分分析托马斯·曼政论的唯美主义特征。最后一部分探讨其政论的价值,包括托马斯·曼的自评和学术界的评论。

一、托马斯·曼与"1914 理念"(Idee von 1914)

"1914 理念"是德国知识精英界对一战爆发的回应,包含一系列民族主义政治思想和对德意志未来政治蓝图的构想。这个概念来自经济学家、社会学家约翰·普伦格,核心观点是反对以自由、平等、博爱为口号的法国大革命理想,即"1789 理念"。"1914 理念"的内涵包括两个层面,一是知识精英们在德意志民族面临 1914 生存危机时做出的情感回应,也就是以反西方、反民主为特征的"1914 精神"(Geist von 1914)。二是将精神上升为理想,提出了未来的政治构想,建立一种既不同于西方民主,也不同于东方专制的社团主义(Korporativismus)政治体制,并认为这种政体才是符合德意志本质的。①

托马斯·曼也卷入了这种集体思想热潮之中,一战爆发时,他正在乡间别墅度假,对战争的消息并不知情,直到跟妻子返回慕尼黑,为自己的弟弟维克多送行去战场。"拥挤的站台上充斥着夏日般炎热的迷茫气息,陷入激动、恐惧和亢奋中的混乱人群令他感到吃惊。"②维克多回忆,当时的曼十分严肃,但同时也被人们的态度所震撼。之后,托马斯·曼暂停了手头的《魔山》创作,写了一系列支持战争的文章。这一时期最具代表性的文章是《战争中的思考》(Gedanken im

---

① Steffen Bruendel, *Volksgemeinschaft oder Volksstaat. Die "Idee von 1914" und die Neuordnung Deutschlands im Ersten Weltkrieg*, Berlin: Akademie Verlag, 2003, S. 110.
② Thomas Mann, "Lebensabri?," in *Gesammelte Werke in dreizehn Bäden*, Band XI, Frankfurt am Main: S. Fischer Verlag, 1974, S. 126.

Krieg），写于 1914 年 8 月中到 10 月初之间，这是曼第一次公开对政治问题发表看法。此文一出，引来了和平主义阵营的批判。罗曼·罗兰撰文《偶像》（Les Idoles），谴责托马斯·曼为军国主义辩护。亨利希·曼在《左拉》一文中讽刺了自己的弟弟托马斯·曼，将左拉描述成知识分子的楷模，一个为了真理、理性、和平和民主而斗争的人。讽刺了政治无知者、随大流者、为不公正辩护的人、追求成为民族作家的人、供人娱乐的寄生虫。托马斯·曼看完之后认为这对于他来说是一种毁灭性的打击。为了反击，托马斯·曼于 1915 年开始写作长篇政论《一个不问政治者的看法》，1918 年 2 月底成书。托马斯·曼的政论中展现了"1914 理念"的一系列政治隐喻。

1. 文化对文明

从思想史的角度来看，文化与文明的对抗模式，是"1914 理念"最重要的主题之一，也是德意志特殊道路的思想框架。① 主要目的是通过文化论证来证明德意志民族的独特性和优越性，与法国人的肤浅和英国人的功利不同。在德国知识精英看来，西方文化并不能称之为文化，而是文明，这种文明跟物质主义、个人主义和拜金主义联系在一起，与科技、商业、工业发展密不可分。而德国的文化具有一种深刻的内在性，是理想主义的，目的是建构一个有机的共同体。

托马斯·曼的政论中，文化与文明也是一对重要的概念。早在 1908 年，曼发表于《南与北》杂志上的《试论戏剧》第一次提到"文明与文化"这对概念，但当时并没有政治意味，只是用来区别戏剧与小说。他认为戏剧是一种文化遗存，独立于现代文明之外。而长篇心理小说具有代表性和主导性的表达方式能更好地反映民主且非大众化的现代文明。一战爆发以后，为了论战需要，他将这对概念套用在对战的民族身上。《战争中的思考》开篇就给文化和文明下了定义："文化是整体性，是风格、形式、风度、趣味，是世界的特定精神组织形式，不管这些形式是多么冒险、怪诞、野蛮、血腥、恐怖。文化可以包括预言、巫术、鸡奸、魑魅魍魉、活人献祭、放纵的祭祀、宗教裁判、火刑、神汉的舞蹈、审判巫婆、投毒的时尚，

---

① 曹卫东、黄金城：《德国青年运动》，载曹卫东主编：《德国青年运动》（《德国学术第 1 辑》），上海人民出版社，2012，第 12 页。

以及五花八门的恐怖现象。文明却是理性、启蒙、良顺、教化、怀疑、分解——精神。"①曼对文化与文明的理解受到了尼采的影响②，认为文化与文明并不是近义词，甚至可以说是背道而驰，是"精神与自然的永恒的矛盾与对立"③。曼认为，1914年的德国是站在文化一边的，如16世纪的墨西哥一样，1914年的英国、法国则站在文明一方，如古老的中国。文化与文明的对立在曼这里并不限于具体的时间和空间，用文化对抗文明来描述第一次世界大战，就脱离了当时的具体历史现实。

《战争中的思考》一文中，曼还强调了德意志文化相对英法文明的优越性。"德意志心灵是如此深沉，以至于文明这个概念对它来说不可能是一个最高级的概念"④，对于西方文明所倡导的和平主义，德意志怀着本能的反感。对协约国来说，战争是迫使德国接受文明的方式，目的是让德国去军事化、民主化。法国式的理性想要强迫德国人相信："一个以律师作为代表、由议会来治理的民族，相比穿着士兵服的君主统治下的民族，要更加高级、高贵、自由。"⑤只要德国战败，便会经历改革和民主化的过程，最终会接受理性主义，成为理性的民族。而托马斯·曼认为德国有权利去保卫民族特殊性。德国的政治面貌应该按照德意志的精神准则，而不是高卢人的方式。如果"谁为了人道、理性、伪善等原则期待德意志特性消失在世界上，那么就是犯罪"⑥。

托马斯·曼在之后的《一个不问政治者的看法》中延续了《战争中的思考》的"文化与文明"两分论证模式，吸收了陀思妥耶夫斯基的观点，认为一战是历史上德意志民族与罗曼世界斗争的一次重复。《反抗》一章中，托马斯·曼阐述了德意志民族的反抗性，以历史上著名的条顿堡森林战役为例，公元前1世纪日耳曼部落头领阿尼米乌斯在条顿堡森林击败罗马军队，成为日耳曼民族对抗罗

---

① Thomas Mann, *Essays* II, *1914—1926*, Frankfurt am Main: S. Fischer Verlag, 2002, S.27.
② 晚期尼采曾在一条关于"文化对文明"的箴言中写道："文化的重大时刻，从道德层面来说，总是堕落的时代。而文明时期，也就是人类被期待、被强迫像动物一样被驯服的时期，则是对精神和放肆的天性最不宽容的时代。"参见 Winfried Hellmann, *Das Geschichtsdenken des frühen Thomas Mann*, Tübingen: Max Niemeyer Verlag, 1972, S.67.
③ Thomas Mann, *Essays* II, *1914—1926*, Frankfurt am Main: S. Fischer Verlag, 2002, S.27.
④ Ebd., S.38.
⑤ Ebd., S.43.
⑥ Ebd., S.45.

马人的一次标志性的胜利。一战不仅仅是世界大战,还是德法之战、文化对抗文明、君主制对抗民主制,甚至是兄弟之战——艺术家(托马斯·曼)对抗鼓吹文明的文人(亨利希·曼)。

2. 德意志式自由、义务与军国主义

"1914 理念"中有三个关键词:自由、义务、军国主义。战争爆发导致德意志民族形成自己独有的关于自由的定义,与根植于清教主义基础上的英式个人主义和建立在卢梭理论基础上的法式平等理念不同。这种自由并不意味着把个人与国家割裂开来,也不是公民平等参与国家事务的权利,而更多指向浪漫主义基础上的德意志民族的内在性。特洛尔奇将德意志式的自由定义为"有机的民族共同体建立在义务基础上的,同时带着批判性的个体对集体的献身精神,这种献身精神同时具备自由精神的自主性与个体性"①。"义务"是德意志式自由概念的本质,揭示了个体与集体精神之间的内在联系,就是抛开自身利益作出自我牺牲。"1914 理念"中义务这个概念的内涵继承了康德的学说。义务在康德的伦理学中占有中心地位,他认为,义务是由于尊重规律而产生的行为必要性。② 义务是一切美德(Tugend)的源泉,而何为美德? 德语中的美德来源于 taugen,意为有能力,因此美德是一种力量,代表着坚强。它要求摈弃一切利己的意图,用理性来维护道德规律的纯洁和严肃。这种精神状态可以说是无情(Apathie),但是这也是美德的真正力量。因此,合乎义务原则的行为虽不必然善良,但是被康德视为最高级别的道德。"1914 理念"吸收了这种观点,认为义务伦理观是德国人的特性,被义务感包装的德国人比起英法的个人利己主义更加具有美德。士兵们不计自身利益,完成战争使命,就是一种最高美德。黑格尔又将这种道德与国家挂钩,因此,在"1914 理念"中,军国主义也成了德意志民族世界观的必然结果和体现。从义务中衍生出来的美德是一种英雄式的美德。桑巴特认为这些美德包括诚实、勇敢、顺从、纪律和牺牲精神,是一种"施与的美德"③。在他们的眼

---

① Ralph Rotte, *Die "Idee von 1914", Weltanschauliche Probleme des europäischen Friedens während der ersten Globalisierung*, Hamburg: Verlag DR. KOVAC, 2001, S. 100.
② 参见康德:《道德形而上学原理》,苗力田译,上海人民出版社,1986,第 10 页。
③ Ralph Rotte, *Die "Idee von 1914", Weltanschauliche Probleme des europäischen Friedens während der ersten Globalisierung*, Hamburg: Verlag DR. KOVAC, 2001, S. 109.

中,德国对战争和士兵的尊重并不等同于好斗或者征服欲,而只是在特殊情况下保卫自己国家的手段。

一战爆发时,协约国打出的口号是"文明对抗军国主义"。但托马斯·曼认为英法文明同样与军国主义脱不了干系,在《战争中的思考》一文中,他言辞辛辣,讽刺法国也曾是一个好战的民族。德意志作为一个内向的民族,一个音乐、教育、形而上学的国度,一切都不以政治为导向,而是道德。德国的道德是与士兵精神联系在一起的,军国主义实际上就是道德的形式和表现。德国人好战是出自道德,而不是出自虚荣、荣耀或者帝国主义。① 具备道德的士兵不是"高昂着鸡冠的斗鸡",更不是"急躁的暴徒"。判定一个民族是否是真的好战,取决于当战争成为宿命的时候,这个民族变得美化还是扭曲。和平未必总是好事,在和平年代,人们经常会忘记什么是美。而德意志民族所有的德性与美,都在战争中展现出来了。②

在托马斯·曼看来,"自由"这个概念对于德国来说,就是保持德意志性的权利。晚年他在《德意志国和德意志人》(1945)的演讲中再次总结自由的概念,称其是一个以自我为中心的富有斗争性的概念,它反对一切为利己主义设置前提和限制,试图驯服它,使之服务于集体、服务于人类的意图。德意志的自由概念是对外的,是一种军事化的奴隶主义。它是民族性的、反欧洲的,尚且处于原始部落时期。③ 因此这种自由观也暗含了"野蛮"的危险。

托马斯·曼认为法国人眼中的"美德"是指无条件乐观地去支持发展、进步,相信时代,相信生活。他却认为"理性 = 美德 = 幸福"这个公式是不成立的。人性也是如此,托马斯·曼从战争中得出了一种带有宗教意味的人道主义,认为痛苦和奉献中展现出来的人性才是真正的人性,比启蒙者宣扬的人性更为深刻。战争带来的死亡是一种对人性的升华和提纯。德国本无意挑起战争。"每个人都能感觉并且知道,战争中包含着一种神秘的力量。如同生命的基本力量、生产

---

① Thomas Mann, *Essays* II, *1914—1926*, Frankfurt am Main: S. Fischer Verlag, 2002, S.38.
② Ebd., S.39.
③ Thomas Mann, *Gesammelte Werke in dreizehn Bäden*, Band VI, Frankfurt am Main: S. Fischer Verlag, 1974, S.1137.

与死亡、宗教与爱中都包含着这样神秘的力量。"①

3. 对民主的批判

一战期间的德国,对外秉承"进攻是最好的防守"的信条。对内致力于维护和发展德意志帝国的政治体系。"1914 理念"坚信,德国的政体优于其他国家,认为协约国不理解德国文化,不了解打上德意志式自由烙印的政治体系。德意志政治体系的突出特征是拥有符合义务伦理和集体主义导向的世界观,在此基础上建立一个"客观—有机"的国家,它既不是由个体建立起来的,目标也不是为了满足个体的利益。它是一个为了整体统一起来的人民共同体。这种国家理念的核心是,个体对集体具有义务是第一位的,个体只有在履行了义务以后,才能享受相应的权利。② 西式民主在德国人眼中不过就是各种社会团体和党派之间的利益冲突,为达到自己的目的,不惜损害国家的整体福祉,因此有可能破坏民族的一体性,也与德意志式的自由概念相违背。

一战爆发之初,托马斯·曼就清楚地认识到,战争意味着德国会向着民主的道路迈进一大步。③ 对他来说,民主等同于政治,而且与一系列概念内涵一致——共和国、文学、文明、进步、人道。托马斯·曼认为,最令人信服、具有典型性的德国人是艾辛多夫笔下的无用者,而政治与民主本身是非德意志的,甚至是反德意志的。④ 这些关于政治、民主、德意志性的看法的出处主要来自被托马斯·曼喻为"三颗明星"的瓦格纳、叔本华、尼采,此外,歌德、陀思妥耶夫斯基、拉嘎德对他的影响也很大。例如瓦格纳就曾经在给李斯特的信中写道:"一个政治化的人是令人厌恶的。"⑤曼认为,这些人对民主与政治的恐惧与反抗,并不是出于个人原因或者时代的规定,而是民族本质在内心起了作用。他甚至写道:

---

① Thomas Mann, *Gesammelte Werke in dreizehn Bäden*, Band Ⅶ, Frankfurt am Main: S. Fischer Verlag, 1974, S. 464.

② 参见 Werner Sombart, *Händler und Helden. Patriotische Besinnungen*. München: Ulan Press, 2012, S. 76.

③ Thomas Mann, *Gesammelte Werke in dreizehn Bäden*, Band Ⅶ, Frankfurt am Main: S. Fischer Verlag, 1974, S. 322.

④ Ebd., S. 262.

⑤ Winfried Hellmann, *Das Geschichtsdenken des frühen Thomas Mann*, Tübingen: Max Niemeyer Verlag, 1972, S. 132.

"在德国,对民族的肯定本身就包涵了对政治和民主的否定,反之亦然。"①一战具有双重战场,一面对抗军事上的外部敌人,另一面则是对抗倾向西方思想的内部敌人,也就是以亨利希·曼为代表的"鼓吹文明的文人"。两面敌人都想要德国成为民主制国家中的成员。政治这个词本身就是西式的、非德意志的,德国的政治化就意味着去德意志化。这个思想一直贯穿《一个不问政治者的看法》一书。

如同1914理念与1789理念相对立,托马斯·曼认为"鼓吹文明的文人"一定程度上重复了法国大革命的思想。托马斯·曼在"鼓吹文明的文人"身上看到了雅各宾派的影子,他写道:"作为一个文人,他几乎已经是一个法国人了,而且是一个古典的法国人,一个热爱革命的法国人。因为这个文人从热衷革命的法国那里继承了传统,那里才是他的天堂,他的黄金时代……"②"论美德"一章中,他认为"鼓吹文明的文人"完美复制了雅各宾主义的各种特征,尤其是他们的"美德",例如"自认掌握真理的庸人的骄傲","对大道理的崇拜","无条件乐观地去相信发展、进步、时代、生活"。③ 他认为,这些人的思想是18世纪的,他们有着雅各宾党人的乐观主义,先入为主地相信理性和人类美好的心灵、风格浮夸蛊惑人心的倾向。他们向往无政府主义与暴政、多愁善感且教条主义、恐怖主义、狂热、极端信条、断头台。总而言之,德国的民主化意味着重新建立起人道的、民主的意识形态。"鼓吹文明的文人"提倡的民主只不过是来自18世纪的教条主义和巧舌如簧的美德哲学。

而在德意志帝国的政体下,决定国家事务的不是多数人选举出来的政治家,而是通过专业人士建立在专业基础上的决定。由于政治抉择摆脱了不成熟的民众的影响,文化才得以在不受政治斗争影响的前提下得到发展空间。艺术家也不必成为民主政治的工具,被迫去促进"世界的美好"。托马斯·曼一直把一战看成德国精神与18世纪精神的对抗,同时也将20世纪的政治状态投射回了18

---

① Thomas Mann, *Gesammelte Werke in dreizehn Bäden*, Band Ⅶ, Frankfurt am Main: S. Fischer Verlag, 1974, S. 264.
② Ebd., S. 56.
③ Ebd., S. 426.

世纪晚期。他认为历史是重复的,当下带着过去的面具。托马斯·曼对民主的反抗都建立在对历史的回溯上面。① 也因为这个原因,托马斯·曼将民主化的德国看成是雅各宾派的国家,具体来说就是一个共和国,一个法国式的美德之国,拥有社会契约,由民主的人民管理,个体性在群众中得到完全的提升。

二、唯美主义与政治

托马斯·曼的政治言论更多出于自己的艺术家天性,也有人称他为政治化的唯美主义者(politisierter Ästhet)②。可以从两个层面来理解,一方面,战争的爆发促使托马斯·曼走向政治,为此他甚至一度中断小说创作,花四年的时间用于写政论。另一方面,投身政治也为他的小说添加了政治元素。

首先需要区分两个概念:唯美主义与政治。广义上的唯美主义是指19世纪与自然主义相对出现的一系列文学、艺术流派,例如象征主义、颓废主义、青年风格(Jugendstil)。从社会批判的角度来看,唯美主义反对实用主义、功利主义,提倡将生活的世界唯美化来与其对抗。③ 然而这个概念的内涵在当时曼的思想中却是不同的。《一个不问政治者的看法》一书的初衷是想将政治和唯美主义对立起来,为的是将充满精神和艺术生活的德意志帝国宣称成一个远离政治的区域。在此书篇幅最长的《政治》一章中,曼将唯美主义定义为政治的反面,并且列举了五个唯美主义者的代表——席勒、福楼拜、叔本华、托尔斯泰和斯特林堡。在曼这里,唯美主义不再是迷醉的、单纯的为艺术而艺术。而更多代表一种真理的相对性,也就是观点的不固定性。唯美主义的内涵是,所有说过的话,即使在当下是绝对的、毋庸置疑的,但其实都是有前提条件的,可以被攻击的。艺术家

---

① Winfried Hellmann, *Das Geschichtsdenken des frühen Thomas Mann*, Tübingen: Max Niemeyer Verlag, 1972, S. 139.
② Lothar Pikulik, "Die Politisierung des Ästheten im Ersten Weltkrieg," in Beatrix Bludau, E. Heftrich, H. Koopmann (Hrsg.), *Thomas Mann 1875—1975. Vorträge in München, Zürich, Lübeck*, Frankfurt am Main: S. Fischer Verlag, 1977, S. 62.
③ Ansgar Nünning (Hrsg.), *Metzler Lexikon Literatur- und Kulturtheorie, Ansätze—Personen—Grundbegriffe*. Stuttgart: J. B. Metzler, 2013, S. 8.

的任务不在于去决断善恶对错,而是真实去描述现实中发生的事情。他所做的是,"运用雄辩术,让眼下说的都变成正确的"①。政治对于他来说则是一个与唯美主义相对立的概念。它不是犹豫不决,而是坚决果断。它不是怀疑,而是一种信仰。

以《战争中的思考》为代表的早期政论与托马斯·曼的写作风格大相径庭。他作为一个冷静克制的作家,一反常态在这些文章中使用了大量激进的语言,比如"战争!是大扫除,是解放,是一种巨大的希望。"②曼在战争初期的行为也成为他生平的一个不解之谜。③ 大部分研究者将原因归咎于当时曼的从众心理。这个原因是显而易见的,也体现了知识分子容易受到感染的特质。茨威格曾经说:"他们的感受是真诚的,他们也想真诚地有所行动,这些文学家们、教授们,这些突然变成爱国者的人们。"④

曼在1914年8月22日曾经给出版商费舍尔写过一封信,提到《战争中的思考》一文,曼写道,他已经厌倦了和平的世界。对于德国人来说,没有什么比看到全世界都来与他们对抗更让人觉得伟大和幸福的事情了。⑤ 另外他坦言战争解决了他创作上的危机,1914年的战争赋予小说《魔山》一个结局。托马斯·曼为何会发生如此变化,恰好也要归因于他的唯美主义。建立在敏锐认知(Erkenntnis)基础上的怀疑精神,一方面使人们想法通透,另一方面也使人没有办法去简单相信一种感觉、一种行为或者一种看法。怀疑精神解构了每一种意志,由此产生的体验瘫痪、思维枯竭、精神危机反过来又要求拒绝怀疑。中篇小说《死于威尼斯》中,文学大师阿申巴赫决定"对知识(Wissen)既排斥,又抗拒,扭头不屑一顾,唯恐知识会使他的意志、行动、感情甚至激情(哪怕只是最小程

---

① Thomas Mann, *Betrachtungen eines Unpolitischen*. Frankfurt am Main: S. Fischer Verlag, 2009, S. 228.
② Thomas Mann, *Essays* Ⅱ, *1914—1926*, Frankfurt am Main: S. Fischer Verlag, 2002, S. 32.
③ Thomas Mann, *Betrachtungen eines Unpolitischen. Kommentar von Hermann Kurzke*, Frankfurt am Main: S. Fischer Verlag, 2009, S. 9.
④ Steffen Bruendel, *Zeitwende 1914, Künstler, Dichter und Denker im Ersten Weltkrieg*, München: Herbig Verlagsbuchhandlung, 2014, S. 9.
⑤ Thomas Mann, *Betrachtungen eines Unpolitischen. Kommentar von Hermann Kurzke*, Frankfurt am Main: S. Fischer Verlag, 2009, S. 11.

度)变得麻木、沮丧、失去尊严"①,因为"高贵而睿智的头脑,在犀利和苦涩的认知面前似乎会比在其他事物面前更加迅速、彻底地变麻木"②。战争提供给这位反讽家和怀疑论者一个机会,迷醉于强烈的原始的情感之中,加入这场"文化对抗文明"的战争之中,从怀疑暂时逃离到一种固定的信仰之中。在这里存在一种吸引,与一个集体、与整个民族产生一种团结的共鸣。因此托马斯·曼选择沉醉在战争狂喜之中。

战争初期托马斯·曼表现出来的反常只是暂时的。他从1915年秋天开始创作长篇政论《一个不问政治者的看法》,1918年2月底成书。这本政论也可以说是"一个唯美主义者的政治自白"③,他重新恢复了自己的艺术家定位。书中糅入了与亨利希·曼的个人恩怨,表达政治思想时依然不乏情感上的宣泄和迷醉,托马斯·曼也曾经对他的女儿艾丽卡·曼说,他在《看法》中"袒露了他内心的秘密"④。然而与第一阶段的直抒胸臆相比,这本书中反映了作者的苦苦思索、自我追问,以及随着战争形势的变化带来的矛盾心理。从内容来说,托马斯·曼的这本政论洋洋洒洒六百多页,就像一个巨大的采石场,主题繁杂,政治思想和艺术思想融合在一起。在"前言"(Vorrede)中,曼给这本书做了一个全面的概括,他给这本书的定义是:"它是介于作品和倾诉、作曲和写作之间的中间产物。"⑤

这本政论的最大特色是大量使用引文引用,这也是托马斯·曼所有作品中使用引文最多的一部,总共有4000多处,其中有交待了出处的,更多是没有交待出处的。主要引用对象有五个人——尼采、叔本华、瓦格纳、歌德、陀思妥耶夫斯基。另外还有屠格涅夫、托尔斯泰、福楼拜、波德莱尔、伏尔泰、易卜生、斯特林堡等。"敌对方"引用最多的是亨利希·曼、罗曼·罗兰等。⑥ 托马斯·曼还专门

---

① Thomas Mann, *Frühe Erzählungen 1893—1912*, in der Fassung der Großen kommentierten Frankfurter Ausgabe, Frankfurt am Main: Fischer Taschenbuch Verlag, 2012, S. 513.
② Ebd.
③ Thomas Mann, *Betrachtungen eines Unpolitischen. Kommentar von Hermann Kurzke*, Frankfurt am Main: S. Fischer Verlag, 2009, S. 13.
④ 艾丽卡·曼:《我的父亲托马斯·曼》,潘海峰、朱妙珍译,东方出版社,2001,第208页。
⑤ Thomas Mann, *Betrachtungen eines Unpolitischen*. Frankfurt am Main: S. Fischer Verlag, 2009, S. 12.
⑥ 参见Thomas Mann, *Betrachtungen eines Unpolitischen. Kommentar von Hermann Kurzke*, Frankfurt am Main: S. Fischer Verlag, 2009, S. 56.

在"反思"(Einkehr)一章中,用36页的篇幅谈到了三位大师叔本华、尼采、瓦格纳身上体现出来的德意志民族性和对自己的深刻影响。这些内容似乎并不属于"政论"的范畴,但这在当时的知识精英界也并不罕见。1914年9月,犹太裔德国作家恩斯特·李扫尔(Ernst Lissauer)发表了在当时具有典型意义的诗歌《领导者》,诗中提到了一系列德意志名人——路德、巴赫、康德、席勒、贝多芬、歌德,认为这些人是民族精神的领袖,而一战正是在这个"精英总参谋部"[1](Generalstab der Geister)的领导下爆发的。共同点就是忽略了战争的地缘政治因素,理想主义地从文化角度来为战争正名,也反映出了知识分子对自身"领导"地位的追求。

《看法》是托马斯·曼的一部诚意之作,不同于他的小说,他在书中坦诚地表达了自己的许多观点,与当时保守主义阵营的思想契合。写这本书不仅仅是为了回应亨利希·曼的攻击,很大程度上也是因为一战爆发,德国受到了攻击,托马斯·曼虽然对政治并没有经验,并且缺乏专业政治知识,但是被民族主义情绪所感染,所以加入了集体反抗。在书中,托马斯·曼解释了自己的爱国主义情结,起因是亨利希·曼曾质疑托马斯·曼鼓吹爱国是沽名钓誉,真正的艺术家是不谈爱国主义的。作为回应,托马斯·曼将自己定位成"颓废派(Dekadenz)的历史书写者和阐释者,病理学和死亡的爱好者,有毁灭倾向的唯美主义者"[2]。对他来说,爱国主义是一种对民族的热爱,而不是带有党性的对国家机构的热爱。他的另一段自白也解释了这个问题:"我不是一元论者,不是说世界语的人,也不是解决世界难题(讽刺启蒙主义)之友,同样也不是模仿正统的人。但我更不是官方动物,不是国家荣誉获得者,也不像政客,一说话就刻意将自己看成对抗外国的德国代表。"[3]这番话体现了托马斯·曼的艺术家本质和单纯的对德意志民族的热爱。

除了"唯美主义与政治",书中还提到一对重要的对立概念:"反讽与激进主

---

[1] Steffen Bruendel, *Zeitwende 1914, Künstler, Dichter und Denker im Ersten Weltkrieg*, München: Herbig Verlagsbuchhandlung, 2014, S. 7.
[2] Thomas Mann, *Betrachtungen eines Unpolitischen*. Frankfurt am Main: S. Fischer Verlag, 2009, S. 169.
[3] Ebd., S. 184.

义"。两对概念是互相对应的——唯美主义与反讽,政治与激进主义。托马斯·曼将自己的创作称为是反讽的,与"鼓吹文明的文人"的激进主义相对。前者擅长反讽(Ironie),后者擅长讽刺(Satire)。两者的区别是,反讽是一种清醒的沉醉,目的并不是为了改变,而是保持生活原本的模样。讽刺的目的则是用精神去强制改变生活。同样的思维模式,他把保守主义比喻成精神(Geist)对生活(Leben)的爱欲式反讽(die erotische Ironie des Geistes)。爱欲是一种无关功利、不顾道德的爱。精神被生活所吸引,沉迷其中,忘记用理性去改变生活。但同时,精神并不是无知的,而是有着清醒认识。这就好比保守主义者,并不是固执去坚守现存的制度,而是在知道现实的弊端的前提下,仍然不想去改变。在谈到自己是否是一个保守主义者时,托马斯·曼写道:"保守主义?我当然不是。如果说我表达的观点看起来是这样,那么我的天性也许并非如此,而归根结底,发挥作用的是天性。"①

这种模棱两可的说法证实了托马斯·曼唯美主义的本质,也跟形势密不可分。随着战争局势的转变,托马斯·曼逐渐意识到自己的一些政治思想是幼稚的、不成熟的。因此他在最后创作(1918年秋)的前言里,对自己的一些观点进行了修正。开头他就表达了自己并不乐意去写这本书,是时代的潮流迫使他去完成精神上的"兵役"。然后,他坦承自己并不适合写政论。他不把这本书称为自己的成果(Frucht),而是剩余、残留和沉淀(Bleibsel)。并说,艺术家的作品往往不会直接表达作者的意图,而是更习惯借他人之口来表达,大规模地引用,目的就是让作者与他所写产生距离。前言的最后还将这本书定性为文学虚构(Dichtung),表达的是内心的分裂与矛盾。

托马斯·曼在前言中的这些补充和修正性的言论不免有自圆其说的嫌疑,但同时也解释了这部作品的复杂性,暗示了自己的政治思想其实并没有改变。《一个不问政治者的看法》这本书时至今日仍然是一本充满争议的书,批评他的人把这本书当成是体现他在政治和世界观方面有问题的一本书。这本令人生畏的600多页的政论,虽然曾让他声名狼藉,但是其中也有不少精华内容。这本书

---

① Thomas Mann, *Betrachtungen eines Unpolitischen*. Frankfurt am Main: S. Fischer Verlag, 2009, S.634.

的魅力就在于充满了对立和矛盾,是一部典型的艺术家的政论。文学家与政治家不同,文学家可以立体地去观察,一个唯美主义者总玩转不同的立场。他在"政治"那一章中承认自己的自相矛盾,"是……也不是,这就是我的写照"①。这就是托马斯·曼式的反讽,同时也是托马斯·曼保守主义思想的写照,它总是在一面里面包含了其对立面。他的这本书主要是在跟"鼓吹文明的文人"论战,但是他又强调:"文学的本质是民主的、文明的。更准确来说,文学就是民主与文明。我通过写这本政论保守地反抗,是不是反而促进了德国的进步?"②托马斯·曼的矛盾在于,作为一个文学家,他所推崇的,却也正是他所批判的。这也是这本书的典型特色。因此,托马斯·曼后来转向民主,这并不像他的反对者说的那样是对时代精神变化做出的适应,而是一脉相承的发展。我们读这本书,不能顺着字面意思去理解,而是要反向理解。③ 托马斯·曼的保守主义里包含了它的对立面。然而,民主这个词在他眼里是一个被绝对化了的词,这个词不包含辩证和反讽。进步是一种教条,它宣扬的是激情,而不是反讽。进步是一种"原则"(Prinzip),保守是一种"看法"(Stimmung)④。这就是托马斯·曼和鼓吹文明的作家之间无法调和的矛盾。简单地说,托马斯·曼不是一个迷信权威的人,而是一个反讽的保守主义者。

三、评 价

一战初期德国境内出版的战争檄文数量庞大,因此,《战争中的思考》一文并没有使托马斯·曼成为当时德意志帝国的代表作家,但是他在保守主义阵营的名望有所提升,也引发和平主义阵营对他的批判。托马斯·曼本人在后来的

---

① Thomas Mann, *Betrachtungen eines Unpolitischen*. Frankfurt am Main: S. Fischer Verlag, 2009, S. 263.
② Ebd., S. 45.
③ Dieter Borchmeyer, "*Politische Betrachtungen eines angeblich Unpolitischen. Thomas Mann, Edmund Burke und die Tradition des Konservatismus*," in Eckhard Heftrich und Thomas Sprecher unter Mitarbeit von Ruprecht Wimmer (Hrsg.), *Thomas Mann Jahrbuch, Band 10*, Frankfurt am Main: Vittorio Klostermann, 1997, S. 102.
④ Ebd., S. 401.

《一个不问政治者的看法》中小心翼翼批评了自己的这篇政论,称《战争中的思考》这个标题本身就含有唯美主义意味,"战争中"是一个限定条件,战争中的思考与和平时期的思考是不同的,因此这些思想是具有局限性的。他同时强调艺术家"不习惯直接、负责任地说话,而习惯于让别人来说"①。然而写政论不同于写小说,没有艺术形象可以做支撑,因此他也坦承自己不知道如何去写。后来曼对这篇政论绝口不提。1918 年以后,他的论文集里不再收录这篇文章。1934 年雷克拉姆出版社曾请求在某一本文集中刊印这篇文章,遭到了曼本人的拒绝。在转向民主和反法西斯的那些岁月里,托马斯·曼也因为最初的这篇激情洋溢的战斗檄文一直遭到嘲讽。

至于后来发表的《一个不问政治者的看法》,首先要看作者本人对此书的定位。托马斯·曼希望读者不要把这本政论当成一本试图去引导、影响或者说服他人的书,而把它当成一本小说来读,里面记录了一段刻意去体验,然而内心却保持了距离的精神之旅。②"这是对时代精神潮流某种无法描述的愤慨的产物……这是一种纯文学的好斗或者喜欢挑起争论……即使陷入严重的片面性也在所不惜。"③

该书于 1918 年秋天出版,战争形势已经让作家不能再自欺欺人,书中宣扬的战争胜利的预言也不攻自破。一战德国战败投降那个无眠的夜晚,托马斯·曼曾经想过阻止这本书的出版,然而费舍尔出版社的紧急电报传来,说这本书已经印刷了 3000 份出版。④ 后来,这本书从 1918 年到 1922 年之间印刷了 24 版,魏玛共和国和流亡时期停止了再版。1955 年民主德国出版的《托马斯·曼文集》里去掉了该书,直到 1983 年人们才重新接触它。⑤ 1922 年曼发表《关于德意志共和国》的演说,表示拥护魏玛共和国,支持民主共和。因为"叛变",托马

---

① Dieter Borchmeyer, "*Politische Betrachtungen eines angeblich Unpolitischen. Thomas Mann, Edmund Burke und die Tradition des Konservatismus,*" in Eckhard Heftrich und Thomas Sprecher unter Mitarbeit von Ruprecht Wimmer (Hrsg.), *Thomas Mann Jahrbuch, Band 10*, Frankfurt am Main: Vittorio Klostermann, 1997, S. 250.
② Ebd., S. 94.
③ 艾丽卡·曼:《我的父亲托马斯·曼》,潘海峰、朱妙珍译,东方出版社,2001,第 202 页。
④ Thomas Mann, *Betrachtungen eines Unpolitischen. Kommentar von Hermann Kurzke*, Frankfurt am Main: S. Fischer Verlag, 2009, S. 89.
⑤ Ebd.

斯·曼承受了前所未有的谩骂。

托马斯·曼1950年在芝加哥大学演讲《我的时代》中的一段话精辟地总结了《一个不问政治者的看法》："就其最内在本质而言，该书与其说是一则政治宣言，不如说是一部实验小说和教育成长小说。从心理角度看，这是用论战形式出现的对保守主义—民族主义领域进行的细致探索，但无意对事情做定论……《看法》问世仅四年，我就发现自己变成了民主共和国这个在战败中产生的弱不禁风的产物的捍卫者，成为民族主义的敌人，但是我并未察觉出自己的生活出现任何的断裂，丝毫没觉得自己必须发誓否认什么东西。"① 由此可以再次看出，托马斯·曼并不认为自己有什么"转变"。

德国学术界有一批人将这一时期的托马斯·曼归于更为激进的保守革命的行列。比如阿尔冈·莫勒在《德国的保守革命手册1918—1932》一书中将托马斯·曼的《一个不问政治者的看法》看成保守革命的一本纲领性书籍。这种看法有失偏颇，证据并不充分，忽略了托马斯·曼唯美主义的艺术家本质，还忽略了一个事实：虽然托马斯·曼思想传统保守，但是他并不了解保守主义的经典著作，如伯尔克、托克维尔的作品，也不了解反保守的经典著作，如卢梭、罗伯斯庇尔的作品。他在这方面的知识基本来自边缘的二手文献。

1914年爱国主义激情最初并没有受到太多批评，原因一方面在于审查制度，另一方面在于战争动员的需要。大部分1914思想的狂热追随者都随着对战争的体验经历了理想幻灭的过程。后来许多艺术家和文学家都美化了自己的简历，隐瞒了战争初期支持战争的政治行为。如今大部分的战争檄文和诗歌都被当成鼓吹战争的宣言。尽管经历了一百年时间，这些作品的内容已经变得陌生，但是不能将这些作品一律定义为知识分子的精神迷茫或者将这些作品定义为艺术上或者内容上无意义。托马斯·曼的政论在一战期间无疑也具有典型意义，体现了德国强权政治和民族主义狂热，后来也让托马斯·曼一度成为反动派。如果现代人摘掉政治正确性的眼镜来审视这本书，那么今天还会有收获。因为人们在里面可以找到一些令人耳目一新的思想，即使是容易被驳倒的观点，例如

---

① 托马斯·曼：《我的时代》，黄燎宇译，载《托马斯·曼散文》，人民文学出版社，2014，第332—333页。

人们可以从中看到民族主义和反民主思想的吸引力。德意志独特的文化传统发现了启蒙主义的狭隘和肤浅之处，阐释了西方之外的另一种现代性。19世纪到20世纪德国文化思想中若干反西方、反启蒙的主张，包括魏玛纳粹时代反议会民主的法理学家施密特的学说，也被拿来作为反思启蒙主义和西方霸权主义的依据。重视民主，客观评价启蒙精神，这也许就是托马斯·曼的政论带来的一些启示。

作者简介：何雨露，北京大学外国语学院德语系博士生，在研题目"托马斯·曼政论"。

文化的生与死

——卡尔·克劳斯戏剧《人类最后的日子》
中的第一次世界大战

张文鹏

内容简介:卡尔·克劳斯的《人类最后的日子》是一部描写第一次世界大战的戏剧作品。本文试图分析的是卡尔·克劳斯在这部戏剧中对于一战中德语地区文化走向衰落和崩溃所表现出的担忧。本文首先从克劳斯认为一战时期德语地区的艺术和语言出现的衰微状况进行分析,进一步讲到他认为传统价值也开始有了崩溃的迹象,最后文章指出克劳斯认为德语地区的文化已经显现出了生命力匮乏的特征。

关键词:卡尔·克劳斯 《人类最后的日子》 第一次世界大战 文化衰落

奥地利犹太裔作家卡尔·克劳斯(1874—1936)的戏剧《人类最后的日子》写于1915年至1919年。全剧共分五幕,外加序幕以及尾声,其中每幕都在30场以上,最后一幕多达55场。从规模上来讲,该剧堪称鸿篇巨制。该剧历来被认为是作者对第一次世界大战(下文简称"一战")的反应,是对人类历史上经历的这次劫难的记录,因而以往的研究者多从记录一战的空前残酷及其对人类的巨大伤害的角度对其进行阐释。然而,1914年爆发的第一次世界大战并不仅仅是一场发生在战场上的战争,并不只是在战场上造成了大量的伤亡的战争,事实上也是一场与文化相关的战争,它给德语地区乃至整个欧洲文化造成了极为重大的损失。本文正是从这一角度分析《人类最后的日子》中所呈现出的一战中德语地区文化领域分崩离析的景象以及蕴含于其中的卡尔·克劳斯对于时代和文化的痛苦思考。

一、艺术和语言的衰微

随着工业革命的发生，人类在科技领域有了长足的进步，加之资本主义商业的蓬勃发展，早在19世纪下半叶，欧洲文化悲观主义的思想潮流便应时而生。对20世纪思想史产生了巨大影响的哲学家弗里德里希·尼采明确表达了欧洲文化处于一种退化和衰弱的宿命之中的看法，他也因此被认为是文化悲观主义的先驱者之一。尼采认为："近代欧洲并不是说丧失了某种活力，而是关键在于它从来没有这种活力的基因。"①但是，与其他一些学者一样，尼采认为是某种力量导致了欧洲文化走向衰败和堕落，所以在他的作品中注重探寻欧洲文化衰落的原因。"尼采后期所有具有影响力的作品都蕴含着一种探寻欧洲文化衰微根源的意识，这些作品包括《快乐的科学》、《道德谱系》、《超越善恶》以及极富史诗寓言意味的《查拉图斯特拉如是说》。"②同样，卡尔·克劳斯在《人类最后的日子》中对欧洲和德语地区在第一次世界大战这一特殊时期文化衰落状况的描写，正是文化悲观主义基调的直接表现。

体现衰落文化最直接、有力的表现之一就是艺术作品。尼采认为衰微的艺术作品或衰微的人最主要的问题就在于缺少"真实性"③。在《人类的最后的日子》里，卡尔·克劳斯描绘了战争时期艺术的堕落：一战爆发后，艺术作品和文学作品出现了一种新的趋势，即艺术的一切几乎都与战争有关，且风格浮夸、做作，缺少了"真实性"。

剧作第一幕第22场中两个战争通讯员的一段对话里，出现了"前线剧"这一称谓。在战场上使用娱乐的方式来鼓舞士兵斗志，进而取得战争的胜利，是一

---

① 阿瑟·赫尔曼：《文明衰落论》，张爱平等译，上海人民出版社，2007，第100页。
② 同上书，第103页。
③ 赫尔曼，《文明衰落论》，第103页。

种非常古老的手段。古罗马时期就有艺人出现于阵地之上；历代战争中，也曾以战地流动舞台的形式为军人表演戏剧节目。第一次世界大战期间，这样的戏剧文化自然也没有成为例外。但是与以往不同的是，一战中，当时的奥匈帝国成立了"战争传媒办公室"。这是一个专门负责宣传的职能机构。卡尔·克劳斯在《人类最后的日子》中，直接使用了这个真实存在的名称。在这场战争中，"前线剧"便是"战争传媒办公室"直接负责的一个工作部分。"前线剧"为战争服务，倡导符合战争的精神，或为鼓舞士兵士气，或为娱乐放松，或为对前线士兵起到心理疏导作用。这便决定了"前线剧"的形式和内容都与传统戏剧模式有所不同。这种为战争服务或者直接描绘、赞扬战争的方式不仅仅体现在"前线剧"，其影响也很自然地蔓延到了当时的戏剧文化。当时的后方，包括社会名流在内的各个阶层的观众汇聚一堂，欣赏专门描写战争或者与战争相关的戏剧。在一个郊区的剧场演出中，演员尼泽小姐扮演的角色向士兵要求一个吻。这个今天看来有些庸俗甚至下流的情节却被报以了暴风骤雨般的掌声。

除了戏剧的表现形式之外，在《人类最后的日子》里还记录了当时的绘画作品。剧中专门有一段在画展橱窗外的对话。在这场对话里，二人对画展表示出了高度赞誉，因为在画展中他们看到了种种关于描述战争的画面：尼伯龙根宝藏传说，皇帝在帝国大厦中抽剑的姿势，皇帝在前线面对士兵哭泣以及所谓的宏大画作、描绘皇帝身处战场的《伟大的时代》。

通过对当时戏剧作品和绘画作品的场景描述，首先可以看到：因为第一次世界大战的爆发，在战争思维的干预之下，艺术作品的水准有了大幅的下降。艺术作品创作的标准、艺术作品表达的主题、艺术表现形式呈现出了门槛降低、单一化、低俗化的趋势。这种趋势与时代有关，又反过来对时代、对身处那个时代中的个人有着不可估量的重要影响，具体则体现在了艺术作品的受众审美品位和艺术格调的降低。艺术创作者的表现形式在此基础上又进一步大受影响，表现为对这种品位与格调的迎合。最后导致的结果则是，艺术作品、艺术家和受众本身三者同时出现了大幅的堕落表现。

在《人类最后的日子》中"吹毛求疵者"既可以做出种种入木三分的深刻评论，也可以直接朗读当时报纸报道或戏剧作品介绍，这样通过自己在剧中的化身"吹毛求疵者"之口,卡尔·克劳斯表达了自己对于艺术水准降低对人类生活本身影响的忧虑和思考:艺术水平的低下,会伴随人类生活水准的低下,更重要的是会导致生活的严重僵化。这是人类走向堕落、走向毁灭的重要表现之一。

身为犹太裔卡尔·克劳斯极其重视德语的纯粹和深度。有人这样形容卡尔·克劳斯的工作方式:"拉紧的语法之弓"。卡尔·克劳斯首先强调语法的精准。对于即将出版的文章,他会日复一日地反复修改。"这样的文章有无数篇,它们一篇又一篇产生出来,就如同树干上的年轮,因为克劳斯对于言辞的忧虑永远没有尽头。"① 严格要求和刻苦训练让卡尔·克劳斯在德语语言方面成为不朽的大师之一。他本人也对一个朋友承认自己在语言精确度方面的努力:"当我开始写一部作品,其实我在抓起笔的时候对于文章的结构或者别的任何具体的细节是一无所知的。但是,随着最初写下的几个句子,我就能感受到它们语法的张力,就会知道这部作品到底有多长,在这点上我从来没有失算过。"② 不止于对于语法精确度的严格要求,卡尔·克劳斯还进一步强调语言的艺术。他将语言的艺术置于音乐、绘画、建筑以及其他的艺术之上。"他有一个有趣的论断。他这样讲到,语言的艺术是唯一一个作品能够被等义复制的艺术。"③ 因此,卡尔·克劳斯对于第一次世界大战中德语令人不安的状况极度重视,在《人类最后的日子》里有详细的记录。

第一,整个社会中的语言从形式到内容呈现出了低水准的现象。

在剧中,一批母语为德语的人首先在掌握正确德语语法方面存在着巨大的困难。一位军队军官讲话所使用的语言中出现大量语法错误:介词 mit 后面直接使用第一格,名词的词性用错,动词第二分词用错,整个句子存在着动词与介词搭配的问题。人们所使用的语言,首先从形式上就脱离了德语的传统,在语法正确这方面表现出了不足。

---

① Friedrich Pfäffin, *Aus großer Nähe. Karl Kraus in Berichten von Weggefährten und Widersachern*, Göttingen, 2008, S. 176.
② Ebd.
③ Ebd., S. 189.

语言粗鄙化的第二点体现在语言表达的内容。粗俗的辱骂性词汇被大量、广泛地使用。第五幕第32场中，卡尔·克劳斯用了整整一场的篇幅描述军官在使用"狗"这个词来教训、辱骂普通士兵的场景。语言的内容上还存在着另外一个问题，在日常语言中关于性、性病、卖淫以及个人隐私等方面的语言表达没有任何禁忌。卡尔·克劳斯描绘了一个柏林夜总会，人们在谈话过程中将这些内容毫不掩饰地表达出来。

通过形式和内容两个方面，卡尔·克劳斯描绘出了在第一次世界大战里德语语言表达粗鄙化的倾向。

第二，德语中特殊固定用语、固定表达方式在一战中广泛传播。

这些特殊固定用语、固定表达大多与战争相关，来源于名人演讲、媒体表述或战争报道，它们直接影响到人们的日常表达。前方战争伤亡惨重，军队还要深受气候以及补给不足的困苦，后方人民也同样遭受着饥饿、恐惧和死亡的威胁，这些从第一次世界大战开始成为了现代战争最明显的特征，尤其是在战争将要结束的时候，基于当时的困顿情形，DURCHHALTEN（"坚持"）这个词在前方战场和后方家园都曾经被广泛使用。具体而言，这个词深入到了生活中的每个细节。在《人类的最后的日子》里，卡尔·克劳斯描绘了这个词在普通人生活中的泛滥。在咖啡馆里、在人们的闲谈中、在学校孩子们口中以及"爱国主义者"的口中都能听到比如这样的话："坚持，这是我们的热情所在。""坚持"甚至成为当时一种纸牌游戏的名称。

除了"坚持"，被广泛传播的固定用语还有"现在是战争时期""伟大的时代"等。这类固定语言表达会被特定的人群如不法商人所利用，成为剥削普通人的有利借口。有一幕专门描写了这样的场景：蔬菜店商人将各种商品大幅提高价格，面对众人的抱怨、质问和谴责，他一概回答为"现在是战争时期"。这类固定表述方式的大量使用，首先会束缚、钳制人的思想，让普通民众在对语言表达的肯定中，潜移默化地加深对政府、上层社会人士以及对于战争的正面肯定，同时还能默默接受战争带来的苦难。"伟大的时代"这个由官方、媒体鼓吹而来的语言表达经过大力传播成为普通群众的日常语言，使民众生活在"伟大时代"的幻觉之中。

第三,德语地区被人为封闭和隔离。

战争爆发后,英国、法国、俄罗斯成为了敌对国家,这些国家的语言自然而然也被当成了敌对国家的语言来对待。在德语国家存在着这样的两种现象:外语词汇被人为清洗、清除;说外语的人被树立成敌对的一方进而遭到鄙视。

这种在语言方面极度排斥外文尤其是敌对国家语言的行为,意味着多语言环境的消失,造成了本国、本民族语言人为的封闭性。封闭性又意味着发展的停滞。与此同时,这种过度的对语言的纯洁要求导致了另一个极端的出现,就是在所谓的"伟大时代"中,怀着在战争中应有的爱国主义情怀而过度强调本国、本民族的语言,"德语的""德国的"这样的语言表达被过分突显。通过一个普鲁士火枪手与书店老板整场的对话,克劳斯描绘了语言被强制封闭的另外一个重要的现象:病态的、超出常理地强调民族语言或者本民族特性。这与纯洁德语清除外语的行动,构成了德语区被人为制造成为封闭区的两个方面。

《人类最后的日子》中,通过语言水平的粗鄙化、战争中特定语言表达的泛滥以及德语被人为制造成为封闭区域这三个方面,卡尔·克劳斯描绘了一战爆发后德语地区语言粗俗、僵化且不再具有活力的现象。

卡尔·克劳斯本人坚定地认为,在语言方面所发生的种种问题都与第一次世界大战有着极为密切的关系。通过剧中自己的化身"吹毛求疵的人"之口,他明确表达了战争跟语言之间的关系:每一种空洞到极致,且僵化到停滞不前的语言,都有一种这样的倾向,即它随时准备好用一种坚信的语调去寻找所有对自己毫无指责却对他人加以责备的东西。① 同时,他进一步讲出了战争中语言所面临的困境:"战争关系到的就是语言的生和死!"②作者的化身"吹毛求疵的人"进一步讲到,他所关注的这些,并不是针对语言的语法、语言的形式,他关注的是语言所包含的内容以及语言所拥有的鲜活意义。他讽刺的、批评的恰恰是,因为战争的原因他所注重的特征遭到毁坏。

---

① Karl Kraus, *Die letzten Tage der Menschheit*, Frankfurt am Main, 1986, S. 201.
② Ebd., S. 255.

二、传统价值的崩溃

雅各布·布克哈特,19世纪杰出的文化史、艺术史家,他的研究重点在于欧洲艺术史与人文主义。面对19世纪欧洲的状况,布克哈特认为欧洲面临着一场巨大的危机,这种危机是一种文化的危机。布克哈特与尼采之间有一个一致地方,即对文化和教育现状的批评,但是两人之间还是有着实质的差异。① 19世纪德国和西方最著名的历史学家、"兰克学派"的创始人、近代西方"客观主义"历史学派之父利奥波德·冯·兰克是他在柏林上大学时的老师。布克哈特深受老师兰克影响,对于当时的社会和历史持有一种"历史悲观主义"的态度。

"历史悲观主义者把当前看成是对创造性的、秩序井然的过去所达到的成就的系统解构。过去人们赖以维系社会力量平衡的各种制度失调了,社会的发展变得混乱无序并充满破坏性。"② 卡尔·克劳斯体现出了对于这种历史悲观主义的认同,描绘了在第一次大战中基督教世界的变化,基督教传统的价值被打碎,一切几乎与战争相配合,一切变得混乱不堪,失去了原有的秩序。

在《人类最后的日子》中,卡尔·克劳斯描绘了在第一次世界大战中,基督教文化的种种崩溃和堕落现象。

第一,基督教的神职人员表现出了极高的战争参与度。

在教会教堂的布道讲解以及祈祷文的常用语里,充满了各种对于战争的表述。在第三幕的第15至18场中,卡尔·克劳斯集中描写了教堂中布道与祈祷的场景。在教堂中,首先能听到的是运用《圣经》中的故事、宗教的理论对第一次世界大战合理性的解释以及对杀人的正常辩解:这场战争只不过是上帝对于有罪民族的惩罚。不仅借用上帝的理念来阐述战争的正义性和必要性,神职人员还进一步对《圣经》中耶稣话语用有利于战争的角度进行重新阐释和重新应用。耶稣所讲的"要爱你们的敌人"被解释为只能适用于普通人与人之间,而不

---

① 参考卡尔·洛维特:《雅各布·布克哈特》,楚人译,北京,2013,第26页。
② 赫尔曼:《文明衰落论》,第100页。

是适用于民族与民族之间。"审视你们并且以主的名义祈祷:主啊,引导我们进入天堂"这句话反复出现在祈祷用语之中。

除了在教堂布道的言辞与表达之中,教会人员对第一次世界大战的参与度在卡尔·克劳斯的笔下体现为直接参与战争,甚至在杀戮的过程中体会到了强烈的满足感。参与两军交火的战地牧师安东·阿尔默在遇到军官与士兵之后的问候语是:"上帝保佑你们的武器!利索地对敌人们开过火了吗?"在炮兵连更有神父直接参与炮击整个过程的情况。

在这样的情境之下,宗教的神职人员与狂热的政客、民族主义者和战争狂人没有丝毫的区别,他们成为了世俗国度中的一员。而据《圣经·新约》,不能将耶稣的国度与世俗世界等同起来。在《约翰福音》中有这样的对话:

> 耶稣回答说:"我的国不属这世界。我的国若属这世界,我的臣仆必要争战,使我不至于被交给犹太人;只是我的国不属这世界。"彼拉多就对他说:"这样,你是王吗?"耶稣回答说:"你说我是王,我为此而生,也为此来到世间,特为给真理作见证。凡属真理的人就听我的话。"①

神的国度不是世俗的国家,不服务于某个特定人群,不追求权力,追求的是真理。当然,教会参与战争进程、政治纷争的记录在人类历史上大量存在。但是卡尔·克劳斯痛心疾首的地方并不仅仅在于具体的个人或者集体行为,他关注的是,教会人员在第一次世界大战中对战争的热情参与,违背了的基督教文化应有的价值观。而这样的价值观正是他内心所无比推崇的,他认为这是构成西方基督教文明的重要组成部分。

在卡尔·克劳斯的笔下,有理性、保持在正常范围之内的宗教人士只是一部分人。在涉及教堂布道、祈祷的数场戏中,他都在舞台提示中标明,这是新教的教堂。卡尔·克劳斯对于基督教的认识是,新教在第一次世界大战中表现出了世俗化与野蛮化的状况,而天主教做到了对基督教悲天悯人价值观的坚持。因而,在第一幕第27场中,他记录了当时教皇本笃十五世在梵蒂冈的祈祷。这段祈祷文之所以能引起卡尔·克劳斯的深度认同,还有一个原因,在于其中有这样

---

① 见《圣经》之《约翰福音》第18章第36节。

一句话:"欧洲最美的地方,这个全世界的花园,现在到处都是尸体和废墟。"①第一次世界大战对欧洲、对克劳斯所热爱的德语地区的破坏和摧残正是如此。

第二,第一次世界大战让普通民众信仰方式野蛮化。在整个社会环境以及教会各色人等对于战争的狂热支持下,上层社会与下层普通民众信仰方式产生了颠覆性变化。首先,体现在普通民众将战争、杀戮与上帝、信仰的无缝接合。德国社会学家马克斯·韦伯提出了新教伦理这一理论。其中的"天职"观念,即某种由上帝安排的任务,成为新教工作伦理的核心内容。他抛弃了原来天主教那种禁欲主义的修行或他认为是超越尘世的空洞劝解和训令,而把个人在尘世中完成所赋予的义务当作一种至高无上的天职。当教徒们把战争当作与信仰相关的"天职"之后,一切都不可再用杀戮的罪恶来看待,而似乎成为了理所应当之举。在《人类最后的日子》中有圣器保管人介绍两位士兵赠予教堂礼物的场景:"一串挂有十字架的念珠,它的珊瑚珠是由意大利的榴霰弹弹珠组成的。链子的材料则是来自铁丝网。十字架则是从一枚已经爆炸的意大利手榴弹上剪下来的,还有三枚意大利子弹作为小垂饰。耶稣像则是由一枚榴霰弹弹珠组成的。在它的背面则刻着:诚挚谢意。纪念意大利战争。……②"杀人武器与上帝圣像被完美结合在一起。在某种程度上,这正好体现了普通民众、士兵们认为战争与基督教价值观并不悖逆,也正好表明了他们在用行动证明:和教职人员宣扬的一样,他们相信,即使带来无数的灾难,战争仍然是上帝的决定。他们要做的就是履行自己的义务,履行自己的"天职"。野蛮化与宗教道德做到了无缝衔接。其次,在战争时期出现了将皇帝与神等同的渎神行为。教堂的圣器看管人这样讲:"我们把皇帝所属贡献与上帝。我们也把上帝所有,给予皇帝。人要竭尽所能的互相帮助。"③上帝的地位被降至与皇帝这样的凡世所在之人等同,而皇帝被认为与上帝同等重要,甚至比上帝更重要。在军队人士,特别是一些将军们的眼里,德国皇帝是全知全能的,而这样的表述在宗教信仰的历史上从来都只能形容上帝。诸位将领将上帝置于皇帝之下,认为上帝应该秉承皇帝的旨意,且为皇帝

---

① Kraus, *Die letzten Tage der Menschheit*, S.190.
② Ebd., S.359.
③ Ebd.

所用,成为皇帝的"工具";在中世纪的欧洲必然会被视作异端邪说,在启蒙之后更不能出现认为某人全知全能的非理性表达。上述简单、原始的想法和描述与欧洲的基督教文明和文化传统格格不入,无疑显示了一种倒退和原始化倾向。

在第一次世界大战中,基督教宗教信仰的崩溃体现在教会内部,也体现在了民众信仰的方式改变。卡尔·克劳斯用夸张甚至荒谬的笔法描写了这些场景,直接表述了他的想法:这场战争改变了基督教,改变了基督教文化的信仰基础,引起了基督教的种种变化。而这种变化带来的是崩溃、荒芜与野蛮化,直接威胁到德语区乃至整个欧洲的文化状况。

三、生命力匮乏的例证

尼采赞美贵族,认为他们是社会和文化活力的重要体现,是社会生命力的完美体现。他写道:"'人'的每一次质的进步,都是贵族社会的产物,这种现象还将不断发生。"①然而在19世纪末、20世纪初,德语地区甚至欧洲的上流社会状态再也不能被看作是直接体现社会生命力的完美例证。《人类最后的日子》对此有着充分的描绘。

首先,理应作为贵族阶层首领的皇帝,其言辞表现出了无逻辑、无意义、无感情的三无状态。

在德语地区乃至整个欧洲,贵族所代表的上层社会之所以能与下层社会形成截然不同的阶层,不仅仅是因为其在政治与经济领域的领袖地位,也因为他们的人文素养,对文学与艺术的追求与热爱。中世纪之后,新兴的市民阶层崛起,他们强调自己的道德观,努力争取属于他们在政治和经济领域的地位,与当时的贵族阶层形成了对立之势,与此同时,他们也在创造自己的文学和艺术的标准,努力证明自己才是更有教养的阶层:他们在争取整个社会中上层的地位,并且试图制定精神领域上层社会的评定标准。不管是中世纪的贵族阶层,还是18、19

---

① 赫尔曼:《文明衰落论》,第105页。

世纪的新兴市民阶层,要想成为社会的领导阶层,对个人修养的追求,对文学和艺术的追求是必不可少的。在贵族的聚会、后来的沙龙以及大行于世的朗诵会中,这也是永恒的主题,也是这些人在谈话中要尽力展示的。

第1幕第23场中,卡尔·克劳斯描绘了德国皇帝与诗人冈霍弗尔见面的场景。尽管侍从一再强调"陛下在艺术方面的三大理想",皇帝反复讲到的只是劝诗人吃东西的一句话,与文学与艺术没有任何关系。除了这样的对话内容,皇帝本身的行为带着让人不可理解的诡异。卡尔·克劳斯不断用舞台提示描写皇帝笑的样子,状态依次递进最终到达最高点:"皇帝大笑","皇帝放声大笑","皇帝笑声如雷","皇帝大笑着用左手拍着他的大腿",最后则是"皇帝笑得如同一只狼"。①

皇帝的言谈中没有任何层次,是家常问答与劝食语言的不断重复;皇帝与诗人的对话,没有任何的深度可言;皇帝的语言和行为,虽然与大笑相伴,却呈现出了一种亢奋的不真实感。侍从副官在一开始就谄媚道:"皇帝和诗人如何互动,将是最令人感动的场景之一,因为两人都是身处于整个人类的高度。"②然而整个会见谈话和场面呈现出了无逻辑、无意义和无感情的三无状态。从政治和经济社会地位来看,德国皇帝应该处于当时社会的上层,是国家元首和军队领袖,但是从文化和艺术修养来看,已经是处于粗鄙堕落的状态。

第二,作为军事领袖的皇帝行为幼稚粗鲁,与欧洲传统的骑士精神和骑士风度格格不入。

骑士精神最早是一种身份及等级的象征,它来自于骑士阶层的等级优越感,它是以崇高的身份为基础的道德与个人修养,也继承与发扬了古代欧洲民族自部落文明至早期工商业文明以来的尚武精神。骑士们是以"我们是奉上帝之名",而来到这里进行文明教化的。骑士精神对于欧洲民族的民族性格有着莫大的影响,许多崇高的道德修养源于其中,并构成了西欧民族中所谓的"绅士精神",形成了现代欧洲人对于个人身份和荣誉的注重,讲求风度、精神文明和外貌举止;对于崇尚精神理想和尊重妇女的浪漫气质的向往;以及恪守公开竞赛,

---

① Kraus, *Die letzten Tage der Menschheit*, S. 172.
② Ebd., S. 170.

公平竞争的精神。它使现代欧洲民族性格中既含有优雅的贵族气质,又兼具诚实守信、乐于助人,为理想和荣誉牺牲小我的品格。

在整个西欧的文化传统中,骑士精神不仅仅与骑士相关,而且也成为绅士风度的起源,是欧洲国家男子处事标准与社交礼仪的重要内涵。对于身处上层社会的各种人物,这更是必要的基本品质。

卡尔·克劳斯多次提及"骑士精神"。同时,他也描绘了政治和军事领导人德国皇帝的行为如何荒诞不经,如何类似顽劣的孩童,如何充满着不成熟的玩笑和不得体的表达。德国皇帝会直接拍打下属的屁股,挤眉弄眼做出表情。第4幕第37场中有德皇在德军总部接见将军们的场面。在这个场景中,"威廉二世"的行为更加离谱,直接抓向下属的下体。从这样的场景中,可以看到骑士风度中所要求的外貌举止、对个人身份和荣誉的注重,在德国皇帝身上已经完全消失了。

第三,以皇帝为代表的上层社会出现了工作能力严重欠缺且没有担当责任态度的现象。

欧洲骑士精神的起源与战斗相关,骑士们要遵守一定的准则,要对抗不公与邪恶,要保卫家园或领地。随着骑士精神的发展和在整个社会历史文化传统中的深入,一切逐渐与骑士群体脱离了必然联系。但是骑士精神中对身份和荣誉的注重,依然对欧洲人有着重要的影响。骑士精神中,或多或少涉及对所从事工作的执著与认真。在相当长的一段时间里,工作对于基督教世界、对于恪守骑士精神的欧洲人来说,是非常重要的一件事。有一句拉丁语曾经广泛流传"ora et labora",直译为"祈祷和工作",翻译成为德语则是命令式的句式,意在劝诫人们在整个人生的过程里,在具体的生活中除了侍奉上帝、虔诚祈祷之外,努力工作是非常重要的另外一个方面,也是被珍视的一种传统。

第3幕第31场中,奥匈帝国皇帝在重要的会见之前在写字台前酣然入睡,在睡梦中梦话不断,偶尔醒来立即迷糊着在涉及国家与民族命运的文件上签字。在皇帝的梦话中,曾数次出现了"人们蒙蔽了我"的话语。另有一句"我无能为力了"也被多次使用,是卡尔·克劳斯对奥地利皇帝弗朗兹·约瑟夫一世的一句名言的改写。卡尔·克劳斯用夸张的笔触描绘了处于政治和军事领导阶层的领导人在第一次世界大战过程中处理事务的随意与荒诞不经。上流社会的粗野化在《人类最后的日子》里第三个方面就表现在工作伦理的堕落。

综合以上三个方面,在卡尔·克劳斯的笔下,第一次世界大战使整个欧洲以及德语地区文化崩溃,具体到上流社会,则表现出了粗野化的倾向。通过这些细节的描写,卡尔·克劳斯表达出了同样的看法:整个德语地区社会文化的生命力已经是极度衰弱了。

四、结　语

在《人类最后的日子》这部戏剧作品里,卡尔·克劳斯记录了在第一次世界大战爆发后,德语地区文化崩溃的场景。在他看来,第一次世界大战对于曾经以高度文明著称的欧洲特别是德语地区(主要指德国和奥地利)的冲击极其巨大。从文化角度来看,整个德语地区因为战争而陷入崩溃的状态。在整部作品中,对于这种崩溃的状态,卡尔·克劳斯做出了广泛而细致的描绘:从整个时代艺术的情形到整个社会的语言状态;从基督教文化崩溃到整个社会阶层中骑士文化传统消失,以至上层和下层的粗野化表现。纵观卡尔·克劳斯在整个国家、整个民族在文化方面哀鸿遍野的情况下所表达出的忧虑和思考,我们从中得出以下三个结论:

第一,卡尔·克劳斯对一战中所谓的"文化民族"(Kulturnation)的概念提出了自己的看法。在这种情况下,当时德国以及奥地利被广大学者高度重视的"文化民族"这个概念分崩离析。那些仍然强调"文化之邦"的论断,都带有了强烈的讽刺色彩。在剧中"爱国者"和"预订者"之间的对话曾经有关于"文化民族"的讨论。"文化民族"的概念虽然与在历史上与后来出现的纳粹思想非常接近,但它在19世纪出现的时候还是一种非政治、非军事的概念,指的是具有某种文化特征的民族状态。"文化民族"的概念最初是指一个民族或者一个部群的人,通过语言、风俗、传统或者宗教紧密联系在一起,他们拥有同一种文化,拥有同样的归属感。从这个意义上来讲,所谓的"文化民族"是与"血缘民族"相对的。然而在某种特定的程度上,"文化民族"这一概念是在强调一个这样的角度,即某一个特定的民族产生了重要的文化并且其成员都是具有高度人文素养的人。在本剧中,"爱国者"与"预订者"所强调的就是本民族的文化素养很高,人们受到很好的教育。结合对话中俄国战俘被辱骂、棒打之后强调"文化民族"的概念来看,前后对比具有了强烈的讽刺意味;而纵观《人类最后的日子》全剧,整个社会的上层和下层都再不能用受到良好教育、具有良好教养来形容,而文化中的具体表现形式也是水准堕落,因此不论是德国还是奥地利,因为第一次世界大战的原因继续再用"文化民族"来形容,都是不合适的。

第二,在对种种现象进行描摹的基础上,克劳斯展示了在文化堕落崩溃中遇到的情况,即"野蛮化"的问题。与文化相对的是野蛮,与文化民族相对的便是野蛮民族。有一种观点认为文化和野蛮是两种永远无法相容的矛盾,瓦尔特·本雅明却驳斥了这种说法。他认为:"任何一份文化的记录都同时也是一份野蛮的记录。就如同文化无法摆脱野蛮一样,传统的这个过程也是无法摆脱野蛮的,在传统里文化和野蛮往往也是一个属于另外一个。"①针对这种文化与野蛮的共存现象,在《人类最后的日子》中"吹毛求疵的人",也就是卡尔·克劳斯的化身这样讲道:"德国人的教养并不是内容,而是一种装饰物,这个诗人和刽子手的民族用它来粉饰自己的空虚。②"这样的表述让与他对话的"乐观主义者"无法接受,因为后者的心中,德国人是产生了歌德和叔本华的民族。"诗人"和"刽子手"这样的说法表明了克劳斯同样认同文化与野蛮共存的现象。在剧中也存在着关于"野蛮"的讨论,从一开始的"乐观主义者"对"吹毛求疵的人"提问,讨论发动战争是否属于一种野蛮的行为,此时"乐观主义者"希望为战争找到合理的、否定战争是野蛮行为的解释。最后"吹毛求疵的人"朗读出了警察局外标牌上的诗句——其最后一句为"你们要以做野蛮人为荣!"③这是官方对于"野蛮"这一问题的态度。通过这一系列的表达,卡尔·克劳斯认为随着第一次世界大

---

① Walter Benjamin, "Über den Begriff der Geschichte," in *Illuminationen. Ausgewählte Schriften*, Bd. 1, Frankfurt am Main, 1974, S. 253.
② Kraus, *Die letzten Tage der Menschheit*, S. 200.
③ Ibid., S. 254.

战的爆发,德语地区文化面临水平衰退、全线崩溃的状况,文化和野蛮的力量对比发生了变化,德语地区的人们离自己曾经拥有的文化传统越来越远。

第三,克劳斯关注德语文化、基督教文化的问题。

19世纪末、20世纪初,面对科技日新月异的进步以及社会状况的剧变,文化批评已经成为当时德语地区的学院传统。当时已经有一批人表达出了对于德国文化面临危机的忧虑,代表之一就是奥斯瓦尔德·斯宾格勒的《西方的没落》。作为犹太裔的德语作家,卡尔·克劳斯关注第一次世界大战爆发后"文化民族"的用法及存在问题、文化与野蛮的关系,这一切的出发点都是德语文化。在整部《人类最后的日子》里,各种关于文化的讨论、论述全部是关于德语文化的。除了关于德语文化的讨论,卡尔·克劳斯还表现出了对基督教文明的担忧:由于第一次世界大战,基督教文明被引向毁灭。

身为被同化的犹太裔德语作家,卡尔·克劳斯表现出了对德语文化、基督教文明的高度认同,在他的意念中体现出了深切的关怀、深沉的忧虑。他担心的是,德语文化、基督教文明在战争的影响和威胁之下会彻底走向毁灭。这种关切与担忧大多是在第一次世界大战开始后一些德国学者、作家中所不曾具有的。当第一次世界大战开始时,克劳斯没有参与德国众多学者、作家的签名声明,他反对这种支持战争的活动。因为从文化角度看,他担忧的是第一次世界大战将导致德语文化甚至西方基督教文明走向崩溃与灭亡的危险。在《人类最后的日子》里,在讲到"语言"这个主题时,他担心的是战争中涉及语言的生与死,而纵观全剧,他担忧的是战争引发的德语地区文化的生与死。

作者简介:张文鹏,北京大学外国语学院德语系博士生/中国政法大学外国语学院德语系讲师,研究方向:德语近现代文学与德语戏剧。

历史重现的空间

——解析本雅明笔下的大都市

马 琰

内容提要：本文主要以本雅明在《拱廊计划》中描述的巴黎为例，分析他对大都市的理解。文章从城市和梦的集体心理、城市和漫游者发现的最初历史①(Urgeschichte)、城市作为风景的美学价值以及城市迷宫和文学的关系等方面，逐步揭示城市是一种以梦和美为特征、具有诗意精神的、使初史在文学中得以重现的心理存在。

关键词：大都市 梦 初史 漫游者

瓦尔特·本雅明的大都市构想引发多种分析：莫梅·布洛德森（Momme Brodersen）将本雅明的城市解析为个人的内心的世界和风景。② 城市通常被理解为人们生活的环境，而在本雅明这里，城市和人的内在联系在一起。与此相反，让·玛莉·嘉格纳宾（Jeanne Marie Gagnebin）将本雅明的城市解析为他乡和故乡。③ 无论是他乡还是故乡，这些都不再是布洛德森所说的人的内心世界，而

---

① 最初历史是指人类历史的初始阶段。当时女性在社会中居主导地位，她们还没有到达好勇斗狠的亚马逊女战士的时代，也没有被婚姻束缚的迪米特时代，而是自由听从自然法则不受男子支配的母系氏族社会前期。本雅明强调的初始历史不是女权时代，而是那个时代生命和死亡的统一性。死亡还是生命的一部分，没有被当作禁忌被分隔出人们的生活。人们的记忆是完整的，没有遗忘。本文将这个时期简称为初史。

② 参见 Momme Brodersen, *Walter Benjamin*, Frankfurt a. M.: Suhrkamp, 2005, S.109.

③ Jeanne Marie Gagnebin, *Geschichte und Erzählung bei Walter Benjamin*, Würzburg: Königshausen & Neumann, 2001, S.84.

是人生活的外在世界。嘉格纳宾将本雅明描述的巴黎作为一个陌生城市的象征和他的故乡柏林进行对比。正是通过这种对比本雅明更能认知什么是故乡:对他乡的陌生感唤起了他对故乡的怀念,身在他乡方知故乡的意义。也就是说他乡虽然作为和故乡截然不同的陌生城市与之对立,但是正因为这种对立才引起他对故乡的思念。所以他乡不再和故乡全然无关,而是故乡之所以成为故乡的条件。而这种故乡和他乡界线的跨越不仅如嘉格纳宾所言是因为他乡勾起对故乡的思念,而且也取决于本雅明笔下的大都市柏林本身的复杂迂回的结构显示了大都市陌生与熟悉并存的气质。即使在故乡柏林也如同在他乡一样会迷路。而在他乡巴黎,因为城市也有着故乡的大都市特征,也可以觉得熟悉。所以故乡和他乡之间的界线模糊了。

笔者认同布洛德森和嘉格纳宾的观点,即本雅明的大都市是指一个跨越内在和外在世界、他乡和故乡的界线而成就的空间。但他们忽视的是,这不仅仅是一种空间上的越界,而且也是时间的。本文的观点是,本雅明在他的都市构想中将大都市理解为一种人的心理,正是通过这种心理的加工,历史得以重现于现时。他指出了城市有梦的属性。弗洛伊德认为梦是对过去进行加工的过程,本雅明对梦的描述也正符合这一定义。他区别于弗洛伊德之处是他所说的心理不是个人的,而是集体的。在这种心理中加工的过去也不是个人的童年,而更多是指人类集体的童年,即初史(Urgeschichte)。本雅明用美学元素表现了这种大都市和历史的联系。本文的这一观点将主要以本雅明《拱廊计划》(1927—1940)中的城市巴黎为例进行阐述。首先通过大都市和梦的类比,显示本雅明将大都市理解为表现历史进程的人的心理。接着将通过分析大城市作为梦、作为漫步之地和迷宫,说明本雅明的大都市巴黎和柏林的历史维度和心理有不可分割的关系。①

---

① 和历史有关的美学元素将在第三部分通过分析大城市是风景来进行具体阐述。

一、大都市——梦的时空

本雅明对大都市的理解不是人们现代对大都市的定义,即根据人口超百万,政治经济具有较强影响力而定义一个城市为大城市。他的城市不是根据数据而归类的。一座城可以成为大都市的决定性因素是它可以激发久远的回忆。从这点来说,笔者认为本雅明的大都市是从历史和文学角度上来理解的。因为无论是历史还是文学,都是以回忆为基础,历史是对人类过去的回忆,而文学是在作者对自己经历和经验回忆的基础上进行的创作。回忆只有通过心理加工才能让我们感知它的存在。本雅明的大都市不仅仅激发人们各自的回忆,本身也成为回忆的一部分,通过不同时期的建筑加工回忆。与其说它是我们外在感知的空间不如说是内在加工回忆的心理机制。但这种有回忆能力的心理又没有完全脱离外在的空间,外在空间的存在激发了回忆的产生。本雅明的城市不是静止的死气沉沉的建筑和没有生命的居民数字,而是生动的具有回忆的生命体。他的"大"都市不仅仅是空间上的广袤,更是时间上的"长远"。也许有人会说,这是具有神秘主义特质的理解。这里的神秘主义并不是说个人如何通过修行冥想达到和上帝的融合,而是对万物皆有灵的认同。还有人会质疑一座城怎么可能有自己的心理,又怎么能自己回忆,回忆是人才有的能力。笔者认为他对城市的理解与其说是神秘的,不如说是诗意的,正如汉娜·阿伦特所说,他是一个诗意的思考者。笔者认为,他用诗意的文字描述了城市,而城市正因为这种描述不再是客观的数据,而是成为一种可以回忆的生命。换句话说,本雅明通过他对城市的文学描述赋予了它生命。他对大城市的理解不是成为完整系统的理论,而是感性加理性的感悟。感性是因为他对大城市有对故乡的依恋,理性是因为他在大都市中冷静观察到历史的洪流。他这种诗意的论述观点的方式一方面让读者更加全面的体会他对大城市的理解,因为诗意总将不能言说的意境蕴含其中;另一方面由于观点分散,有时貌似矛盾,也给系统的分析他的观点制造了很多障碍。这也是他的思想之所以难懂的原因。他的观点更多是调动读者的直觉,让他们体会感觉文字的力量，而不是进行理论分析的标准文本。此外他的大都市构想表述得零碎，逻辑不够连贯也是值得批评的地方。所以本文不是系统的理论分析，而是尝试在具体的文字方面展现他的大城市构想。

本雅明认为城市是梦的时空，即弗洛伊德所说的能反映人心理的梦。本雅明接受了弗洛伊德的观点，并将其转化到他的大都市构想中。这是因为他把和梦对等的大都市和人类的过去——历史——相连。这和弗洛伊德将梦阐释为对做梦人的过去进行加工的过程的说法类似。和弗洛伊德不同的是，本雅明将个人的过去扩展为人类的历史，城市是加工处理这历史的空间。所以城市可以理解为梦，一种人的存在形式。在这里本雅明并未抽象地用各种心理学概念来定义什么是心理，而是将它设定为一种具体的历史过程。

本雅明在《拱廊计划》中指出了人们对大城市和梦的感知的相同点：谁进入城市，会感觉进入了梦的编织物，那里最远的过去被织进了今天的时光。① 在这里城市在现在对过去的感知中成为了梦，梦和城市的共同点是基于现在对过去的感知。人们所感知的不仅仅是任何一种往事，而是最远的过往，即源自生命的最早阶段的过去。这里在梦中回归婴儿阶段的说法正符合弗洛伊德在《梦的解析》中的观点。

弗洛伊德认为在梦中心理过程得以再现。因为最本质的心理不是已经意识到的，而是隐藏在潜意识里有待发现的内在成分。②这种被压抑的潜意识在梦中重现。梦的解析不是要表现已显现的梦的内容，而是要将隐藏起来的、能让人想起最古老经历的梦的部分挖掘出来。③在由往事组成的梦里，人的心理其实是一种本质上从婴儿时期汲取养料的时间过程。④本雅明对大城市的阐释和这种梦和心理相连的论点不谋而合。他的大都市可以解读为呈现人心理的存在。

---

① 参见 Walter Benjamin, "Das Passagen-Werk," in ders., *Gesammelte Schriften*, V., Frankfurt a. M.: Suhrkamp, 1991, S. 546. 以下简写为：Benjamin, *Das Passagen-Werk*.
② 参见 Sigmund Freud, *Die Traumdeutung. Nachwort von Hermann Beland*, 12. Auflage, Frankfurt a. M.: Fischer Verlag, 2005, S. 601, S. 595 u. Sigmund Freud, *Gesammelte Werke XIII*, 5. Aufl., Frankfurt a. M.: Fischer, 1967, S. 239. 以下简写为：Freud, *Traumdeutung*；Freud, *XIII*.
③ 参见 Ebd., S. 284, 227.
④ 参见同上书，第 199 页及以下，第 209 页，第 227 页。

二、漫游者（Flaneur）——梦是历史的展示台

大都市和梦的联系也可以通过漫游者的创造过程得以证明。本雅明认为漫游者是大都市巴黎的创造物："巴黎创造了漫游者这种类型。"①而城市正是通过做梦来创造漫游者的。这里本雅明用了创造这个词，漫游者成为了城市的作品。但他并没有立刻解释城市是怎么做梦的，或漫游者是如何从梦中产生的。但从本雅明对罗马和巴黎的对比可以让我们理解这一观点。他指出，罗马不可能产生漫游者这种类型的人。②原因是罗马作为旅游城市太过匆忙浮躁，不再是适合做梦的地方。笔者认为漫游者和游客的区别不仅在于前者在闲散的时光中漫步，没有任何目的，不必赶着参观名胜古迹，而且也在于他们是作为巴黎的居民在这个城市居住。只有本地的居民才有时间、有闲情逸致漫步。漫步如同居住一样标示了本地居民和游客的界限，将他们区分开来。漫游者需要真正居住在一个城市才有时间、空间做梦，居住是他们做梦的条件。也只有通过梦他们才如这部分开始所说成为真正的漫游者。这就解释了为什么在罗马没有漫游者的原因。罗马作为游客的城市不适宜居住。梦是通过将过去转化为现在的方式揭示人的心理过程的，而漫游者是以做梦来成就自身的，漫游者通过做梦才成为漫游者。在梦中我们可以去任何现实中不能立刻去的地方，而且没有目的，没有企图，正如漫游一样。那么漫游者就可以理解为做梦的过程。梦中遗忘的过去，因为不再受到压抑会再现。漫游中漫不经心的感觉可以让意识暂时涣散，让潜意识中被压抑的部分重现。所以漫游也是做梦。也就是说漫游显现了心理的潜意识中压抑的过去。

这种过去既不是单纯的个人童年也不是整个人类历史时空。它是人类的集体童年——初史（Urgeschichte）。本雅明认为这段时间是在漫游者的空间里流逝的：

---

① Benjamin, *Das Passagen-Werk*, S.525.
② Ebd.

漫游者被街道引导着进入一段已经消逝的时光，他觉得每段路都陡然向下。街道是朝下的，即使不是通向母亲们那里，也是通往一段过去。这段过去如此让人着魔，令人无法自拔，是因为那不是他自己私人的过去。尽管如此它依旧是童年。为何又说那是他经历的生活？在他走过的柏油马路缝隙中他的脚步唤起惊人的共鸣。油灯的光投向瓷砖，向这双重的地面注下迷离的暮光。①

这段中所提到的消逝的时光可以理解为梦中的潜意识，它是那种在人清醒时因这时发生的事情缺乏乐趣而令人产生反感，所以被心理机制重新压抑下去的那种被遗忘的时间。这种被遗忘的过去不是漫游者私人的，而是集体的时间。它不通向母亲们，而是重回童年。本雅明在这里并没有解释"母亲们"是否指的是歌德《浮士德》第二部中的母亲们。他的日记和信件中也没有迹象表明他影射的是歌德。从这段和童年的联系只可以得出结论，这里的母亲的复数是说一段集体的状态，就是孩子们在母亲们腹中还没有办法接触到外面世界的状态。因为他们还没有和世界结合，就没有成为真正的人，时间对他们来说还没有任何意义。因此笔者将这种状态称为人的非时间。通过对母亲们的时光的否定和对童年时光的肯定——即那路不是通向母亲们，而是通向童年，并且这童年不是私人的而是集体的——可以推出以下结论：在这段引文开头提到的丢失的时间不再被限定于母体中无法经历的非时间（Zeitlosigkeit），而是人们都经历过的童年、也就是初史（Urgeschichte）——人类的集体童年。这段时间只有往下走才能达到，而且已经失去了，所以这里暗示了这时间是潜意识里压抑下去忘记的时光。通往这段童年的路产生了另一层地面，漫游者从现在走下去才达到的过去的地面。这样地上的路面和地下的路面的空隙才能令他走路时产生回响。这种回响不是单纯的声音的回荡，而是初史在现在的回声。迷离的暮光（Zwielicht）在这里也暗示了因为地面双重的意义而令人的理解模棱两可。这光也因此才投向这双重的地面。所以双重地面和迷离暮光意味着初史在现在的再次显现。所以，本雅明以大都市形式让人感知的人的过去并非人们个人的童年，而是人类的集体童年、即初始历史。

---

① Benjamin, *Das Passagen-Werk*, S. 524.

三、城市风景——历史心理的美学观察

本雅明将巴黎不仅理解为梦和地下世界,而且它也是风景:"风景对漫游者来说是逐渐形成的。或更具体地说,城市向他展现了它辩证的两极。它向他展现时是风景,将他包围起来时成为房屋。"①对漫游者来说城市是风景,他感觉它是美丽的画,同时它又是他居住的房子。在梦中也会有不同的地点被感知为风景,仿佛人们离开作为故乡的身体去他乡——梦中出现的地点旅行。这种旅途中布满风景的世界是开放的。而梦通常是在关闭的屋子里产生的,比如卧室。巴黎作为城市包围漫游者时就是屋子,而本文第二部分已经提过漫游者是通过梦产生的,所以这又证明了大都市是梦。本雅明赋予梦图画的美丽。曼弗雷德·施耐德(Manfred Schneider)在他对本雅明的梦的记录的分析中已经解释过这一点。②从这个意义上说大都市是梦的风景,一种美的体现。

本雅明城市的美学理论应归功于他对波德莱尔的接受。他将波德莱尔的巴黎构想转化为自己的。以下将通过比较本雅明的大都市描述和他对波德莱尔的分析证实他对波德莱尔的接受。

本雅明将波德莱尔描述的巴黎称为"一座沉没的(……)与其说是地下不如说是海下的"城市。③这种海下的城市被本雅明描述为沉没的、没落的。和波德莱尔相似,本雅明将巴黎称为地下海。不同的是,他的巴黎是历史的地下海。以下段落中他将城市描述为房屋的海,可见波德莱尔对他的影响:

> 一座房子邻接着另一座,无论它们的标牌上标着它们是何时建成的就这么挨着。就这样生成了一条街。它继续延伸着,这条街,可能是歌德时期的,注入了另一个时期,也许是威廉时期。就这样街区产生了……城市的顶

---

① Benjamin, *Das Passagen-Werk*, S. 525.
② Manfred Schneider, "Aufzeichnungen," in *Benjamin-Handbuch*, hrsg. Burkhardt Lindner, Stuttgart/Weimar: Metzler, 2006, S. 675.
③ Benjamin, *Das Passagen-Werk*, S. 55.

端是它的广场,不仅许多街道,而且它们的历史也从四面八方如收敛回的射线一般涌入这些广场。①

大都市在这段中被描述为历史编织的网,一种生命洪流的韵动,仿佛它是所有历史河流的中心——历史之海。

如之前所述,地下海的风景是在城市的沉没后产生的。不是在发展后的繁华城市,而是走向灭亡的沉没的城市中呈现出地下海的风景。在这没落中本雅明指出了大都市的美学维度:"在这里它②所施展的魅力中显现着一种美,如同它拥有壮观的风景,具体地说,是火山的景色。从社会意义上说巴黎是在地理意义上的维苏威火山的相反图景。"③有趣的是本雅明所说的作为巴黎相反图景的火山。因为首先城市作为火山和它作为地下海的景象是矛盾的。不仅因为和它们相关的元素火和水是难以共存的:水火不容,水能灭火,而且火山和地下海的活动方向也是相反的:城市的火山之美源自熔岩的运动,熔岩从地下向地上、由下而上涌出,而城市作为地下海与此相反,展示出由上而下的一幅沉没的画面。沉没的不只是城市,还是历史。本雅明将沉没的巴黎表述为一个记载自己历史的城市。如前所述本雅明将这地下世界和再现历史的梦等同,就说明沉没的是历史。返回来思考,熔岩是从地下喷涌上来才形成火山爆发的独特的毁灭之美的。火山的美是源自地下世界。这巴黎的地下世界如前所述曾被本雅明描述为藏有历史的被遗忘的人类集体童年时间。所以火山的美就是来自这段被遗忘、被藏在潜意识中的历史。这么看来就不存在城市的火山之美和城市沉没之后地下海美之间矛盾了。无论是由下向上喷涌而出的熔岩之美还是由地面向下沉没的城市的美,都和历史有关。城市的美只是在关系到历史的再现时才会展现。也就是说城市只有在能显现历史时才是美的:无论是逐步回忆历史,如同沉入海中,还是历史突然再现而爆发的毁灭性的能量,如同火山,都是美的。看来本雅明所认为的美有种逆反、负面的力量。之所以和历史有关,是因为逝去

---

① Benjamin, *Das Passagen-Werk*, S. 546.
② 这段之前本雅明说到城市的信息,大城市对他而言是人们可以得到信息的文学。"它"在这里指的是人们从大城市的文学中所读到的信息。
③ Benjamin, *Das Passagen-Werk*, S. 134.

才显芳华。

总之可以确定的是,本雅明以巴黎的具体实例将大都市和回忆过去的心理过程等同。无论巴黎是漫游者的空间还是迷宫,不管它是风景还是屋子,城市始终被赋予了心理存在的含义。这种存在是以梦和美为特征的。两种特征的前提都是历史。正因为历史被忘记了,城市才用历史在它那里留下的痕迹,无论是街牌还是建筑,让人们在漫步时,因为漫不经心,没有目的性,所以压抑下的记忆才会重现。如同梦一样想起。而偶然想起无法得到的过去,才会感觉它的美。美是会流逝消亡的生命的特征。正如一朵可以抵抗时间摧残的假花是无法和自然孕育的真花相比。后者才是美的,是失去才会珍视的美丽。历史的流逝性使它成为美的源泉。而也因为梦是加工过去的心理过程,历史成为梦的原材料。

四、大都市迷宫:儿童的游戏空间——文学

不仅巴黎,而且柏林也被本雅明描述为回忆的空间。在《漫游者的回归》(1929)中,他将《拱廊计划》(1927—1940)关于巴黎的片断①改写为柏林:

> 它(柏林的街道——本文作者注)是朝下的,即使不是通向母亲们那里,也是通往一段过去。这段过去如此让人着魔,令人无法自拔,是因为它不仅仅是作者自己私人的。在他走过的柏油马路缝隙中他的脚步唤起惊人的共鸣。油灯的光投向瓷砖,向这双重的地面注下迷离的暮光。②

在这幕中不再是《拱廊计划》的漫游者,而是作者走在街上。《拱廊计划》中的和集体童年有关的过去被简略的写成集体的过去。本雅明通过增加的词"不仅仅"来强调那过去不是"作者自己私人的",而是集体的。两段文字的表面差异不大,可以忽略。本雅明在这里更多是强调柏林和巴黎的相似之处而非差异。

---

① 参见本文第二部分,第 5 页。
② Walter Benjamin, *Gesammelte Schriften. III.*, Frankfurt a. M.: Suhrkamp, 1991, S.194.

柏林和巴黎都是以适合漫游的空间——故乡的形式出现的。①这样作者和漫游者的差别被抹去了。第二处差别是本雅明省去了《拱廊计划》中的童年，漫游者进入的时间在这里没有具体指童年，而只是说过去。这处缺少的童年也在后面的段落被补充回来。本雅明在那里又说明拥有这段集体童年的城市（柏林——本文作者注）可以协助孤独的散步者找回他们的记忆。城市唤起的记忆比散步者的童年更多，比城市自身的历史更多。②

就这样，柏林和巴黎一样成为回忆集体历史的心理过程。这种对大城市的回忆特征描述让人想到了儿童游戏的空间。儿童游戏是以重复为特征的，小孩子总是玩完一遍又想再来一遍。而这种重复也同时是他们对前面经验的回忆。他们的回忆很难有独特的，大家玩的游戏都大同小异，所以他们游戏的回忆是具有统一性质的集体回忆。大城市和儿童游戏的联系可以通过漫游者在大城市的游戏方式得以证实。在两个城市中都举足轻重的漫游最适合在动物花园（Tiergarten）进行。本雅明将之描述为"漫游的圣地"。③在《1900年柏林童年》（1932—1934）中动物花园被勾画成大都市的微缩模版。本雅明改写了《漫游者的回归》中在柏林漫游的作家黑赛尔（Hessel）的段落：他将这位作家写成《柏林童年》里"一位熟识当地情况的人"④："他走过台阶向前，每个台阶对他而言都是朝下的。它们通向下方，即使不是通往所有存在的母亲们，也是通向这花园的母亲们。"⑤

作家黑赛尔漫游到的过去在《柏林童年》中成为孩子们漫步的花园。动物花园（Tiergarten）和大都市的共同点还在于它们都拥有的迷宫结构。本雅明认为在城市中迷路和在动物花园的感知是相同的：

> 不能适应一座城市不能说明什么。但是在一座城中迷路，如同在森林中迷失一般，就需要教导（Schulung）。就是必须如同干裂的枝桠嘎嘣断开

---

① 参见 Benjamin, *Gesammelte Schriften. III.*, S.194. 本雅明认为漫游者是身在故乡的。
② 参见同上。
③ Ebd., S.195.
④ Walter Benjamin, "Berliner Kindheit um neunzehnhundert," in ders., *Gesammelte Schriften. IV. 1*, Frankfurt a. M.: Suhrkamp, 1991, S.238.
⑤ Ebd.

一样一字一句对迷途者说出街道的名称。城市内部的小街仿佛山的脉络一般为他映出白天的时间。这种能力我很晚才学会。它填充了那个梦,梦中迷宫的第一批痕迹留在我那些本子的吸墨页上。不,不是第一批,因为它们之前已有一种痕迹,比它们持续的时间更长。迷宫里的路不缺少它的阿里亚德娜(Ariadne),路穿过(在动物花园里的——本文作者注)本德勒桥(Bendlerbrücke),桥的左侧桥拱是我经过的第一个高于地面拱起物的侧面。①

孩子首先是在动物花园的迷宫中学会这种城市中迷路的能力。有趣的是本雅明并不认为迷路是可怕的错误,而是孩子应当学习的能力。这不只是因为只有学会和混乱迷惑打交道才能走出迷宫,而是学习的过程比学会的结果更重要。只有不知道终点在哪里时,才会学会漫步,学会放弃控制自己的潜意识,让忘记的过去回来。这种通过在迷宫漫步取得的迷路经验,本雅明在《柏林街头少年》(1930)中也描写过,那里他将这种经验看作儿童的游戏经验:

  动物花园的所有区域中我最爱这个纪念碑隐藏的地方。还是小孩儿的时候我在那儿玩过,直到今天我也没忘,那时对我来说是多么激动人心。通往路易斯女王纪念碑回旋往复的路是如此打动我。女王通过一条狭窄的水道和国王分开,更为隐蔽的立在灌木中。在这两座纪念碑周围的区域是我知道的第一个迷宫。这还远在我上学时在吸墨纸上或往长凳上画的迷宫之前。②

在动物花园中展示它迷宫特征的大都市,在这里是儿童游戏的空间。两段中的迷宫里的游戏经验都是孩子身体运动,也就是走的经验。这种运动在吸墨纸上表现为写和读孩子随意画的字符。这种随意一笔的结果和纸吸墨的效果相仿,墨迹纵横交错,使它看似一座迷宫。这也可以理解为写作前的一种练习。本雅明在文章结尾将迷宫游戏和他自己文学叙述的经验联系起来:"(……)于是你们又看到了动物花园,我们今天曾在那里走迷宫般四处游荡之后才到达这里,

---

① Benjamin, *Berliner Kindheit um neunzehnhundert*, S. 237.
② Walter Benjamin, *Gesammelte Schriften. VII. 1*, Frankfurt a. M.: Suhrkamp, 1991, S. 97f.

也就是在我们错过没看到的 25 分钟之前开始叙述的地方。"①本雅明首先从漫游者的比喻意义揭示了大都市和文学的联系。漫游者一方面是大都市的典型形象,另一方面他也代表了文人。诺麦尔(Neumeyer)将本雅明的漫游构想描述为"在大都市时空的身体运动"。②通过这种运动也产生了文章。作家在漫游中构思出他的作品。所以诺麦尔将漫游者分析为"散文家"本雅明本人。③但本雅明并不仅仅将自己看做漫游者,而是还有其他作家,比如黑赛尔和狄更斯。④于是穿过大都市的漫游成为文学创作的过程。福宇斯特(Fuest)强调,本雅明是"第一位将漫游转化为文学创作手段的德国研究者"。⑤漫游起源于 18 世纪,贵族在都市散步。⑥世纪之交时这一主题在文学中达到它的高峰。⑦多位作家在他们的作品中将主人公描写成漫游者。如波德莱尔、本雅明、黑赛尔、瓦塞尔(Walser)和卡拉考尔(Krakauer)。⑧本雅明是其中最著名的。他不仅通过对波德莱尔的接受将漫游者作为主题引入德语文学中,而且还将漫游转化成了一种文学创作的方法,揭开了文学创作的新视角。他自己的文章也如漫游于迷宫一样,结构是联想式的,令人迷乱的。⑨

这种漫游的文学经验和儿童游戏是相似的。所以本雅明将漫游的作家比作儿童。他以狄更斯为例说明作家和儿童的共同点:作家做梦般溜达着,将在大都市经历的场景毫无目的的存储在他的记忆中。这种作家的画面在本雅明那里和

---

① Benjamin, *Gesammelte Schriften. VII. 1*, S.97f. 25 分钟前叙述者开始讲述动物花园。参见同上书,第 92 页及以下。这里动物花园的游荡比喻的是文学叙述。
② Harald Neumeyer, *Der Flaneur. Konzeption der Moderne*, Würzburg: Königshausen & Neumann, 1999, S. 16.
③ 参见 Neumeyer, *Der Flaneur. Konzeption der Moderne*, S. 24.
④ 参见 Benjamin, "Die Wiederkehr des Flaneurs," in *III*, S. 194. 另参见 Benjamin, *Das Passagen-Werk*, *V*, S. 549.
⑤ 参见 Leonhard Fuest, *Poetik des Nicht(s) tuns. Verweigerungsstrategien in der Literatur seit 1800*, München: Wilhelm Fink, 2008, S. 101. 以下简写为简称 Fuest, *Poetik*。凯德尔称本雅明为"创造者或至少是德国漫游者的教导咨询人"。参见 Matthias Keidel, *Die Wiederkehr der Flaneure. Literarische Flanerie und flanierendes Denken zwischen Wahrnehmung und Reflexion*, Würzburg: Königshausen & Neumann, 2006, S. 7. 以下简写为 Keidel, *Wiederkehr*。
⑥ 参见 Fuest, *Poetik*, S. 101.
⑦ Ebd.
⑧ Ebd., S. 103, 109, 119, 133, 141.
⑨ Ebd., S. 118. 另参见 Keidel, *Wiederkehr*, S. 196f, S. 12.

孩子重合为一体。①

本雅明的大都市不仅通过漫游使作家产生创作文章的灵感，而且它本身也是可读的文学作品。安雅·莱姆科(Anja Lemke)指出，在本雅明那里大都市因它众多的街道名称成为可读的文章。②和莱姆科类似，佩特斯(Pethes)也发现本雅明多次将大都市和书等同：在文章《巴黎，镜中城》(1929)中本雅明将巴黎称为"图书馆大厅"，其中保存大量图书可供阅读。在这篇文章中巴黎的"精神"首先是和书相联系的。③城市不仅启迪了作家，成为他们灵感的空间来源，而且自己也成为书写世界历史的作家。④城市的街道名称通过唤起人们对历史事件和人物的记忆将历史蕴含其中。文章中这段之后本雅明还强调，镜子是城市标志诗人流派的"精神元素"。⑤镜子是可以反射现实中的影像的，是象征反思的。所以镜子作为诗人流派的精神，就是说诗人对现实的反思方式不同就形成了不同的流派。通常作为地点的城市从它的镜子"精神"出发，是心理上诗意的：这城市的镜子将外部的街道折射到咖啡屋的内部。在文章结尾处，镜子被比作作家的创作，他们将文学作品"置于一种'历史背景'之下"⑥。如此将外部街道折射入咖啡屋内部可以解读为文学创造的过程。此外那些在街名中得以表达，在作者的心理潜意识中记下的历史数据融入了文学创造过程。这里这种过程被比作了咖啡馆内部。历史以这种方式存入了文学，首先街道以各种街名记载了历史。同时历史事件发生也给街道留下各种痕迹：有的被毁坏一部分，有的街道周围的建筑记载了不同的历史时期。当街景反射到镜子里面，就如同历史经过了反思。而当这街景的镜像映入咖啡馆——人们探讨文学诗歌的场所——历史就被加工成了文学，也因此可以避免被遗忘的命运，能够以生动的形式被保存下来。大都市就是如此成为能更新历史的文学。本雅明在《单行道》(1923—1926)中又生

---

① 参见 Benjamin, *Das Passagen-Werk*, S.549.
② Anja Lemke, *Gedächtnisräume des Selbst. Walter Benjamins "Berliner Kindheit um neunzehnhundert"*, zweite Auflage, Würzburg: Königshausen & Neumann, 2008, S.27f.
③ "不可磨灭的，这城市将自己记载成文学。因为它本身有和书紧密相连的精神。"参见 Walter Benjamin, *Gesammelte Schriften. IV. 1*, Frankfurt a.M.: Suhrkamp, 1991, S.356.
④ 参见 Benjamin, *Gesammelte Schriften. IV. 1*, S.356f.
⑤ "镜子是这座城市的精神元素，是它的徽标，这徽章总还记载着所有诗人门派的标志象征。"参见 Ebd., S.358.
⑥ 参见同上书，第358页及以下。

动的描述,记忆之城成为手中的书。① 由此可见,大都市,一个游戏的空间,在记忆的心理过程中成为文学的空间,而历史正是在这样的空间中被感知的。

作者简介:马琰,博士,西安外国语大学德语学院讲师,代表作:《游戏,现代历史哲学的思考模式——对瓦尔特·本雅明的作品〈1900年柏林童年〉和〈波德莱尔的几个主题〉中游戏主题的研究》(德文版),法兰克福:Peter Lang 出版社,2012年。

---

① 参见 Walter Benjamin, *Gesammelte Schriften*. IV, Frankfurt a. M.: Suhrkamp, 1991, S.133.

一战前后"神话"的变迁

——评《玛利亚的神话:著名圣母颂及其历史》

陈 曦

内容摘要:本文旨在评述库茨克《玛利亚的神话》一书,该书通过对大量原始文献的细密爬梳,厘清12首德语圣母颂的接受史,呈现了圣母的"神话"在天主教启蒙、浪漫文人对德意志文学传统的浓厚兴趣、青年运动、一战等因素影响下的变迁。一战是圣母颂接受史上的分水岭:一方面,青年运动在一战前夕将圣母颂的搜集与整理推向新的高峰;另一方面,一战的爆发、死亡的迫近,急剧地改变了圣母颂的接受语境;一战后,天主教青年团体仍然活跃于圣咏的搜集与整理中,他们在两战之间出版的圣咏集,成为二战后天主教地区通行版圣咏集的雏形,其影响绵延至今。圣母颂的接受过程,也是文本和意义生成的过程,因为每一次改动都是由思想氛围和审美趣味的变化所致。在这个意义上,圣母颂的接受史,是一部文化史与思想史的缩影。

关键词:圣母颂 天主教启蒙 一战 青年运动

一、引 言

2013 年,德国天主教地区出版了最新的《圣咏》(*Gotteslob 2013*),这已是二战后问世的第三版各教区通用的圣咏集①。天主教历来重视圣咏②,奥古斯丁有

---

① 二战之后,德国天主教地区分别于 1947、1975 和 2013 年出版各教区通用的圣咏集。
② 关于"Kirchenlied"一词,本文根据上下文,在需要对天主教、新教作出区分时,按照中文约定俗成的译法,分别译为"圣咏"和"赞美诗";在笼统指称时译成"宗教赞美诗"。

言:"咏唱是双倍的祈祷。"圣母颂作为圣咏的重要组成部分,在西方思想史与文化史上有着不容忽视的地位。圣母颂同时也是诗歌,但与世俗诗歌不同,由于圣咏不强调作者身份①,圣母颂没有版权的概念,它的文本极不稳定,而是在传播过程中,随着具体接受语境的变化而变化。

《玛利亚的神话:著名圣母颂及其历史》(*Mythos Maria. Berühmte Marienlieder und ihre Geschichte*, 2014)一书,聚焦的正是圣母颂文本与历史语境之间的关系。本书第一作者赫尔曼·库茨克(Hermann Kurzke),1943年生于柏林,美因茨大学德文系荣休教授,德国当代著名学者,也是中国学界熟知的托马斯·曼研究者,主要研究领域为浪漫文学、现当代文学及宗教赞美诗。第二作者克里斯蒂安娜·舍弗尔(Christiane Schäfer)博士是库茨克教授的学生,现为美因茨大学宗教赞美诗档案馆研究人员。库茨克的学术研究不仅继承了语文学研究的传统,注重对文本细致入微的考察,而且关注文本在具体语境中的接受。"接受史"这一视角对于宗教赞美诗研究极为重要,因为宗教赞美诗的文本始终在思想氛围、审美趣味等各种因素的张力场中不断变化,也就是说,诗歌文本与社会文化背景之间有密切联系。他早年的专著《诺瓦利斯》(*Novalis*, 1988)就涉及诺瓦利斯两首宗教诗在新教和天主教地区的接受情况,近年著述《宗教赞美诗与文化》(*Kirchenlied und Kultur*, 2010)从宏观上探讨世俗化语境下宗教赞美诗文本的变化。2014年问世的新作《玛利亚的神话》延续了语文学研究的传统,是目前德国学界对圣母颂最为系统的研究。

该书以2013版《圣咏》中的12首圣母颂为研究对象,共12章,每章分别考察一首圣母颂,它们塑造玛利亚的方式各异,创作时间也不同,其中七首来自17世纪,两首出现于18世纪初,还有三首是19世纪圣母颂,但无一不是经历了错综复杂的接受过程才流传至今。作者带领我们从大量圣咏集原始文献中厘清它们文本变化的轨迹,对比文本在不同时期、不同地区圣咏集中的变化。娓娓道来

---

① 按照天主教的观点,圣咏应当是诗人受圣灵启发写作而成,是为信众在宗教仪式中唱咏而作,属于所有信众,而不是诗人私有物,强调作者身份甚至是"高傲"(Hochmut)的表现,在18世纪之前尤其如此。参见 Hermann Kurzke, Christiane Schäfer, *Mythos Maria. Berühmte Marienlieder und ihre Geschichte*, München: C. H. Beck, 2014, S. 168. 以下简称 *Mythos Maria*。

的写作方式,诗歌文本分析与接受史层面研究的有机结合,使这本学术著作全无学究气,而是充满"慈爱的博学"(《法兰克福汇报》)。为了便于概括这一丰富、多维度的圣母颂研究,本文尝试以天主教启蒙、圣咏传统的恢复、青年运动、一战等几个对圣母颂的接受产生关键影响的事件为切入点,把对作者研究思路与方法的介绍,置于18世纪末至20世纪德国的社会文化与政治语境中。

二、从神话到伦理:天主教启蒙
(Katholische Aufklärung)

对比作者梳理出的圣母颂文本变化脉络,我们不难发现,在18世纪七八十年代,很多圣母颂都经历了巨大改变,有的甚至从圣咏集中消失。以《向你问安,女王》(*Gegrüßt seist du, Königin*)和《我唯一的荫蔽》(*Meine Zuflucht alleine*)这两首巴洛克圣母颂为例,前者本是对"温柔、虔诚、甜美的"①童贞女与女王玛利亚的赞美,但在1828年维尔茨堡教区圣咏集中,这首圣母颂不仅淡化了圣母的童贞女与女王身份,而且添加了这样的内容:"赞美那没有罪之轭者!吸取教益!让我们远离罪恶!永远追求做一名正直之人!称颂!赞美!为美德而欢喜。"《我唯一的荫蔽》里有一个17世纪的圣母颂中常见的母题:人祈求圣母向圣子"袒露胸脯",从而平息圣子耶稣的怒火,让他在末日审判时能够宽恕人的罪。1787年美因茨教区圣咏集里收录了这首圣母颂,然而在该版本中,圣母之所以被赞美,是因为她作为"上帝的母亲",能引导人"获得美德","虔诚地生活","避免上帝所厌恶的行为",玛利亚是人"在此世的荫蔽"。我们看到,"末日审判"、与身体有关的"袒露胸脯"等典型巴洛克的内容都消失了;圣母从天上的女王,变成地上美德的榜样,诗歌开始强调对上帝的信仰和美德——"神话(Mythos)变成了伦理(Ethos)"②。

---

① "O clemens/O pia/O dulcis Virgo Maria"。《向你问安,女王》可追溯至11世纪的一首拉丁文圣母颂"Salve, Regina",作者是中世纪最博学的人之一"Hermannus Contractus",即"残疾者赫尔曼"。
② *Mythos Maria*, S.249.

圣母颂发生如此根本的转变,与18世纪七八十年代至19世纪初德意志天主教地区的启蒙(katholische Aufklärung)密切相关。与欧洲其他国家以及德意志新教地区不同,德意志天主教地区的启蒙一方面不触及宗教和社会的基本秩序,另一方面由教会本身推行,针对的主要是教会礼仪层面,旨在削弱礼拜中来自罗马教廷华丽繁复的、巴洛克的特征,倡导一种理性的信仰方式。这种方式强调宗教里"可通过理性获得的真实",比如对上帝的理性思辨,比如美德,而超感官的部分则被视为是从属的、次要的。① 同理,宗教仪式存在的意义,首先在于它可以作为一种修身的途径,其目的是深化人们对美德的理解,使人过上合乎道德规范的、蒙上帝悦纳的生活。这样一来,礼仪不再被赋予超验的维度,而变成社会伦理层面的东西。②

鉴于圣咏在教会礼仪中的地位,对圣咏集的改革成为天主教启蒙的重要内容。新的语境要求圣咏促进思想的启蒙,服务于个人修身。而当时各教区的圣咏集均以巴洛克诗歌为主,它们是形象而注重感官的,多用各种比喻、母题,并充满矫饰,这在很多深受启蒙熏陶的天主教知识分子看来,无法表达时代的精神诉求,且不利于理性和美德的提升。③ 因此,改革的目标就是要压制巴洛克传统,删去那些"不高贵的、有碍灵修的"④甚至有些"调笑和轻浮"⑤的修辞方式,让它们变得理性而节制。在改革中,首当其冲的就是圣母颂,因为圣母颂中有许多与理性思辨相抵牾的东西:在诗歌中激发了丰富想象的"奇迹"(Wunder),如童贞受孕,不是人的理性所能把握;带有情色意味的母题如"祈求圣母向圣子袒露胸脯",以及用来形容玛利亚之美的繁复修辞,都"无法符合启蒙对智性与审美的要求"⑥;有关地狱与末日审判的想象,在启蒙看来太过阴郁。唯有玛利亚的美

---

① *Lexikon für Theologie und Kirche*. Bd. 1, Freiburg: Herder, 2006 (3. Aufl.), S. 1207.
② Eduard Hegel, *Die Katholische Kirche Deutschland unter dem Einfluss des Aufklärung des 18. Jahrhunderts*, Opladen: Westdeutscher Verlag, 1975, S. 18f.
③ Barbara Stroeve, "Säkularisierungstendenzen im Kirchenlied der Aufklärung", in Michael Fischer, Christian Senkel (Hrsg.), *Säkularisierung und Sakralisierung. Literatur-Musik-Religion*. Mainzer hymnologische Studien Bd. 13, Tübingen: Francke, 2004, S. 45—60.
④ *Lieder für den öffentlichen Gottesdienst*. Berlin 1765. Vorrede.
⑤ Ebd.
⑥ Dominik Fugger, Andreas Scheidgen (Hrsg.), *Geschichte des katholischen Gesangbuchs*. Mainzer hymnologische Studien Bd. 21, Tübingen: Francke, 2008, S. 21.

德对启蒙而言是重要的：圣母应当作为人在此世生活的榜样，引导人们过上有美德的生活。

在启蒙影响下，大量中世纪和巴洛克圣咏从教会仪式中消失，被新的圣咏所取代。天主教启蒙时期最为活跃的奥地利和巴伐利亚，成为新版圣咏集的主要发源地。在约瑟夫二世统治下的奥地利，先后有耶稣会士、古典语文学和诗学教师里德尔（Franz Xaver Riedel）出版的《罗马日课圣咏》①，以及神父、《莪相》的第一个德语译者丹尼斯（Michael Denis）出版的《维也纳圣斯德望大教堂及维也纳大主教区圣咏》②，这两部圣咏集后来成为很多教区新版圣咏集的范本。1777年，学者与作家、被马克西米利安三世任命为慕尼黑商务顾问的科尔布雷纳（Seraph von Kohlbrenner）出版的《用于罗马天主教礼仪的圣歌》③，由于获得教皇庇护六世的青睐，很快在德语天主教地区推广开来。科尔布雷纳圣咏集的一大特点，是每首圣咏后配有灵修的文本，以便信徒将宗教虔诚内化、深化，从而促进信徒的内省和修身。里德尔和丹尼斯则以克洛普施托克、盖勒特等新教诗人的作品为榜样，改写了很多圣咏。向新教诗人学习，致力于缩小与新教方面的差异，这种现象在当时天主教知识精英中十分普遍。此外，启蒙时期一些圣咏集收录了若干来自新教地区的赞美诗，这同样是向新教文学看齐的一种尝试。

迄至 18 世纪末，旧的圣咏集在天主教地区已使用了两百余年，因此，当教会推广新圣咏集、要求信众在礼仪中停止使用他们熟悉的圣咏时，很多人难以接受④，尤其是当人们得知，新圣咏中有一些具有"新教背景"之后，抵触情绪更加强烈。⑤ 此外，新圣咏大多是为宣传启蒙思想而迅速炮制的作品，难免有平庸、

---

① Franz Xaver Riedel, *Lieder der Kirche aus den römischen Tagzeiten*, 1773.
② Michael Denis, *Geistliche Lieder zum Gebrauche der hohen Metropolitankirche bey St. Stephan in Wien und des ganzen wienerischen Erzbistums*, 1774.
③ Seraph von Kohlbrenner, *Der heilige Gesang zum Gottesdienste in der römisch-katholischen Kirche*, 1777.
④ Dominik Fugger, Andreas Scheidgen (Hrsg.), *Geschichte des katholischen Gesangbuchs*. Mainzer hymnologische Studien Bd. 21, Tübingen: Francke, 2008, S. 21.
⑤ 比如在美因茨大主教区，教会高层要求推行美因茨神父图林（Ernst Xaver Turin）的《美因茨大主教区新版天主教圣咏与祷告书》（*Neue christkatholische Gesang-und Gebetbuch für die mainzer Erzdiözes*, 1787），遭到民众和一些神父、教会音乐家的强烈反对。同上书，第 25 页及以下。

粗糙之作。① 仅仅半个世纪之后，也就是19世纪三四十年代以降，启蒙时代的圣咏集便失去了生命力，天主教地区也渐渐恢复了启蒙之前的圣咏传统。为什么会出现这样的变化？

三、对圣咏传统的恢复（Restauration）

19世纪初，随着民族意识的觉醒，德意志文人学者对自身文学传统的兴趣也愈来愈浓厚，对古老童话、民歌②的搜集蔚然成风。格林兄弟的《儿童与家庭童话集》、布伦塔诺与阿尼姆的《男童的奇异号角》等，都在这一时期问世。学者、诗人对国故的整理，将人们的目光重新引向古老的诗歌。在这样的背景下，启蒙时期的圣咏显得太"新"，与此时审美趣味的要求之间产生很大差距。在"号角"收录的50首宗教赞美诗中，几乎全部是17世纪及更早的作品。阿尼姆在一封致布伦塔诺的信中甚至写到，18世纪七八十年代大量涌现的圣咏是"最糟糕的圣咏"。③ 天主教诗人和学者德勒沃思（Guido Maria Dreves）④则称，启蒙"从我们的民众祈祷的双手中，夺去了他们从先祖那里继承来的庄严的圣咏集"，代之以"平淡的蹩脚诗和空洞的朗诵"。⑤ 从19世纪三四十年代开始，无论在新教还是天主教地区，很多诗人、学者开始系统地搜集、研究古老的宗教诗歌，

---

① 一个比较极端的例子是神学家和诗人弗朗茨（Ignaz Franz）的《通行完整版天主教圣咏集》（*Allgemeines und vollständiges Catholisches Gesangbuch*，1778），368首圣咏中有363首是弗朗茨自己的创作。这版圣咏集在一些教区甚至一直使用到19世纪中叶。同上书，第22页。
② 关于"民歌"这一颇有争议的概念，我们将在后文有关"候鸟运动"的部分中展开探讨。
③ Hartwig Schultz（Hrsg.），*Achim von Arnims und Clemens Brentano. Freundschaftsbriefe*. Bd. 1，Frankfurt：Eichborn，1998，S. 286.
④ 格意多·玛利亚·德勒沃思（Guido Maria Dreves，1854—1909），其父雷勃莱希特·德勒沃思（Leberecht Dreves）是律师和诗人，在浪漫派圈子里活动，1846年皈依天主教。诗人艾兴多夫是雷勃莱希特的好友，也是格意多的教父。格意多·德勒沃思15岁加入耶稣会，他曾整理150首德语圣咏并于1885年结集出版。同年，德勒沃思开始在欧洲各大档案馆作原始文献研究，历时十载，完成拉丁文《圣歌选集》（*Analecta hymnica*）的编写与出版。此外，他本人也创作了不少圣咏，收录在他出版的《教会年花环》（*Kränze ums Kirchenjahr*）中。参见 Rebecca Schmidt，*Gegen den Reiz der Neuheit. Katholische Restauration im 19. Jahrhundert：Heinrich Bone，Joseph Mohr，Guido Maria Dreves*. Mainzer hymnologische Studien Bd. 15，Tübingen：Francke，2005，S. 60—62. 以下简称 *Gegen den Reiz der Neuheit*。
⑤ *Mythos Maria*，S. 221.

并以圣咏集形式将其出版。天主教方面比较有代表性的是博纳(*Heinrich Bone*)①、穆尔(Joseph Mohr)②、德勒沃思等几位学者。那些被启蒙驱逐的圣母颂得以在这一时期"重见天日",实际上得益于这些浪漫文人对德意志文学传统的浓厚兴趣。

博纳为他的圣咏集《康塔塔》③所作的序言,对于圣咏的恢复有着提纲挈领的意义。针对启蒙时期圣咏道德教化的倾向,博纳提出,圣咏首要的目的不是为了个人的修身,而是为了服务于上帝。他将圣咏比作教堂,正如天主教教堂不是"信徒的屋子",而是"上帝的屋子",不单单是"信徒聚集的场所,而是以其卓尔不群的美,独立地属于上帝、取悦于上帝"那样,"天主教的礼拜并非用以修身和祈祷,而是对上帝的服务",它本身就是属于上帝的。圣咏的写作好比教堂的建造,在博纳看来,唯有当艺术家认为教堂属于上帝时,他才能够怀着满腔热忱从事自己的工作,即便"在信徒的眼睛难以注意到的细微处",也倾注同样的爱与精力。④ 同理,只有认识到圣咏是为赞美上帝而作,而不是为了个人灵修目的,诗人才能有创作的热情与灵感,这样圣咏才能够成为"真正的诗"⑤(wahre Poesie)。因此,他认为中世纪和巴洛克的圣咏,在写作动机和艺术水准上必然高于启蒙时期为道德教化而作的诗歌。

博纳提出圣咏的第二大特点,是圣咏"立足于历史之基",因为"唯有从传统

---

① 海因里希·博纳(Heinrich Bone, 1813—1893),1832 年开始在波恩大学学习古典语文学,先后在杜塞尔多夫、科隆等地的人文中学教授德语及古典语言。他于 1847 年出版的《康塔塔!天主教圣咏集及祷告文,适于任何时间和教会年度各个节日》(*Cantate*!*Katholisches Gesangbuch nebst Gebeten und Andachten für alle Zeiten und Feste des Kirchenjahres*,1847),对圣咏的恢复工作有着深远影响。参见 Rebecca Schmidt,*Gegen den Reiz der Neuheit*. S. 23—28.

② 约瑟夫·穆尔(Joseph Mohr, 1834—1892),1853 年加入耶稣会,1867 至 1871 年间先后在帕德伯恩和雷根斯堡从事牧灵工作。文化斗争期间,作为耶稣会士的穆尔遭到普鲁士政府驱逐后,先后在法国和比利时的修院里进行写作和牧灵。穆尔是 19 世纪德意志致力于教会音乐复兴的塞西丽亚运动(Cäcilianismus)代表者之一,他致力于格里高利圣咏的复兴,努力让更多格里高利圣咏走进他生活的那个时代新出版的圣咏集。此外,他倾注大量精力于圣咏文本与旋律的润色工作中。穆尔出版的《让我们祈祷》(*Lasset uns beten*)后成为班贝格(1881)、施派尔(1882)、维尔茨堡(1883)、萨尔茨堡(1884)等教区的通用圣咏集。而慕尼黑、奥斯纳布吕克、帕骚等教区的官方圣咏集在很大程度上借鉴了穆尔修改的文本与旋律。参见同上书,第 45—49 页。

③ *Cantate*!*Katholisches Gesangbuch nebst Gebeten und Andachten für alle Zeiten und Feste des Kirchenjahres*. *Nach den alten, sonst allgemein gebräuchlichen Gesängen und Andachten, sowie nach dem lateinischen Kirchenritus bearbeitet von Heinrich Bone*, Mainz, 1847. 以下简称"*Cantate*!"。

④ Ebd., S. 3f.
⑤ Ebd., S. 31.

的土壤中汲取养分,才可繁盛";因此,"一部用于礼拜的圣咏集,倘或没有历史的基础,只会结出恶果"。① 博纳在这里批判的,就是启蒙对圣咏传统的破坏。他希望通过《康塔塔》的出版,让那些"我们曾经视若黄金宝石,如今却鄙弃的诗歌"重新回到教会礼仪中,恢复"它们与我们之间珍贵的联系"。② 所谓对中世纪和巴洛克圣咏的"恢复",并不意味着将中世纪和巴洛克的圣咏原原本本地出版,而是同时对其作了语言上的修改。一首 17 世纪的圣母颂中,可能有些修辞对于 19 世纪的人来说已经很陌生,比如《万福,温柔的玛利亚》(Ave Maria zart)这首圣母颂中"夏娃食苹果"(Evae Apfelbiß)这一表达,因此,博纳将其改为"原罪"。在他看来,倘或想让这些古老的诗歌"从被放逐的境地里返回,重又在天主的屋子里效劳",不得不"给它们披上一层外衣,从而使那些不友好的心灵也能够认出它们高贵的灵魂与肉体"。③ 随着博纳、穆尔等人的圣咏集逐渐得到教会的青睐和认可,并成为一些教区的官方圣咏集④,很多巴洛克圣母颂陆续回到教会仪式中,天主教地区也渐渐恢复了启蒙之前的圣咏传统。

  需要指出的是,天主教学者搜集整理启蒙之前的圣咏,探讨圣咏区别于新教赞美诗的特征,这些不仅是出于研究的热忱,更是天主教方面寻找身份认同的方式。19 世纪可谓是新教、天主教在政治、文化领域冲突不断,双方之间鸿沟愈来愈深的时代。世俗化进程的加剧,导致德意志天主教地区的社会结构和学术传统遭到极大破坏。由于文化上处于弱势地位,此时德意志天主教学者有一种强烈的、发掘自身传统的诉求。这种诉求首先表现在他们对圣咏历史的追溯上。而追溯圣咏的历史,一个无法绕开的问题便是,天主教的教会礼仪本以拉丁语为主,德语的宗教赞美诗一般被认为是新教的产物,路德则是"赞美诗之父"。⑤ 于

---

  ① Cantate! Katholisches Gesangbuch nebst Gebeten und Andachten für alle Zeiten und Feste des Kirchenjahres. Nach den alten, sonst allgemein gebräuchlichen Gesängen und Andachten, sowie nach dem lateinischen Kirchenritus bearbeitet von Heinrich Bone, Mainz, 1847, S. 11.
  ② Ebd., S. 20.
  ③ Ebd.
  ④ 与启蒙时期新版圣咏集的出版类似,19 世纪天主教地区对圣咏的恢复与整理,最初也并不是教会的官方行为,而主要是由诗人、学者和教会音乐家等推动和实现的。穆尔 1881 年出版的《让我们祈祷》成为班贝格、施派尔、维尔茨堡、萨尔茨堡等教区的圣咏集,标志着教会官方对知识分子的赞美诗恢复工作的认可。参见 Rebecca Schmidt, *Gegen den Reiz der Neuheit*, S. 45—49.
  ⑤ Cantate!, S. 20.

是我们注意到,不少天主教学者都在著述中探讨德语宗教赞美诗的源头,为圣咏之悠久历史"正名"。他们强调,尽管圣咏在反宗教改革背景下,尤其是在 17 世纪才真正繁荣,但事实上开德语宗教赞美诗先河的并非新教,而是天主教,因为德语圣咏早在 13 世纪就已出现,比路德的时代早了三百余年,而且新教的赞美诗集中,一些署名路德的诗歌,实际上是路德在几首圣咏的基础上改写而成。①如果说在启蒙影响下,很多天主教学者努力缩小圣咏与新教赞美诗之间的差异,那么此时天主教学者所做的,却是发现自身传统的独特之处。他们试图证明,天主教的圣咏远比新教的赞美诗历史悠久。随着双方矛盾在梵蒂冈一次公会、普鲁士"文化斗争"等一系列问题上的激化,一首来自三十年战争时期的、军事色彩浓厚的圣母颂"玛利亚展开披风"(Maria breit den Mantel aus),通过穆尔和德勒沃思出版的圣咏集,在 19 世纪下半叶流行起来,其中"玛利亚,展开披风/用它做我们的伞与盾/让我们站在它下面/直至所有敌人退却"的诗句,十分适合当时的语境,而"敌人"一词也在此时有了新的涵义:自由主义、物质主义、虚无主义、现代主义……②玛利亚在此时遂成为意识形态的标志。

四、一战与青年运动(Jugendbewegung)

玛利亚不仅是政治的符号,还是审美的对象,审美模糊了新教与天主教之间的界限。圣母颂接受史上的第二次高峰,恰恰始于柏林附近一个新教氛围浓厚的小城施特格利茨。1896 年,"候鸟运动"(Wandervogel)的成员从这里开始了他们的漫游,这成为持续半个世纪之久的青年运动的开端。对工业文明和物质

---

① 博纳,以及撰写《天主教德语圣咏及唱法——从起源至 17 世纪末》的学者威廉·鲍姆克均认为,德语圣咏之所以很早就出现,是因为教会礼仪中使用的拉丁语,与民众的母语——德语之间差异很大,这就产生了用母语赞美上帝的需要。而罗曼语背景的信众则没有这样的需要,因为他们的礼仪用语与母语差异不大。从 12、13 世纪开始,就有很多诗人匿名写作圣咏。至 15 世纪末,很多圣咏集已在各个教区流传开来。博纳还提到,新教赞美诗集中"基督复活了"(Christ ist erstanden)、"让我们请求圣灵"(Nun bitten wir den Heiligen Geist)等诗虽署名路德,实际上来自天主教的圣咏。参见 *Cantate!* 前言及 Wilhelm Bäumker, *Das katholische deutsche Kirchenlied in seinen Singweisen. Von den frühesten Zeiten bis gegen Ende des siebzehnten Jahrhunderts*, Bd. 1, Freiburg: Herder, 1886, S. 5—32.

② *Mythos Maria*, S. 159.

主义的失望,以及人在现代社会中被孤立、被异化的感觉,促使德国青年在19世纪至20世纪之交,没有像其他国家的青年那样"热切地奔向现代性的地平线",而是"反身走向前现代的自然和农业社会"①。漫游是为了追寻本真的、完整的"自我"。对一群年轻人的漫游来说,怎能缺少歌唱?但威廉帝国的音乐教育差强人意,一方面,青少年在公开场合歌唱的机会很少,基本仅限于威廉二世的生日(1月27日)和色当日(9月2日)这两天的庆典活动。②另一方面,青少年从学校里学来的,多是那些歌颂祖国的或是教育色彩很浓的歌,并不符合他们对生活的感受。而诗人、作曲者又不可能那么快从团体中成长起来。③于是,"候鸟"们将目光转向了那些古老的民歌。在漫游路上搜集、整理、咏唱民歌,成为候鸟运动最重要的活动之一。他们搜集的民歌当中有不少圣母颂④——这并非为了教堂里的礼拜,而是为了大自然中的漫游。当大自然在他们心中唤起神圣感,或者当他们在漫游途中邂逅一尊圣母雕像时,似乎唯有宗教赞美诗才能真正表达他们的感受。⑤

我们在上文中不得不反复使用"民歌"这个颇具争议的概念。为什么民歌对青年运动如此重要?因为青年们认为,他们从民歌中发现了原初而鲜活的生命,找到了失落已久的整体与传统。⑥汉斯·布勒伊尔(Hans Breuer)在候鸟运动最著名的歌集《吉他歌谣集》(*Der Zupfgeigenhansl*)⑦第一版前言中写道,民歌

---

① 曹卫东、黄金城:《德国青年运动》,载曹卫东主编:《德国青年运动》(《德国学术第1辑》),上海人民出版社,2012,第67页。
② Stefan Krolle, "Der Geist der bürgerlichen Jugendbewegung in ihren Liedern", in Ulrich Hermann (Hrsg.), *"Mit uns zieht die neue Zeit..."*. *Der Wandervogel in der deutschen Jugendbewegung*, Weinheim: Juventa, 2006, S.276.
③ Helmut König, "Der Zupfgeigenhansl und seine Nachfolger. Drei Phasen der Jugendbewegung im Spiegel repräsentativer Liederbücher", in Ebd., S.233.
④ 青年运动最著名的歌集之一《吉他歌谣集》(*Der Zupfgeigenhansl*)第一版共收录19首宗教赞美诗,其中有15首圣母颂。
⑤ *Mythos Maria*, S.11.
⑥ Andrea Neuhaus, *Das geistliche Lied in der Jugendbewegung. Zur literarischen Sakralität um 1900*, Mainzer Hymnologische Studien Bd.16, Tübingen: Francke 2005, S.11—14.
⑦ 该诗集于1909年出版,至1917年已再版45次。参见Stefan Krolle, "Der Geist der bürgerlichen Jugendbewegung in ihren Liedern", in Ulrich Hermann (Hrsg.), *"Mit uns zieht die neue Zeit..."*. *Der Wandervogel in der deutschen Jugendbewegung*, Weinheim: Juventa, 2006, S.277.

是具有创造力的,它们有着"我们父辈曾有的爱、梦想和痛苦"。① 为鼓励更多青年参与到民歌的搜集整理中,《吉他歌谣集》的附录特意留了很多空白页,以便让大家写下"在低矮的茅舍间,从百姓那里聆听而来的歌"②。但事实上,与布伦塔诺和阿尼姆《男童的奇异号角》相似,《吉他歌谣集》中的歌曲主要不是来自百姓的口口相传,而是来自纸质文献,比如19世纪的一些歌集。布勒伊尔等人从中选出诗歌,然后进行润色或删减若干诗节,使它们便于传唱。《玛利亚走过荆棘丛》(Maria durch den Dornwald ging)这首圣母颂就是因候鸟运动的发现和传唱才流传至今。然而,作者的研究告诉我们,"候鸟"们从歌集中发现的这首标注着"奥古斯特·冯·哈克斯特豪森(August von Haxthausen)从民间口头流传搜集而来"的圣母颂,实则是浪漫诗人模仿中世纪晚期的求怜颂(Kyrie eleison)进行的创作。虽然无法确定这首诗作者的身份,但可以肯定的是,"奥古斯特·冯·哈克斯特豪森"是一个浪漫文人圈子,其成员包括艾兴多夫、格林兄弟、女诗人德罗斯特-许尔斯霍夫等等。经浪漫诗人的创作和青年运动的修改,穿过荆棘丛的玛利亚更像是"一尊青春风格(Jugendstil)的圣母塑像"③,带有世纪之交的审美特征。看似素朴的"民歌"(Volkslied),事实上是精致的艺术歌曲(Kunstlied)。继19世纪初浪漫文人对国故的整理之后,20世纪初的青年运动再次对"民歌"进行了建构,它的背后有一种"故土情结",一种通过追寻文学传统得以表达的"德意志性",④正如青年人在德意志大地上的漫游。

一战爆发后,青年运动的很多成员立刻投身于对故土的保卫中。"我们已经在旅途中认识并热爱上我们的民族和土地,现在我们要守护它。[……]在这里是用词语和歌曲,在那里则是用行动和鲜血。"⑤他们想象着战争很快就会结束,他们就可以开始新的漫游。但战争的持久与残酷击碎了他们的希望,很多

---

① *Der Zupfgeigenhansl. Das Liederbuch der Wandervögel.* Hrsg. v. Hans Breuer unter Mitwirkung vieler Wandervögel. Reprint nach einem Exemplar der 10. Auflage Leipzig 1913, Mainz: Schott, 1981, Vorwort zur 1. Auflage.
② Ebd.
③ *Mythos Maria*, S. 21.
④ 曹卫东、黄金城:《德国青年运动》,载曹卫东主编:《德国青年运动》(《德国学术第1辑》),上海人民出版社,2012,第49页。
⑤ 同上书,第50页。

"候鸟"在战场上倒下,这其中包括布勒伊尔。在当时的战地圣咏集(Soldatengesangbücher)中,一首题为《玛利亚,五月女王》(Maria Maienkönigin)的圣母颂在士兵中广为流传,它的最后一节是这样的:"将圣洁与和平/降至我们胸中/在尘世的死亡后/赐予我们天堂的永恒之乐。"这首诗创作于19世纪40年代,也就是德意志天主教地区越山主义知识分子最为活跃的时期,作者是约瑟夫·格雷斯(Joseph Görres)之子格意多·格雷斯(Guido Görres)。为了将流行于罗马的圣母敬拜方式"五月祈祷"(Maiandacht)引入德意志,格意多创作了31首圣母颂,以供信徒在五月的每一天向圣母祈祷。在原诗中,"和平""死亡"与"天堂"尚无具体所指,而战争的爆发急剧地改变了这首诗的接受语境:当死亡成了最真实的体验,"和平"的含义也便不仅是战争的结束,更是指"天堂的永恒之乐"。彼时作为越山主义标志的玛利亚,此时成了"一个朝向彼岸的梦"①,助人逾越痛苦的死亡。

　　一战成为青年运动的转折点。德国战败的命运,让全国上下充满狂热、激进的政治氛围,也酝酿着一场更大的灾难。一些新教青年团体很快向希特勒青年团靠拢;天主教青年团体由于罗马教廷的原因,暂时没有被纳粹收编②,他们当中的一些人继承了候鸟运动的传统,继续活跃于圣咏的选编与出版中,其中尤以托迈尔(Georg Thurmair)、罗曼(Adolf Lohmann)和迪瓦尔特(Josef Diewald)③贡献最大,他们的《灰色歌船》和《圣咏1938》成为当时青年人中备受欢迎的两部歌集,《圣咏1938》还有这样的副标题:"为青年人而作"。托迈尔改写圣咏的方式,使得一些原本并不流行的圣咏,真正获得了广泛的传播。比如产生于18世纪初的圣母颂"至美者"(Die Schönste von allen)之所以在二战前夕广为流传,后为二战期间的战地圣咏集收录,并最终走进2013版《圣咏》,主要是因为托迈尔对诗节顺序作了调整,以"星辰熄灭,燃烧的太阳/也将黯淡;一切都会终结/但你在

---

① *Mythos Maria*, S. 84.
② 曹卫东、黄金城:《德国青年运动》,载曹卫东主编:《德国青年运动》(《德国学术第1辑》),上海人民出版社,2012,第35页。
③ 在三人的合作中,格奥尔格·托迈尔(Georg Thurmair)负责歌词部分,阿道夫·罗曼(Adolf Lohmann)作曲,约瑟夫·迪瓦尔特(Josef Diewald)长于编曲。他们合作出版了《灰色歌船》(*Das graue Singeschiff*, 1934)和《圣咏1938》(*Kirchenlied 1938*)参见 *Mythos Maria*, S. 50f.

时间终结之后,仍然闪烁/在天堂般的荣耀中,穿越永恒"结束全诗,让浓重的末世色彩成为"诗眼":当时间终结后,唯有天上的女王手执权杖,脚踏月亮,头戴星辰。① 两战之间的德国,无疑处在"末世情结"的漩涡中,人们期盼着希特勒带来的"新纪元"。然而唱这首圣母颂的人,心里想的却是另一种终结:当时间结束之后,唯有基督君王(Christkönig),和他身旁手执权柄的女王玛利亚,他们是属于光明、永恒与胜利的;在他们面前,此世的君王只能"立于阴影里"。②

作为青年运动产物的《圣咏1938》不仅在当时广受青年人欢迎,而且伴随着人们对各教区通用的圣咏集的期待,成为后来德国天主教地区通行版圣咏集的雏形。二战后,德国天主教地区第一部圣咏集,即1947版《通用歌曲》(*Einheitslieder*),所参照的就是《圣咏1938》,而此后的1975,直至最新的2013版《圣咏》,基本都以1947版为参照。③ 半个多世纪以来,圣咏的编委会不断修改圣母颂文本,使其适应战后思想氛围的变化,比如删去"玛利亚展开披风"中最具战斗性的"玛利亚,展开披风/用它做我们的伞与盾/让我们站在它下面/直至所有敌人退却"这一诗节,并将末世色彩浓重的"至美者"从各教区通用的部分移入附录中,仅供一部分教区礼仪使用。此外,梵蒂冈二次公会上对"平易近人的基督形象"的强调,也间接地影响了1975版《圣咏》及其后对圣母形象的塑造——那在高天之上、手执权柄的女王,似乎不够平易近人。因此,人们添上了诸如"来自民众中的女子""以色列的女孩"等定语,从而将圣母"民主化"。

---

① 见《圣经·启示录》第12章第1节:天上现出大异象来:有一个妇人身披日头,脚踏月亮,头戴十二星的冠冕。圣母颂中常将玛利亚比作"战胜巨龙(撒旦)的女子",其根据就是《启示录》第12章中有关妇人与龙的描述。

② Ebd., S.51.

③ 编撰一部"通行版圣咏"的构想,可以说是19世纪德意志统一运动的产物。早在德意志解放战争时期,相关准备工作就已开始。1848年,维尔茨堡召开的德意志主教会议提出"遴选和引入通行的圣咏"的建议。1909年,天主教方面将23首圣咏定为经典,福尔达教区自1916年开始以这23首圣咏作为教区官方圣咏。青年运动出版的《圣咏1938》中也收录了这23首诗。1947年,天主教地区选出74首圣咏作为各个教区通用的圣咏。1962年8月在福尔达召开的德国主教会议确定,要编撰一部通用的祈祷与圣咏集。此后,总编委会与各个分会于1969至1972年间共推出多达12种试用版。1975年,即福尔达主教会议13年之后,通行版《圣咏》才最终确定下来。与此同时,各个教区发行了"区域部分"作为通行版的附录。Irmgard Scheitler, "Gotteslob (1975). Vorgeschichte, Problematik, Programm, Kritik, in Hermann Kurzke, Andrea Neuhaus (Hrsg.), *Gotteslob Revision. Probleme, Prozesse und Perspektiven einer Gesangbuchreform*, Mainzer hymnologische Studien Bd.9, Tübingen: Francke, 2003, S.79—93. 此处参见第79页。

五、结　　语

前文中我们根据《玛利亚的神话》一书的研究，扼要梳理了从18世纪末至20世纪圣母颂的接受情况。在天主教启蒙的影响下，这些圣母颂或离开圣咏集，或是经历根本性的改变，很多典型的巴洛克母题、比喻消失，取而代之的是道德教化和理性思辨。伴随着19世纪初文人学者对德意志古老民歌、童话的浓厚兴趣，天主教方面不少学者致力于搜集、整理启蒙之前的圣咏，并有意识地恢复天主教独特的圣咏传统。青年运动则将圣母颂的整理、出版推向新的高峰，其影响绵延至今。而正是在世俗化以降的19、20世纪，在"孕育了圣母颂的宗教被松动"[①]之后，人们对圣母颂的发掘、研究、改写、出版空前丰富而有创造力。在这个意义上，圣母颂的接受史，就是一部"文化史与思想史的缩影"[②]。作者通过对文本的细密分析，让我们看到圣母颂文本与社会文化语境之间的密切联系，也为我们理解18世纪末至20世纪德意志思想史与文化史提供了一个独特而细腻的视角。

圣经中有关玛利亚的记载很少，或许正因为如此，关于玛利亚的诗歌有了广阔的想象空间：她是玫瑰、百合、海上的启明星……想象力诉诸丰富的比喻和母题，塑造了一位童贞女、天上的女王、末世审判时的代祷者和战胜巨龙的女子。本书标题"玛利亚的神话(Mythos)"中"神话"一词，按其古希腊语"讲述、叙述"之本意，意味着圣母颂就是有关玛利亚的"叙述"，叙述的方式在各种因素的张力场中不断变化；叙述借助的不只是文本，还有旋律。诚如作者所言，圣母颂虽生于天主教的土壤，但它属于所有人，就像巴赫宗教音乐的受众远不止是新教徒。恰恰通过圣母颂，我们得以窥见"西方灵魂中那间隐秘的小屋"。[③]

作者简介：陈曦，北京大学外国语学院德语系博士生，在研题目"德语浪漫诗歌"。

[①] *Mythos Maria*, S. 275.
[②] Ebd., S. 272.
[③] Ebd., S. 275.

本辑特约

未来与历史学家：关于未来的想象如何影响对过去的阐释

——以欧洲对古代到当今的历史书写为例

〔德〕于尔根·科卡 撰　卢白羽 译

（2015年5月22日北大讲演）

尊敬的女士们、先生们，在座诸位，我是一名历史学家，我演讲的题目是"未来与历史学家"。每当论起未来与历史学家，人们大多会谈起我们为了未来而向历史学到什么，或者历史学家是否可以预见未来。如果诸位愿意，这些问题我们可以在演讲之后再深入探讨。

然而，我希望在这次演讲中调转视角，反过来问一下，对于未来的想象是如何影响了历史学家的工作。我希望向大家表明，对于过去、现在、未来之间关系的某种概念对于西方历史思想具有建构性的作用，并且在某些历史学家那里，他们描述的历史还与他们对未来的想象之间有着联系，尽管这类联系大都模糊不清。

此外我当然要假定，我们历史学家所描述、展现的过去，并非是过去的照片，而是对过去的阐释，也就是重构，是我们在原始材料的基础上进行筛选、塑形、阐释，也就是建构而成——并且还受到历史学家的视角和问题意识的影响，这些视角和问题还会随着时间的流逝而改变。

一

如果历史学家要就何为本专业的基础达成一致,他们时常会就过去与现在的关系争论不休。比如伟大的意大利历史学家克罗齐认为,每部历史都是当代史,并因此也更加紧密地与历史学家所处的时代,而不是他研究与书写的时代纠缠在一起。克罗齐是位自由主义史学家,并积极参与政治,他接受了这一观点。然而法国史学家、史学理论学家弗朗索瓦·阿尔托格(François Hartog)却持相反立场,他不满史学家的"现在时模式"以及站在当代的位置对过去持敌对态度。① 通常,史学家都会意识到,研究并呈现历史的核心在于,将过去——或更确切地说——将文献中流传下来的过去的一部分——与当今及其问题、视角和需求联系起来。然而,如果人们查阅一下论述历史思想中时间所扮演角色的相关文献,则很难找到研究和呈现历史方面关于未来之意义的陈述:或者更确切地说,关于未来的预期。②

如果涉及史学家的工作,那么就有很好的理由支持我们对过去、现在、未来这三者进行思考。并且,这种做法也有许多实例可循。最早的例子是公元3世纪的罗马作家森索里努斯(Censorinus),他将"绝对时间"划分为过去、现在、未来:"就此而言,过去没有入口,未来没有出口。而居中的现在,既短且不可理解,它没有长度,只不过是联系过去与未来的关节,并且又是如此飘忽不定,从不会待在同一个地方;它所穿过的一切,都取自未来,并拿给过去。"③ 公元5世纪的基督教神学家和基督教教父作家奥古斯丁时常被引用,他在《忏悔录》里谈起

---

① Benedetto Croce, *La storia come pensiero e come azione*, Napoli, 2002, S. 13; François Hartog, *Régimes d'historicité: Présentisme et experiences du temps*, Paris, 2003, zit. nach Lynn Hunt, *Measuring Time, Making History*, Budapest/New York, 2008, S. 18.

② 参见 Reinhard Wittram, "Die Zukunft in den Fragestellungen der Geschichtswissenschaft," in *Geschichte—Element der Zukunft*, hrsg. ders. u. a., Tübingen, 1965, S. 7—32; 以及 Jörn Rüsen, "Kann Gestern besser werden? Über die Verwandlung der Vergangenheit in Geschichte," *Geschichte und Gesellschaft* 28 (2002): 305—321. Ich danke Jörn Rüsen für wichtige Anregungen.

③ 参见 Norbert Elias, "Über die Zeit," in *Gesammelte Schriften, Bd. 9*, hrsg. ders., Amsterdam, 2004, S. 100.

过去、现在与未来的种种微妙关系时说道,过去通过回忆而间接出现在当下,对将来的预期通过期望也间接出现在当下,奥古斯丁还说到即便转瞬即逝,然而在经验中却获得某种延续的当下,以及它们三者之间的相互关系。奥古斯丁承认当下具有某种优先性,即只有从现在出发才能感知并建构过去与未来。① 最近,认知科学家和大脑研究者把过去、现在、未来这三者描述为普遍现象,认为此三者在神经反应过程和大脑中在经验中可以找到相印证的对应现象。② 时常可见如下要求:既然时间体验的这三种层面或模式具有内在关联,那么就应该把它们放到一起来讨论。我希望向诸位表明,西方历史编纂学史印证了这一看法。

英国史学家爱德华·霍列特·卡尔(Edward. Hallett. Carr)在其著名的导论"何为历史?"中注意到,古希腊作家几乎没有历史感。比如,修昔底德就认为:"在他所描述的事件以前,没有什么重要的事情发生过,并且之后也不会有什么重要的事情发生。……对于古人来说,历史不会走向任何地方:因为对过去没有感觉,所以相应地,对未来也没有感觉。"③ 摩西·芬利(Moses Finley)以及其他研究古希腊罗马历史思想的专家对此虽有更精微的描述,然而大体上还是赞成这一看法。古代作家并不认为过去、现在和未来之间有什么本质差别,因此他们才会希望直接师法历史。通过重构出过去是怎样解决问题,他们希望为将来解决本质上类似的问题做好准备:historia magistra vitae(历史乃生活之师)。④

如德国哲学家卡尔·洛维特在《世界历史与救赎历史》中所示,正是在犹太教和基督教末世论的背景下,过去、现在与未来之间的联系才得以重新思考,历史被理解为一种运动,从一个开端,经过各种具有决定意义的路标,最后走向一个设想出来的终末,也就是说,在这一过程中,未来与过去彻底不同,但同时又相

---

① Aurelius Augustinus, *Die Bekenntnisse*, Übertragung, Einleitung und Anmerkungen von Hans Urs von Balthasar, 2. Aufl., Trier, 1987 [1985], S. 313 (in Buch 11, 3). Zitiert etwa bei: Zachary S. Schiffman, "Historicizing History/Contextualizing Context," *New Literary History* 12 (2011): 477—498, hier S. 483f.

② Vgl. Vyvyan Evans, *The Structure of Time. Language, Meaning and Temporal Cognition*, Amsterdam/Philadelphia, 2003, S. 186, 196.

③ Edward Hallett Carr, *What is History*? Harmondsworth, 1968 [1961], S. 109f.

④ Vgl. Moses I. Finley, "Myth, Memory and History," *History and Theory* 4 (1965), S. 281—302; Reinhart Koselleck, "Historia Magistra Vitae. Über die Auflösung des Topos im Horizont neuzeitlich bewegter Geschichte [1967]," in ders., Vergangene Zukunft. Zur Semantik geschichtlicher Zeiten, Frankfurt am Main, 1979, S. 38—66.

互紧密相连。在 5 世纪早期,奥古斯丁就开始将人类历史比作一次朝圣,亦即朝向目标的运动。在中世纪历史学家的著作中也发现了对于在时间中的本质性转变的某种理解。①

不过,中世纪作家对过去与未来之间本质性差异的这种新感觉主要还位于超验层面,它还尚未转型为统摄世界内部历史和事件序列的主要观点。关于历史性转变的这种现代观点对于那时重构和呈现历史而言,并没有起到根本作用。直到文艺复兴和启蒙时期之间,也就是 14 和 18 世纪之间,关于过去、现在、将来之间具有本质性差异的这一观点才逐渐盛行开来,并成为历史思想的基本要素。14、15、16 世纪的欧洲作家对古希腊、古罗马兴味盎然,重新发现了古代。他们突出自己的时代和(时常被理想化了的)古代之间的差异,并且力求摹仿古人,以此来将自己的时代与古代相比较。从这一角度出发,古代与当时之间的那段时间就主要被视为是衰退和没落的时代,是黑暗的"中世纪"(这一概念出现于 17 世纪早期)。在那时,把自己的时代与一个古典古代的理想化图景相对照以及与黑暗的中世纪图景相对照,使得启蒙时期的作家把自己理解为现代性的代表。当时——17、18 世纪——西方历史思想已经习惯在古代、中世纪和近代之间作出区分,并在与过去的对比之下,把自己的时代理解为进步的结果。这正是现代性这一概念在思想史上成形的地方。与之相关的还有如下信念:当代虽然是从过去发展而来,却与过去有着天渊之别,正如未来与现在有着天渊之别一样。

后来,法国哲学家蒙田系统性地阐发了过去与当下有别的这一理论,并表明这一思想对历史思想的重大意义。其他启蒙时期的作家论证说,人类可以为了获得未来发展方向的意义而研究自身的历史。对于我们是什么的概念有别于我们可以是或应该是什么的概念,并且这才是最重要的。"进步"是可想的、可能的、可被预期的,并且成为一项任务。"发展"成为主要范畴,发展的各阶段及其进步也被构想出来。在这种对历史以及历史时间的想象里,未来就尤为重要:未来总是与过去区别开来,并通常作为今后进步的场所,经常被设想成为目标。这

---

① Vgl. Schiffman, *Historicizing History/Contextualizing Contexts*, S. 483—486.

里涉及一种交互关系:一方面人们期望通过研究过去而理解未来发展会遵循的方向。另一方面,从对未来或期许或关切的预期中产生的视角和问题,使得联系当下而重构过去成为可能。美国历史学家林·亨特(Lynn Hunt)表明,这一类型的历史思想是如何在法国大革命时期达到巅峰,并同时也声名扫地。①

18世纪晚期和19世纪,尤其在德国出现了一批有影响力的史学家,他们要与这种启蒙式历史思想一比高低,然而却保留了后者的形式和结构。德国历史哲学家赫尔德的著作《关于人类教育的另一种历史哲学》(1774)可以作为早期例证。赫尔德强调各种人类形态依赖于他们自身的发展以及与周围环境的关系而形成的多样性。他看到并赞成历史成为爱国主义精神的源泉以及为各民族及其政治制度间可见的差异提供合法性,而不是强调从西方启蒙运动的概念产生出来的某个普世的普遍模式。②即便历史学科德国学派的创始人兰克、尼布尔和德罗伊森,也是后启蒙时期的产物。他们生活在法国大革命和拿破仑战争之后,批判启蒙运动的基本思想,并质疑由启蒙哲学家伏尔泰、孔多塞、苏格兰哲学家以及康德发展出来的各种不同的进步观。他们拒绝其中暗含的普适性,致力于把历史看作是个别化的源泉,并将历史知识阐发成可以为不同的现代化道路提供依据并为之辩护的根基,这些道路中也包括德意志或普鲁士道路,即没有革命也不强调放任主义(laissez-faire),却有改革和强大政府的现代化道路。③

然而——此处意在强调历史思想中未来的作用:赫尔德、兰克及其后继者不仅在形成历史学科后来所谓"历史性"范式中作出杰出贡献——虽然历经转变和修正,这一范式在19和20世纪的德国和其他地方仍然占据着统治地位。这些作家也同样是西方——我是指西欧——启蒙思想重要的批判者。他们也是先

---

① Vgl. Hunt, *Measuring Time*, S. 47—92 (mit ausführlicher Literaturerschließung). Bereits klassisch: Koselleck, "'Erfahrungsraum' und 'Erwartungshorizont' (1976)," in ders., *Vergangene Zukunft. Zur Semantik geschichtlicher Zeiten*, Frankfurt am Main, 2010 [1979], S. 349—375.

② Vgl. Jürgen Burmmack, "Herders Polemik gegen die, Aufklärung," in *Aufklärung und Gegenaufklärung in der europäischen Literatur, Philosophie und Politik von der Antike bis zur Gegenwart*, hrsg. Jochen Schmidt, Darmstadt, 1989, S. 277—293.

③ Vgl. Georg G. Iggers, *Deutsche Geschichtswissenschaft. Eine Kritik der traditionellen Geschichtsauffassung von Herder bis zur Gegenwart*, Neuaufl., Wien/Köln/Weimar 1997 [erstmals engl. 1968]; Horst Walter Blanke/Jörn Rüsen (hrsg.), *Von der Aufklärung zum Historismus. Zum Strukturwandel des historischen Denkens*, Paderborn, 1984.

行者和践行者：批判进步和现代化的做派在20世纪和21世纪早期十分流行。然而，与此同时他们也有愿景，一种对未来的想象，一种面向发展的姿态。对于发展和未来，他们有所预料，或是期待，或是忧虑。对于这些德国历史学家和历史思想家而言，想象中的未来是一个屹立于民族国家之林中的德意志民族国家，这被他们拿来作为一个明确或模糊的前景，而他们从这一前景中得出了他们研究和呈现历史所采用的视角和问题。

  18世纪的启蒙运动史和19世纪的历史主义截然不同，并在许多方面相互对立。然而，诚如科瑟勒克（Reinhart Koselleck）所言，在关于历史的思考里，经验的空间与期望的天际之间的对立，亦即坚信在过去与未来之间存在着根本差异，并且这种差异再大，通过现在的勾连，两者也可以同时处在一种连续性关系之中——这一点却是作为根本前提为启蒙史观和历史主义史观所共有。从这一交叉中得出方法论上的双重后果：一方面历史分析的结果影响着对于未来所怀有的预期，另一方面史学家满怀期望或忧虑，充满怀疑或信心的对于未来的想象又影响着他们研究过去和重构历史的方式。在这层意义上，对未来的想象一般而言是研究和呈现历史不可或缺的组成部分，并且并不局限于历史的研究和呈现吁求进步的时候，或是比如将西方现代性作为评判标尺的时候。

  必须承认，如果历史学家不像他们日常工作那样，仅仅囿于特殊问题的高度专业化的经验研究，而是写出范围更宽阔的综合命题，那么这一关联就会清楚得多。然而，即便是历史科学的日常工作——尽管以一种十分简洁的方式——也会受到史学家对自己的研究对象所怀有的未来想象的影响。

  小结：直到今天，对于过去、现在、未来之间相互关系的某种看法对于西方历史思想乃至对于历史专业都是具有建构意义的。

二

  历史学家的未来想象在不断改变的时间体验的影响之下，呈现出各式各样、不断变化的形态，并且还经常不易察觉。此处不适合详细勘察它是如何影响了

20世纪和21世纪初期的历史学科。不过,下面这些零碎的片段或许可以表明,这样的尝试也许是值得的。

1. 对未来的某种想象会引导对历史的重构,亦即对历史的阐释,这在具有马克思倾向的史学家那里非常明显。人们盼望并期待着一个无阶级的和谐社会主义未来——而人们在将过去批判性重构为阶级斗争史时所使用的视角和概念,又受到这一未来想象的影响。

2. 与此相反,19世纪末,伟大的瑞士历史学家雅各布·布克哈特细腻的历史阐释则深受其对现代性的批判态度以及对未来的悲观期望的影响。布克哈特用以重构过去而采取的视角是:在现代性粗暴的横冲直闯一路碾压之下,过去的各种可能性都丧失殆尽。

3. 自从60年代以来,我就属于致力于将历史重新定义为"社会史"的一批德国历史学家。我们主张以社会史的眼光来看待历史,并将对于未来的民主期待与之联系起来,我们还要求解放与民主化。"批判"这一概念对于我们阐释历史以及对于我们对未来的想象这两者而言,都具有重大意义。

4. 后现代的各种纲领主要自20世纪80年代开始流行。它对过去和未来之间关系的设想完全两样。除了批判各路"宏大叙事"以及解构一切形式的关联认识之外,后现代苗头的代表还强调非连续性。[①]他们把过去与未来的差异性这一命题极端化,由此带来的后果是,否认一切过去与未来之间的关联,并质疑长期以来对于历史学科各种路数都具有根本意义的那一原则。

5. 过去十年到二十年间异军突起的全球史热吸引我们西方研究非西方的各路历史思想。它们或许以完全不同的方式来定义过去、现在与将来的关系。[②]全球史的转向消解了西方幼稚的自信的最后残余——在古典现代化理论中并不

---

① Zur "Historischen Sozialwissenschaft" und "Bielefelder Schule": Hans-Ulrich Wehler, *Deutsche Gesellschaftsgeschichte*, Bd. 1., München, 1987, S. 14—25. Jürgen Kocka, *Sozialgeschichte. Begriff-Entwicklung-Probleme*, 2. Aufl., Göttingen, 1986, S. 82—111; Friedrich Lenger, "'Historische Sozialwissenschaft': Aufbruch oder Sackgasse?" in *Geschichtswissenschaft im Geist der Demokratie: Wolfgang J. Mommsen und seine Generation*, hrsg. Christoph Cornelißen, Berlin, 2010, S. 115—132. —Zur Postmoderne in der Geschichtswissenschaft: Ernst Breisach, *On the Future of History. The Postmodernist Challenge and its Aftermath*, Chicago, 2003.

② Zur Globalgeschichte: Sebastian Conrad, *Globalgeschichte. Eine Einführung*, München, 2013; Jürgen Osterhammel, *Die Verwandlung der Welt. Eine Geschichte des 19. Jahrhunderts*, München, 2009.

是一点没有的——如果这些残余还没有被20世纪对进步的怀疑以及对目的论的批判所消灭的话。然而,通过重新思考关于共享需求与可能性的全人类的未来的崭新想象,我们可以比现在更加有力地影响与引导作为我们历史的全球史研究。在这个全球化的时代,普世的期望和要求可能会空前有力地影响历史,乌托邦思想或许会空前有力地引领着历史。我们今日就处在这样的环境下。①

三

演讲结束前,我希望至少略微提一下"未来与历史学家"这个题目的第二方面。我们能为了未来而从过去那里学到什么?简要说来有三点:

1. 从我之前所言可以推断出,在"历史乃生活之师"这一意义上来说直接向历史学习,仅在很有限的程度上可行。因为现在与过去不同,而未来又更不同。

2. 尽管如此,我们还是可以为了未来而向过去学习。通过与过去相比照,我们可以尝试着更好地理解现在的特性以及现在可能会影响到未来的那些新东西。通过历史研究,我们还可以改进并增强那些我们用来分析当下并建议未来如何行动的范畴。

3. "向历史学习"还有第三层含义。在此,请允许我引用之前已提到过的雅各布·布克哈特。他在1868年写道:"我们与其说希望通过(历史)经验再次变得机灵,不如说是变得永远智慧。"布克哈特这句话什么意思,并不是完全清楚。我想,他可能指的是:历史学家尤其能很好掌握两点:领会时代的变迁以及在关联中思考。历史学家学会了解,变化乃常态,由旧生新,新又再变,尽管通常缓慢而吃力。再者,历史学家还学会严肃看待万物皆相互关联这一观点。他们学会懂得,只有认清并考虑到事物之间的关联,才有可能正确理解历史,有可能正确地政治行动。所以,历史学家代表着某种对待社会和政治现实的方式。他们可

---

① Vgl. zum Thema "Globalgeschichte und Zukunftsvorstellungen": Ulrich/Edgar Grande, "Jenseits des methodologischen Nationalismus. Außereuropäische und europäische Variationen der Zweiten Moderne," in hrsg. Ulrich Beck, *Variationen der Zweiten Moderne. Themenheft—Soziale Welt* 61, Nr. 3—4 (2010): 187—216.

以尝试着与其他人分享这种历史精神。如果成功，那么在这个意义上，我们也是为未来而向过去学习。

作者简介：于尔根·科卡，德国著名历史学家，社会历史学派的主要代表，曾任柏林自由大学历史与文化系讲座教授，柏林科学院常务理事以及柏林社会科学研究中心主任，并曾当选为国际历史学会会长，研究方向：德国工人运动史、德国现代化道路研究、资产阶级研究等。

译者简介：卢白羽，博士，北京大学德语系讲师，代表作：《莱辛戏剧中的友谊观》（德文版），维尔茨堡：Königshausen & Neumann 出版社，2014 年。

资本主义、民主、独裁

——以德国 19 世纪至今的历史为例

〔德〕于尔根·科卡 撰　　卢白羽 译

一

我的题目是资本主义与民主的关系,处理的是如下问题:资本主义与民主是否以及在哪方面可以协调一致,是否相互掣肘或是相互促进。我更关心的是资本主义对于民主的意义,而不是民主对于资本主义的意义。

这是一个有争议的话题。一方面,经济学家、诺奖得主加里·贝克尔(Gary Becker)认为,要促进繁荣,比如自由,并进而促进自由民主,资本主义是最有效的体系。政治学家罗伯特·道尔(Robert Dahl)指出,现代民主机构迄今为止只存在于拥有资本主义经济秩序的国家。道尔认为资本主义即便不是民主的充分条件,那么也是必要条件。

另一方面,一些评价就比较悲观了。克劳斯·奥菲(Claus Offe)只看到民主的"最弱级",科林·克劳奇(Colin Crouch)抱怨"后民主状况",而按照沃尔夫冈·施特克(Wolfgang Streeck)的说法,民主只剩下"皮毛"。这些社会学家认为,民主的状态之所以如此糟糕,罪魁祸首是资本主义,尤其是今天的金融资本主义。它强化了收入以及政治参与机会的不平等,剥夺了议会的行动力,损害了民主的实质——今天的资本主义是民主之敌。

二

这就是正反两面的立场。谁有理？很多时候都与对概念的定义有关。

我认为资本主义是一种经济形式，诚然也有其社会、文化以及政治的前提和后果。

1. 在资本主义中，经济行为人拥有权利——多数是所有权。所有权使得经济行为人可以自主并分散地进行最重要的经济决断。

2. 在资本主义里，经济行为人通过市场被动员和协调，即通过竞争与价格、通过商品买卖。"变成商品"、商品化，是资本主义的特征。劳动的商品化，即雇佣劳动，及随之产生的资本与劳动之间不对等的不平等、依赖关系以及紧张关系，也属于此列。

3. 资本是资本主义的根基。在当前，财产投资的目的是为了在将来获取利益，也就是更高的收益。这意味着追求扩大、致富、改善、革新以及累积，也意味着与不确定和风险打交道。转变和增长是资本主义的常态，然而并不规律，经济发展趋势也是起起落落，并且还时常受到危机的撼动。

我把民主称之为一种政治秩序，权力和政府都从人民所出，亦即人民或是直接或是通过选举代表——参与对大家都有约束力的一切决定。民主的典型特征是自由平等的选举、多数原则、接受政治反对派、符合宪法、保护基本权利。自由的政治社会以及广泛参与国家生活也属于此列。

早在民主之前就已经有了资本主义：几个世纪之前在世界许多地方出现的主要是商人资本主义；自中世纪以来的金融资本主义；16、17 世纪以来，在美洲、亚洲以及非洲的欧洲殖民地出现的伴随着奴役的种植园经济。热那亚是资本主义早期各种形态的主要场所。这不是我今天要讨论的。我关心的是资本主义和民主的关系，亦即比较近的时代和当下。人们能从德国经验中学到什么？非常多。因为在德国，资本主义较早地成为主导的经济体系，也就是在 19 世纪的工业化时期。而德国在最近两百年以来经历过非常不同的政治系统，这提供了丰富的例证材料。

三

  我们来看"漫长的 19 世纪",历史学家认为它始于 18 世纪晚期,终于 20 世纪早期。在许多方面,19 世纪对于我们来说都十分有趣。一方面,"资本主义"这个名词在 19 世纪下半叶才出现。并且开始是在一场蔓延开来的资本主义批判中作为论争的概念而出现的。它不久之后就成为社会科学的重要分析概念,这其中要数德国作家尤为突出:比如维尔纳·桑巴特、马克斯·韦伯以及遵循马克思主义传统的鲁道夫·希法亭。其次,正是在 19 世纪,工业资本主义在德国以及其他国家得以实现,伴随着机械化、工厂体系以及大规模的雇佣劳动。然而,第三,漫长的 19 世纪也是民主化进程的世纪,这是一场在磕碰中进步的、还不够完善的民主化。然而不管怎样,这场民主化进程在 19 世纪 60 和 70 年代,1918、1919 年达到高潮,在 1848、1849 年大大的退步,并且其间还有不断的反复。

  19 世纪的资本家又是如何看待民主的呢?典型的是,资本家、企业主和经理虽然赞成温和的自由宪法改革以及三权分立和法治国家的代议制政府形式,然而相比之下,他们更少支持普选权以及其他明确的民主化形式。相反,民主化进程走得越远,资产阶级就越是站在警告、刹车和反对的一方。资本主义利益和民主化进程之间的紧张关系愈加明显,总的说来呈上升趋势。不过,尽管如此,大体看来,资本主义作为主导的经济体系和通往民主化道路上的进步,这两者差不多同时实现,至少是平行发展。这该作何解释呢?

  1. 一方面,证明了资本主义可以在不同政治环境下获得成功的显著能力。

  2. 另一方面,资本主义的活力摧毁了古老的(比如封建和家长制的)不平等以及依赖关系。在这方面,资本主义是民主的盟友。

  3. 更重要的是资本主义对民主化所作的并非有意为之的间接贡献。自从 19 世纪中叶以来,资本主义工业化就伴随着城市化、生活质量的改善、消费的增长以及教育的普及。这促成很大一部分人口的流动,他们提高了预期并学会表达他们的诉求。扩张中的资本主义席卷了一大部分人口。它催生出具有专业知识和自我意识的工人阶级以及一场宏大的反抗和解放运动以及工人运动。由此,不管它是否愿意,资本主义都强化了诸如批判社会经济不平等、为所有人争取更多的生存机会以及支持激进民主化等此类的宏图大志:也就是说,资本主义促进了民主化,虽然这并非它本意。

4. 最后还要点出,资本主义属于"私人"所有权,即非国家行为者的所有权,不允许国家干涉。我把这看作是在市场和国家、经济和政治资源之间的结构性分权,看作是根本意义上的力量和权力(Macht-und Gewalt-)分配,而这正是自由、有限政府以及民主的前提条件,再怎么重视也不为过。

四

在这一背景下,20世纪的独裁专制史就显得尤为有趣。1917年以后,苏联明确清除资本主义,以及1945年之后,在苏联的霸权统治下,东欧各国消灭资本主义,这些举措非但没有加强民主,反而十分明显地消除或是阻碍了民主:这一经典案例倒是反证了资本主义和民主之间的某种亲和力。这一点在1989到1990年的东德历史中也看得很清楚。

诊断欧洲法西斯独裁的发生史和暴力史则要复杂得多。希特勒独裁的兴起与胜利,在很大程度上要归因于资本主义自1929年以来经历的大危机:随着大批失业以及接踵而来的损失与苦难。人们认为国家和民主要为此负责。资本主义的领导层以及部分资产阶级也促成了希特勒独裁的兴起和胜利,尤其是在抵抗连续的民主化以及对左翼革命性挑战的恐惧这些方面。一部分的资产阶级提携了希特勒,并且支持赞同消灭自由派民主。1933年到1945年的德国历史还表明,就算处在极端独裁专制的情况下,资本主义——至少它的某些部分和原则——也可以在与独裁者的紧密合作中繁荣兴盛。

无疑,国家民族主义掌权者插手了市场行为者的所有权甚至在所谓对犹太人的雅利安化以及剥夺他们权利的过程中,非法部分地没收了一部分资本家及企业主的财产,事后也没有任何补偿。相反,非犹太资本家和企业主却并没有发起捍卫共同阶级利益和表达共同阶级情感的大型声援行动。

无疑,国家民族主义当权者政治和管理上的规章、禁令以及规定明显会产生削弱企业决断和行动的活动空间这样的效果,尤其在战争中。独裁统治无规律地,并时常是专断地,且全面深入地干涉社会和经济,通常毫不尊重这两者自身的逻辑。

然而,纳粹独裁政权并没有完全废除对于资本主义企业行为来说不可或缺的行动空间以及激励结构。纳粹当权者训练自己要具备一种或自愿或强迫的自我约束的态度,这是出于对经济成功的利益考虑。经济上的成功正是他们权力的前提条件。资本主义体系的核心构成部分在独裁专制中幸存了下来。绝大多数资本家和企业主还能继续追逐他们个别的经济义理——盈利、积累——并同时为独裁政权效力。他们没有形成抵抗或对抗独裁政权的基础。独裁和资本主义令人惊讶地被证明可以兼容,至少在一段时间内是如此。

五

现在我们来看联邦德国。这里,民主的一种特殊种类——代议制自由民主——和资本主义的特殊品种——"有组织的"或曰"莱茵"资本主义——被证明是非常和谐并存的,尤其是在战后最初几十年内。然而在最近,资本主义和民主之间的张力又增强了。需要采取新的行动。

联邦德国的经济体系虽然明确是资本主义,许多事情都有市场来决定。然而它也是受到约束的资本主义,受到组织的约束。组织虽不能代替市场,却是对它的补充。

我指的一方面是国家以经济和社会政策的方式进行的广泛干涉。联邦德国以之前的模式为蓝本,自20世纪50年代以来建立起了一个相对有效的福利国家。国家干预应该规范市场,稳定经济增长,保障最低社会安全,还要缓和社会矛盾。克劳斯·奥菲在1984年创造了"凯恩斯福利国家"这个词语。

在说到"有组织的资本主义"时,我指的另一方面是资本主义自我组织的强劲趋势。这在德国也有很长的历史,可以回溯到帝国时代。在联邦德国时代,它们变得强大起来。比如那些由经理领导的大型企业,企业间以协会和利益集团的形式进行的合作,银行与工业企业之间的紧密联系,最主要的是工会与雇主间在商议工资标准和工作环境时高度有组织的关系。

其结果就是,在企业之间、在资本与工作之间、在民主国家与资本主义经济之间,形成了一张由有法可依、并时常协议更新的组织关系织成的密网。这张网在组织和政治方面将行动者安置在市场之中。同时,政治的决断过程对于来自经济和社会利益方面的影响则更加开放。包括菲利普·施密特(Philippe Schmitter)在内的社会学家也因此提出"新社团主义"。资本主义经济和民主国家紧密地交织在一起,同时又没有失去它们彼此相对的独立性——相对的自主性。

民主的要素进入资本主义经济是有限的。比如法律规定,在大企业里,雇员代表有共同决定权。在20世纪50到70年代,联邦德国在收入与财产分配的不平等就没有再继续增加。尽管还有许多不平等,许多矛盾以及显著的不公正。也有过许多批评与抗议,尤其是在60年代。然而,总的来看,出现了一个可以让代议制民主和有组织的资本主义和谐共存相互支持的体系。人们提出了"莱茵资本主义"的说法。

六

基本上,这一体系至今仍然存在。它经受住了诸如2008年以来的重大危机。然而过去几十年来,这一体系也有了深深的裂痕。有人认为,"莱茵资本主义"早已完结。这一方面是与自20世纪70年代在国际上出现的以"新自由主义"为名的有针对性的反(国家)干预和私有化浪潮有关。这在德国也并不是找不到踪迹,虽然比起英国或瑞典来说,它对于我们的影响还没那么深远。另一方面,"莱茵资本主义"早已完结的这一说法与金融资本主义的过度膨胀也有关系。金融资本主义的过度膨胀已经增加了极端不稳定的高风险经济举措。金融资本主义,亦即银行、股市、基金公司、投资者、经纪人、投机商长期以来从事的货币业务,几乎没有得到监管,却对其他所有经济部门有着深远的影响。第三个方面,凡国家干预和金融资本主义的兴起与加速的全球化密切相关。而全球化又为"有组织的资本主义"模式带来了巨大的困难,因为"有组织的资本主义"通常都是在民族国家框架内发展。全球化削弱了它。

结果,资本主义与民主之间的张力又增强了。我强调以下三点:

1. 收入与财产不平等加剧了。由最高收入者和继承人构成的很小一部分群体得到所有收入的一大部分,并且占有大宗财产,而且这一趋势还在不断上升。这与民主的公平、公正预期无法统一。这些预期不仅在批判的知识分子中,而且在广大人民群众中也起作用。经济上的优势时常直接就转移到了政治权力中,比如在选举中的大额捐款。此外,包括沃尔夫冈·默克尔(Wolfgang Merkel)在内的政治学家还确定,收入和财产的不平等对于参与选举有着负面影响。在德国以及其他地方,选举的参与度逐渐下降,社会弱势群体也被边缘化。社会经济的不平等会转移成为政治不平等以及局部排斥。

2. 自2008年以来的危机清楚地显示出议会决断力和掌控力的界限。重要的决断,比如捍卫欧元以及与此相关的债务与担保,常常是在很小的委员会里、部长圈子里、专家团队以及中央银行董事会里就作出了——这些决议的民主合法性要么很薄弱,要么根本就没有。这也与民主原则相矛盾。

3. 资本主义——主要是金融资本主义——当中对社会而言十分重要的部分,运作起来是跨越边界的,并且具有全球化趋势。资本主义的全球化却与并不同样强烈的国家全球化不相匹配。自19世纪以来,约束资本主义是通过日益民主化的民族国家的强力干涉,在民族国家框架下完成的(关键词:福利国家)。但是,在全球层面上,却缺乏一个可以与资本主义惊人的巨大活力相抗衡的、以民主为名且为了民主的利益的政治力量。这是一个无解的问题。

七

我即将结束我的报告。德国经历过各种不同的局面：在漫长的19世纪中，工业资本主义与民主化进程并非偶然的平行发展，纳粹时期资本主义与独裁政权的紧密联盟，民主德国对资本主义和民主的否定，联邦德国中，有组织的资本主义与自由派民主共存共生。今天以新自由主义和全球化为标志，资本主义与民主之间再次关系紧张。显然，资本主义和民主之间没有一个完全确定下来的明确关系，而毋宁说是拥有更多的可能性。如果我们在国际上做一对比，就可以证明这点。

资本主义的原则与民主的原则不仅不同，并且还相互对立，构成张力。最明显莫过于处理平等和不平等的方式。资本主义的危机，包括将来会出现的危机，会招致重大的社会动荡，并威胁到民主。然而，两者之间也有相互吸引的地方。比如，对于两者而言，竞争和个人选择和决断都占有重要地位。两者都有共同的敌人，也就是战争。增长以及日益增加的繁荣会帮助每一种政治体系，当然也包括民主政体。不过，资本主义比其他任何经济体系都能更加可靠地制造增长和繁荣——尽管它会产生危机并且还会制造出巨大的不平等。

我们的体系里，不同的生活部门——如政治、宗教、科学、艺术，当然还有经济——是按照不同的逻辑来运作（而且并非所有部门都会按照政治民主的规则，更加不会按照资本主义竞争的规则），这是非常巨大的优势。我们对此应该表示欢迎，而非抱怨。

资本主义促进民主，这并不是件确定无疑的事。也没有谁规定说资本主义破坏、削弱民主，造成民主的危机。两种情况都有可能。至于会发生哪种情况，并不取决于资本主义自身，而是取决于它是如何通过社会与政治而得到安置、塑型以及运用。资本主义不是命运，只是手段。或者说它应该只是手段。

其他论题

再论"德国的欧洲"与
"欧洲的德国"[①]

连玉如

内容提要：1949年成立的联邦德国的"正常化国家"与"德国的欧洲"或"欧洲的德国"问题是国内外学界和政界一直争论的问题。德国已是正常化国家,德国问题也已解决;这些问题之所以尚存争议,主要是"欧洲困境"使然。"欧洲困境"涉及欧盟的性质与发展的终极目标等问题,亦无定论或认识混乱。欧盟已经发展成为奉行"辅助性原则"的国家联盟,欧盟性质及其发展的终极目标问题至少在理论层面得以解决。统一德国已将参与欧盟发展和奉行辅助性原则上升为宪法目标并予以践行;"德国的欧洲"只是在"欧洲的德国"原则框架中的操作层面问题。

关键词：德国的欧洲　欧洲的德国　欧洲困境　辅助性原则　国家联盟

一、"德国问题"还未解决吗？

2014年对于德国、欧洲乃至世界历史意义非凡。它是一战和二战爆发100和75周年,也是德国成立65周年、"柏林墙"倒塌25周年以及欧盟东扩10周年

[①] 2012年,在中德建交40周年之际,笔者应邀撰写一篇纪念文章,题为《"德国的欧洲"与"欧洲的德国"问题新考》(载于顾俊礼主编:《中德建交40周年回顾与展望》,社会科学文献出版社,2012,第174—192页),介绍了这一对概念的来由及其内涵;并以此作为切入点,从历史与现今两个层面,系统阐述了德国在欧洲乃至世界政治中的地位和作用问题。此文作为续篇,是两年来对此问题的进一步思考。

纪念。在这特殊年当,德国联邦总理默克尔代表由联盟党和社民党组成的新一届大联合政府于 1 月 29 日向第十八届联邦议院发表施政声明,强调德国将致力于在欧洲和世界承担更多责任。① 两天以后,在慕尼黑召开第 50 届安全论坛开幕式上,德国联邦总统高克(Joachim Gauck)致辞向世界明确宣示:德国新政府在新时期的外交政策将更具积极性、进取性和全球性;德国是国际秩序与安全的保障力量,将为国际热点问题迅即而有效的解决作出更为实质性贡献。② 对于与此相关的境外派兵问题,高克表示:德国既不会原则性地加以否定,也不会(恪守同盟义务而)条件反射似地力表赞同,而是会将政治与外交方式解决冲突置于首位;德国绝不支持纯军事性质的干预行动,但是假如出现损害人权、种族仇杀和清洗等反人类罪行,德国必须作出反应,援助受害民众;更加有意识与明确地承担国际责任,符合德国的利益。③ 在慕尼黑安全论坛上,德国外长和防长也分别发表讲话,对高克的致辞加以呼应,表示德国将在国际冲突与危机面前摒弃"等待"与"观望"态度;在出兵干预问题上将一如既往谨言慎行,但是"克制文化"不等于"袖手旁观";等等。④

德国政治精英频频向国际社会表示要奉行更加积极进取的外交政策,是否意味着"德国的欧洲"霸权又将沉渣泛起? 2009 年爆发的欧债危机已使世人特别是欧洲的敏感神经遭受碰撞。德国《明镜周刊》2014 年初刊载的一项民意调查显示:欧盟成员国中已有 88% 的西班牙人、82% 的意大利人和 56% 的法国人表示对德国在欧洲的主导作用不能容忍,不少人还将今日德国同昔日德皇威廉二世的德意志帝国相提并论。⑤ 希腊人甚至将德国总理默克尔讥讽为希特勒再现。⑥

---

① Näheres dazu siehe: Das Parlament, 3. Februar 2014, DOKUMENTATION, S. 4—7.
② Joachim Gauck, *Rede zur Eröffnung der 50. Münchner Sicherheitskonferenz*, 31. Januar 2014, http://www.bundespraesident.de/SharedDocs/Reden/DE/Joachim-Gauck/Reden/2014/01/140131-Muenchner-Sicherheitskonferenz.html.
③ Ebd.
④ 转引自 Michael Staack, "Aktiver, globaler, engagierter? Deutschlands Außenpolitik nach der Euro-Krise,"详见中译文,载于《德国研究》(Deutschland-Studien)2014 年第 3 期,第 6—7 页。
⑤ 详见 DER SPIEGEL, 2014, 1, S. 30.
⑥ 详见 Dirk Kurbjuweit, "Das Gewerbegebiet der Welt—Angela Merkels kühler Nationalismus reduziert Deutschland auf seine ökonomische Größe," DER SPIEGEL, 2013, 52, S. 30.

英国政论与历史学家阿什(Timothy Garton Ash)接过六十多年前德国作家托马斯·曼提出的"德国的欧洲"与"欧洲的德国"概念,耐人寻味地表示,他曾相信托马斯·曼1953年发出的号召会实现,即"不要一个'德国的欧洲',而要一个'欧洲的德国'";然而现实呈现在人们眼前的却是既有一个"欧洲的德国",同时又有一个"德国的欧洲"。① 类似看法亦反映在德国联邦议院反对党对执政党的批评中。譬如2014年6月2日,德国左翼党领袖萨拉·瓦根克内西特(Dr. Sahra Wagenknecht)在议会辩论中猛烈抨击默克尔政府的外交与欧洲政策;援引德国哲学家哈贝马斯(Jürgen Habermas)和法国历史学家托蒂(Emmanuel Todd)的观点,指出德国正在自觉不自觉地重蹈历史上称霸欧洲的覆辙,势必给欧洲其他国家带来自身亦最终难以幸免的灾难。②

世界上有近二百个国家,将国家同问题一词联结起来屈指可数。在为数不多的"N国+问题"中(譬如亚洲有所谓"日本问题"),德国问题可谓历史悠远、冲击力强、影响巨大。德国何时能最终成为一个正常化国家从而自信与从容地自处和与别国相处?对此,德国前联邦总理施密特(Helmut Schmidt)在一次社民党联邦大会的讲话中公开作答说:"在可预见的将来,德国还不可能实现'正常化'。"原因是历史重负以及德国经济在欧洲的超强实力等因素。③ 2013年9月,笔者在柏林对德国前外长根舍(Hans-Dietrich Genscher)访谈时提出同样的"正常化"问题,他沉吟片刻,做出与施密特相似的答复。

"正常化国家"真的难以实现,"德国问题"也长久解决不了吗?这是仁者见仁、智者见智的问题。对此本文的看法是:德国已是一个正常化国家,德国问题也已解决;与此相连,欧盟的性质与终极目标问题也已解决,是"欧洲的德国"的基础与保障。为了论证这一命题,需要正视欧洲邻国对"德国的欧洲"霸权担心不是无源之水和无本之木。

---

① 转引自 Helmut Wagner, Totgesagte leben länger! Die Euro-Krise, unveröffentlichtes Manuskript, S. 4—5.
② Sahra Wagenknecht, "Knüpfen Sie an die frühere Tradition der Außenpolitik an," in Das Parlament—Nr. 24 bis 26, 10. Juni 2014, DEBATTENDOKUMENTATION, S. 3.
③ Helmut Schmidt, Rede "Deutschland in und mit Europa", auf dem SPD-Bundesparteitag am 4. Dezember 2011 in Berlin, http://www.spd.de/aktuelles/Pressemitteilungen/21498/20111204_rede_helmut_schmidt.htm.

二、"德国的欧洲"霸权问题的历史因由

欧洲邻国对"德国的欧洲"霸权担心由来已久。有学者曾将德国联邦总理默克尔自 2005 年上台以后至今的执政风格称之为"冷寂的民族主义"(kühler Nationalismus)。① 这种表述恰当与否、默克尔式民族主义福兮祸兮暂且不论;首先它是对德国历史曾经发生过的炽热、狂暴甚至歇斯底里式民族主义的一种反衬,人们基于历史记忆的对统一德国重蹈霸权覆辙的疑虑与恐惧并非空穴来风。

从 1806 年德意志民族的神圣罗马帝国崩溃、普鲁士被拿破仑军队击败开始,德国历史可以分为"三热望"和"三兑现"六个阶段②;问题往往出在"兑现"的阶段。1806 至 1871 年是德国历史首个"热望"时期:德意志分裂割据,人们期盼像法、英等其他国家一样实现统一,并同对民主与自由的追求联系起来。1871 至 1918 年是国家统一的"兑现"时期,德意志帝国很快崛起为经济巨人,原本炙热的民族主义衍生成扩张型民族主义,不仅抢占"阳光下的地盘",还要扩建远洋海军以争夺世界霸权,直至走向一战,沦为战败国。

在 1918 至 1933 年的魏玛共和国时期,德国人开始第二次"热望",以便摆脱"凡尔赛和约"的束缚,恢复大国与强国地位;此间膨胀起来的民族主义仇恨首先对准犹太人,希特勒将其纳入政纲,于 1933 年上台执政,开启德国历史上第二个"兑现"阶段。德国重新发展为经济与军事强国,并重蹈世界大战覆辙,给世人特别是欧洲人民带来空前浩劫。这场劫难虽已逝,但仍深深嵌入人们的历史记忆中。

经过极端民族主义"权力狂暴"导致的战败与国家分裂,德国人安静下来,

---

① 详见 Kurbjuweit, *Das Gewerbegebiet der Welt*, S. 30.
② 这六个阶段的划分参见同上。

进入所谓"权力忘却"时期。① 在这第三次"热望"过程中,尽管人们对再次实现国家统一的期盼没有泯灭,但是战争罪责与历史负疚感导致德国对民族主义彻底否定。德国一方面信誓旦旦地向世人宣示:绝不允许奥斯维辛集中营的悲剧重演,绝不允许从德国土地上再次爆发战争;另一方面开始聚精会神搞建设,一心一意谋发展,在对外关系方面奉行和恪守西方一体化政策。德国再次崛升为世界"经济巨人";同时在政治外交与安全防务上实行"克制文化",赢得盟国与邻国的信任,于1990年10月3日重新获得国家统一,开始历史上所谓第三次"兑现"时期。②

二战以后德国分裂与统一,是一种国际关系性质的问题。③ 尽管人们对统一德国的对外关系走向疑虑重重,但是应该正视:德国"正常化国家"已经实现、"德国问题"也已解决;主要体现在三个历史节点上:一是1955年5月5日,西德在二战结束十年和建国六年后重获国家主权;二是1990年10月3日,德国在分裂四十多年后再现国家统一;三是1994年7月12日,德国联邦宪法法院作出关于"德国可以在集体安全体系内进行海外派兵"的判决。前两个事件体现了二战以后以苏、美两个超级大国为首的东、西方冷战产生、发展直至结束的全过程。第三个节点主要反映出西方盟国对统一德国的期许:不仅要继续西方一体化政策,还要积极参与国际热点问题解决;而不是坚守"克制文化",宁掏180亿马克军费,也不参加1990年的对伊战争等。总体来看,自1994年以后二十年间,德国基本参加了全部重要的欧洲与世界范围的维和与创和行动。④

德国"正常化国家"的实现、"德国问题"的解决,除了上述对外层面,还有更为重要的内部因素,即德国经济与社会发展模式"社会市场经济"的理论魅力与实践成功。同中国的现代化建设是解决国内、国际问题的根本要素一样,德国

---

① 1949年德国分裂为西德和东德,即德意志联邦共和国和德意志民主共和国;1990年10月3日,两个德国重新统一。文中的德国指联邦德国;统一以前是西德。"权力狂暴"(Machtbesessenheit)和"权力忘却"(Machtvergessenheit)是德国政治学教授施瓦茨提出的,详见 Hans-Peter Schwarz, *Die gezähmten Deutschen. Von der Machtbesessenheit zu Machtvergessenheit*, Stuttgart, 1985.
② 参见 Kurbjuweit, *Das Gewerbegebiet der Welt*, S. 30—31.
③ 详见连玉如:《新世界政治与德国外交政策——"新德国问题"探索》,北京大学出版社,2003,第350页。
④ 参见 Ulf von Krause, *Die Bundeswehr als Instrument deutscher Außenpolitik*, Wiesbaden, 2013, 转引自 Michael Staack, *Aktiver, globaler, engagierter? Deutschlands Außenpolitik nach der Euro-Krise*, S. 7—8.

1949年建国以后的首要任务是经济重建,其"成功与否决定德国社会政治问题的解决"。① 这是德国联邦总理阿登纳在其1949年9月20日首份政府声明中的明确宣示。经济效益在德国历史上一直是衡量政治能力的尺度与标准。德国能够再创"经济奇迹"、发展成为当今最富有和在资本主义世界中社会均质程度最高的国家之一,能够实现"非纳粹化"改造、建成稳定的民主制度,能够在自由与和平中重现国家统一,从而完成德国历史上的三大任务(即民生、民主和民族统一),主要依靠1948年诞生、至今仍在奉行的"社会市场经济"模式。该模式还影响德国在国际上奉行"贸易国家"外交政策②,为德国赢得了国际声望③。

德国社会市场经济模式在六十多年发展中显示出惊人的连续性。即使它在20世纪90年代中期以后深陷危机,改革势在必行,也未削弱其生命力④;相反,该模式还在与时俱进不断完善,譬如增加了"生态化"与"国际化"的维度等。⑤这一经济与社会发展模式是德国"正常化国家"实现的基础与内核,也是德国根本国家利益之体现。诚然,德国几十年来对"国家利益"讳莫如深、缄默不提;但是无语并非无有,更不等于德国不去自觉地为本国利益而奋斗。实践中,为了捍卫"正常化国家"的基础与核心,德国一直是有作为的。⑥ 2009年世界金融与欧债危机爆发以后,默克尔政府不仅在本国继续恪守社会市场经济模式,而且认为

---

① 参见"Erste Regierungserklärung des Bundeskanzlers Konrad Adenauer vor dem Deutschen Bundestag vom 20. September 1949," in *Außenpolitik der Bundesrepublik Deutschland—Vom Kalten Krieg zum Frieden in Europa: Dokumente von 1949—1989*, hrsg. Auswärtiges Amt, Bonn, 1990, S.126—131.
② 德国学者米歇尔·施塔克2000年出版巨著,详细阐述了德国"贸易国家"外交政策,详见Michael Staack, *Handelsstaat Deutschland—Deutsche Außenpolitik in einem neuen internationalen System*, Paderborn, 2000. 笔者2002年提出德国外交政策的性质是"具有'文明国家'内核的现实主义的'贸易国家'外交政策",详见连玉如:《新世界政治与德国外交政策——"新德国问题"探索》,第34—42页。
③ 譬如2013年BBC在世界范围搞民意测验,在回答"哪个国家应在国际上发挥更大作用"的问题时,有59%的受访者认为是德国,占第一位。转引自Staack, *Aktiver, globaler, engagierter? Deutschlands Außenpolitik nach der Euro-Krise*, S.5.
④ 关于德国社会市场经济的连续性等问题,详见连玉如:《国际政治与德国》,北京大学出版社,2012,第175—190页。
⑤ 详见默克尔2014年1月29日向德国联邦议院发表的政府声明,载于*Das Parlament*, 3. Februar 2014, DOKUMENTATION, S.4.
⑥ 譬如,早在20世纪70—80年代,德国就在自觉捍卫其经济与社会发展模式的重要原则之一"央行独立、币值稳定",令人刮目相看;"马克民族主义"遂不胫而走。德国社会市场经济的主要内容,参见荣裕民:《论社会市场经济对中国经济改革的借鉴意义》,德意志联邦共和国经济、政治与社会问题探索——中国德意志联邦共和国研究会成立大会暨第一届学术讨论会论文集,1985年6月,第64—66页。

德国模式可以为克服欧洲与世界危机作出贡献。①

德国问题已经解决,德国也已发展成为一个正常化国家。但是,为什么人们总是对此不能正视甚至质疑?笔者以为,这同一种欧洲的困境紧密相连。

三、"欧洲困境"及其化解尝试

什么是"欧洲困境"?这既是一个现实问题,也是一个理论问题。从现实层面来看,"欧洲困境"同一种"欧洲整合的哲学"与"德国处境的悖论"相通②;简言之就是:欧洲既需要,同时又不愿接受甚至拒绝德国的主导作用。这在欧债危机中表现突出,一方面欧盟或欧元区成员国急需德国出手相助,另一方面又不能容忍德国领袖地位。前述欧洲国家对默克尔政策的批评充分说明这一点。总之,问题主要不在德国,而更是一种欧洲的困境。鉴于德国与欧洲紧密交织,难以剥离,因此"欧洲困境"投射到德国身上,形成"德国问题"好似仍未解决的表象。

如何化解"欧洲困境"?德国的国宝级政治家施密特曾以 90 多岁高龄、坐着轮椅发表讲话,谆谆教导德国人民"要立足欧洲、携手欧洲和服务欧洲"。③ 不少学者也呼吁德国人要更多显示"指尖上敏觉"(Fingerspitzengefühl),多从别国人民的角度出发去思考解决问题之良方。德国高姿态固然能弱化矛盾,但却不能彻底化解欧洲对于德国强势地位的承受问题;必须独辟蹊径,寻觅化解之道。笔者以为,"欧洲困境"更是一种欧洲一体化的理论困境,涉及欧盟的性质和/或发展的终极目标问题。

---

① 默克尔最近的一次重要宣示是在 2014 年 1 月 29 日发表的政府声明中,载于 Das Parlament, 3. Februar 2014, DOKUMENTATION, S. 4.

② 这些看法是笔者于 2012 年庆祝中德建交四十周年撰写的论文中提出的,原文是:德国最大的"问题"是太"优秀",它的优秀给别人造成压力,欧洲既需要它同时又不喜欢它;依靠德国同时又要防范德国,这是欧洲整合的哲学,是德国处境的一个悖论。这个悖论在国际政治结构变化和全球化挑战下也成为欧盟全体成员国的处境写照,为了欧洲的前途需要接受德国的领导。详见连玉如:《国际政治与德国》导论"德国的欧洲"与"欧洲的德国"问题新考,北京大学出版社,2012,第 12 页。

③ 详见 Schmidt, Rede "Deutschland in und mit Europa".

欧洲一体化理论流派林立、观点繁多。总体而言，涉及欧盟的性质或曰发展的终极目标主要有两大主义，即"超国家主义"与"政府间主义"。前者指向欧洲联邦，需要转让国家主权，形成新的权力中心；后者指向欧洲邦联，无须转让国家主权，而是维系和发展成员国政府之间的合作。无论左倾、右向，或是游移其间的诸多其他理论假说或杂糅，归根结底均将国家主权作为至高无上的原则。

从欧洲一体化既有理论的层面透视欧债危机，不难看出欧洲整合已经误入一个理论死角；无论超国家主义或政府间主义等理论概念与框架，都无法提供令人满意的解脱危机方案。假如向前，即朝超国家一体化方向迈进，欧元区国家就要在结成货币联盟以后，还要在其他更多领域（譬如财政、税收、社会等领域）转让主权，以解决结构性缺陷问题；假如退后，即向政府间合作的一体化目标举步，像在外交、安全与防务政策领域那样，将意味着某些危机国家退出欧元区，甚或解散货币联盟，重新回到德国马克、法国法郎、意大利里拉等民族国家货币的时代。

这些方案与倡议都在应对欧债危机中登台亮相过。问题是：具有超国家性质的欧洲货币联盟已经彰显德国的强势地位，欧洲整合进展没能增强欧洲在世界的政治分量，相反却在销蚀其世界影响力。另外，货币联盟已经显现欧洲分裂的危情，不是经冷战时期的"铁幕"，而是沿欧元区的边界，形成欧元区与非欧元区、债务国与债权国的对垒。那么，后退到政府间主义合作时代、解散欧元区是否更为可行？结果只能更糟，因为德国将再次滑向"德意志特殊道路"，而这恰是二战以前欧洲历史反复出现，并给欧洲和德国自身带来巨大灾难的决定因素，亦是二战以后欧洲吸取历史教训，开启与发展一体化事业的直接诱因。欧洲一体化既是"接纳"，同时也是"框住"德国从而形塑一个"欧洲的德国"的工程。

由于现有理论均不能令人满意地解决现实问题，世人已经看到德国在欧债危机中手足无措、左右难以逢源的尴尬局面，即"欧洲困境"的折射。那么，有否一种非左非右的中庸之道，以解欧洲与德国之困？德国历史学家 D. 盖佩特（Dominik Geppert）曾经做过这方面尝试，着眼于"欧洲各国无论在传统、思维方式和利益等方面都差异巨大"的现实，提出一种灵活多样的"横向"联合，而不是一以贯之的"纵向"统制的欧盟发展新模式；该模式高于自由贸易区，但也并非走向欧洲联邦或合众国。在他看来,这种非集权的,亦包括众多非欧元区国家的广而松的欧盟好处多多:可以中和或摊薄德国强势地位,有助于加强同英国以及欧美关系的发展等。①

这种灵活多样的横向联合发展模式可以在一定程度上弱化"欧洲困境",但仍未解决欧洲一体化理论的深层次问题,即欧盟的性质与终极目标问题;它虽避免从超国家主义到政府间主义的理论光谱上定位两极,但仍囿于传统思维定势,没有突破以国家主权原则为指导的欧洲一体化理论框架。

四、欧洲联盟性质与终极目标释疑

什么是欧盟的性质或其发展的终极目标?长久以来,欧洲无论政客还是学者多在回避这一问题。2000年5月,德国外长J.费舍尔(Joschka Fischer)在洪堡大学发表关于欧洲一体化终极目标的讲话,提出建立欧洲联邦的愿景②,未在欧洲赢得积极反响。后有学者干脆指出,欧洲一体化是一个没有目标的过程。③为何呈现此种情景暂且不表,仅从二战以后欧洲一体化60多年的发展历程来看,让人上车,却不告知这是何车,开往何处,终究会出危险;英国人闹着要刹车下车,说明这一点。欧债危机中凸显的"欧洲困境"折射出的"德国困境"同样说明这一点。

对于欧盟的性质,中国曾有学者指出:欧洲联盟"就其实质而言,是一个具有联邦、邦联和国际组织混合特征、高度发展的、主权国家的经济一体化和政治合作的实体"④。这种解释颇为周全,但主要是将欧盟的各种表征杂糅一起,没

---

① 详见 Dominik Geppert, "Da klappert die europäische Rhetorik—Weniger verbunden und flexibler, mit nationaler Ehrlichkeit und ihren Regeln verpflichtet—das Modell einer EU nach der Krise," MEINUNG, *DER TAGESSPIEGEL*, 8. September, 2013, S.6.
② 详见 Rede von Joschka Fischer, "Vom Staatenverbund zur Föderation—Gedanken über die Finalität der europäischen Integration," Vortrag an der Humboldt-Universität zu Berlin (FCE Spezial) am 12. Mai 2000, https://www.hu-berlin.de/pr/medien/aktuell/reden.
③ 2004年11月,笔者邀请德国汉堡联邦国防军大学政治学教授 Prof. Dr. Michael Staack 来北大讲学。当学生问起欧洲一体化的目标问题时,他即做出这样的回答。
④ 详见中国社科院欧洲研究所研究员阎小冰等:《欧洲议会》,世界知识出版社,1997,第229页。

有突破旧有的理论。这里尝试一种新的解释,即欧洲联盟是一种奉行"辅助性原则"的"国家联盟";区别于迄今为止世界上所有的宪制政体,古今中外独一无二。这种特质既是欧盟的性质,也是欧盟的终极目标;本文对有关欧盟的"未定性""不成熟""过渡期"等看法持否定态度。

"国家联盟"(Staatenverbund)是一个新创造的德语复合词,由"复数的国家"(Staaten)与"联盟"(Verbund)两个独立词语相加而成;由德国著名法学家、多年担任联邦宪法法院法官的基希霍夫创造①,在英语等其他语种中没有相应的表述。这个德语复合词的最大优点是整合了欧盟自身已有的超国家主义与政府间主义两大属性;Union(联盟)一词无法体现这一点。

一方面,"复数的国家"及其利益是欧盟发展的出发点与落脚点。欧盟仅为一种在某些领域主权共享的超级权力(superpower),而非一个新式超级大国(superstate)。欧洲国家大多不愿放弃其国家主权,沦为一个欧洲联邦(或曰合众国)的邦/州/省。《里斯本条约》将《欧盟宪法条约》中所有可能刺激人们主权敏感神经的表述如"宪法""联盟外交部长""联盟的标志"等一并去除,充分说明了这一点。②

欧盟 28 个成员国无论大小强弱一律平等,体现在欧盟决策内容与程序的原则与规范上。欧盟政治系统通过条约组织起来,与民族国家经宪法立国完全不同;其决策内容的原则与规范是必须在条约规定的范围以内。欧盟成员国经过会商与谈判确定条约的目标、任务与限制条件,"联盟的目标应依照本条约的规定,根据本条约所提出的条件……予以实现"③。这一联盟目标可以与时俱进加以修订,但必须经过欧盟全体成员国一致同意,甚至要经成员国政府和议会批准。④ 由欧盟成员国的国家与政府首脑组成的"欧洲理事会"仍然奉行"全体一

---

① 基希霍夫教授(Prof. Dr. Paul Kirchhof)主攻国家法、税法、欧洲法等,在德国海德堡大学讲授国家法;其学术活动与成果对德国的欧洲一体化政策贡献很大,影响深远。他还参与主编十卷本《德国国家法法典》等。1987—1999 年在德国联邦宪法法院任法官。
② 参见程卫东:《导读〈里斯本条约〉:由来、内容及其影响》,载程卫东、李靖堃译:《欧洲联盟基础条约——经"里斯本条约"修订》,社会科学文献出版社,2010,第 1—30 页。
③ 引自《欧洲联盟条约》第一编共同条款 B 条第 5 款,详见欧共体官方出版局编、苏明忠译:《欧洲联盟法典》(第二卷),第 10—11 页。
④ 参见贝娅特·科勒-科赫等:《欧洲一体化与欧盟治理》,顾俊礼等译,刘立群校,中国社会科学出版社,2004,第 98 页。

致通过"的决策程序。

另一方面,复合词第二部分"联盟"又意味着欧盟必须"具有共同行动的能力"。① 而要做到这一点,必须在决策程序上采用多数表决制,是为联盟超国家性的根本体现。"欧盟委员会"的决策方式系多数表决制,"部长理事会"也在愈来愈多的政策领域采用多数表决制。总之,"国家联盟"作为定性欧盟的概念尽管还不广为人知,但它比较准确地反映了欧盟的特质。

比"国家联盟"更能体现欧盟特质的是"辅助性原则"(Subsidiarity)的确立,1993年11月1日生效的《马斯特里赫特条约》将此原则纳入其中。"辅助性原则"的本来意义与天主教的宗教社会学相通,主张只要个体或小社会团体有能力,就应由他们承担责任和完成任务;大社会团体或国家不要干预,除非个体或小社会团体不能解决问题之时。这一原则运用到欧盟意味着:只有当欧盟成员国不能足够承担某项任务,且只有欧盟介入才能更好地完成该项任务时,欧洲联盟才能介入与参与。②

辅助性原则的实施主要体现在两项具体规定中:一是成员国可以通过个别授权,向联盟转让部分主权③;二是联盟将以"共有方式"行使成员国转让出来的那部分权能④。这是一种新宪政原则,其法理基础和主导原则已经不是"国家主权",而是"辅助性原则"。这是对欧盟成员国同联盟之间相互关系极有特色的表述,是一种纵向的分权方式。

这种纵向分权的宪政方式根本迥异于国家,不是"自上而下",而是"自下而上";不是个体服从整体,地方服从中央,而是正相反:个体向整体授权,整体只能在这些被授权领域,以共有方式行使职权。这时,权力的流动是"自下而上"

---

① 德国学者贝娅特·科勒-科赫等人认为欧洲一体化的特性是"欧共体/欧盟政治系统的功能在于确保这一国家联盟(Staatenverbund)具有共同行动的能力",同上书,第102—103页。
② 参见《欧洲联盟条约》第5条第3款,载于程卫东、李靖堃译《欧洲联盟基础条约——经"里斯本条约"修订》,第34页。
③ 《欧洲联盟条约》第5条第1款规定:"联盟权能的范围由授权原则予以规范";第2款规定:"根据授权原则,联盟仅在由成员国在两部约中授予它的权能范围内行动","两部条约未赋予联盟的权能属于成员国所有"。详见同上。
④ 譬如,《欧洲联盟条约》第3条第3款规定:"联盟应加强经济、社会和区域聚合以及成员国间的团结";第4款规定:联盟"尊重成员国政治和宪法基本结构所固有的国家特性";"特别是,国家安全仍是每个成员国独一无二的责任"。详见同上书,第33页。

而不是"自上而下";权力的行使需要受到成员国的监控。这说明,欧盟宪政的真正主人,不是联盟,而是其成员国。① 假如成员国愿意,可以随时退出欧盟;一旦主意改变,还可根据欧盟法律程序再次申请加入联盟。② 总之,无论是在某一领域实行超国家的整合,还是继续保留政府间的合作,均由成员国说了算。

这种宪政安排,自 1648 年"威斯特法利亚和约"签订以来近 400 年间从未有过,是独一无二的全新体制。德国政治学教授 H. 瓦格纳(Helmut Wagner)已将辅助性原则的确立视为国际关系划时代转折的标志。③ 对于这种高度的解读是否认同,可以进一步讨论;这里只想强调一点:欧盟是一种奉行"辅助性原则"的"国家联盟"性质已定,人们长久以来缄默不提或含糊其辞的欧盟发展终极目标问题也已解决。

五、欧洲联盟"辅助性原则"的意蕴

欧盟奉行的"辅助性原则",是否行将取代自"威斯特法利亚和约"签订以来近 400 年主导国际关系的"国家主权原则",不是这里讨论的问题;其对欧盟乃至世界政治发展所蕴含的重要意义,却值得深度挖掘,主要有以下三个方面。

第一,自愿原则。这是"辅助性原则"的核心,同二战以后欧洲区域整合的特点,即"共同协议建构欧洲"相辅相成。假如是强迫,那就等同于二战以前欧洲历史上出现过的帝国征服与霸权统治了。④

第二,辅助性原则包括两个层面含义,一为自主性,二为互助性。前者体现根本的自愿原则;后者意味着:假如个体、低层级单位无力完成或做好某事时,这

---

① 这些解释详见 Helmut Wagner, *Die Originalität der Europäischen Union*, unveröffentlichtes Manuskript, S. 5.
② 详见《欧洲联盟条约》第 50 条第 1 款:"任何成员国均可根据其本国宪法的要求决定退出联盟"以及第 5 款:"有关国家退出联盟后,如要求再次加入,应适用第 49 条规定的程序。"载于程卫东、李靖堃译:《欧洲联盟基础条约——经"里斯本条约"修订》,第 55 页。
③ 参见 Helmut Wagner, *Das Unikat der EU—Die Frage ihrer Finalität*, unveröffentlichtes Manuskript, S. 10.
④ 瓦格纳教授将"自愿"称为欧盟的优势之一,是欧盟整合的基础。详见 Wagner, *Die Originalität der Europäischen Union*, unveröffentlichtes Manuskript, S. 11.

时团体、高层级单位就要施以援手。譬如欧债危机中希腊、西班牙等南欧国家无力单独攻坚克难,这时欧盟就应介入,扶助危机国家战胜困难。这就是辅助性原则的精神。①

第三,辅助性原则的操作意义,或曰衡量的尺度是功能性,即看哪个层级的主体可以最好地履行职责、完成任务。譬如,环境保护目标,已经不能仅仅限于个体、低层级单位或国家,而必须在更高更广的区域直至世界层级通过合作共治才能实现。当然,在现实生活中,指导人们行为的并非完全是理性,还有其他重要因素在起作用。譬如,在外交、安全与防务政策领域,欧盟单个国家在全球化的世界中已经难以特立独行;然而,欧盟还未在此方面进行超国家的整合。只要还有一个成员国(如英国等)反对,欧盟在该领域就无法实现超国家的整合。

"辅助性原则"尽管(至少在中国)还不为人所熟识,对它的一些解读却已明显反映出一定程度的偏差。譬如,中国的欧洲研究学者曾经认为:"辅助性原则体现了欧盟与成员国分权的原则,实际上为欧盟在政治上走向联邦制确定了指导思想和法律基础。"②这种理解,仍然受到自1648年以来占国际关系主导地位的"国家主权原则"影响,将欧洲联邦作为终极目标,归根结底还是一种旧的、传统性的而非新的、替代性的解释。

类似解读还可在对《里斯本条约》的介绍与评析文章中遇到,其中比较典型的有以下两种,一是欧盟"改革不彻底"③,二是欧盟"发展不成熟"。④ 什么叫"改革彻底","发展成熟"的标志又是什么?从文章中不难悟出,就是指欧盟成员国完全转让主权,特别是在外交与安全领域,成立欧洲联邦。显然,这同上述对"辅助性原则"的解读异曲同工,也是在"主权原则"导引下的传统思维定势中打转。问题是,欧盟自己不愿成为国家,大多数欧盟成员国也认为根本不应

---

① 对"辅助性原则"内涵的理解经常出现不同侧重,譬如瓦格纳教授强调自主性;德国前总理施密特强调互助性。参见 Wagner, *Die Originalität der Europäischen Union*, unveröffentlichtes Manuskript, S. 11 und Schmidt, *Rede "Deutschland in und mit Europa"*, S. 9.
② 胡瑾等:《欧洲当代一体化思想与实践研究 1968—1999》,山东人民出版社,2002,第 75 页。
③ 譬如,虽然欧盟结构上的三个支柱名义上不复存在,但仍"存在着两个隐形的支柱",即共同外交与安全同欧盟的其他政策领域的差异。参见程卫东、李靖堃译:《欧洲联盟基础条约—经"里斯本条约"修订》,第 15—16 页。
④ 譬如,爱尔兰公投否决《里斯本条约》表明"欧洲政治一体化的条件还远未成熟,欧盟成为一支整体政治力量的时机还未到来"。参见同上书,第 13 页。

这样做。

德国政治学教授 H. 瓦格纳指出：欧盟宪制的创新与魅力在于，即使没有"国家主权"，也能自行决定其职权，这就是"辅助性原则"的确立与运用；该原则被欧盟"发明"与"提升"为宪政原则，不是刻意的理论构想和政治举措，而是"不得已而为之"的情势反应；这种情势就是二战后为解决"德国问题"而建立欧洲煤钢联营，将作为战争物资的德国煤钢产业从"外来的管制"转成"共同的管制"，为此建立的"高级机构"（即欧盟委员会前身）遂一开始就有超国家性。这一做法，即将国家某一领域职权"共同体化"的程序成为先例，为后人所效仿；且进一步衍生开来、发扬光大，并作为约束性条款最终在条约中确定下来。① 可以想见，差之分毫将失之千里；假使没有法、德两国 1950 年在煤钢领域将国家职权"共同体化"的大胆举措并得到其他西欧国家支持，欧洲煤钢联营的一体化胚胎不可能发育成长，欧盟也未必会有至今发展的骄人成就。欧洲人是幸运的。

笔者以为，中国学者对欧盟奉行"辅助性原则"的理解出现某些偏差，情有可原；毕竟它属西方文化范畴，东方人对它尚感陌生。然而，若是欧洲学者，特别是对该原则的释义作出创新性理论和划时代贡献的瓦格纳教授，也间或在其论述中谈起欧盟发展的"未成熟""未定性"等，就令人费解了。

这种令人费解的现象出现在有关对欧盟民主合法性的讨论中。瓦格纳首先对诸多否定欧盟具有民主合法性的观点提出质疑②，指出：假如民主的衡量标准就是是否存在"一国人民"或"一国人民的直接统治"，这个世界就无民主可言；真正在地球上广为实施的是间接式代议民主，直接式全民公决（瑞士除外）此时只具辅助作用；从此意义上说，只要欧盟成员国政府均系各国人民选举产生，欧盟成员国共同形成主权，就是一种新的、基于两轮选举的民主形式。瓦格纳的结

---

① 详见 Wagner, *Die Originalität der Europäischen Union*, unveröffentlichtes Manuskript, S. 7—11; ders., *Die Klassifizierung und Legitimation der EU*, unveröffentlichtes Manuskript, S. 3—4.

② 譬如，德国资深理论家 Peter Massing 认为，民主存在与稳定发挥的重要前提条件是一国的领土范围，民主理论通常涉及民族国家的政治制度。德国历史学家 Egon Flaig 认为，民主就是人民的统治，直接或通过代表间接行使之；倘若没有一国人民的支撑，就是奢谈民主；通过条约整合的欧盟因而不具民主合法性。Fritz W. Scharpf 在其专著《欧洲治理》（1999 年）中表示："欧洲政治在可预见的将来还不可能具有'人民的统治'合法性，还不得不推向遥远的将来。"转引自 Wagner, *Die Klassifizierung und Legitimation der EU*, unveröffentlichtes Manuskript, S. 5—7.

论是:欧盟是民主宪政集大成者,包括"直接民主"(如许多国家实施全民公决)、"间接民主"(如议会制或总统制的代议制民主)和"欧盟的二元代议制民主"三种形式;这三种形式均同"辅助性原则"相关。①

显然,瓦格纳认为奉行"辅助性原则"的欧盟已经具有民主合法性,反对所谓欧盟"未成熟""未定性"等看法。换言之,欧盟不必"成熟""定型"到出现"欧洲人民"那一天;假如这一天永难到来,欧盟也就永远无法具有民主合法性?!这已反映出瓦格纳对"辅助性原则"理论辨析的彻底性。只不过,这种彻底性没有贯穿其文始终。譬如,在阐述欧盟主权债务危机的根源时,他竟提出欧盟结构的"未定性"(Unfertigkeit)是始作俑者。② 另外在论述欧盟作为国际关系行为体缺失效力的原因时,他认为不是欧盟与生俱来的缺点,而是欧盟的"未定性"、"未成年"(Unmündigkeit)和"未竟性"(Unvollendetheit)使然。③ 这种上下文章自相矛盾、前后理论难圆其说的问题,缘由何在?也许"辅助性原则"自身含蕴一种理论陷阱,抑或人们习惯于立法、行政、司法的"横向分权",对辅助性原则的"纵向分权"问题还缺少认知。无论如何,需要重复的是:作为"奉行辅助性原则的国家联盟",欧盟的性质与终极目标问题已经解决;上述"欧洲困境"及其折射出的"德国困境"也已化解。

六、"欧洲的德国"主导作用的发挥

"欧洲的德国"主导作用,是指一种同德国在欧盟与国际政治中的分量及其他国家对德期待④相适应的作用;其发挥主要取决于两个条件,一为"欧洲困境"的消除,二是德国主观参与和塑造意志的形成。第一个条件已经具备,对德国产

---

① 详见 Wagner, *Die Klassifizierung und Legitimation der EU*, unveröffentlichtes Manuskript, S. 7—8.
② 详见 Wagner, *Totgesagte leben länger! —Die Euro-Krise*, unveröffentlichtes Manuskript, S. 5.
③ 详见 Wagner, *Die Originalität der Europäischen Union*, unveröffentlichtes Manuskript, S. 14f.
④ 2013 年 BBC 在世界范围搞民意测验,结果参见前引文。2014 年夏,60 位受到德国外交部问询的专家学者一致认为德国外交政策应该更加积极和进取。参见"Denken für Deutschland," *Internationale Politik* 69, Nr. 4 (2014): 14—23, 转引自 Staack, *Aktiver, globaler, engagierter? Deutschlands Außenpolitik nach der Euro-Krise*, S. 5.

生积极影响。第二个条件谨慎乐观而言也已形成,主要体现在两个方面。首先,"欧洲的德国"主导作用已经具备法理基础。1990 年 10 月 3 日德国统一,特别是 1991 年 12 月 9 日《马斯特里赫特条约》签订以后,德国于 1992 年 12 月 21 日通过法律,将新修订的《基本法》第 23 条正式纳入宪法;新 23 条规定德国致力于欧洲联盟发展,为此奉行"辅助性原则"。① 至此,致力于欧洲整合事业并为此奉行"辅助性原则",已经崛升为国家层面的宪法目标;是德国对欧洲一体化进入欧洲联盟质的飞跃发展新阶段的反应。②

从政策实践上看,德国在欧洲一体化具体问题的处理上,注意了同其他伙伴国家,特别是法国、波兰等国的合作以及"德、法、波魏玛三角"机制的使用。这在应对"欧债危机"以及"乌克兰危机"中得到反映。譬如,德国总理默克尔曾力主建立对银行业的监管机制,利用欧盟《里斯本条约》的"强化合作"条款,争取至少九个成员国的支持,成立了"欧洲银行监管局"(Europäische Bankenaufsichtsbehörde, EBA, 2011 年 1 月 1 日),是为应对欧债危机的重要成果之一。2011 年 11 月 28 日,波兰外长西科尔斯基(Sikorski)在柏林发表著名演讲,称德国是欧洲不可或缺的国家,应该承担起领导责任;不是主宰与统治,而是领导欧洲进行改革。这话从波兰外长口中说出,意义十分深远。③

在应对 2013 年末以来持续发酵的"乌克兰危机"中,"魏玛三角"机制发挥了作用。尤其是德法两国领导人默克尔总理和奥朗德总统的联合行动,无论是直接同俄国总统普京对话,还是在俄乌两国领导人之间(普京与波罗申科)进行调停等,都为化解危机、力争用政治与外交手段解决危机做出了贡献。

如果说德国外交政策中的"克制文化"由于历史原因而根深蒂固,至少在 2013 年底德国新大联合政府上台以后,情况发生了变化。正如文章篇首所述,

---

① 该条款原文是"Zur Verwirklichung eines vereinten Europas wirkt die Bundesrepublik Deutschland bei der Entwicklung der Europäischen Union mit, die demokratischen, rechtsstaatlichen, sozialen und föderativen Grundsätzen und dem Grundsatz der Subsidiarität verpflichtet ist und einen diesem Grundgesetz im wesentlich vergleichbaren Grundrechtsschutz gewährleistet," Dieter Hesselberger, *Das Grundgesetz—Kommentar für die politische Bildung*, 9. Auflage, Bonn, 1995, S. 189.
② 详见同上书,第 189 页及以下。
③ 详见波兰外交部长西科尔斯基(Radoslaw Sikorski)2011 年 11 月 28 日讲话,http://www.spiegel.de/politik/ausland/rede-von-polens-aussenminister-deutschland-soll-euro-zone-retten-a-800486.html.

德国政治精英已向国际社会发出明确信号:"克制文化"不等于无所作为和等待观望;德国外交政策将更具积极性、全球性和进取性等。具体来说,德国新时期外交政策面临三个方面的重大挑战:一是巩固欧盟,欧债危机使欧盟遭受重创、国际影响力下降,必须下大气力重建人们对欧盟的信心;二是积极奉行全球秩序政策,应对多极化世界的变化,加强多边合作;三是致力于国际热点问题解决与危机处理,譬如伊朗、巴以、叙利亚、黎巴嫩、伊拉克等;应对乌克兰危机是最直接的任务。①

上述三个方面外交政策任务涉及德国对法、美、俄、中国等重要国家的关系。德法和解与合作是二战以后欧洲一体化发展的决定因素,今后仍将如此。德国在欧盟发挥主导作用,不能没有法国的(政治)配合与支持,即如过去几十年法国领导欧洲整合不能缺少德国的(经济)配合与支持一样。正是在此意义上,德国外长施泰因迈尔(Frank-Walter Steinmeier)就职以后旋即同法国外长法比尤斯(Laurent Fabius)发表共同声明(2014年1月21日),就强化两国合作达成一系列具体协议,譬如在欧盟部长理事会召开之前协调立场,就预防冲突和危机早期识别等密切接触等。②

乌克兰危机是冷战结束以后德国面临的最严峻考验,其规模与影响完全能将过去25年间建立起来的欧洲安全与合作体系完全或部分地摧毁,对俄战略伙伴关系亦会受到威胁。③ 德国的有识之士看到:冷战后建立全欧安全秩序的目标没能实现,原因在于没有把欧洲安全与合作组织(OECD)作为基础,致力于"整体欧洲"(gesamt-europäisch)的新安全体系建设,而是热衷于搞"局部欧洲"(teil-europäisch)的北约和欧盟持续东扩。建设欧安体系必须与俄合作,不能没有、绕过甚或针对俄罗斯;只有同俄紧密联系才能加强欧洲在多极化世界中的影响。④

---

① 详见 Staack, *Aktiver, globaler, engagierter? Deutschlands Außenpolitik nach der Euro-Krise*, S. 9.
② 详见 *Gemeinsame Erklärung von Bundesaußenminister Frank-Walter Steinmeier und Außenminister Laurent Fabius zur deutsch-französischen Zusammenarbeit*, ed. Auswärtiges Amt, Berlin, 21. 1. 2014. http://www. auswaertiges-amt. de/DE/Infoservice/Presse/Meldungen/2014/140121-Erkl_D_F_Zusammenarbeit. html.
③ 参见 Staack, *Aktiver, globaler, engagierter? Deutschlands Außenpolitik nach der Euro-Krise*, S. 10.
④ Ebd. , S. 9—10, 15—16.

问题是,德国如何克服或至少摆平一种结构上的矛盾关系:一方面,德国是冷战结束的最大受益者,避免欧洲重蹈冷战时期地缘政治对立与冲突覆辙,是德国根本国家利益之所在;另一方面,德国是北约重要成员国,保持与发展同美国牢固的同盟关系是德国1949年建国以后至今"自由、安全与福利的关键"。① 然而,强化大西洋联盟,势必影响对俄关系改善;致力于"整体欧洲"建设,美国与北约的作用又会被边缘化。"欧洲的德国"如何在政治理性与盟国义务之间权衡与抉择,对欧洲乃至世界格局的发展具有举足轻重的影响。

德国意欲在飞速发展的多极化世界中积极参与塑造全球秩序,同样面临考验。一方面,为了驾驭全球化挑战,德国需要加强同新崛起大国如中国的全方位战略伙伴关系;另一方面,德国又将中国视为危险的竞争者,认为德国与欧盟在非洲、拉美或中亚的传统伙伴正在愈来愈向中国或其他崛起大国靠拢有损德国利益。②

对于中德关系,笔者仍然坚持2007年提出的"中德天然盟友关系"(Natürliche Partnerschaftsbeziehung)看法。③ 一个置身于"奉行辅助性原则的国家联盟"之中的"欧洲的德国"同一个坚持改革开放的"亚洲的中国"加强合作,可以为世界的稳定、均衡与可持续发展作出积极的贡献。

作者简介:连玉如,北京大学国际关系学院教授,代表作:《国际政治与德国》,北京大学出版社,2012年。

---

① 详见《德国基民盟、基社盟和社民党大联合政府执政联盟条约》,第7部分"在世界上承担责任",详见 http://www.cdu.de/artikel/der-koalitionsvertrag-von-cdu-csu-und-spd.
② 参见 Heinrich Kreft, "Deutschland, Europa und die neuen Gestaltungsmächte," *Aus Politik und Zeitgeschichte*, Nr. 50—51 (2013): 16.
③ 详见连玉如:《中德"天然盟友关系"刍议》,《国际政治研究》2008年第3期。

从德国在世界金融危机后的表现看德国社会市场经济体制中"社会"的意义[*]

史世伟

内容提要：德国经济在2008年金融危机中的良好表现有着深刻的体制和制度原因。本文特别对德国社会市场经济体制中"社会"一词的含义进行探讨，因为它与对增长与就业起到决定作用的劳资关系有着紧密的关联。"社会"在这里与福利国家政策不同。它首先意味着国家对市场的有限干预，从而与自由放任的市场经济划清界限。此外，它还包含着有深刻底蕴的德国社会伦理思想。后者强调经济中的利益相关者——比如企业与雇员——之间相互的社会责任。这种以协调与合作为主的"莱茵资本主义"模式的一些原则与做法值得我国在经济体制改革中借鉴。

关键词：社会市场经济　社会政策　劳资关系　金融危机　德国

一、问题的提出

2008年世界金融危机爆发后，以美国为首的发达国家经济遭受重创，德国经济也不例外。2009年德国经济同比骤然下降了4%，但是仅仅一年之后，德国

---

[*] 本文为教育部人文社会科学重点研究基地重大项目"中国与欧盟的国家与地区创新体系比较研究"（中国人民大学欧洲问题研究中心，项目号：11JJD810016）成果之一。

经济就基本上恢复了危机前的水平,而且在整个危机中就业率几乎没有下降,之后失业率甚至下降到1990年德国统一后的最低值。而一些主要发达国家如美国、法国危机后的失业率一直在10%左右徘徊。由此,人们开始将目光投向德国,并惊讶10年前的"欧洲病夫"(Economist, 2004)何以成为"经济明星",一些主要媒体和经济学家纷纷撰写文章寻找德国能够在金融和经济危机中"一枝独秀"的原因。一些学者将德国在增长和就业方面的成就归功于2003—2004年第二届施罗德红绿联盟政府的劳动力市场改革,认为哈茨改革解除了德国劳动力市场僵化的规制,使劳动力市场灵活化,从而促进了增长和就业。另一些学者则认为德国能够较好地抵御金融危机带来的负面影响是因为德国没有放弃制造业。与美英不同,德国并没有在全球化挑战下将制造业大量地转移到国外,2014年德国制造业的产值仍然占到国内产值的27%。特别是德国拥有一大批极具创造性的中小制造业企业,其多样化的高端产品有很强的国际竞争力,制造业的出口成为德国增长与就业的关键动力。德国制造业的攻城拔寨甚至使创新领先的美国感到不安,美国一些智囊机构对美国经济片面追求服务业,不加选择地将制造业转移到国外进行了反思与批评,促使美国政府制定了"重振制造业计划"。

　　以上这两种解释都有一定的道理,但是没有抓住问题的主导方面。几名德国经济学家的最新研究表明,将德国金融危机后就业率提高和由出口引致的增长归功于施罗德劳动力市场改革是不能令人信服的。首先,哈茨改革的重点在于解决低资质劳动者的就业问题,而德国出口增长依靠的是创新和训练有素高素质员工的高质量多样化生产。其次,德国熟练工人以工资低于生产率增长的代价换取国际竞争力的增长从20世纪90年代中期即开始,而哈茨改革发生在2003—2004年。因此他们认为:"德国劳动力市场制度的特定治理结构增加了特殊经济环境下德国劳动力市场的灵活性,德国劳动力市场制度的这一特性成为过去十年德国经济成功的主要原因。"[①]因此,是德国经济社会制度的一些长

---

① C. 杜斯特曼、B. 非岑博格、U. 舍恩贝格、A. 施皮茨-恩纳:《从欧洲病夫到超级经济明星:德国经济再崛起》,张彩琴、刘宇译,《比较》2014年第3期[原文发表于 Journal of Economic Perspectives 28, no. 1 (Win. 2014):167—188]。

期稳定的特性决定了德国经济的重新崛起,而不仅仅是短期的经济政策和福利改革。而坚持不放弃制造业也恰恰与德国工资自治制度下劳资双方的"社会伙伴"关系紧密相关,这种关系是德国社会市场经济有别于自由市场经济的重要标志。这里关键在于"社会"这个形容词,它的含义历来最有争议。下面我将以德国经济的近期表现为背景对这个问题提供一点自己的思考。

二、德国社会市场经济中的"社会"概念与"社会政策"的区别

社会市场经济这一概念是二战后德国经济学家和社会学家阿尔弗雷德·穆勒-阿尔马克首先提出的,他认为社会市场经济的意义在于将"市场自由的原则与社会平衡相结合"。[①] 战后的德国面临着重塑经济与社会制度的迫切任务,而当时德国政治与学术界对此发挥影响的不仅有以穆勒-阿尔马克和威廉·勒普克为代表的基督教社会学说,还有后来被称为"社会市场经济之父"、从思想上深受弗赖堡学派秩序自由主义影响的联邦德国首届经济部长路德维希·艾哈德以及后来成为德国社会民主党主流的改革社会主义派。战后德国的经济体制要与自由放任的市场经济和苏联模式的集中计划经济体制划清界限,在这一点上各个派别是一致的。[②]而且同为新自由主义者,穆勒-阿尔马克与艾哈德在经济自由、通过国家立法维护市场竞争秩序和国家经济政策市场秩序一致性方面没有分歧,作为经济部国务秘书的穆勒-阿尔马克还协助艾哈德在20世纪50年代逐步实现了社会市场经济的基本框架。但是在社会政策(soziale Politik)构想方面各派别却存在着分歧。

社会政策在德国国家政策形塑中的重要地位有其历史渊源。作为后起的工

---

① Alfred Müller-Armack, *Wirtschaftsordnung und Wirtschaftspolitik*, Bern/Stuttgart:Verlag Paul Haupt, 1976, S.243.
② 威廉·勒普克起初将这种秩序政策的新方向称为"第三条道路",但以后又断然摈弃了这一说法。参见阿尔弗雷德·席勒、汉斯-京特·克吕塞尔贝格主编:《秩序理论与政治经济学》,史世伟等译,史世伟、冯兴元校,山西经济出版社,2006,第163页。

业国家,从 1850 年开始,特别是 1871 年在普鲁士首相俾斯麦领导下德意志帝国建国以后,德国工业现代化突飞猛进并在 20 世纪初成为仅次于美国的世界第二大经济国。但是在德国经济所向披靡的同时,也出现了产业工人经济依附和贫困化等社会问题。当时以古斯塔夫·施莫勒为首的德国经济学家成立了"德国社会政策协会"(Verein für Sozialpolitik),主张政府放弃自由放任的经济政策,对经济生活进行干预并为劳动阶层提供社会保障。施莫勒等人关于社会有机体和谐相处的主张成为以后社会市场经济理念的雏形。为了保持帝国的政治和社会稳定,俾斯麦于 1883 年开始在德国建立了世界上第一个社会保险体系,由此,德国劳资关系的紧张度逐渐弱化。一战失败后,德国社会政治出现了极端化,代表工人阶级利益的左翼政党——社会民主党成为一战后建立的魏玛共和国的主要政治力量,在其执政期间推出了一系列有利于雇员阶层的经济民主制度,如今天在德国广泛实行的企业共同决策制。但是社会民主党想通过国有化来从根本上解决财富分配和经济计划问题的尝试却在动荡的政治经济形势下归于失败。这样,利用世界经济危机上台的希特勒国家社会主义政权在德国实行了专制统治并又一次将德国推入了战争的深渊。

德国有识之士在战后重建中吸取了魏玛共和国与希特勒政权的惨痛教训,回归西方的传统,确立人的尊严和个人自由的至高无上的地位,在经济方面就是确保竞争自由、结社自由、开业自由、职业自由、契约自由和消费自由,通过立法防止私人权力的垄断和滥用,而同时通过一定的社会政策来维护社会公正。艾哈德从秩序自由主义完全竞争市场公平性的认识出发,认为"经济政策越是富有成效,社会政策的干预和辅助措施实际上越是没有必要"。"将企业家的创业精神引导到经济政策和社会政策正确的轨道上,而同时不取消市场自由,因为它是个人首倡性的前提。"[①]秩序自由主义的准则是:私人经济自由只有在竞争符合秩序的情况下才被允许,而对秩序框架的形塑是国家的任务。按照穆勒-阿尔马克的观点,市场和竞争还远远没有达到自主产生对它们来说必不可少的道德前提的程度。在他看来,竞争经济还没有能力"将社会作为一个整体整合起来,

---

① Helmut Schmalen/ Hans Pechtl, *Grundlage und Probleme der Betriebswirtschaft*, 15. Auflage, Stuttgart: Schäffer & Poeschel, 2013, S. 20.

采取共同的态度和信念,共同的价值标准,而一个社会舍此是无法存在的"。①从基督教伦理出发,穆勒-阿尔马克指出,这些道德原则和价值观包括人(Person)的原则(注意!不是个体Individuum)、团结互助的原则以及辅助原则。② 穆勒-阿尔马克对人的理解与建立在契约理论上的传统自由主义不同,他认为,人不是作为个体的孤立存在,人的实质只有在共同体中才能实现。所以,认为作为共同体存在形式的国家机体仅仅是人们实现自由的工具的观点是肤浅的。作为命运共同体,人们之间负有责任,要在辅助原则基础上团结互助。社会市场经济的目标是要履行我们对自由与社会公正这两大道德目标的责任。社会公正应该与自由一道成为我们未来经济秩序不可分割的一部分,而实现这个目标的工具是市场经济和更广泛意义上的"社会"政策。③

可以看出,"社会市场经济之父们"讨论所涉及的并不只是狭义上的经济政策与社会政策,它们实际上包含着有深刻底蕴的德国社会伦理思想、价值观以及国家观。艾哈德认同社会公正的基本价值观,不否认为此实行一定社会政策的必要性。但是他更加倾向于相信一个有效率的、公平的竞争秩序本身对经济主体的道德约束力,而穆勒-阿尔马克认为这样一个秩序还需要一个社会秩序来补充。在穆勒-阿尔马克看来,社会共同体的整体利益大于在其中活动的个体的利益。在这种理念的影响下,就不难理解为什么法国企业家和思想家阿尔伯将德国经济模式称为"莱茵式的资本主义",即一种"合作或协调式的市场经济"了。④

穆勒-阿尔马克意识到由于几大思想派别在社会政策上的分歧,并且没有一个思想派别能够将自己的理念强加给其他派别。所以,他提出了"社会和解"(soziale Irenik)的理念,以此来调和各派的"社会"思想,为现实政策的实施找到

---

① 席勒、克吕塞尔贝:《秩序理论与政治经济学》,第163页。
② Gernot Gutmann, "Menschen, Geschichte, Ethik und Philosophie: Wurzeln der Sozialen Marktwirtschaft," in *Erneuerung der Sozialen Marktwirtschaft—Chancen und Risiken*, hrsg. Werner Lachmann, Reinhard Haupt, Karl Farmer, Münster: Lit Verlag, 1996, S. 1—18, hier S. 12.
③ 这里是Gesellschaftspolitik。在德语中Gesellschaft 与sozial 在中文中都翻译为社会。但是前者指社会共同体、公民团体,后者一般指社会福利。所以Gesellschaftspolitik 与Soziale Politik 的内容不相同,前者的范围更广泛。参见同上书,第6页及第9页。
④ Michel Albert, *Capitalisme contre Capitalisme*, Paris, 1991 (dtsch. Ausg. *Kapitalismus contra Kapitalismus*, Frankfurt a. M., 1992). 转引自Werner Abelshauser, *Deutsche Wirtschaftsgeschichte. Von 1945 bis zur Gegenwart*. Zweite, überarbeitete und erweiterte Auflage, München: Verlag C. H. Beck, 2011, S. 503.

一个共同基础。在他看来,社会市场经济不是一个严密的模式体系,而是一种"和平相处的秩序思想",是一种"经济风格"。① 今天,对于社会市场经济的各种不同的解释部分源自于这种开放性。而这种开放性也有利于社会市场经济体制在其提出后六十多年的时间里随着客观环境的变化做出了多次调整和发展。

正由于战后初期德国复杂的政治形势和精神状况,联邦德国的宪法——《基本法》没有为战后德国规定某种特定的经济模式。甚至当时德国社会主义者坚持主张的生产资料社会化也能够在宪法中找到依据。但是作为对"人的尊严不可侵犯"核心宪法原则的具体体现,《基本法》保障公民的各项基本自由权利,这实际上使极端个体主义的自由市场经济体制与集中管理经济体制成为不可能。在《基本法》中最能体现社会市场经济秩序的是关于所有权的条款(《基本法》第14条),它一方面认可私人所有者对其所有物私人使用与支配(包括转让)的权利,另一方面指出所有权的社会责任,即为了共同体的普遍利益,国家可以对个人所有权的使用实行规制,比如为了保护住房承租人的利益对出租人权利的限制。另外,《基本法》在德国宪法中写入了社会国家的原则,并与联邦制、民主与法制国家的原则放在同等位置上,从而将解决社会问题上升为国家任务。但社会国家的具体措施将由相应领域的国家立法来实现,这包括社保体系、社会救济、劳动法、职业教育和环境保护等方面。② 当然,社会国家原则下社会福利的膨胀在一些时期超出了国家财政能够承受的程度,而且对经济发展产生了不良的影响(例如,税负的增加),从而受到各界的广泛质疑。但社会福利政策并不是社会市场经济的主导原则,不能将社会市场经济与福利国家相提并论。在国内一些学者主张将社会市场经济(Soziale Marktwirtschaft)③译成"社会福利市场经济",说明他们对社会市场经济体制的理解不够全面。

---

① Werner Lachmann, "Welche Pfeiler braucht das Haus? Bausteine der Sozialen Marktwirtschaft und was passiert, wenn sie fehlen," in *Erneuerung der Sozialen Marktwirtschaft—Chancen und Risiken*, hrsg. Werner Lachmann, Reinhard Haupt, Karl Farmer, Münster: Lit Verlag, 1996, S. 19—37, hier S. 20.

② Wolfgang Bohling (hrsg.), *Wirtschaftsordnung und Grundgesetz—Eine Einführung in die Grundprobleme für Wirtschaftswissenschaftler, Juristen und Politologen*, Stuttgart: G. Fischer Verlag, 1981, S. 17—19.

③ 在德国学术界,社会市场经济中的"社会"第一个字母有时会大写,即将其作为专有词,但有时也会小写,没有一定之规。

三、德国社会市场经济的建构对中国
建设社会主义市场经济的启示

以上我们梳理了德国社会市场经济的历史渊源、思想基础以及基本内容。我们看到,社会市场经济实际上要解决的是在经济自由与社会公正紧张关系中如何正确处理国家与市场的关系的问题。德国采取国家与市场主体相互合作的方式较好地解决了这个问题。而在这个过程中,利益相关者使用了历史上被证明有效的制度。德国工业关系中劳资双方不但有德国文化中相互承担义务的合作传统,也拥有组织严密的行业工会和企业委员会这样的正式制度作为谈判的平台。劳资工资自治的原则使双方谈判的结果有约束力,不受政府干预。德国人的秩序观也保证了达成的协议能够执行。因此,在遇到客观环境发生重大变化下(东欧剧变以及欧元启动导致的竞争加剧)德国劳动力市场制度的上述特殊结构能够对此做出较灵活的反应。一些受到压力的企业在与行业联合会和工会协调下退出了集体工资协议,通过企业委员会与雇主达成适合相关企业状况的个别工资协议,从而保持了企业的竞争力。而作为回报,企业雇主则承诺不裁员。在国际金融危机影响下企业订单急剧下降的情况下,企业采取缩短工时的办法,尽量避免了裁员。一支掌握技术诀窍的熟练工人队伍的在岗使订单增加后产品能够迅速供货,制造业转移的压力由此减轻,而出口增加的预期促使企业愿意对创新进行长期投入。由此可见,德国社会市场经济的制度优势能够加强一些政策的实施效果并更好地应对国际环境的变化。近年来,一些对德国个别政策的研究也实证了这一结论。比如,徐镭、朱宇方对德国住房保障政策的研究[1],以及笔者对德国联邦政府创新政策的研究[2]。

---

[1] 徐镭、朱宇方:《政策工具的制度属性——以德国住房投资模式为例》,《经济与社会体制比较》2013年第4期,第83—93页。
[2] 史世伟:《开放性、专属性与信息不对称:创新合作中的市场失灵与政府作用》,《学海》2014年第4期,第64—72页。

德国建构社会市场经济的经验十分值得我国借鉴,我以为有下述几点:

1. 要正确处理好国家与市场的关系。德国的经验表明,政府在市场经济中扮演着重要的角色,市场自由是受限制的自由。关键在于把握好政府行为与市场行为的平衡。我国建国前30年实行了苏联式的集中管理经济模式,1978年开始渐进式向市场经济的转轨,目前仍然处于过渡时期,容易走极端。所以,相比其他国家来说,德国这种比较平衡的中庸路线更值得我国借鉴。

2. 建设一种经济体制是一个全面的系统工程,它不仅仅是经济科学的任务。即便是市场经济也有不同的制度模式,不存在一个脱离特定民族政治、社会制度与历史文化传统的所谓价值中立的经济体系。经济秩序要与政治、法律以及社会秩序协调发展,同时还要体现一定的人文关怀。在中国伦理价值体系中也有国家与人民相互承担责任和义务,以及寻求社会和谐的传统。所以在这方面可以向德国学习,建立一个符合中国特点的、能够被广大劳动者和消费者认可的经济体制。而英美文化中强调个体发展、最大限度限制国家权力的传统与实践则未必适合于我国。

3. 对一些基本制度进行改革和建构对实现特定的经济与社会目标(比如增长、结构转型、社会公平)至少与政府政策同样重要。但历史形成的制度有路径依赖性,在改革和发展中不能忽视这一特征。但是路径依赖并不等同于决定论,关键在于把握制度变迁措施的先后顺序以及变革的方向。

4. 由于现实的复杂性,我们对于未来的发展和环境的变化没有完全的知识,所以在建构经济制度时对未来的发展应保持开放性,表述要留有余地,符合实际,并能够与时俱进,特别是对国家能够承担的任务保持谨慎。德国宪法中的社会国家承诺以及1967年通过的《稳定与增长法》将保持宏观经济稳定上升为国家任务饱受争议。中国在建构社会主义市场经济体制过程中要防止出现"知识的僭妄"以及超出政府能力的承诺。

作者简介:史世伟,对外经济贸易大学外语学院教授,代表作:《中德经贸关系研究》,对外经济贸易大学出版社,2013年。

学术沙龙对话

北大德国研究中心与
余华对话《第七天》

（根据录音整理，有诸多删节）

黄燎宇（主持人、北京大学德语系教授）：我先说一下，余华兄的这个作品政治性当然很强啦。他的作品给我带来了很多享受、很多认识，包括对我们中心的认识。我们先请韩水法这里开始发表评论。

韩水法（北京大学哲学系教授）：我是比较喜欢余华的小说的，尤其是《活着》。2000年的时候，我在一天内把《活着》从头到尾读完了，印象很深。读完觉得写得真好。以前也看过《许三观卖血记》等。余华会讲故事，(《第七天》)有很深的意义，故事性又很强。余华对我们这个社会理解得还是很深的。我一口气读完《第七天》，感觉手法非常现代，有些东西我一下子还没想太明白，但第一印象感觉这个小说手法非常现代。情节设置跟《活着》完全不一样，《活着》是顺着下来，非常流畅。

小说内容触及了我们社会的很多问题，当然这个可能还不是最重要的，小说还是以结构、语言表达方式来表现人类的情感与痛苦为主。小说对我们这个社会中一些令人感到非常别扭、非常无奈的事情、碎片化的生活进行了深刻的描述。但是有一点，可能稍微有些批评意见，当然这个是猜测，因为你[余华]说到你给《纽约时报》写了很多的专栏评论，我想，是不是余华因为写专栏，新闻的语言跟小说的语言有时候混同起来了？尤其是小说一开始的时候有点像报纸的语言，但是越到后面越好。有评论说你这本小说是"新闻串烧"，我估计一方面是因为小说描述了很多新闻事件，另一方面跟叙述的语言也有关系。不像《活着》,《活着》真是小说的语言。我觉得可能是你在有些时候没有把这些东西区别开来。当然我还是很喜欢这部小说,我读到里边的"第七天"的时候,还以为这是用的中国元素,因为中国讲究过"头七"嘛,后来我才看到,这是运用了《圣经》的元素。

余华:前面的题献页里那段《圣经》是编辑给加上去的,我的稿子里边没有的,我是不太喜欢小说前边弄一个"题献"的,但是这本书加上这段很好。

黄燎宇:对于现代文学来说,小说的语言是开放的,什么样的文体都可以在里边,哲学语言、法律语言都可以存在,比如说,翻译《朗读者》的话,那里边有很多法律术语。咱们接着讨论。

胡蔚(北京大学德语系副教授):我的第一感觉是感动,真的是情感共鸣。我原来也看过《活着》和《许三观卖血记》,给人的印象是这是一个荒诞大师的现实主义作品。但是读了《第七天》感觉到的是一种诗意,我感觉到美。刚才水法老师提到了"碎片化",我也是这样的感觉,但是这样的语言是非常精致的,包括结构上也是很精致的。《创世记》的七天是从无到有,你这个七天则是从有到无。最后消解到"死无葬身之地"。在小说里,"死无葬身之地"是一个非常乌托邦的存在。我觉得,小说的结构精巧,语言非常精致,另外还感受到人性之美,尤其是里边讲到父子之爱、母子之爱、夫妻之爱,这种种爱都是超越于荒诞现实之上的。荒诞现实是一个背景,在此基础上突出了爱,从这里看,感觉这部小说还是比较乐观主义的。

余华:我从1983年开始写小说,到现在三十年了,三十年我就改不了一个毛病,就是我用的转折词太多。其实我在写的时候,尤其是修改的时候就要求自己尽量减少使用转折词,其实我初稿的时候用得更多。我刚开始时还不知道,大概是1989、1990年在鲁迅文学院的时候,那时候我被称为先锋派作家,当时有一些评论家夸奖我说我的小说里喜欢用很多的转折词,后来我说我用那么多的转折词干吗?他们当时是夸奖我,因为那个时代跟现在不一样,当时转折词用得多,那些年轻的评论家觉得这样好,因为这样的语言可以跟以前那些大白话的语言区别开来。后来我就发现,我用的转折词确实特别多,不转折写不下去,觉得出不来。

李永平(中国社会科学院外文所研究员):可能跟当时的翻译文学有关,因为那个年代翻译过来的西方文学,里边转折词用得非常多,但中国的语言可能就尽量排除掉这些东西。余华是江浙人,相比较于一些北方作家,语言还是更为精致的。比方说像阎连科、莫言的作品我都读过,在语言上余华确实比他们要精致。

赵进中(北京大学历史学系教授):您能不能谈谈,您是怎样去观察一个很小的事情,然后把它描述出来,这个观察角度是很困难的,我觉得,这远比话怎么说,多一个字还是少一个字要更重要。

余华:每个作家都受到他的时代的局限,这是没有办法的。我们这一代的作家都是读老一代的翻译家翻译的作品成长起来的,包括法国的、俄罗斯的、英国的(如狄更斯)甚至美国的作品。很奇怪的是,20世纪和19世纪的作品我们是同时读的,80年代正好是卡夫卡开始在中国热起来的时候,我们等于是说今天在读卡夫卡,明天在读陀思妥耶夫斯基,根本没有一个正常的顺序。当时还不知道我们还有笔记小说,那时候真的是不知道,80年代初,像唐宋传奇我们根本就没有听说过,四大名著刚刚开禁,《金瓶梅》想看都找不着。冯梦龙的作品开始出版了。所以说,刚开始的时候是这样,语言主要受西方的影响。

我们当时的语言基本上是中学生作文的语言,完全是课堂上出来的那种语言。我们这帮人有点反叛,因为那个时候年轻,所以还是要用和你们不一样的语言来写东西,当然也要追求语言的美感,至于内容怎么样,倒是第二位的,是要以后再去考虑的。后来才慢慢发现,对于我来说,语言只有一个标准,就是准确。只要准确就够了,其他都是次要的,根本没有必要。花哨的语言都是多余的,包括比喻,年轻的时候使用比喻更喜欢诗意化,慢慢地比喻更加生活化了,生活化的比喻可能更有意思。

也可以有一些抒情化的比喻,比如像博尔赫斯,好的比喻可以看出一个作家是有洞察力的,博尔赫斯有一篇小说写一个人在这个世界上消失了,我记得80年代时有位朋友写的一部小说里也写一个人消失了,用的比喻是"像一首古老的歌谣一样消失了",当时我觉得很好,现想想看博尔赫斯的比喻,还有什么比水消失在水中更干净的呢?这就是作家跟作家的区别。"像一首古老的歌谣"

当时觉得还不错,现在一个大一的学生都能写出来。1998年我在西雅图的时候问过我的英文译者,我说你去找来英文版的博尔赫斯的书来,看看后面的结尾,他里边写一个人被枪毙,说"行刑队用四倍的子弹把他打倒",但四倍的基数是多少他不说,是一颗子弹的四倍还是四颗子弹的四倍?还是十颗子弹的四倍?你自己去想。

杨慧(北京电影学院副教授): 我是这样想的,看《活着》对读者群的年龄是有要求的,起码得是我们的同代人,得清楚那个时代的背景,把人性与社会政治的背景结合起来。看的时候的确觉得很沉重。中国现在的读者变化很大,你在写作的时候,潜意识里,对于你的读者群体有没有一个定位?就是你在向谁说?因为80后、90后每一代人之间都有巨大的代沟,想法完全不一样。

余华: 当然作家在写作的时候也是两种身份,一种是读者身份,一种是作者身份,作者身份是在往前推进人物、情节,其实你们做学问、写学术著作也是一样的,也有一个读者身份,发现这一段写得不对,那就是那个读者身份在发言了,一边写一边自己也在读。如果说一个作家要为读者写作的话,只能为他自己这个读者写作,他的阅读的基础决定了他对这本书的判断。

我在海盐,是一个小牙医。我们海盐县的新华书店就我一个人在订书的,在"新华新书目"上勾画,一本书经常就进一本两本,都是我要的。所以我当时读经典文学,经典作品会让一个读者的(审美)基础特别高,对自己写作的要求也就特别高。所以我觉得我作为一个读者还是很牛的,作为一个作者我还不敢说什么。

我当年在写《活着》的时候,是在1992年开始写的,在北京写了解放前,回到浙江嘉兴写完解放后。我在这部小说全部写完以后,根本就想不到,这本书会成为我的幸运之书。如果没有《活着》就根本没有我后来的一切,什么《兄弟》出版那么火啦,根本不可能。去年是《活着》出版二十周年,台湾搞了一个纪念版。那个纪念版一直在他们排行榜上面,我还给他们签了三千本,他们把扉页寄到北京来,我签完后寄回去他们再装订。去年是二十周年我们没有做任何活动,还印了41万册,今年已经印了30万册了,也是由于被《第七天》给带了一下。

这本书很奇怪,我们都知道美国是出版书最难的地方,但它的市场最大,美国人不读外国文学,就这样出版十年后,每年还能卖四千本(英文版),这本书是个奇迹。

90年代初的那些大学生还是比较喜欢读小说的,他们读了《活着》以后很喜欢,到90年代末他们中间不少人成了中学老师,就向自己的学生推荐《活着》。有了微博以后,现在这些中学生在微博上对我说,他们的老师逼着他们读我的作品。我觉得这个传播途径很重要,现在还有很多中学生在读《活着》、《许三观卖血记》。

杨慧:我还想继续问一下,刚才你说,你是一个很高档的读者,这个很好。现在的问题就是你自己觉得读者反馈回来的信息所显示的读者的水平和你内在的那个读者有没有差距?我关心的是现在有品位的文学究竟还有多少人在读?

余华:我觉得文学本来就是边缘的,让文学占据中心位置是不对的,文学不是一百米赛跑,而是马拉松,凭的是耐力,当很多事物都过去了,留下来的是文学。那天黄燎宇在北师大的讨论会上专门提到文学还有一个社会文献的功能。我以前做过一个不太恰当的比喻,如果社会是一场诉讼的话,文学肯定不是法官,也不是被告、原告,都不是,更不是律师,而是法庭上坐在前边打字的小姑娘记下来的东西,文学就是这个。

韩水法:生活的很多细节,小说会记录,而历史没有记录。

朱景阳(旅德学者):我在德国,也是搞文学教学的,作为一个作家,我想知道的是,你在写作的时候,是有意识地避开现实,只是选取你觉得可能被允许表达的范围?还是说我不管,我先写,等写出来以后他们再检查?就是说,你在创作的时候是什么样的一种心态,有没有一种自我的筛选?你作为作家在写作的时候,有些敏感词你考虑不考虑?你是闯这个界还是不闯?

余华:我是这样的,写作的时候肯定不会考虑那么多,但是出版的时候是需要有一点技巧的。这本书的编辑提出唯一一个需要改的地方,我是同意的。这个也是在网上被(讨论得最多的),网上的评论你是不能看的,《兄弟》刚出来的时候,有些批评一窝蜂上来了,有个人可能是听别人讲听错了,把我里面没有的一个细节在网上进行批评,有大批的人都在引用这个细节。然后我想我书里没有这个啊,可能是他根本就没看,然后"发明"出来的,这就是网络批评。

这次(《第七天》)出来又一样,我里头写了一个细节,我以前在演讲的时候用过,就是那个人在自杀的时候,巨大的冲击力把牛仔裤崩裂了。第一个人写文章(都是知识分子,不是说那些网民呀),说余华重复。这叫什么重复,人家短篇小说都可以写成长篇的。他说余华把他在上海书展的演讲(而且说得很准,说是2009年的演讲)给用了。可是我在上海书展没有演讲,是他弄错了。那是我2003年在美国的演讲稿,陈思和做《上海文学》的主编的时候,在《上海文学》上发表的。他只要一弄错,后面几十篇跟着全是这样的错误,所有人都提这个。所以我对网上的评论不在意。

我要等过一段时间再去看读者的反应,到哪里去看?很简单,亚马逊、当当、京东,看那些买了你的书的人的评语。而且也不能现在看,要到两年以后再去看,现在读者会被一些流行的评论观点引导。

我刚才说有一个地方需要改,就是书里他们在"死无葬身之地"吃饭,然后说了一句话,说是我们这个地方的食品安全,没有什么毒大米呀之类的,就在这里出现了一次,结果网上的批评说我净写毒大米什么的。

黄燎宇:刚才朱老师引出了一个很有趣的话题,关于德国当代文学和中国当代文学,刚才我表明了我自己的立场,我反对这种否定,为什么呢?我最近这种感觉非常强烈,读中国当代文学跟读德国文学是两种感觉。看德国文学,你会觉得败胃口,首先我声明,我肯定是德国文学的爱好者,毫无疑问的。为什么呢?德国文学有什么问题?第一,尤其是当代文学,德国是一个没有苦难的国家,素材上它就处于劣势,写小说不能离开大的命题,这是毫无疑问的,离开了这个,光写小东西,你感觉他就是在玩技巧了,这是一个。第二,去年德国记者采访他(余华),他说了一句话,记者半天听不懂。他说这个(书籍)审查好啊,他对审查充满了感激。审查就是这样的,你要说的话又不能说,就绕着说,这就是艺术。我还是认为,评论文学水平的高低,还是要有一些范畴的。我认为写出荒诞性,这就是文学的最高境界。但有一点,要写出荒诞,你必须是在善恶的彼岸。包括《兄弟》在内,《兄弟》的前半部分,所有人都说好。德国人写第三帝国,他能把纳粹写得很有人性,把犹太人写得很肮脏?他不敢这么写,犹太人自己可以这么写。我敢说,德国当代文学的成就根本不能说超过了中国,恐怕还不如咱们的当代文学。（插问：当代文学从什么时候开始划线？）德国从1945年以后。（余华：中国从1949年以后）我的理解还有点不一样，我认为是从改革开放以后的。

朱景阳：两国当代文学的可比性我觉得很难说，我感觉他们这个说法是十年前的说法，而当时指的是1995年之前的东西。对汉学家来说一直存在一个问题，他们在找，谁的作品可以代表中国当代文学？当时觉得张贤亮的名气很大，后来顾彬找我，问我你觉得哪一个作家能够代表？我说这个实在是太难说了，没有哪一个人能代表一个文学阶段。也许当时他翻译北岛翻译累了，在寻找新的作家。

余华：中国每年出版的长篇小说有5000部，我吓了一跳。这样十年就是五万部，但是十年能够留下五部，那就是一个伟大的十年了。美国也一样，德国也一样。像君特·格拉斯，2009年的时候我去法兰克福，费舍尔的编辑库布斯基陪着我去各地的文学馆做巡回的朗诵会，我去科隆文学馆时，他们的馆长就跟我说（因为他们知道在中国很多人说《兄弟》是垃圾嘛），没事，《铁皮鼓》也是垃圾，刚出来的时候评论都说它是垃圾。因为他那里边写得比较脏嘛，很多德国人都受不了（黄燎宇插言：联邦议会都有反应），所以说这个很正常。那天曹卫东说得也很对，他说好多作品都是被骂出来的。当一部作品被人骂了以后，出现了争议以后，有可能出来一些新的东西，往往是平庸的作品反而没人骂。

朱景阳：我觉得《兄弟》在汉学界的影响还是很不错的。

余华：在汉学界的情况我不是很清楚，在德国的话书评特别好。史迪曼（Tilman Spengler）在《世界报》写了一篇书评，在结尾的时候说很惊讶这本书在中国为什么没有被禁？我说你这种话说多了真有可能被禁了。德国有很多评论，因为德国这个国家比美国和法国都要更加政治化，尤其是媒体，包括这次莫言获奖以后，德国的反应相比其他那些国家有点变态。你们还没到的时候（指法兰克福书展），我不是就已经在那里晃了嘛，每到一个地方，当地不都有报纸嘛，采访的第一句话就是："你为什么参加官方的代表团？"这是官方的代表团吗？

朱景阳：（莫言得奖后）当时的评论有一条最重要的，每一篇都写了，说他是官方的作协副主席。

杨慧：上次顾彬曾经说过，中国的公知都被招安了，为这个事情崔卫平非常气愤地给我打电话说，杨慧，你们德国的顾彬为什么这样讲？我这样的人怎么算呢？

余华：我跟你们说一个关于顾彬的笑话，有一次我看到一个关于他的采访，当然是文字的，首先他说中国作家写得太快（当然他不是批评我，因为我写得比较慢），德国作家都十年、二十年才写一部长篇。他还说，在德国，只有我一个人研究中国文学了。后来我遇到一个德国的汉学家，我问他你对顾彬这句话怎么评价？他说，顾彬很谦虚。顾彬的话你不能信的。德国的很多汉学家喜欢或不喜欢中国文学另说，但研究中国文学的汉学家肯定不止顾彬一个吧？还有研究古典文学的呢。

黄燎宇：德峰该发言了。

许德峰（北京大学法学院副教授）：我完全是一个粉丝。我一直都在学法律、读法律、教法律、做法律。我自己特别爱读小说，每年都会读几本。余老师的书，像《活着》，是我给所有学生的推荐书籍，我自己也每隔一段时间拿出来读一读，每次都有不同的感受。它写的是一个遥远的故事，但是又是一个特别反映现实、反映人性的故事。像当年的《兄弟》，我现在还记得，买了以后，在去德国的飞机上读的，一会儿哭一会儿笑，大概是这样子的过程。后来德文版出了以后，我还买了送给我的教授和朋友。《第七天》出了以后，我立即就买了，是在 kindle 上读的。这个假期，我同时还读了刘震云的《一句顶一万句》，有时候两本还比较着看，觉得这两本书是写给不同的读者的。

读您的书，觉得这个书的框架是个奇异的框架，这种感觉在什么时候有呢，就是读聚斯金德的《香水》的时候。读那本书的时候你会感觉进入了一个奇异的世界，挺神奇的感受，框架很迷离，但是又能够把握主线，理解这个故事，这方面的印象特别深刻。

其他的方面呢，我自己后来觉得这个书对我而言，可能有些情节、有些表达，太熟悉了。或许是受现在网络世界的影响，经常看这些杂七杂八的信息，这些信息一齐堆过来以后……我觉得这个书放十年以后读，到中国山青水绿的时候再读，可能会有不同的感受。

甘超英(北京大学法学院副教授)：能不能讲一讲你这部小说的创作冲动？为什么要创作这部小说？或者说你最初遇到了什么触发了你的灵感？

余华：《兄弟》之后写了一部挺长的小说没写完，反正我是写了又搁下的小说挺多的，经常写一写就搁下了。《兄弟》出版以后我不是写过一个后记嘛，就是写能够经历这四十年就好比是在欧洲从中世纪到现代的经历一样。当然"文化大革命"跟中世纪不一样，但那种精神上的压抑是一样的，我们都是从"文化大革命"过来的，一种是革命的压抑，一种是宗教的压抑，所以我说，一个中国人活四十年就好比一个欧洲人活五百年的经历。在今天这个时代，中国人在生活上其实比西方人还要开放，只是在思想观念上咱们有些地方还是比较保守。

写完《兄弟》以后，意犹未尽，还想继续写。继续写怎么写呢？我就在写另外一个长篇。可能我是这样一个作家，我非常非常想要表达我所生活的时代，主要是我们生活的这个时代太有意思了，如果没有意思就不去写它了，但有意思不去写就太可惜了。

甘超英：我在日本的时候，从法律分析的角度讲中国的一些实际情况。日本的学生总说："哎呦，中国的问题真多！"我说，所以在中国学法律才有意义。

余华：没错，这个其实所有的行业都一样的，就像写当代中国，《兄弟》是从"文化大革命"到今天，大概是到抗议小泉纯一郎参拜靖国神社的那一年。所以我这里边(指《第七天》)为什么要写到 iPhone 4s，就是要人家知道是 2011 年，因为到了 2012 年的时候，iPhone 5 已经出来了，人们不会再为了 4s 那么疯狂了，而且 iPhone 也开始往下走了，所以我这里提到它就是要让人家知道这个故事是写 2011 年的。当时这本书没写完的时候，我还写了一本非虚构类的，叫《十个词汇里的中国》。

黄燎宇：在德国传得很广。

余华：在德国也是菲舍尔出版社出的，台湾出了一个版本。我 2009 年去美国为《兄弟》做宣传的时候，克诺夫(兰登书屋下的出版集团)的销售总监被炒掉了，宣传总监又找不着了，我的编辑天天开会，根本就来不及……这是题外话了，跟中国不一样，美国炒人都是炒高管，拿的薪水是十来个员工的薪水(总和)，我的编辑是克诺夫的副总裁，谢天谢地她还在那里，没有被炒掉。回来以后就写了

《十个词汇里的中国》,英文版就先出这个。

我现在还没写完的还有几部,都是跟当代中国有关,除了一部时间久远。但是这一部我已经开始写了,为什么呢?因为我要有一个差距。

我在写这个小说的时候还遇到一个问题,就是我想把当代中国的荒诞如何表达出来,它里边遇到这样一个问题,就是你去写强拆,去写一种社会现象……我在2009年的时候在美国遇到一个写书评的人,是一个大学教授,离黄石公园很近的蒙大拿大学的教授,教西班牙语的,专门给《纽约时报》写关于西班牙语文学的书评。她也关心中国,她给我提了一个问题,我当时听了愣了一下,她说看了几本中国的书,发现纪实的比小说好,她说纪实的比小说荒诞。纪实作品比小说要荒诞,可见我们这个社会已经荒诞到了什么程度。所以我回来之后就觉得这是一个问题,当现实比小说还要荒诞的时候,小说该怎么写?这是中国作家面临的问题,同时意味着机遇也来了。纪实作品有一个特点,就是他不会写得很广,往往抓住一点,比如说专门写强拆,专门写医疗事故,专门写传销,做很多的调查,然后深入进去写,这种书在美国也纷纷出版了,结果美国人说比小说荒诞。

韩国抢在第一个出版了《第七天》(的外文版),上个月就已经出版了,他们是在5月份得到信息以后就求我把电子文档发给他们,发给他们之后他们立即翻译,他们想抢着成为出版外文的第一个国家。我是想让法国第一个出版,但是法国的出版周期长,美国更长,美国出一本书得十个月,拿到翻译稿之后要工作,尤其是大的出版社,出版周期很长,他们还要做白皮书,发给媒体。英文版的好像"第三天"现在已经翻译完了。美国我要求他们是明年出精装本,后年出平装本。

李永平: 你开始时说过你当年读的那些外国著作,其实你那个时候挺幸运的,因为你现在再读现代人翻译的那些著作,没办法比了。我为什么知道呢,因为在90年代初的时候,当时我们社科院外文所,还有人民文学出版社、上海译文出版社搞那个"外国文学名著二百种",那时候的翻译家,全是好翻译家,大多数都好看。而且他们的翻译也不像现在,现在一本小说二十多万字的,他用几个月就翻译出来了,那个时候的译者,有的磨将近十年他才出手。90年代初,市场经济已经开始了，出版社受不了了，说再这样翻我们就赔本了，所以说就去催译者，但是因为在这之前（"两百种"是 1959 年开始搞的），那个时候的翻译家，都是全国一流的，他们一翻译，不是四五年就是五六年，甚至有十几年的，你说翻译出来的那个水平能不高吗？而且那个时候的译者中文功底都很好。

我的感觉是，你的作品的主要人物基本上都是男的，女人在你的作品中给你带来的冲动是什么？对你的文学创作有多少影响？

余华：怎么说呢，因为我是一个男性作家，肯定男性写得多。说到性，我唯一有大面积性描写的（其实我对性描写是不喜欢的，我也不喜欢读，因为我们小的时候读得那种小说，性描写都是很含蓄的，那个时候读的都心惊肉跳）是《兄弟》，里边性描写算比较多的，香港的倪匡跟我说，你的性描写写得比那帮女作家好。发现没有，女作家比男作家爱写性，无论是中国作家还是外国作家，性描写的比例就是比男作家高。男作家怎么说呢，反正在《兄弟》里边是李光头这个人物需要，不是我需要。为什么呢，因为他在"文化大革命"的时候在厕所里边偷窥被人家给抓到了，前边是一个性压抑的时代，到了后来是一个性开放的时代，李光头肯定要有所作为呀，所以需要一种完全是很放肆的性描写。包括我在美国的那个编辑都有点受不了了，她是个女性主义者，凡是女性主义者的那些读者们，看到李光头搞女人就受不了，然后来骂我，问题是那是李光头干的，不是我干的呀。

女作家，包括外国作家，首先来讲，她们比较爱写男女情感，然后涉及了性。男作家相对来说关心的事情更多一点，关注其他的，社会的、历史的，诸如此类的。《兄弟》受到的批评一部分是说后面的语言太粗俗，这个在西方没有受到批评，粗俗也是一种风格嘛，谁说文学必须优美？这次《第七天》批评比较多的是说里边没有一个完整的故事，这不是小说，他们认为小说就是应该从头到尾有一个完整的故事。

李永平：你前面（写过）的故事比较完整，突然来一个不完整的他们可能不适应。

余华：不是，有一些读者，包括有一些批评家们，只读完整的故事，他们不知道这个世界上有很多小说是可以不完整的。还有一些批评家批评说你这个小说没有结尾呀？我说我是在传统小说结尾的地方开始的，一个人进火葬场，"我的火化时间预约在9点半"。火葬场打电话过来催你赶紧烧。这是小说的结尾，传统小说中，人进了火葬场，死了才是结尾。还是观念的问题，包括当年《兄弟》出版的时候，有些人对下部有些批评，说卡夫卡的荒诞是怎么样的，贝克特的荒诞是怎么样的，所以你这个是不符合标准的。我觉得非常荒谬的一点是……文学有一个基本的特点，它是开放的，它永远是未完成的，永远是不可能完成的，如果文学一旦完成了，文学就死了。

韩水法：你会不会把你青少年时期的一些人物写到小说里面？我举个例子，比如说欧洲文艺复兴时期有些大画家，他画画的时候有时候会把自己给画上去，或者把他的某个朋友画上去。

余华：我有一篇短篇小说叫《西北风呼啸的中午》，写的就是我自己，里边的人物就叫余华，住的门牌号码就是我在海盐的门牌号码，1987年的时候写的。

甘超英：也就是小说里的自画像。

余华：其实那个人也不是我，我在写《兄弟》的时候，第一次写到一个牙医，叫余拔牙嘛，我干了五年牙医，我不能把它抹杀了呀。

李永平：你刚才讲很多情节你会重复，那你平时是不是在积累很多情节？

余华：肯定是要积累的，但最后情节是会生发出来的。

杨慧：好莱坞有一种做法叫"自我引用"，是一种写作套式，就是我一定要用我上次写过的一个东西，这样形成一个很突出的标签。现在好多导演都这么做，有一个导演叫史密斯，他就是每一部影片都要把上一部影片里的一个东西有意识地拿过来放在这里，他就以此形成一个风格，现在这样做的人很多，丹麦有一个女导演也是用这个办法。

方新（北京大学心理咨询与治疗中心主任）：我有一个问题，我想您在写长篇小说时是不是有一种特别的状态，我刚才在想"催眠态"，比如说，有一些做手工艺品的人，他可能也要进入一种状态，然后跟他的作品交流。您觉得您是不是也有不同的（状态）？比如说今天我看到的您的状态和前几年崔永元在我们的大会上时（您的状态）不太一样，我估计今天在我来之前您的状态还是挺舒服的。

余华：这儿一屋子的"心理医生"。我长期以来睡眠不好，前年我去杭州的一家疗养院体检，那个疗养院院长很客气，立刻把他们最厉害的心理医生叫来了。后来我发现，像我这样的人以后要是得了心理疾病，确实只能吃药，脑子太清楚的人得了心理疾病是很难被诱导的，心理医生强不强就在于我能不能把你诱导过来。

韩水法：你的无论是情感，无论是意志，无论是智商，肯定要超过这个平常线的，所以正常不正常，是人工界定的。梵高为什么要把自己的耳朵割掉？因为他的感受性太强了，大家都觉得是平常的事情，他觉得不行；还有徐渭，用两根锥子把自己的耳朵刺穿，他觉得受不了这个世界。

甘超英：陀思妥耶夫斯基好像就是精神病。

韩水法：普通人觉得很平常的事情，他就受不了。

余华：我曾经见到跟陀思妥耶夫斯基在彼得堡上绞刑架的五个中的一个人的孙子还是曾孙子，我忘了，是彼得堡大学的汉学家。他跟我们说，当沙皇把他们的绞刑改成流放的时候，快马到了，五个人里边有两个是当场死亡，放下来以后就死掉了，一个是当场疯了，还有一个是过了一段时间疯的，就是彼得堡那个汉学家的曾祖父或者祖父，唯一一个还算正常的就是陀思妥耶夫斯基。

黄燎宇：他后来还写进小说了，他是唯一一个记录了自己死亡前心理的作家。

余华：看看另外四个，他心理素质算是最好的。

黄燎宇：前两天有人说你是中国作家中心理最坚强的。

靳希平（北京大学哲学系教授）：我是跟水法一样，学哲学的，所以文学作品读得很少。我同意水法的意见，就是说这个书我自己读前面，（感觉）特别像报告文学。我是不懂文学的，但是给我的印象，确实是像报告文学。越读到后边越感人，（我也是一天一夜把它读完的）读到后边有些段落我甚至热泪盈眶，所以真是写得不错，读完了以后再想一想，就是刚才方新老师说的，这个作者非常清醒。刚才许德峰说，他读到这个故事，感觉很熟悉，我读了之后，反复想了一下，把眼泪擦干，再琢磨琢磨，觉得这个作品后边没有方新讲的那个，或者是疯狂啊，或者是忧郁啊，或者是有点病态的什么东西、一种状态反映在你的文字里，我觉得缺这个。

刚才说陀思妥耶夫斯基有点精神病，可恰恰是这些人，他们对时代疯狂的体验超出了我们的体会。我觉得是相当不错的小说（指《第七天》），但要和以前读过的，比如说世界级的文学巨著（比起来），恰恰缺点什么。包括托尔斯泰是很清醒的，可是你读托尔斯泰的时候总觉得有某种情绪在里边，有种宗教的，类似疯狂的情绪在里边，体现出了我们一般人看不到的东西。这是我对大作家的一个期望，我觉得缺了陀思妥耶夫斯基的那种疯狂、那种阴郁、那种情绪。

刚才说托尔斯泰或者巴尔扎克（的作品）是（对社会）的记录，可是巴尔扎克的作品背后没说的东西对你影响更大，他对人性的揭露、对社会的揭露等等，我现在看中国的芸芸众生时老是想起巴尔扎克描写的法国。

中国社会真是一个谜，没那么简单，你说荒谬，可是你生活在这个环境里，你不觉得荒谬，你说我父亲住院，我给医生送点什么，有什么荒谬呢，是不是？觉得很正常。我设想，假如我是一个省委书记，我处理那些事，恐怕也觉得不荒谬。原来咱们北大南门外边一直有一个房子，我好几次想，为什么不强拆了它呢？明明挺好的一个街区，那就弄一个破房子，多少年啊？恐怕有十来年。就是说这种好多荒谬的地方有它的合理性。这才是社会的谜，如果你要再加上你的疯狂的特殊的体验，也许在这种荒谬又合理中引申出中国的文化、中国的人性、中国的社会、中国的伦理道德背后还有更深的东西隐藏在什么地方。这个我看不透。要想从一个伟大的作家变成一个世界级的作家，恐怕对中国的事情的体会（要）更有点情绪。

韩水法：我问一个问题，你会不会觉得你在写作的过程中要刻意保持自己的清醒，不把自己的情绪带进去，不把自己的感受带进去？

余华：每一部作品不一样，你比如说《兄弟》，我就是完全疯狂地把自己的情绪带进去了，这一部（指《第七天》）我不能带（进去），因为那是个死人。写小说你会有很多限制的，比方说当我开始写这个小说的时候，开头第一段写完以后我就很满意，第一段一出来以后，给人的感觉就是这个人已经死了，而且不是一上来说"我死了"。好多人说你前边那个"孑孓而行"写错了，我说没错，他们说那是蚊子的幼虫，我说就是蚊子的幼虫，那些批评家们还真以为出版社的编辑都是不懂的，编辑就跟我说，不应该用这个，而是应该用"孑孑"，孤独的意思，我说错了，这个也可以用，古文里边也有人用过，但是那个用得多（孑孑），那是指"孤独地行走"，而我这次是指这个人的人生已经完成了，已经死亡了，走向殡仪馆了，他前边的那个人生就跟蚊子的幼虫一样卑微，所以我要用这个（孓孓）。一帮人来说你连个成语都用错了，那是编辑的责任，不是作者的错误。我要用一种相对冷淡的语调来写作，人死了以后，你不可能用活人的那种生机勃勃的语气，所以情绪是不能放进去的，你要隔着的，因为你写的是一个死人，是一群死人，只有写到他们生的那个世界的时候，语言才可以稍微缓和一点。要用一种（不能说是冷酷）冷淡一点的语言，好像什么都和我关系不大，用这样的语调去写这样一部小说。

靳希平：这点我读出来了，我就觉得你这个以死人做主题，而且写得有一点距离感，恰恰跟布莱希特的艺术观一样，我使我这个对象"陌生化"，就是在演戏，我就演给你看。

余华：情绪不能带进去，这个小说是这样子。其实我当时的野心比这个要大，但是我后来发现我找到了一种更好的方式，是什么呢？就是把中国的现实荒诞给集中表达出来，而且我故意去寻找那些大家最熟悉的（事件），因为往往是大家最熟悉的才最具有这个时代的标志性。这是肯定的，就是大家都在讨论的，都在关心的，肯定是这个时代最具有标志性的。像我当年在写《兄弟》的时候，可麻烦了，因为下部就涉及80年代和90年代了，80年代（的标志），我想起来了，垃圾西装，90年代你们记得吗，选美最厉害，打开电视，各个省（电视台）全是选美，只要来一个波兰的，来一个俄罗斯的就是国际选美比赛了，所以每个时代都要找到那个时代特征。我当时就是想写一部这样的小说，把今天的中国（因为我以后还要写别的）的那种状态给表现出来，但是我找不到好的方法，最后为什么找到了好的方法？就是从"死无葬身之地"来张望现实世界，而且我把死无葬身之地写得又那么美好。把这个状态表现出来以后，我想就已经够了，因为它里边人物多，篇幅短，无法像陀思妥耶夫斯基的《罪与罚》那样描写拉斯柯尔尼科夫的心理状态的起伏，那是另一种写法了。

我这个《第七天》十三万字，我以为可能又得花三十万字才能把今日中国的状态给表达出来,结果我没有想到我可以通过那么小的篇幅来表达。我的工作已经完成了,今后就不干这个事了。因为要不写这么一本书,我心里很难受,非得要写这么一本书不可。接下去的话可以写其他的那个……哦,我还有一本,我现在不能透露,也开了个头在那儿了,刚好跟它相反,是一个喜剧,是另一种状态,因为今日中国的状态有很多种,我觉得我对我自己的要求不能太高了,要量力而行。我要把现在的那种状态表达出来,这是我现在要做的。

我们现在读陀思妥耶夫斯基的小说也好(陀思妥耶夫斯基跟托尔斯泰还不太一样),读巴尔扎克的小说也好,跟他们同时代的读者读他们肯定是不一样的,起码我们读的时候不会有这种感觉:"那不就是写我的生活吗?"但是他那个时代的读者可能会有这种感受:"葛朗台就是我们街对面的那个人。"葛朗台和高老头都是那个时代具有代表性的人物,当然巴尔扎克的这两个小长篇是登峰造极的作品。

我看下来,世界文学里边,从文学的角度说,最伟大的两个女性,一个是安娜·卡列尼娜,一个是包法利夫人,全是男作家写的。你发现没有,那绝对是两个最伟大的文学女性,而且是公认的,不是女作家写的,是男作家写的。

黄燎宇:刚才靳老师发言,我一听,感觉就是柏拉图,什么意思呢? 就是他注重迷狂。我搞托马斯·曼,托马斯·曼是从德国浪漫派那一支过来的,浪漫反讽,它就是拿来对付柏拉图的迷狂的,刚才靳老师说伟大作品要表现出疯狂的东西……托马斯·曼和卡夫卡的区别还是很大的,托马斯·曼也是世界级的作家,现在还有人在争到底是他更伟大还是卡夫卡更伟大,多数人还是以为卡夫卡肯定给了我们更多新东西,他感知的方式肯定是更新颖的,但托马斯·曼这派作家就是要一边写作一边反观自己的写作,就是绝对对自己控制,不允许你说的那种(带入情绪),托马斯·曼就是这样一直在跟自己玩,不断地在调侃自己。据说尼采也特别赞成浪漫反讽,因为它打破了传统的天才观,传统的天才观都是柏拉图的这种迷狂,后来尼采说这个东西这样下去,粗制滥造的多。甚至有人打破了贝多芬的神话,不是说贝多芬是原始天才吗,后来他们研究了他的手稿,改的那叫多哟,一钉一锤这么出来的。19 世纪讲天才与迷狂,当时德国影响最大的一本书,是意大利的一个既是心理学家又是法医,研究犯罪心理的人写的,叫《天才与疯狂》。19世纪流行这个，要是作家不疯狂那就算不上作家。当时德国很多人调侃，你要总是很健康的话，你要为你的健康和正常感到可耻。

李永平：我们讲的疯狂并不是说他就一定像疯子一样，他理解世界的方式跟我们常人是不一样的。有时候我相信，不管是搞音乐的，还是像余华他们写小说的，还是写诗歌的，他写作的时候绝对不是在一种疯狂状态之下，你写作的时候是在疯狂状态下吗？

余华：当然的，肯定要进入这种状态的，就是写的时候进入的。现在体力不好了，所以时间短了。我们每个人对疯狂的理解是不一样的，你已经完全被这种情绪所控制了，这就是一种疯狂，有些人可能表达得强烈一点，有些人可能表达得平静一些。

李永平：黄燎宇刚才讲的在这个过程中，一边写作一边反思，如果你完全处于疯狂状态的话，你是出不来的。像君特·格拉斯在写《狗年月》的时候，小说中有很多地方戏仿海德格尔，戏仿他的语言，模仿他的语言，这种戏仿确实很有意思，但在这种情况下，他可能进入不了那种疯狂的状态，他可能会保持一种距离。因为戏仿是在距离感上。

余华：由于长期以来养成的写作习惯，我哪怕是给《纽约时报》写那种千字文，也是很快就进入状态，进入很快，甚至这次许钧要给我搞一个关于翻译的采访，十多个问题，我连回答这些问题都能进入状态。这是一个过程，刚开始写小说的时候，就跟你们刚开始写专业书一样，也是找不到地方怎么写。现在进入状态比过去容易了，但是体力不行了，就是在里边待的时间短了，进去很容易，就是待不久。

韩水法：你好像说过，年轻力壮的时候不要写短篇，要写长篇，是你发表过（这种）谈话吧？

李永平：写小说跟我们写论文也一样，写论文时，选择一个题目，有时候完全是一种冲动，突然想写。在这个过程中已经做了很多研究工作，但是突然会有一种冲动，要写这个题目。但在写作的过程中，又会变得冷静，比如说我这个结构怎么搞，我为什么要选择这样一个观点，为什么要排除那样一个东西。

余华：肯定要有一年两年的构思。

李永平：所以你那时候不能完全处于一种（疯狂状态），当然写的时候肯定会有一种动机、一种冲动在里面。

韩水法：人当然不可能持续兴奋，做什么事也不能持续兴奋。比如说你要写一个论文，刚开始有兴趣，但是当论文写不出来的时候你可能会再考虑考虑啊，很迷茫啊，到处跑来跑去啊，这种状态有时候也像发疯状态一样。我们写博士论文的时候楼道里大部分都像是在发疯似的。写不出来，这是一种状态，但是，你写得顺手的时候，那是一种很兴奋的状态。

余华：而且往往是看自己的状态好坏能够判断这本书好不好，状态不好的话，肯定写得不对。

韩水法：所谓疯狂状态，是他忘乎所以，外面的世界都不能干扰他了，不是真的疯掉了，真的疯掉了你就做不出这个事情了。

王建（北京大学德语系教授）：我读完有一个感觉我跟韩老师比较接近，就是感受体和报道体交杂在一起的感觉。我个人感觉构思特别精巧，上来第一段给人的感觉就特别精巧，开始就让人眼前一亮，七天的结构也让人感觉非常精巧。我倒不是从文体上，而是从内容上，跟韩老师感觉不太一样。报道体谈很多，包括现在的热点问题直接进入小说中，这也是做文学的经常探讨的一个问题，一部文学作品跟时代接得太紧或者接得不太紧，这有时候也会对作品或作家的评价产生影响。

我们搞德国文学的常常会将格拉斯跟伯尔比较，伯尔写作跟时代跟得太紧，直接把时代在他的作品中反映出来，现在包括我们自己可能谈伯尔谈得少了，德国来的教授们更是说了，伯尔是属于70年代的作家，谁都不否认他的地位，包括拿诺贝尔奖，包括当时他的影响力，但是过了一二十年发现，伯尔在文学史上的地位可能不如格拉斯，虽然格拉斯的作品跟时代的结合性没有伯尔那么强，这个我不知道是不是跟感受体和报道体之间的关系也有联系。

感觉这里边（指《第七天》）把现实直接放在里边的有些多，包括强拆等，就像许德峰说的，我们身边的生活在小说里都看到了。同时，每个事件出现的时候都是以很巧的方式组合到作品中，不是那种特别自然的铺垫或者是把它作为故事情节的有机组成部分来慢慢地、过渡地展现出来，这一部分可能跟篇幅有关系，没有那么大的篇幅来把这么多的内容自然地组合进去，没有办法铺展开来，没有那么多空间把这些我们想谈的热点内容很自然地作为小说的组成部分，可能更多的让人一读到这样一些符号就知道这是在2011年发生的事情，给人一种符号的标记，这一点让我感觉比较深一些。包括强拆事件，读到以后觉得很感人，包括那个小女孩去见她父母是（她父母）已经被压死在里面了，但是她还以为她父母出去了。包括这里边的许多情节，还有弃婴等。两方面，整个小说的结构给人的印象特别深，但同时可能篇幅太小的缘故，这些标志性的东西给人的感觉好像是单放在里边，而没有和其他部分能够很自然地结合在一起，我觉得这两点感觉比较深。

余华：只要是涉及当下生活的都不好写。连对话都不好写，为什么呢？像我的《活着》里边写了有庆（你们看过《活着》的比较多）割羊草，就有读者说你瞎编，我们的羊都是放养的。中国太大了，区域不同，养羊都不一样。《兄弟》里边说80年代中期喝可口可乐，就有读者说我们90年代中期才有可口可乐的，可口可乐有些地方确实是90年代中期（才有的），但像我们沿海地区，1985、1986年很多人就在喝了。一旦涉及当代问题以后，中国地域太广，发展不平衡，涉及今天这个时候，每个人都有不同的看法。

韩水法：你的这个《第七天》的地域特色不很明显。

余华：我写的是南方的一个城市嘛，后边不是还有写到回到北方嘛。我是不喜欢写能被证实的地名的，也不喜欢写一个固定的地方，像莫言写一个高密东北乡，苏童写一个香椿树街之类的。

还有一点，任何小说（不是我为我自己辩护）都有毛病，我记得以前跟莫言两个人聊天，别人说他的小说什么地方有毛病，我的小说什么地方有毛病，来了个评论家坐在我们的房间里（当时我们住一个房间），莫言后来说了一句话说出了我的心声（评论家说你们要是把你们的毛病改掉了就好了），他说："我们要是把这些毛病都改掉了，我们就把我们的优点也都改掉了。"毛病跟优点是相辅相成的。

李永平：我们在北大读书的时候，那时候读伯尔是读得最多的，他有一本中篇小说，《丧失了名誉的卡塔琳娜·勃罗姆》，那个小说写法庭诉讼写得特别详细,当时我们读的时候觉得不喜欢伯尔,就是他这个记录太写实,然后我们的老师说这就是伯尔的特色之处。还有一点,他们讲穆齐尔《没有个性的人》,小说一开始就讲天气,那简直是天气预报啊,这就是它厉害的地方,它把这个一写出来,整个大城市的现代感就写出来了。气象预报讲究准确性,什么等高线、等温线,一看就知道这是一个大城市,已经进入了现代科学的时代了。所以说有些作家是有意识选择这样一些语言来用。

余华: 还有一点,要寻找一些标志性的东西,找到以后就心里踏实了。除非是短篇小说,只要是长篇小说,哪怕篇幅不长,你也不可能没有介绍的部分,你可以尽量把它变少,或者变得被读者不太重视,往角落里推一推,但是你介绍性的部分必须得搁在那儿,要不然的话,主要是自己过不去,还要考虑读者也可能不懂。

写《兄弟》的时候用的是"文化大革命"语言、流行语、唐诗宋词,全混在一块儿写了,翻译难死了。我不知道你们注意到没有,八九十年代是我们的口语最混杂的时候,"文化大革命"语言、新的语言、网络语言一块儿全都过来了,现在好了,网络语言已经把其他语言扫荡得差不多了。

这里还可以略带谈一点翻译的问题。确实翻译在有些地方肯定对原文是一种伤害,但是反过来你必须承认,有些地方对原文是加强了,更加出彩了。有时候我读中文,跟外国人一说,中文比他们那个原文强啊,因为刚好那个韵味等各方面适合用中文来表现,但也有很多地方不适合,确实是弱了,所以我说译文和原文不是恋爱关系,是拳击比赛,译文先给原文一拳,原文再还给它一拳,十个来回合以后,打个平手。因为有些地方加强,有些地方削弱。好的翻译家(比方说从德文翻译成中文),能够把德文里弱的地方在中文里体现得很强。

李永平: 这次不是搞中德双语的翻译嘛,我去看德国人翻译的李洱的《石榴树上结樱桃》,我觉得德文翻译得特别好,你看德文的时候都看笑了,说明他翻得还是有意思的。因为李洱他那里边有些语言其实是不好翻的。

韩水法: 所有现代的文学艺术都面临的一个问题是,传统上媒体、文化不是一个产业,只有少数人能够接触,写出来什么东西对多数人来说都是陌生的;而现代,文化是个产业,就像你的好多故事的元素,大家好像觉得是报道,因为大家都能够接触到。现代绘画是像毕加索这样的,像米罗这样的,像野兽派这样的,它没法如实(表现),如实报道大家都接触过了,就是怎么来表达的问题。比如说,你的这些事情都是真实的,为什么不在阳间来写,而是在阴间来写?就是要产生一种距离和陌生感嘛,用一种独特的视角、独特的方式、独特的语言表达出来,我觉得这是现代艺术碰到的一个很大的问题。

写不写现代我觉得根本就不重要,《红楼梦》写的也是现代,关键问题是怎么写,我觉得这才是(问题的核心)。

余华:那你说托尔斯泰的《战争与和平》《安娜·卡列尼娜》(写的也是现代),《安娜·卡列尼娜》里尤其是列文的故事,刚好在农村出现新兴资产阶级思想的时候,革命前期的时代表现出来的。

李永平:余华那个为什么难写呢,是因为在当下这个时代,就像刚才讲的,那些写实的东西都荒诞得不得了,所以小说家怎么能够写。

余华:现实比小说荒诞以后,小说家就很难写,然后呢,中国的读者差异太大,区域差异、文化差异,谁都到你这儿来挑毛病,你这句台词说错了。我要是写一句唐朝的台词,唐朝没有一个人活着的,谁还会说你这个台词说错了呀?我们看的那些古装电视剧里边,哪个人的台词说对了呀?但是那些人没有一个活过来的。

韩水法:这个事情是这样,比方说张艺谋拍那个《大红灯笼高高挂》,苏童写的是江南的事情,张艺谋不熟悉,所以他很聪明,就把它放到山西去。江南的事情电影很难拍啊。

黄燎宇:咱们今天聊了这么长时间了,四个多小时了。大家聊了很多,学了很多,探讨很深入。非常感谢。

2013年9月12日·北京大学德国研究中心会议室